浙江省哲学社会科学规划后期资助课题（17HQZZ02）

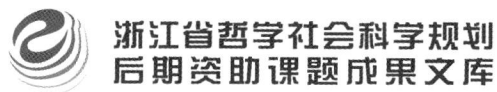

浙江省哲学社会科学规划
后期资助课题成果文库

国民政府初期对高等教育的整顿：1927—1937

Guominzhengfu Chuqi Dui Gaodengjiaoyu De Zhengdun:1927-1937

陈玉玲 著

中国社会科学出版社

图书在版编目(CIP)数据

国民政府初期对高等教育的整顿：1927—1937 / 陈玉玲著.—北京：中国社会科学出版社，2018.12

（浙江省哲学社会科学规划后期资助课题成果文库）

ISBN 978-7-5203-3724-3

Ⅰ.①国… Ⅱ.①陈… Ⅲ.①高等教育-教育改革-中国-1927-1937 Ⅳ.①G649.21

中国版本图书馆 CIP 数据核字（2018）第 295106 号

出 版 人	赵剑英
责任编辑	宫京蕾
责任校对	王 龙
责任印制	李寡寡

出 版	中国社会科学出版社
社 址	北京鼓楼西大街甲 158 号
邮 编	100720
网 址	http://www.csspw.cn
发 行 部	010-84083685
门 市 部	010-84029450
经 销	新华书店及其他书店
印刷装订	北京君升印刷有限公司
版 次	2018 年 12 月第 1 版
印 次	2018 年 12 月第 1 次印刷
开 本	710×1000 1/16
印 张	19.25
插 页	2
字 数	325 千字
定 价	85.00 元

凡购买中国社会科学出版社图书，如有质量问题请与本社营销中心联系调换
电话：010-84083683
版权所有　侵权必究

序

20世纪20年代我国高等教育无论在学校数、学生数还是在毕业生数上都呈快速增长趋势，但教育质量却日益低下。为了改变高等教育的这种状况，国民政府定都南京之后出台了一系列法规政策对高等教育进行整顿。几经整顿，高校数量大致稳定，教育质量有所提升。因此，国民政府初期对高等教育的整顿在中国近代高等教育发展史上具有重要意义。而且，2012年3月公布的《教育部关于全面提高高等教育质量的若干意见》将稳定高等教育规模、提升其质量放在了重要地位；2016年全国教育工作会议则提出了高等教育"全面提高质量"的战略主题；今年2月1日印发的《教育部2018年工作要点》仍要求提高高等教育质量，促使其内涵式发展，等等。在此种高等教育发展背景下，如何以更为开阔的视野认识高等教育发展的历史规律，科学总结历史留下的经验和教训，是一个关系到当前提高高等教育质量，促使其可持续发展的重大问题，而《国民政府初期对高等教育的整顿（1927—1937）》可为此提供历史借鉴。

本书在一定程度上深化了高等教育发展理论和实践的研究。围绕着控制高等院校数量、提升高等教育质量，国民政府初期政府颁布诸多相关的整顿政策，并使这些政策得以落实。本书以这一历史阶段整顿高等教育为载体，重点考察了当时政府针对高等教育诸多问题而采取的应对举措，不仅可以丰富对这一特定历史时期高等教育发展的再认识，丰富高等教育发展的理论研究，而且也可为当前注重提升高等教育质量提供借鉴。

本书有助于拓宽近代高等教育史的研究视野。国民政府初期国民党地方实力派与中央处于明争暗斗的状态；中国共产党建立了自己的根据地，为南京国民政府所不容；国民党内派系纷争也较严重；而且日本帝国主义更是虎视眈眈、步步紧逼。这种内忧外患的局面致使国民党政权极不稳固。在此政治背景下的国民政府对高等教育的整顿除了提升其水平，便始终伴随着巩固政权、加强意识形态控制的强烈意图。因此，本书将高等教育整顿置于当时历史背景下进行考察，在一定程度上有助于拓宽教育史的研究视野。

  本书从民国时期的档案、政府公报、报纸、相关期刊以及政界和高等教育界重要人物的回忆录、书信、著述、演说等史料中获取了国民政府初期对高等教育的整顿的更多第一手资料，在选取资料范围方面也有所突破。

陈玉玲

2018 年 6 月 10 日于浙江丽水

目 录

序 ……………………………………………………………… (1)

第一章 导论 ………………………………………………… (1)
 第一节 选题缘起及意义 ………………………………… (1)
 第二节 概念界定 ………………………………………… (3)
  一 国民政府初期 ……………………………………… (3)
  二 高等教育 …………………………………………… (3)
  三 整顿 ………………………………………………… (3)
 第三节 文献综述和评析 ………………………………… (4)
  一 1949年以前的相关成果 …………………………… (4)
  二 1949年以后的相关成果 …………………………… (6)
 第四节 研究方法和思路 ………………………………… (29)
  一 研究方法 …………………………………………… (29)
  二 研究思路 …………………………………………… (30)

第二章 国民政府初期整顿高等教育的动因分析 ………… (32)
 第一节 国民政府成立初期国内形势 …………………… (32)
  一 经济恢复与发展 …………………………………… (32)
  二 人才的需求日益突出 ……………………………… (35)
 第二节 国民政府成立初期面临的高等教育状况 ……… (36)
  一 高等院校数量迅速增多 …………………………… (37)
  二 高等教育质量日趋下降 …………………………… (42)
 第三节 时人对高等教育现状的批评 …………………… (43)
  一 大学教育"浮滥"：政界人士的看法 ……………… (43)
  二 大学教育破产：教界人士的批评 ………………… (45)

三　大学教育有诸多品质上的缺点：国际友人的评论 ………… (47)
　　四　小结：事实与评价 …………………………………………… (49)
第三章　取消单科大学　限制大学滥设 ………………………… (58)
　第一节　相关政策 …………………………………………………… (58)
　　一　大学滥设之源头：大学可"单设一科" ……………………… (58)
　　二　整顿政策："具备三学院以上者始得称为大学" …………… (59)
　第二节　政策的落实 ………………………………………………… (60)
　　一　降格 …………………………………………………………… (60)
　　二　取缔与裁并 …………………………………………………… (63)
第四章　加强对私立高校的控制与管理 ………………………… (67)
　第一节　整顿政策 …………………………………………………… (67)
　　一　对国人自办私立高校的整顿：立案、奖惩 ………………… (67)
　　二　对教会高校的整顿：向中国政府立案等 …………………… (69)
　第二节　政策的落实 ………………………………………………… (69)
　　一　整顿国人自办私立高校 ……………………………………… (72)
　　二　整顿教会高校 ………………………………………………… (82)
第五章　调整院系结构　注重实用科学 ………………………… (91)
　第一节　政策与落实 ………………………………………………… (91)
　　一　相关的整顿政策 ……………………………………………… (91)
　　二　裁撤、合并重复设置的院系 ………………………………… (93)
　　三　限制文科设置，发展实科教育 ……………………………… (99)
　第二节　个案分析 ………………………………………………… (111)
　　一　限制文科：以教育学院（系）的整顿为例 ………………… (112)
　　二　发展实科：以理学院（系）的整顿为例 …………………… (124)
第六章　提高教育效能 …………………………………………… (132)
　第一节　相关政策的出台 ………………………………………… (132)
　　一　高校教师以专任为主 ……………………………………… (132)
　　二　关于建筑设备费数额 ……………………………………… (133)
　　三　关于"学生试验" …………………………………………… (135)
　　四　整顿学风 …………………………………………………… (136)
　第二节　相关政策的落实 ………………………………………… (137)
　　一　限制教员兼职 ……………………………………………… (137)

二　保障教学设备 ……………………………………………… (139)
　　三　加强对学生学业学风的管理 …………………………… (143)
第七章　教育部长与高等教育的整顿 ……………………………… (154)
　第一节　"励精图治"：蒋梦麟的开创 …………………………… (154)
　　一　重新制定高等教育法规政策 …………………………… (154)
　　二　成效与困难 ……………………………………………… (155)
　第二节　"再接再厉"：李书华的努力 …………………………… (164)
　　一　"蒋规李随"：李书华的整顿策略 ……………………… (165)
　　二　成效与问题 ……………………………………………… (165)
　第三节　"继续前贤"：朱家骅的推进 …………………………… (168)
　　一　朱家骅的整顿背景与政策 ……………………………… (168)
　　二　成效与特点 ……………………………………………… (169)
　第四节　"成效渐著"：王世杰的收场 …………………………… (178)
　　一　王世杰的整顿举措与政策 ……………………………… (179)
　　二　成效与问题 ……………………………………………… (179)
第八章　高等教育整顿中的矛盾、冲突与较量 …………………… (187)
　第一节　国民党内、教育界内之派系之争——以国立大学的
　　　　　整顿为中心 …………………………………………… (187)
　　一　国民党内之派系纷争——以邹鲁对国立中山大学的
　　　　整顿为中心 ……………………………………………… (188)
　　二　教育界内之派系纷争——以蒋梦麟对北京大学的整
　　　　顿为中心 ………………………………………………… (197)
　第二节　中央与地方之冲突——以省立高校的整顿为中心 …… (210)
　　一　四川大学的合并与国立化 ……………………………… (210)
　　二　山西大学校的整顿与发展 ……………………………… (216)
　第三节　宗教界与政界之抗争——以教会高校的整顿为中心 … (221)
　　一　齐鲁大学的立案 ………………………………………… (221)
　　二　之江大学的降格与立案 ………………………………… (227)
　第四节　政界与教育界之较量——以国人自办私立高校的
　　　　　整顿为中心 …………………………………………… (232)
　　一　上海法学院的整顿与发展 ……………………………… (234)
　　二　大夏大学的立案 ………………………………………… (236)

第五节 中央权势的全面渗透——以边远地区高校的
　　　　整顿为中心 …………………………………………（239）
　一 东陆大学的省立与发展 ………………………………（239）
　二 甘肃学院的整顿与发展 ………………………………（244）
第九章 结语：国民政府初期整顿高等教育的双重面相…………（250）
　第一节 促进了高等教育的秩序化规范化 ……………………（250）
　　一 整顿后的高等院校数量渐趋稳定 ……………………（250）
　　二 整顿后的高等教育质量有所提高 ……………………（252）
　第二节 在整顿工作中贯彻政治意图 …………………………（269）
　　一 稳固政权的需要 ………………………………………（270）
　　二 贯彻"党化教育"意识形态 ……………………………（274）

参考文献 …………………………………………………………（282）
后　记 ……………………………………………………………（301）

第一章

导　　论

第一节　选题缘起及意义

在中国近代高等教育发展史上，1912—1937年是一段重要的时期。一方面，军阀割据，战乱不断，即使南京国民政府在形式上统一中国后，其与各地方实力派之间的关系仍旧微妙难测，并时有战争发生；共产党的队伍和势力逐渐壮大，对南京政权之稳定亦造成一定的威胁。在这一历史时期，帝国主义列强特别是日本帝国主义加紧对中国的侵略。另一方面，受新文化运动、五四运动的影响和民族资本主义发展的推动，中国高等教育无论在学校数、学生数，还是在毕业生数上都呈现出快速增长趋势。尤其是1922年"新学制"颁布以后，全国大学迅速增加，出现"大学热"现象。当时，除了专门学校纷纷升格为大学外，各类私立大学亦大量创办，致使高等教育在短时期内快速发展。高等教育"大发展"在一定程度上适应了当时社会的需求，但大幅攀升的数字背后存在着严重的"数量增加，质量低下"的问题；借办学以敛钱，以开办大学为盈利者比比皆是。高等教育"大发展"引发的诸多问题引起了当时人们的重视和不安，他们纷纷提出了整顿建议。国民政府定都南京之后，围绕着控制高校数量，提升高教质量对高等教育进行了整顿。几经整顿，高等院校数量大致稳定，教育质量有一定程度的提升。可以说，国民政府初期整顿高等教育在中国近代高等教育发展史上具有重要意义，对这一问题进行深入研究具有重要的学术价值。

迄今为止，关于国民政府时期教育状况的研究成果已颇为丰富。在高等教育方面，研究成果较多关注于高等教育发展的宏观进程，对国民政府初期整顿高等教育的某些层面虽有一些研究，如关于院系调整和科系设置问题，关于高等院校地理分布不均衡的问题，关于大学师资聘任问题以及高等教育的文实之争问题等，但关于国民政府初期高等教育整顿的全过程尚缺乏全面、系统的探讨；而且对于政府在整顿高等教育中的作用亦少有涉及。因此，全面系统地研究国民政府初期整顿高等院校不仅有助于厘清该阶段高等教育整顿的历史背景、整顿的复杂动因、整顿的具体内容，以及整顿的具体成效，而且有助于全面地展现这一时期高等教育发展的实况，从而客观地认识和评价国民政府在此次整顿高等教育中的作用和影响，丰富对这一特定历史时期高等教育发展的再认识。

通过本选题的研究，亦可能有助于拓宽近代高等教育史的研究视野。北伐战争成功之后，中国虽然在形式上实现了统一，但实际上国民党地方实力派与中央仍旧处于明争暗斗的状态。一方面，国民政府虽然在名义上是统一的政府，但事实上各地方实力派依旧是各霸一方，与南京中央的关系复杂微妙；中国共产党建立了自己的根据地，更是为中央政府所不容。另一方面，国民党内派系纷争严重，反蒋派与拥蒋派斗争激烈，大有你死我活之势，即使是拥蒋派内部亦争斗不休。日本帝国主义更是虎视眈眈、步步紧逼。这种内忧外患的局面，致使国民党政权极不稳固。在政治局势变幻莫测、多方势力明争暗斗的背景下，国民政府初期整顿高等教育始终伴随着巩固政权、加强意识形态控制的强烈意图，因此，无论是整顿高等教育政策之制定还是实施必然会深受其影响。本选题的研究通过深入挖掘相关史料，将国民政府初期整顿高等教育放在国民党中央与地方实力派争斗及其内部派系之争的历史背景下进行考察，在一定程度上有助于拓宽教育史的研究视野。

综上所述，对国民政府初期政府整顿高等教育进行全方位考察，有助于我们从整体上把握该阶段高等教育发展的丰富内涵及特点，使我们能够较为客观地评价国民政府在这一时期高等教育整顿和发展中的作用和影响；同时，将国民政府初期高等教育整顿置于政局纷扰和派系纷争的历史背景下进行考察，亦有可能拓宽教育史的研究视野。

第二节　概念界定

一　国民政府初期

本选题所指称的"国民政府初期"系指南京国民政府成立至抗日战争全面爆发这一段时间，即 1927—1937 年。其间 1927—1929 年试行的大学区制和大学院制属于中央教育行政机关和高等教育制度等方面的改革，与本研究设定的主题"对高等教育的整顿"相关度不大，因此在正文中未予分析，但在涉及相关法规政策的延续时会作必要的讨论。

二　高等教育

本选题所指的"高等教育"，从种类上说，包括大学、独立学院以及专科学校，即专科以上学校所实施的教育。为行文方便，"专科以上学校"有时以"高等院校"替换，有时以"高校"简称。从性质上来说，包括国立高校、省立高校、市立高校以及私立高校（国人自办和教会创办者均包括其中）所施行的教育。需要说明的是，行文中有时会出现"大学教育"一词（尤其在引述时人对当时高等教育的评述时），"大学教育"仍旧是"高等教育"的代称。

三　整顿

"整顿"一词，在本研究中系指国民政府初期针对"高等教育大发展"现实状况，为达"控制高校数量，提升高教质量"之目的而采取的一系列措施。自 1931 年始，人们在描述上述高等教育活动时，对"整理""整顿""改进""改革"等词并未严格区分。但笔者认为，后两个词语不具有时代特征，无法反映当时高等教育改革的独特的历史特性。虽然在《现代汉语词典》中"整理"与"整顿"的意思几乎相同[①]，但"整顿"一词包括的范围更广。因此，本研究选择"整顿"一词，不仅

---

① "整顿"解释为："使紊乱的变为整齐；使不健全的健全起来（多指组织、纪律、作风等）"；"整理"解释为："使有条理有秩序"。参见中国科学院语言研究所词典编辑室编《现代汉语词典》（第 5 版），商务印书馆 2005 年版，第 1737 页。

因为该词具有时代特征，能够充分展现国民政府初期采取一系列举措以促使高等教育秩序化发展的历史事实，而且，该词亦能较好体现出整顿高等教育背后的政治意图。

第三节 文献综述和评析

一 1949年以前的相关成果

（一）史料

从整体上把握国民政府初期教育及高等教育的相关史料能为我们解读、评析已有研究成果提供更为全面的视野，因此，需要对相关的史料成果进行梳理。国民政府教育部参事处编的《教育法令汇编 第一辑》，选编了国民政府教育部成立至1935年12月期间颁布的各项重要教育法令，其中的"学校教育"及"私立学校"收录了国民政府初期整顿高等教育的相关法令[①]。国立编译馆翻译的《中国教育之改进》是国联教育考察团考察中国教育之后撰写的报告，其中的"大学教育"记载国联教育考察团对当时中国大学的组织、教育标准及方法等方面存在的问题提出的批评和针对性的整顿建议[②]。国民政府教育部编审处编写发行的《第一次中国教育年鉴》，综合收录了清末兴学至1931年期间中国教育宗旨、教育法规、学制系统、各类教育的总体发展状况及各省市县等教育的具体发展状况。其中，丙编"教育概况"记载了中国近代高等学校创办以来至1931年期间总体发展状况以及具体高校的历史沿革和发展情况；其丁编"教育统计"亦对1931年全国高等教育的发展状况进行了统计[③]。丁致聘编的《中国近七十年来教育记事》分设清末、民国两部，按编年体例对上起同治元年下迄1933年间的重要教育事件进行了记录。其中，对国民政府成立至1932年期间高等教育活动的记录，提供了该阶段高等教育发展的基本线索。[④] 国民政府教育部教育年鉴编纂委员会编纂的《第二次中国教育

---

① 中华民国教育部参事处编：《教育法令汇编 第一辑》，商务印书馆1936年版。
② 国联教育考察团：《中国教育之改进》，国立编译馆译，国立编译馆1932年版，第150—207页。
③ 中华民国教育部编：《第一次中国教育年鉴》，开明书店1934年版。
④ 丁致聘编纂：《中国近七十年来教育记事》，国立编译馆编译，国立编译馆1935年版。

年鉴》反映了国民政府定都南京以后的教育实况。其材料多衔接《第一次中国教育年鉴》，下限至1947年年底。其中，第五编"高等教育"也是研究国民政府初期高等教育的重要文献来源①。

另外，当时多数高校都有介绍自己学校相关概况的公开的或内部的出版物，如北平大学，主要有国立北平大学校长办公处秘书室编写的《国立北平大学校况简表》②、国立北平大学校长办公处分别于1932年、1934年编的《国立北平大学一览》③等，涉及该校校史、课程、师资、经费、教学管理等各个方面。当时各高校纪念刊亦刊载了这些内容，如国立清华大学编的《国立清华大学廿周年纪念刊》。诸如此类的记载为高校整顿的个案研究提供了基础性的史料。这一时期公开发行了多种报纸杂志，如《申报》《民国日报》《大公报》《中央日报》《中华教育界》《独立评论》《教育部公报》等，刊登了大量的第一手资料，虽然未经专门整理，却给研究者提供了丰富的宝藏，作者在写作中予以充分利用。

（二）论著

1949年以前有关国民政府初期整顿高等教育的研究成果，中国台湾地区主要有黄建中的《十年来的中国高等教育》，该文被收录于1937年中国文化建设协会出版的《抗战前十年之中国》中，该文从厘正学制、提倡实科、充实内容、提高程度等方面对国民政府前十年高等教育状况进行了探究④。该文提供了国民政府初期整顿高等教育的大致面貌，为本选题深入研究奠定了基础。祖国大陆地区主要有，周予同的《中国现代教育史》第七章"高等教育"，对清末至1932年期间的高等教育学制、宗旨、课程、教学法与训育等的演变有所涉及⑤。何炳松的《三十五年来之中国高等教育》对1895年至1930年的高等教育发展历程进行

---

① 中华民国教育部教育年鉴编纂委员会编：《第二次中国教育年鉴》，商务印书馆1948年版。

② 国立北平大学校长办公处秘书室编：《国立北平大学校况简表》，国立北平大学1929年印。

③ 国立北平大学校长办公处编：《国立北平大学一览》，北平震东印书馆1932年版；国立北平大学校长办公处编：《国立北平大学一览》，杰民制版印刷局1934年版。

④ 黄建中：《十年来的中国高等教育》，载中国文化建设协会编《抗战前十年之中国》(1927—1936)，台北龙田出版社1980年影印版，第503—504页。

⑤ 周予同：《中国现代教育史》，良友图书印刷公司1934年版。

了梳理①。孟宪承的《大学教育》对1930年前后世界主要国家的大学理想和组织进行了概要性的介绍，论述了中国大学教育的发展历程，指出当时大学在设置和管理、院系编制、教授和学生等方面都存在一定的问题，并提出了具体的整顿建议。该书以时人的视野再现了国民政府初年高等教育的大致情形②。董任坚的《大学教育论丛》亦对1931年前的大学教育进行了评议，作者对大学的教务、经费支配标准以及学术自由等方面发表了自己的看法，从中可透视当时高等教育的某些问题和发展状况③。关于国民政府初期整顿高等教育的政策方面的研究，相关性较大的是朱子爽的《中国国民党教育政策》，该书涉及中国国民党教育政策的指导原则、方针和纲领以及实施等方面的内容。其中，"国民政府建都南京后三民主义教育制度的确立"一节涉及国民政府初期整顿高等教育相关的政策④。

（三）1949年以前相关文献评述

总体来讲，1949年以前关于国民政府初期整顿高等教育的研究成果不是很多，具有以下特点：第一，该阶段有关高等教育的研究成果较少，且散见于各类教育史著作中，其系统性研究更为缺乏；第二，相关的高等教育研究成果时间下限多为1930年前后，尚未涉及国民政府整顿高等教育的关键时间段；第三，研究内容大多仅限于高等教育政策、高等教育发展沿革、课程、教学等方面的演变，即较多关注于高等教育自身内容的常态发展，等等。

二 1949年以后的相关成果

（一）史料

中国近代史史料的搜集出版工作在该时期颇有成就。台湾地区主要有，沈云龙主编的《近代中国史料丛刊》（正编、续编、三编）收罗范围甚广，对国民政府时期的教育论著、教育政策法令、高等教育界的重要人

---

① 何炳松：《三十五年来之中国高等教育》，载商务印书馆编《最近三十五年之中国教育》，商务印书馆1931年版，第53—181页。
② 孟宪承：《大学教育》，商务印书馆1933年版。
③ 董任坚：《大学教育论丛》，新月书店1932年版。
④ 朱子爽：《中国国民党教育政策》，国民图书出版社1941年版。

物的日记、回忆录、文集、年谱等多有收集，为本研究所不可缺少的文献来源①。

民国史史料亦较为丰富。台湾地区主要有，吴相湘主编的《民国史料丛刊》，其文教类各卷为中国近代教育史研究的基本文献史料，亦是开展国民政府初期整顿高等教育研究的重要文献来源②，其与大陆地区由张研、孙燕京主编的《民国史料丛刊》起到了互补作用。大陆地区主要有，中国第二历史档案馆编辑出版的《中华民国史档案资料汇编》，包括政治、军事、外交、财政、经济、文化、教育等内容，共五辑。其中，第五辑第一编为国民政府教育方面的史料，包括教育行政、教育方针政策、学校教育、社会教育、国外教育、捐资兴学、教育会议、教育团体、教育统计以及教育家们的讲话、论著、书信等史料，其"学校教育"收录了国民政府初期整顿高等教育的相关史料③。较为全面收录了民国时期高等教育史料的是张研、孙燕京主编的《民国史料丛刊》④，其文教类中高等教育方面的史料有：第1044册《全国高等教育文体讨论会报告》；第1048册包括《全国高等教育统计》（1928.8—1931.7）、《全国高等教育统计》（1932年）、《全国高等教育概况统计》（1932年）；第1049册《全国高等教育统计》（1933年、1934年）。而第1061—1105册的"高等教育"，汇集了20世纪30—40年代著名的大学校史史料。如第1064册收录了国立北平大学校长办公处于1934年5月编的《国立北平大学一览》，其中包括校历、沿革概要、组织大纲、各学院课程指导书、各项章则、教职员录等12部分⑤。总体来说，此丛刊收录了较为罕见的民国时期高等教育的基础史料，为本研究提供了重要的文献来源。中国人民政协全国委员会文史资料研究委员会编的《文史资料选辑》，收录了全国省市县级的各种史料，大多为亲历、亲见或亲闻者自撰、口述，具有较高史料价值，其中涉及国民政府初期某些高等院校的整顿情形及高等教育界中重要人物的追忆

---

① 沈云龙主编：《中国近代史料丛刊》（初编、续编、三编），台北文海出版社1966—1976年版。

② 吴相湘主编：《民国史料丛刊》，台北传记文学出版社1971—1976年版。

③ 中国第二历史档案馆编：《中华民国史档案资料汇编 第五辑 第一编 教育》，凤凰出版社2010年版。

④ 孙燕京主编：《民国史料丛刊》（文教类），大象出版社2009年版。

⑤ 刘朝辉编著：《民国史料丛刊总目提要》，大象出版社2010年版，第386页。

和描述①。

1949年以后，教育史料整理工作曾一度沉寂，20世纪80年代后恢复并取得了较大的进展。台湾地区主要有，文海出版社及传记文学出版社分别再版了《第一次中国教育年鉴》②、《第二次中国教育年鉴》③ 以及《中国教育之改进》④。《革命文献》（第53—56辑）收有国民政府初期对高等教育整顿方面较重要的史料文献，分别为：黄季陆主编的第五十三辑《抗战前教育与学术》、第五十四辑《抗战前教育政策与改革》、第五十五辑《抗战前教育概况与检讨》⑤；杜元载主编的第五十六辑《抗战前之高等教育》⑥ 及第六十辑《抗战时期之高等教育》⑦ 等。日本教育史学家多贺秋五郎编的《近代中国教育史资料》（民国编上中下）收录了《教育部公报》、中华民国第三次教育统计图表、全国教育会议记录、国际联盟教育考察团的报告等重要史料，亦为研究国民政府初期高等教育整顿不可或缺的文献资料⑧。大陆地区主要有，中央教育科学研究所编的《中国现代教育大事记》，按编年体记述了五四运动至中华人民共和国成立前30年间的国内重要教育史事，并兼及了与教育有密切关系的其他重大史事，提供了国民政府初期高等教育变革的概貌⑨。宋恩荣等选编的《中华民国教育法规选编》收集了1912—1949年教育宗旨、方针、组织、通则以及关于各级各类教育的重要法规条文，其第六部分的"高等教育"汇集了国民政

---

① 中国人民政协全国委员会文史资料研究委员会编：《文史资料选辑》，中国文史出版社1960—1999年版。

② 吴相湘、刘绍唐主编：《民国史料丛刊 第一种：第一次中国教育年鉴》，台北传记文学出版社1971年版。

③ 教育年鉴编纂委员会编：《第二次中国教育年鉴》，台北文海出版社1986年版。

④ 已重新定名，参见国际联盟教育考察团编《国际联盟教育考察团报告书》，台北文海出版社1986年版。

⑤ 此三辑为黄季陆主编，于1971年由台北中央文物供应社出版。

⑥ 杜元载主编：《革命文献 第五十六辑 抗战前之高等教育》，台北中央文物供应社1971年版。

⑦ 杜元载主编：《革命文献 第六十辑 抗战时期之高等教育》，台北中央文物供应社1972年版。

⑧ ［日］多贺秋五郎编：《近代中国教育史资料》（民国编上中下），台北文海出版社1976年版。

⑨ 中央教育科学研究所编：《中国现代教育大事记》，教育科学出版社1988年版。

府初期整顿高等教育相关的法令政策①。宋荐戈的《中华近世通鉴·教育专卷》整理了民国时期教育方针、政策、制度、机构、团体,以及各级各类教育的重要事件,为研究国民政府初期高等教育提供了较为集中的资料②。

总之,中华人民共和国成立之后的近代史史料、民国史史料以及教育史料数量日渐丰富,范围逐步扩大,为研究国民政府初期整顿高等教育提供了较为坚实的史料基础。

(二) 论著

第一,民国史。多年来,海内外学者对国民政府初期的高等教育以及对高等教育的整顿亦有所关注,且研究视角和结论对我们都有较大的启发意义和参考价值。台湾地区主要有,台湾教育部主编的《中华民国建国史》第3篇"统一与建设"与本研究相关性比较大,其第七章第一节"各级教育之改进"中就有"整顿高等教育与注重实用科学"的内容,具体论及了改革大学及专科学校制度、整顿公私立大专学校、注重实用学科、提高学术水准等专题③,概括性地反映了国民政府初期高等教育整顿之面貌。相关研究成果还散布于论文集,如中华民国历史与文化讨论集编辑委员会编写的《中华民国历史与文化讨论集》,其中第3册《文化思想史》载有吕士朋的《抗战前十年我国的教育建设》,作者充分肯定了国民政府初期对高等教育建设的功绩,并给予了较高的评价,"我国公私立大学及专科学校,在质的提高方面,超过自清季实施新教育以来的任何时期。在教育部的督导下,厉行整饬学风,确定教育经费,限制滥设大学,整理大学院系,整顿大学课程,注重实用科学,取缔宗教宣传。增进教学效能,改善师范大学。"④ 作者以三民主义意识形态为原则,围绕上述各方面,梳理了国民政府初期高等教育的成就。该文涉及国民政府初期整顿高等教育的基本内容,为本选题的进一步研究提供了线索上的循进。台北"中研院"近代史研究所编的《抗战前十年国家建设史研究研讨会论文集

---

① 宋恩荣、章咸主编:《中华民国教育法规选编1912—1949》,江苏教育出版社1990年版。

② 宋荐戈:《中华近世通鉴·教育专卷》,中国广播电视出版社1999年版。

③ 中华民国教育部主编:《中华民国建国史 第3篇 统一与建设》,台北国立编译馆1989年版,第1069—1084页。

④ 中华民国历史与文化讨论集编辑委员会编:《中华民国历史与文化讨论集 第3册 文化思想史》,台北中华民国历史与文化讨论集编辑委员会1984年版,第257页。

1928—1937》（上），载有吕士朋《训政时期的高等教育》一文，另附载了苏云峰对该文之评论。吕氏此文从法令、章程、计划等政策层面探讨了高等教育的演变，与作者前一篇文章的观点大致无异①。苏云峰评论说，该文未能分析高等教育政策实施的成果与原因，也未能注意到其实际运作的困难所在②，等等。

大陆地区主要有，朱汉国等主编的《中华民国史》第五册中的"教育志"③、第七册"传"的相关部分④以及"表"部中有关教育统计及主要大学概况表⑤，提供了国民政府初期整顿高等教育的相关资料。张宪文主编的《中华民国史》，在第2卷《南京国民政府的建立 中国现代化建设的曲折发展（1927—1937）》第二节"文化教育事业的顿挫和发展"中，作者从国民政府教育行政的演进方面对政府整顿高等教育的内容有所提及⑥。期刊论文张太原的《"没有了中国"：20世纪30年中国思想界的反思》，在探究"新教育中国化"时关注到了国民政府初期中国教育包括高等教育存在的种种问题以及时人的评议⑦。另外，美国学者费正清、费维恺主编的《剑桥中华民国史》（下卷）第8章《学术界的成长，1912—1949年》，作者孙任以都对此时期的高等教育和国家建设进行了考察，认为，"高等教育是中央政府扩张权力的一个渠道"，政府通过加强对教会学校的控制和管理，全面加强和建立国立大学，使各大学的教学计划标准化等方面来加强对高等教育的控制和规范。与此同时，作者还对当时高等教育经费、高校分布等问题给予了关注⑧。关于国民党内派系斗争的研究成果主要有，王奇生的《党员、党权与党争：

---

① "中研院"近代史研究所编：《抗战前十年国家建设史研究研讨会论文集1928—1937》（上），台北"中研院"近代史研究所1984年版。

② 同上书，第70页。

③ 朱汉国、汪朝光主编：《中华民国史 第五册》，四川人民出版社2006年版。

④ 朱汉国、汪朝光主编：《中华民国史 第七册》，四川人民出版社2006年版。

⑤ 朱汉国、汪朝光主编：《中华民国史 第十册》《中华民国史 第一册 论》，四川人民出版社2006年版。

⑥ 主要从加强实科教育方面稍作了介绍。参见张宪文等《中华民国史》，南京大学出版社2006年版，第473—474页。

⑦ 张太原：《"没有了中国"：20世纪30年中国思想界的反思》，《近代史研究》2011年第3期。

⑧ [美]费正清、费惟恺编：《剑桥中华民国史》（下卷），刘敬坤等译，中国社会科学出版社1994年版。

1924—1949年中国国民党的组织形态》以国民党"治党史"为中心，研究了1924—1949年中国国民党的组织形态，作者认定国民党是一个"弱势独裁政党"①。该著作为国民政府初期整顿高等教育背后之派系争斗提供了充实的背景资料。林辉锋的《南京国民政府初期教育界的派系之争——以马叙伦的经历为线索的考察》以马叙伦的经历为线索，考察了国民政府初期教育界蔡元培、李石曾两大派系争斗的情况②。魏邦良的《派系纷争几时休——〈朱东润自传〉读后》一文不仅梳理了国民政府时期武汉大学校园内部派系纷争的历史事实，而且也为我们从时人自传中寻找国民政府初期整顿高等教育背后之派系斗争的文献史料提供了示范③。另外，桑兵的《国民党在大学校园的派系争斗》展示了抗战期间，国民党组织部和教育部，CC派与朱家骅之间在各所大学校园内展开全面恶斗的景象。虽然该文并未触及国民政府初期的派系斗争，却为该时期整顿高等教育背后的派系争斗研究提供了较好的思路④。总体上看，有关民国历史的著作为国民政府初期高等教育的研究不仅提供了新的文献来源和全新的研究视野，而且有助于我们拓展新的考察路径。

第二，民国教育史⑤。关于民国教育史的研究成果，台湾地区主要有，郭为藩编的《中华民国开国七十年之教育》探究了中华民国成立后70年期间各级各类教育的发展状况。其中，林清江撰写的"高等教育"部分，包含了70年来中国高等教育的简要历史、发展趋势以及对未来高等教育的展望等⑥。关于民国教育政策方面研究成果主要有，雷国鼎的《中国近代教育行政制度史》，该书对国民政府定都南京时期的各级教育行政制度

---

① 《杨天石序文》，载王奇生《党员、党权与党争：1924—1949年中国国民党的组织形态》，华文出版社2010年修订本，第1页。
② 林辉锋：《南京国民政府初期教育界的派系之争——以马叙伦的经历为线索的考察》，《北京大学教育评论》2009年第3期。
③ 魏邦良：《派系纷争几时休——〈朱东润自传〉读后》，《博览群书》2009年第5期。
④ 桑兵：《国民党在大学校园的派系争斗》，《史学月刊》2010年第12期。
⑤ 1949年以后的中国近现代教育史研究提供了近现代中国教育发展的总体概貌，涉及高等教育相关的研究，亦多少涉及国民政府初期对高等教育的整顿。如台湾地区陈启天的《近代中国教育史》（台北中华书局1969年版）、郑世兴的《中国现代教育史》（台北三民书局1981年版）；大陆地区陈元晖的《中国现代教育史》（人民教育出版社1979年版）、华东师范大学教育系教科所编的《中国现代教育史》（华东师范大学出版社1983年版）等，此不一一梳理。
⑥ 郭为藩编：《中华民国开国七十年之教育》，台北广文书局1981年版。

进行了探究①。吴家莹的《中华民国教育政策发展史》对民国时期的教育政策进行了研究，特别对1925年至1940年国民政府的教育政策进行了详细的梳理②。陈进金的《抗战前教育政策之研究》③亦是如此。另外还有吴家莹的博士学位论文《国民政府的教育政策及其内外形势》④，等等。这些有关民国时期教育政策的著述对国民政府初期整顿高等教育政策方面的研究具有一定的参考价值。

大陆地区主要有，熊明安的《中华民国教育史》对国民政府初建时期的高等教育进行了简要的介绍⑤。李华兴主编的《民国教育史》将1927—1937年定为民国教育的发展与定型时期。作者充分肯定了国民政府在高等教育发展中的作用，认为，"南京国民政府为使高等教育适应其集权统治和社会发展的需要，制定'三民主义'教育宗旨，加紧教育立法，颁行一系列法规法令，促使高等教育向制度化和规范化的方向发展"，由此抗战前国民政府高等教育基本上定型⑥。此评述对本选题的研究有所启示。冯开文的《中华民国教育史》在探究国民党三民主义教育时，对国民政府统治下的高等教育进行了简要的论述⑦。申晓云的《动荡转型中的民国教育》对国民政府成立最初十年的教育进行了研究，从提倡实科、充实内容以及提高程度几个方面对十年来高等教育的改进发展方面进行了探讨⑧。关于民国时期的教育政策方面，顾树森的《中国历代教育制度》对国民党统治下的教育制度及其措施进行了研究，介绍了国民党的党化教育、教育宗旨及实施方针，并从制度和课程两方面对国民政府初期的高等教育进行了介绍⑨。李国钧、王炳照总主编的《中国教育制度通史》第七卷《中国教育制度通史：民国时期（1912—1949）》（于述胜著），对国民政府时期三民主义教育制度进行了探究，从培养目标与学校

---

① 雷国鼎：《中国近代教育行政制度史》，台北教育文物出版社有限公司1983年版。
② 吴家莹：《中华民国教育政策发展史》，台北五南图书出版公司1996年版。
③ 陈进金：《抗战前教育政策之研究》，台北近代中国出版社1997年版。
④ 吴家莹：《国民政府的教育政策及其内外形势》，博士学位论文，台湾师大教研所，1989年。
⑤ 熊明安：《中华民国教育史》，重庆出版社1990年版。
⑥ 李华兴主编：《民国教育史》，上海教育出版社1997年版，第601页。
⑦ 冯开文：《中华民国教育史》，人民出版社1994年版。
⑧ 申晓云：《动荡转型中的民国教育》，河南人民出版社1994年版。
⑨ 顾树森：《中国历代教育制度》，江苏人民出版社1981年版。

设置、内部行政管理、课程、教员、研究机构与学位制度以及实施与问题等方面对当时的大学教育制度进行了评介①。相关的论文主要有，苏国安的博士论文《南京国民政府时期学校教育政策研究》，涉及国民政府初期高等教育的筹设与改进等相关政策的实施，对国民政府初期整顿高等教育的政策方面的探析有一定的启示②。此外，潘国琪的《南京国民政府的教育立法刍议》③、胡仁智的《南京国民政府前期教育立法的宏观考察》④ 等期刊论文均涉及国民政府初期高等教育的整顿政策。

　　第三，民国高等教育史。1949年之后民国高等教育史研究已取得一定成果。台湾地区的相关成果对国民政府初期的高等教育整顿多持充分肯定的态度。主要有，陈能治的《战前十年中国的大学教育1927—1937》，探究了国民政府初期十年教育政策之演变、三民主义教育政策与大学教育、大学教育行政问题的整顿、大学教育经费问题检讨等内容。陈能治试图从教育的层面探究国民政府在训政时期所做的努力，侧重教育政策的制定、执行与执行的限制，以期对国民政府的训政政治有更进一步的理解⑤。虽然该成果史料翔实，论证充分，观点鲜明，但仍有局限，正如陈能治自己所说，"本文以评量国民政府教育改革成就为主要研究动机，但纯以政策之制定与执行着眼，对于改革之实际成就，如人才培养之数目、教学实质之增进等项，则未加讨论"⑥。另外，该著作仅从上述几个方面来论证国民政府在高等教育改革中的成绩，似乎尚显不足，其所涉及的内容也未能反映高等教育整顿的整体面貌。伍振鷟的《中国大学教育发展史》对北伐以后的大学教育设施进行了概要性的梳理⑦。硕士论文主要有，台湾私立中国文化大学史学研究所赵启祥的《抗战前中国大学教育（1927—1937）》⑧。其他相关论文主要有，吴家莹的《1928—

---

① 李国钧、王炳照总主编，于述胜著：《中国教育制度通史　第7卷》，山东教育出版社2000年版。
② 苏国安：《南京国民政府时期学校教育政策研究》，博士学位论文，河北大学，2010年。
③ 潘国琪：《南京国民政府的教育立法刍议》，《浙江社会科学》1996年第5期。
④ 胡仁智：《南京国民政府前期教育立法的宏观考察》，《西南政法大学学报》2002年第4期。
⑤ 陈能治：《战前十年中国的大学教育（1927—1937）》，台湾商务印书馆股份有限公司1990年版，第1页。
⑥ 同上书，第4页。
⑦ 伍振鷟：《中国大学教育发展史》，台北国立教育资料馆1985年再版。
⑧ 赵启祥：《抗战前中国大学教育（1927—1937）》，硕士学位论文，台北私立中国文化大学史学研究所，1973年。

1945年国民政府整顿民国教育之经过》①、梁尚勇的《国府成立后十年间对高等教育的整顿与辅导》②、叶宪峻的《抗战前十年国民政府的高等教育改革措施》③以及陈能治的《战前十年中国大学教育经费问题》④等。值得注意的是,近年来台湾学者逐渐转变了侧重于研究国民政府整顿高等教育的功绩的一面,开始关注整顿工作背后的政治目的。如王瑞琦的《百年来中国现代高等教育:国家、学术、市场之三角演变》,突破过去多数高等教育研究囿于法令和制度分析之格局,提出了一个新制度主义方法论下的国家、学术与市场互动关系的分析架构,深入探讨了百年来中国高等教育发展的深层意识形态结构变迁。该著作将1928—1949年定位为国家控制时期,并对其间的高等教育进行了探讨⑤,为对国民政府初期整顿高等教育的研究提供了全新的视角。另外,香港地区出版陈炳权的《陈炳权回忆录——大学教育五十年》(上下),通过作者的自述和回忆,尤其是对广州大学的历史沿革的记录,展现了当时高等教育的整顿状况⑥。

  大陆地区相关的研究成果主要有,曲士培的《中国大学教育发展史》⑦、郑登云编著的《中国高等教育史》⑧对国民政府初期高校发展状况进行了简要的介绍。大陆地区部分研究者亦充分肯定了国民政府在高等教育发展中的作用,如刘少雪的《中国大学教育史》认为,国民政府主要通过颁布法令政策的方式,从制定大学及其内部组织机构的设置标准、确立重视实用性学科的发展策略、进一步明确政府对国立大学的人事管理权等方面,大大加强了对国立大学的宏观管理水平,使该阶段的高等教育从20世纪20年代中期的混乱无序向规范有序的方向发展;而对私立大学亦颁布政策法规,将其从一种相对自由、自发的状态,向国家有组织的正规

---

① 吴家莹:《1928—1945年国民政府整顿民国教育之经过》,《花莲师专学报》1985年第16期。
② 梁尚勇:《国府成立后十年间对高等教育的整顿与辅导》,陈治世编《人文社会科学学术论文集》,台湾商务印书馆股份有限公司1983年版。
③ 叶宪峻:《抗战前十年国民政府的高等教育改革措施》,《台中师院学报》2001年第15期。
④ 陈能治:《战前十年中国大学教育经费问题》,《历史学报》1983年第11期。
⑤ 王瑞琦:《百年来中国现代高等教育:国家、学术、市场之三角演变》,台北国立政治大学、中国大陆研究中心出版社2007年版。
⑥ 陈炳权:《陈炳权回忆录——大学教育五十年》(上下),香港南天书业公司1970年版。
⑦ 曲士培:《中国大学教育发展史》,山西教育出版社1993年版。
⑧ 郑登云编著:《中国高等教育史 上》,华东师范大学出版社1994年版。

高等教育体系靠拢，从而从整体上规范其发展，提高其质量；教会大学亦被纳入了政府统一管辖之范畴①。霍益萍的《近代中国的高等教育》从国民党的政治经济需要和高教现状、高教制度以及对大学若干问题的讨论②等方面着手，探究了国民政府初期高等教育发展的基本情况。作者认为，经过这十年的发展，高等教育在数量和质量上都有所提高，高校的行政领导和教学基本由中国人担任，并形成了以公立学校为主导的、多层次的高教结构③。相关的期刊论文主要有，刘敬坤等的《中国近代高等教育发展历程回顾》（下）认为，国民政府初期经过颁布和实施一系列整顿高等教育的法令法规之后，中国高等教育向着综合型与研究型的道路发展④。童富勇的《论国民政府初期的高等教育改革》主要从试行大学区制、出台高等教育法规及提高大学教学效能三方面论述国民政府初期整顿高等教育的成绩⑤。刘海燕的《南京国民政府初期的高等教育述评》对国民政府初期整顿高等教育进行了梳理和评述⑥。刘晓莉的《1927—1937 年南京国民政府高等教育发展的历史地位》主要论述了国民政府初期高等教育发展的成就⑦。其硕士论文《南京国民政府初期高等教育发展述论》认为，这一时期高等教育明定了教育宗旨，指明了高等教育发展的趋向与具体原则，建立了一套稳固的教育行政制度，高校及师生数量，高等教育质量有所提高⑧。余莉的硕士论文《南京国民政府（1927—1937）整顿高等教育述论》一方面认识到，国民政府无法超越社会现实和自身的局限，整顿高等教育存在着难以克服的矛盾；另一方面，对当时的高等教育整顿仍作出了较为肯定的评价，认为："国民政府对高等教育的整顿较为有效地克服了

---

① 刘少雪：《中国大学教育史》，山西教育出版社 2007 年版，第 95—120 页。
② 主要就如何调整大学文实科比例失调的问题、大学的地理分布问题、毕业生出路问题、大学培养通才还是专才等问题进行了讨论。
③ 霍益萍：《近代中国的高等教育》，华东师范大学出版社 1999 年版，第 193—212 页。
④ 刘敬坤：《中国近代高等教育发展历程回顾》（下），《东南大学学报》（哲学社会科学版）2004 年第 2 期。
⑤ 童富勇：《论国民政府初期的高等教育改革》，《杭州大学学报》（哲学社会科学版）1998 年第 3 期。
⑥ 刘海燕：《南京国民政府初期的高等教育述评》，《江苏高教》2000 年第 6 期。
⑦ 刘晓莉：《1927—1937 年南京国民政府高等教育发展的历史地位》，《平顶山师专学报》2004 年第 3 期。
⑧ 刘晓莉：《南京国民政府初期高等教育发展述论》，硕士学位论文，华中师范大学，2003 年。

高等教育中存在的不合理性,保证了高等教育的稳步发展,中国近代高教体制至此基本定型,也为高等教育的进一步发展奠定了基础。"① 金以林亦高度评价了国民政府整顿高等教育之功,其硕士论文《南京国民政府发展大学教育述论》② 及《近代中国大学研究:1895—1949》第三章"南京政府统治时代的大学教育",是对国民政府初期高等教育整顿涉及较多的研究成果,且对整顿各方面的内容均有研究,如限制滥设大学,整顿私立院校;整理院系结构,注重实用科学;努力提高教学效能;保障和增加教育经费等③。因此,该书为本选题的研究提供了较好的基础。但该研究侧重于梳理高等教育整顿本身的历史事实,对于整顿工作背后的相关问题,如对政府与高等教育整顿之关系、教育整顿背后的派系纷争等因素关注不够,由此,亦为本选题的研究留下了较大的拓展空间。

有些研究者在肯定国民政府在当时高等教育发展中的功绩的同时,亦揭示了其整顿高等教育背后的政治意图。如熊明安的《中国高等教育史》认为,"国民党定都南京后,高等教育的方针、政策和制度日趋完备。其最大的特点是以三民主义为根本的指导原则,其实这些方针、政策和制度,都是按蒋介石的旨意制定的",其目的是"利于号召全国都归服于他的统治"④。再如董宝良主编的《中国近现代高等教育史》认为,中国近代高等教育基本构建完成于国民政府时期,其在取得一定发展的同时,因国民政府在政治上实行专制,奉行三民主义教育方针,也受到了一定程度的影响⑤。上述作者对国民政府时期高等教育的评述较为客观,既肯定了国民政府在促使高等教育朝着正规化方向发展过程中的作用,又没有忽视其巩固政权、加强意识形态控制的意图。总的来讲,以上研究成果的观点对本选题的研究有一定的借鉴价值。

还有一些学者在自己的成果中侧重揭示政治局势和国民党派系纷争对

---

① 余莉:《南京国民政府(1927—1937)整顿高等教育述论》,硕士学位论文,吉林大学,2001年。
② 中国社会科学院近代史研究所主编:《中国社会科学院近代史研究所青年学术论坛 1999年卷》,社会科学文献出版社2006年版,第297—333页。事实上,金以林的《近代中国大学研究:1895—1949》第三章"南京政府统治时代的大学教育"就是在此论文上修改而成的。
③ 金以林:《近代中国大学研究:1895—1949》,中央文献出版社2000年版。
④ 熊明安:《中国高等教育史》,重庆出版社1988年版,第457页。
⑤ 董宝良主编:《中国近现代高等教育史》,华中科技大学出版社2007年版,第142—144页。

高等教育发展的深刻影响，如许小青的《北伐前后北京的国立大学合并风潮（1925—1929）》一文展示了北伐前后北京的国立大学的合并深受政局变动影响的历史事实，从一个侧面展示了政治变动与教育变革间复杂微妙的关系①，亦为国民政府初期具体的高校整顿的研究提供了参考。其博士后出站报告《首都迁移与"最高学府"之争——以北大、中央大学为中心的探讨（1919—1937）》，以北大、中央大学为中心探讨了20世纪20—30年代首都迁移与"最高学府"之争，作者认为，这些斗争不仅体现了国民党当局借助"党化"重建学术中心、谋求文化统一的初衷，也显示其试图借此扭转民初以来南北分裂、社会风气浮躁的宏愿。然南北知识界为建立"学术社会"，对国民党的"党化"教育、整顿学风、文化统制做出了各自的回应，与国民党的初衷出现相当程度的背离，集中体现了民国前期政治与学术之间依违离合复杂而微妙的关系②。该文展示了国民政府初期高等教育整顿中知识界对政府整顿政策的回应，同时亦展现了政界与学界势力相较量的事实。其著作《政局与学府：从东南大学到中央大学（1919—1937）》亦如此，后文详述。邓小林的《近代高等教育体系中的"独立学院"略论》认为，国民政府初期对独立学院的整顿，虽然制定了相关政策，但在实际办学过程中，各独立学院的行为却逸出政策之外③。其文为我们展示了国民政府初期高等教育政策在某种程度上仅停留于纸面，而未得到较好落实的历史事实。以上研究成果对本选题的研究有较好的示范作用，尤其是其思路和观点对笔者进一步思考大有裨益。

另外，有的学者将国民政府初期高等教育改革的成绩归之于自由主义教育者，而非国民政府。如张太原《傅斯年与20世纪30年代的高等教育改革》④，等等。

有关私立高等教育的研究成果，宋秋蓉的《近代中国私立大学发展

---

① 许小青：《北伐前后北京的国立大学合并风潮（1925—1929）》，《中山大学学报》（社会科学版）2010年第1期。
② 许小青：《首都迁移与"最高学府"之争——以北大、中央大学为中心的探讨（1919—1937）》，博士后出站报告，中山大学，2008年。
③ 邓小林：《近代高等教育体系中的"独立学院"略论》，《煤炭高等教育》2008年第1期。
④ 张太原：《傅斯年与20世纪30年代的高等教育改革》，《"傅斯年与中国文化"国际学术研讨会论文集》，中国聊城2004年版，第124—125页。

史》探究了国民政府初期严格管理和物质扶助双管齐下的私立大学整顿政策，并从办学状况、经费运筹、办学特色以及教学管理等方面对国民政府初期的私立大学进行了探究①。该著作为我们展示了国民政府初期对私立大学教育整顿的大致面貌。尚国乾的硕士论文《中国近代私立大学的发展嬗变及办学特征研究》对国民政府前期私立大学发展概况和政策进行了探究②。其他论文如熊明安的《民国时期私立高等教育的简要评述》论及国民政府对私立高等教育的规范和资助③，等等。以上关于私立高等教育的研究成果，为进一步深化国民政府初期加强对私立高等教育的控制和管理方面的研究提供了参考。

国民政府教育部代表政府对全国高校进行整顿，是整顿政策的执行和监督机构，因此，在国民政府初期高等教育整顿中起着举足轻重的作用。广少奎的《重振与衰变——南京国民政府教育部研究》对抗战以前的教育部、教育部主要兴革及该机构人事与决策进行了研究，尤其介绍了陈立夫与朱家骅之间的派系斗争，为国民政府初期高等教育整顿的研究提供了另一角度的思考④。崔恒秀的《民国教育部与大学关系之研究（1912—1937）》以教育部对大学的管理职能和管理手段为线索，展示了1912—1937年教育部与国立大学、私立大学、教会大学之间的历史关系⑤。该文从教育部的角度展示了国民政府初期高等教育整顿的情形，尤其是对教育部与大学之间复杂关系的解剖，为国民政府初期高等教育整顿实际成效的评估，为不同类别高校整顿之具体情形的展现提供了借鉴。

国民政府初期政府制定了相关的法规政策，引导高等教育的整顿工作。有关高等教育政策方面的研究成果，硕士论文主要有，任艳红的《民国高等教育立法与现代大学制度的形成》以民国时期教育立法在现代大学制度建立中的作用为主线，对大学制度的制定过程、推行的效果及其对社

---

① 宋秋蓉：《近代中国私立大学发展史》，陕西人民教育出版社2006年版。
② 尚国乾：《中国近代私立大学的发展嬗变及办学特征研究》，硕士学位论文，东北师范大学，2006年。
③ 熊明安：《民国时期私立高等教育的简要评述》，《北京大学教育评论》2003年第3期。
④ 广少奎：《重振与衰变——南京国民政府教育部研究》，山东教育出版社2008年版，第76—114页。
⑤ 崔恒秀：《民国教育部与大学关系之研究（1912—1937）》，博士学位论文，苏州大学，2008年。

会的影响进行了宏观分析与评述①。王娟的《民国政府私立高等教育政策研究》通过对民国时期私立高等教育勃兴的动因考察，分析了当时私立高等教育政策取向、基调以及相关特点②。相关期刊论文主要有，李罡的《略论南京国民政府初期的高等教育立法》以高等教育的办学宗旨、学校管理体制、课程设置和教学管理、经费和设备管理四个方面的法律建构为中心，对国民政府初期高等教育立法进行了探究③。赵爱伦的《近代中国社会变迁视阈下的高等教育制度——以南京国民政府高等教育制度现代化问题为中心》从机构、文本、监督等方面分析了国民政府的高等教育制度④。总之，以上成果为国民政府初期高等教育整顿政策的研究提供了重要的参考。

院系调整是国民政府初期高等教育整顿的重要内容之一，相关的研究成果主要有，周乾的《民国时期省立安徽大学的院系设置与发展》认为，国民政府自成立起，为了在政治上和思想上加强对知识界的绝对控制维护自身统治，在高等教育政策上限制社会科学的发展，同时大力提倡和鼓励大学发展自然科学、实用科学⑤。此文以安徽大学的院系发展为视角展示了国民政府整顿高等教育的某一侧面。韩晋芳的《南京国民政府时期的院系调整》认为，20世纪30年代，教育部对于文、实科两类院系的调整采取了不同的政策，对于实科院系主张整理和充实，而对办理不善的文法科则采用裁撤为主⑥。以上成果为国民政府初期院系结构调整的研究提供了思路。

国民政府初期调整院系结构始终贯彻了注重实用科学的原则，即主张限制文科发展，提倡实科教育。这是国民政府初期整顿高等教育的主要政策之一。其主要目的，一是为了纠正当时大学文实科类教育比例严重失衡

---

① 任艳红：《民国高等教育立法与现代大学制度的形成》，硕士学位论文，陕西师范大学，2006年。

② 王娟：《民国政府私立高等教育政策研究》，硕士学位论文，吉林大学，2006年。

③ 李罡：《略论南京国民政府初期的高等教育立法》，《清华大学教育研究》1997年第2期。

④ 赵爱伦：《近代中国社会变迁视阈下的高等教育制度——以南京国民政府高等教育制度现代化问题为中心》，《学习与探索》2010年第6期。

⑤ 周乾：《民国时期省立安徽大学的院系设置与发展》，《安徽大学学报》（哲学社会科学版）2008年第5期。

⑥ 韩晋芳：《南京国民政府时期的院系调整》，《哈尔滨工业大学学报》（社会科学版）2006年第4期。

的问题；二是为社会建设培养急需的人才。该政策还引发了著名的"文实之争"。张太原的《20世纪30年代的文实之争》认为，"这场论争相当复杂，涉及面相当广泛，诸如大学的目的、人才的培养、教育与政治的关系、社会问题的解决、文化观念的变化、地方和中央之争、自由知识分子与国民党之争等无一不在其中。深入探讨这一论争，可揭示隐藏在教育中的历史特别是当时中国社会中一些鲜为人知的面相。"① 通过一定历史事实的梳理和分析，作者总结说："在文实之争的背后，隐含着国民党的地方和中央之争。其实，借改革教育而达到政治目的，政治与教育相互纠缠，是20世纪30年代国民党内外斗争的一个鲜明特点。"② 在其《文理之争：民国时的一次教育大讨论》一文中，张氏认为，北洋军阀时期教育者对于教育往往还具有主导作用，而国民政府定都南京以后，"当政者在教育界颇思有所作为，通过各种方式逐渐掌控了教育的决策权，并由此开始了各个层面的改革，对一向纷扰的高等教育界尤其用力。"而主张停办文法科者大多为"党国巨公"和地方政要，反对停办者多为教育界特别是文法科领域的自由知识分子③。该结论为国民政府初期高等教育整顿中政界与教育界势力之争的分析提供了参考。张太原亦在《20世纪30年代教育领域里的自由知识分子与国民党之争》一文中通过是否"抑文重实"的争论，揭示了当时的自由知识分子与国民党之争。该文不仅提供了国民政府初期高等教育文实科调整的历史面相，也展示了该阶段高等教育整顿中教界与政界势力较量等史实④。陈德军的《南京政府初期文科与实科比例失衡的社会政治效应》试图从当时大学教育持续面临着文、实科之间的比例与社会需求相失衡这一历史问题出发，客观地分析由此累积所造成的复杂的历史与社会结果，并进而深化对20世纪20—30年代中国政治动荡起源的认识⑤。以上成果为本选题调整院系结构，注重实用科学方面的进一步研究奠定了基础。

---

① 张太原：《20世纪30年代的文实之争》，《近代史研究》2005年第6期。
② 同上。
③ 张太原：《文理之争：民国时的一次教育大讨论》，《学习时报》2006年10月30日第6版。
④ 张太原：《20世纪30年代教育领域里的自由知识分子与国民党之争》，"1930年代的中国"国际学术研讨会，2005年。《"1930年代的中国"国际学术研讨会论文集（下卷）》，社会科学文献出版社2006年版。
⑤ 陈德军：《南京政府初期文科与实科比例失衡的社会政治效应》，《史学月刊》2004年第6期。

国民政府初期为了提高教育效能，就师资、学生试验等方面采取了一定的措施、策略。就高校师资的整顿而言，主要通过限制兼任教师数量、提高专任教师比例、提高教师的待遇等措施，以保证师资水平。吴民祥的《流动与求索——中国近代大学教师流动研究：1898—1949》，在其"经济压迫与教师流动"一章分析并探究了致使当时高校教员兼职现象严重的因素，为本选题高校师资问题的整顿研究提供了思路。相关博士论文主要有，邓小林的《民国时期国立大学教师聘任之研究》第四章"南京国民政府时期国立大学的教师聘任"，对国民政府初期高校师资整顿的研究具有参考价值[①]。张正锋的《权力的表达：中国近代大学教授权力制度研究》，探析了民国以来赋予教授权力的法规制度背后的权力纷争对教授权力制度造成的影响等[②]。相关期刊论文主要有，田正平、吴民祥的《近代中国大学教师的资格检定与聘任》[③]、刘明的《论民国时期的大学教员聘任》对国民政府初期高校师资之整顿有所涉猎[④]。商丽浩的《限制兼任教师与民国大学学术职业发展》对国民政府限制大学教师兼任亦有所涉及[⑤]。梁晨的《民国国立大学教师兼课研究——以北京大学、清华大学为例》认为，大学教员校外兼课行为，在民国时期经历了"从被法规'禁止'而'违规'出现到被'管理'而'合法'存在的转变"，而这种妥协的转变正是发生于政府整顿高等教育的时期。作者以北京大学、清华大学为例，对民国国立大学教师兼课现象进行了研究，并认为，当时大学教师兼课"之所以不是断然'禁止'而是有条件的'允许'，是教育管理者与教员群体不断博弈的结果"[⑥]。该文对国民政府初期限制大学教师兼职方面的研究具有重要的启示。苗素莲的《中国大学组织特性历史演变研

[①] 邓小林：《民国时期国立大学教师聘任之研究》，博士学位论文，四川大学，2005年。

[②] 张正锋：《权力的表达：中国近代大学教授权力制度研究》，博士学位论文，南京师范大学，2006年，已出版，参见张正锋《权力的表达：中国近代大学教授权力制度研究》，福建教育出版社2007年版。

[③] 田正平、吴民祥：《近代中国大学教师的资格检定与聘任》，《教育研究》2004年第10期。

[④] 刘明：《论民国时期的大学教员聘任》，《资料通讯》2004年第6期。

[⑤] 商丽浩：《限制兼任教师与民国大学学术职业发展》，《浙江大学学报》（人文社会科学版）2010年第4期。

[⑥] 梁晨：《民国国立大学教师兼课研究——以北京大学、清华大学为例》，《南京大学学报》（哲学·人文科学·社会科学版）2011年第3期。

究》认为，国家主义教育观始终支配中国大学发展，首先表现在国家对大学控制的加强，主要体现在全面控制了大学的师资和课程等方面①。该文为国民政府初期高等教育整顿的研究提供了理论层面的思考。

另外，国民政府初期高等教育存在着严重的地理分布不均衡问题。相关研究成果主要有，宋伟、韩梦洁的《近代中国高等教育地域非均衡布局考察》指出，近代中国高等教育自诞生之日直到战前十年一直都存在着地域布局不均衡问题，虽然南京中央做了很大努力，但该问题基本上未得到改善②。管弦的《国民党统治时期高校分布的演变及原因分析》梳理了高校分布的演变历程，并分析了影响高校分布的主要原因③。

国外学者亦有诸多有关民国高等教育的研究成果，加拿大学者许美德的《中国大学 1895—1995：一个文化冲突的世纪》从文化的角度对中国百年大学教育进行了深入的考察。其中，"国民党政府统治时期的高等教育状况（1927—1949）"一节，涉及了国民政府初期整顿高校的地理分布不均衡。认为，当时的国民党政府在高等教育领域最为关注的两件事情，"一是如何使大学的课程和内容符合国家建设的实际需要；二是如何使全国高等学校的地理分布更为合理"④。在某种程度上来说，该论断有一定道理，但作者未注意到国民政府关注大学课程、内容以及高校地理分布的更为深层次目的，即巩固国民党在中国的政治权力。杰西·格·卢茨著、曾钜生译的《中国教会大学史 1850—1950》通过对中国教会大学发展历史沿革的研究，从一个侧面揭示了国民政府初期对教会大学的整顿的状况⑤。John Isael（易社强）的 *Student Nationalism in China 1927-1937*（《1927—1937 年中国学生民族主义》）集中探讨了20 世纪 20—30 年代青年知识分子与国家间的关系。作者利用广泛的资料，包括通过访问当事人，全面检视了 1927—1937 年的学生运动。作者认为，该阶段学生运动变迁的一个明显趋势是学生和国民政府日益疏

---

① 苗素莲：《中国大学组织特性历史演变研究》，博士学位论文，华东师范大学，2004 年。
② 宋伟、韩梦洁：《近代中国高等教育地域非均衡布局考察》，《史学月刊》2009 年第 4 期。
③ 管弦：《国民党统治时期高校分布的演变及原因分析》，《教育史研究》2005 年第 3 期。
④ ［加］许美德：《中国大学 1895—1995：一个文化冲突的世纪》，许洁英译，教育科学出版社 1999 年版，第 78 页。
⑤ ［美］杰西·格·卢茨：《中国教会大学史 1850—1950》，曹钜生译，浙江教育出版社 1987 年版。

离，却日益为共产党所吸引，国民政府不能获得青年知识分子支持的原因就是民族主义，这是中国 20 世纪重要的历史主题①。该文展示了国民政府初期政治与教育的关系，不仅有助于拓宽本选题的研究视野，而且为分析国民政府初期高等教育整顿中风潮迭起之现象提供了思路。Wen-Hsin Yeh（叶文心）的 the Alienated Academy: Culture and Politics in Republican China，1919-1937（《分裂的学园——中华民国时期的文化与政治，1919—1937》或者译为《民国时期大学校园文化：1919—1937》②），从政治与文化的关系角度，勾勒出了 1919—1937 年特殊历史时期中国大学的独特个性，彰显了大学与社会日益疏离之态势。该文侧重于从文化史、学术史及思想史角度考察民国时期的大学，对本选题研究提供了较好的借鉴意义和参考价值③。

第四，民国时期的大学校史。研究国民政府初期具体高校的发展沿革和校（院）长们之言行，一方面在一定程度上可透视全国高等教育整顿情况，另一方面可展现被整顿院校对整顿政策之回应。因此，大学校史亦为国民政府初期高等教育整顿研究不可或缺的文献来源。大学校史一般有两种形态：一是大学当局自己组织编写的"校史"，此类校史，一般而言，多受主观者"情感"之影响，难以客观和深入，但优点是资料较为全面，特别是一些主要大学的档案材料一般都可以得以利用。二是作为研究著述的大学校史，此类著述，目前为数不多，但有较高的学术水平。作为第一类校史，大陆地区主要有，清华大学校史编写组编著的《清华大学校史稿》④、北京师范大学校史编写组编的《北京师范大学校史（1902—1982）》⑤、梁山等编著的《中山大学校史（1924—1949）》⑥、四川大学

---

① John Isael, *Student Nationalism in China* 1927-1937, Stanford, Calif: Stanford University Press, 1966.

② 参见叶文心《民国时期大学校园文化：1919—1937》，冯夏根等译，中国人民大学出版社 2012 年版。

③ Wen-Hsin Yeh, *The Alienated Academy: Culture and Politics in Republican China*, 1919-1937, Cambridge Mass: Council on East Asian, Harvard University, 1990.

④ 清华大学校史编写组编著：《清华大学校史稿》，中华书局 1981 年版。

⑤ 北京师范大学校史编写组编：《北京师范大学校史（1902—1982）》，北京师范大学出版社 1982 年版。

⑥ 梁山等编著：《中山大学校史（1924—1949）》，上海教育出版社 1983 年版。

校史编写组编的《四川大学史稿》①、萧超然等编著的《北京大学校史（1898—1949）》②、燕京大学校友校史编写委员会编的《燕京大学史稿》③、王德滋主编的《南京大学史》和《南京大学百年史》④等。这些校史主要展现了各高校的成长历程，对学校制度沿革、院系设置、人事变迁以及课程设置等进行描述性的介绍。

作为研究著述的大学校史，台湾地区主要有，黄福庆的《近代中国高等教育研究：国立中山大学（1924—1937）》对1924年至1937年中山大学的历史沿革、学校组织、校长更迭、研究与教学以及学校生活等方面进行了全盘的探讨⑤。苏云峰的《从清华学堂到清华大学1928—1937：近代中国高等教育研究》对1928年至1937年清华大学的发展进行了梳理。当时的清华大学虽然坚持了学术自由，但是亦配合、执行了国民政府的高等教育整顿政策，为本选题研究提供了很好的个案⑥。大陆地区主要有王东杰、许小青以及王李金等人的博士论文分别对四川大学、中央大学、山西大学进行了深入的个案探究⑦。王东杰的《国家与学术的地方互动：四川大学国立化进程（1925—1939）》在对四川大学"国立化"进程的事实叙述基础上，初步反思了此进程中各种群体与阶层的互动、"国家"及与之密切相关的"中央""地方"等概念在不同事件语境中的落实情形，反思现代国家制度建设与学术教育的关系，以及国家建设、国家—社会等理论在中国近代史研究中的适用度等问题⑧，为国民政府初期高等教育整顿研究提供了较好的示范，且从四川大学的整顿的侧面展示了国民政府初期高等教育整顿之实况。王李金的

---

① 四川大学校史编写组编：《四川大学史稿》，四川大学出版社1985年版。
② 萧超然等编著：《北京大学校史（1898—1949）》，北京大学出版社1988年版。
③ 张玮瑛等主编：《燕京大学史稿》，人民中国出版社1999年版。
④ 王德滋主编：《南京大学史》，南京大学出版社1992年版；《南京大学百年史》，南京大学出版社2002年版。
⑤ 黄福庆：《近代中国高等教育研究：国立中山大学（1924—1937）》，台北"中研院"近代史所1988年版。
⑥ 苏云峰：《从清华学堂到清华大学.1928—1937：近代中国高等教育研究》，生活·读书·新知三联书店2001年大陆版。
⑦ 该三人博士学位论文均已出版，文献综述时采用了图书版本。
⑧ 王东杰：《国家与学术的地方互动：四川大学国立化进程（1925—1939）》，生活·读书·新知三联书店2005年版，第304页。

《中国近代大学创立和发展的路径：从山西大学堂到山西大学（1902—1937）的考察》探讨了1902—1937年山西大学堂到山西大学发展演变的历史①。许小青的《政局与学府：从东南大学到中央大学（1919—1937）》试图将东南大学演变为首都最高学府的历程置于国家、政党、社会背景之中，从而揭示特定时代的大学与社会的关系。简言之，东南大学从一个地方性大学演变为首都最高学府，其与国家、政党的关系也经历了从对峙、制约、抗衡到扶持、合作的变化，通过这个变动格局下的国立大学发展的研究，从一个侧面投射出政府与学校的关系、政治与大学的关系。而这正是20世纪二三十年代政局变动格局下国立大学发展的一个缩影②。章博的《近代中国社会变迁与基督教大学的发展——以华中大学为中心的研究》探究了20世纪30年代前后在中国化、世俗化、党化教育等因素的压力下，华中大学在院系和课程设置、教师和学生管理政策等方面作了应对性的调整③。赵清明的《山西大学与山西近代教育》以清末至民国时期（1902—1937）的山西大学和山西近代教育为研究对象，探讨了山西大学对于山西教育近代化的影响④。总之，以上大学个案研究为本研究中的个案部分提供了很好的基础。同时，透过国民政府初期具体大学的变革亦可更加深入细致地了解高等教育整顿之实况，以达窥一斑而见全豹之实效。另外，硕士论文如胡芸的《民国时期的私立广州大学》⑤和胡晶君的《国立中山大学学校管理探析（1924—1931）》⑥为本选题的研究提供了个案资料。张淑锵的《在曲折中发展的浙江大学——浙江大学的探求（1927—1936）》通过对1927—1936年浙江大学发展历程

---

① 王李金：《中国近代大学创立和发展的路径：从山西大学堂到山西大学（1902—1937）的考察》，人民出版社2007年版，第334页。
② 许小青：《政局与学府：从东南大学到中央大学（1919—1937）》，中国社会科学出版社2009年版。
③ 章博：《近代中国社会变迁与基督教大学的发展——以华中大学为中心的研究》，博士学位论文，华中师范大学，2006年。该文已出版，参见章博《近代中国社会变迁与基督教大学的发展——以华中大学为中心的研究》，华中师范大学出版社2010年版。
④ 赵清明：《山西大学与山西近代教育》，高等教育出版社2011年版。
⑤ 胡芸：《民国时期的私立广州大学》，硕士学位论文，广州大学，2006年。
⑥ 胡晶君：《国立中山大学学校管理探析（1924—1931）》，硕士学位论文，华南师范大学，2004年。

的探求,从微观层面再现了该阶段政府整顿高等教育的具体状况①。陈芳的《民国时期的阎锡山与山西大学——政治控制的个案研究》认为,民国时期阎锡山在行政隶属的基础上施政于山西大学,主要通过对办学经费的支持、人际关系网络的辐射、学科建制的规划、学校声誉的提升、思想政治教育等方面展开对山西大学的控制,从而使得山西大学成为山西省乃至周边省份社会经济发展的人力资源库②。该文从阎锡山与山西大学关系的角度展现了民国时期政治与大学的某些关系。

众所周知,校长是大学的灵魂,一所大学或大学精神往往与其校长密不可分,校长亦是高等教育整顿工作的主要参与者。此方面成果主要有:智效民的《八位大学校长》展现20世纪上半叶中国8位著名大学校长——蒋梦麟、胡适、梅贻琦、张伯苓、竺可桢、罗家伦、任鸿隽、胡先骕的教育理念和实践③。章开沅与余子侠主编的《中国著名大学校长书系》(十卷本)选取了近代著名大学校长进行个案研究,展示了他们的办学理念和治校方略④。吴梓明等的《基督教大学华人校长研究》对基督教教会大学中的华人校长进行了研究⑤。高伟强等的《民国著名大学校长1912—1949》介绍了梅贻琦、竺可桢等十三位民国时期著名的大学校长⑥,等等。相关的博士论文,如程斯辉的《中国近代大学校长研究》在对近代大学校长任用情况进行分析的基础上,对他们各自的办学思想与治

---

① 张淑锵等:《在曲折中发展的浙江大学——浙江大学的探求(1927—1936)》,《浙江档案》2011年第2期。

② 陈芳:《民国时期的阎锡山与山西大学——政治控制的个案研究》,《山西师大学报》(社会科学版)2011年第1期。

③ 智效民:《八位大学校长》,长江文艺出版社2006年版。

④ 主要选取了南洋、复旦公学、辅仁、金陵女子、浙江、清华、金陵、东南、北京、南开等大学的校长。参见余子侠《工科先驱 国学大师 交通大学校长唐文治》;黄书光《国家之光 人类之瑞 复旦公学校长马相伯》;孙邦华《身等国宝 志存辅仁 辅仁大学校长陈垣》;程斯辉、孙海英《厚生务实 巾帼楷模 金陵女子大学校长吴贻芳》;张彬《倡言求是 培育英才 浙江大学校长竺可桢》;吴洪成《生斯长斯 吾爱吾庐 清华大学校长梅贻琦》;王运来《诚真勤仁 光裕金陵 金陵大学校长陈裕光》;冒荣《至平至善 鸿声东南 东南大学校长郭秉文》;金林祥《思想自由 兼容并包 北京大学校长蔡元培》;梁吉生《与公允能 日新月异 南开大学校长张伯苓》,山东教育出版社2004年版。

⑤ 吴梓明编著:《基督教大学华人校长研究》,福建教育出版社2001年版。

⑥ 高伟强等编著:《民国著名大学校长1912—1949》,湖北人民出版社2007年版。

校方略进行了深入的研究①。吴立保的《中国近代大学本土化研究——基于大学校长的视角》探究了辅仁大学的本土化过程,从侧面再现了国民政府初期对教会大学整顿的状况②,等等。总之,校史及其相关的研究成果为我们提供了个体高校的发展面貌,校长个人及群体的研究成果,更有助于我们了解其长校期间大学的发展状况。毋庸置疑,这些研究成果有助于我们从微观层面考察国民政府初期高等教育整顿的状况。

(三) 1949年以后的相关文献评述

1949年以后,海内外的国民政府初期高等教育整顿的相关研究成果,无论是研究内容、利用资料,抑或是研究方法都较前期丰富而富于新意。但依然存在着缺陷与不足。具体表现为以下几个方面:其一,研究时段上,虽较1949年之前的研究成果有明显的不同,不再局限于1930年前后,而拓展至整个国民政府时期,但专门就国民政府初期即1927—1937年的高等教育进行系统探讨的成果还是较少。其二,研究范围上,比过去有大幅度拓展,但大部分仍限于高等教育制度、学校系统、教育宗旨及法令规程等方面,只有少量论著关注高等教育的整顿工作,全面地呈现该时期高等教育整顿活动图景的成果更为缺乏。其三,研究层面上,在已有的国民政府初期高等教育整顿的研究成果中,多停留在整顿政策的层面,对政策实施状况的研究相对较少,以至无法全面呈现高等教育整顿的实际成效,也就难以判断国民政府在高等教育整顿中的历史作用。其四,成果体现上,国民政府初期高等教育整顿研究仍旧附属于各类著作之中,整体性、系统性的专题研究论著及论文尚少出现。其五,研究视野上,多数研究成果只是就教育论教育,只有极少数研究成果已经关注到国民政府初期整顿高等教育背后各种派系纷争之历史事实以及其对整顿工作之影响。另外,两岸学者对国民政府初期高等教育整顿的评述各有侧重。台湾地区的

---

① 主要选取了北京大学的蔡元培、蒋梦麟、胡适,清华大学的梅贻琦,武汉大学的王世杰、王星拱、周鲠生,浙江大学的竺可桢,南开大学的张伯苓,复旦大学的李登辉,厦门大学的林文庆,金陵大学的陈裕光,辅仁大学的陈垣,金陵女子大学的吴贻芳等。参见程斯辉《中国近代大学校长研究》,博士学位论文,华中师范大学,2007年。该文已出版,参见程斯辉《中国近代大学校长研究》,人民教育出版社2010年版。

② 吴立保:《中国近代大学本土化研究——基于大学校长的视角》,博士学位论文,华东师范大学,2009年。已出版,参见吴立保《大学校长与中国近代大学本土化研究》,中国社会科学出版社2010年版。

学者们大多认同该阶段国民政府在三民主义政策下整顿高等教育的功绩，当然，近年来也有台湾学者开始关注国民政府整顿高等教育有加强意识形态控制的意图。大陆学者的认识有阶段性的不同，在改革开放前，多趋于从"国民党加强控制教育的措施"的角度来分析该阶段对高等教育的整顿[1]。受时代的影响，当时的大陆学者站在"阶级斗争"的立场上，论述侧重于国民政府整顿高等教育的目的在于加强党化教育加强意识形态控制的一面，从而以偏概全，对整顿工作的评价欠公允。而自20世纪90年代，开始从学术角度，尽量还原历史面貌，既肯定国民政府初期整顿高等教育之功绩，又注意分析中央政府整顿高等教育背后之政治意图。当然，这种努力目前还在继续。

总之，这些已有成果为本选题的研究提供了丰富的史料，为进一步的研究奠定了基础；其中一些成果的独特的研究视角和颇富新意的研究方法，对本选题工作大有启示。国民政府初期对高等教育的整顿这一课题仍有较大拓展空间。一是进一步挖掘和利用相关的原始史料。虽然国民政府初期高等教育整顿的相关史料已相当丰富，但已有研究对史料的发掘与利用仍显不足，因此，应该以国民政府初期高等教育的重要法令政策为基本史料，并与这一时期重要报纸杂志的记载、重要人物的日记、书信、传记、年谱等互为补充，以便有可能梳理构建国民政府初期高等教育整顿的完整图景。二是拓宽研究思路。国民政府初期对高等教育的整顿，活动空间涉及政治、经济、文化和社会等诸多方面，活动时限贯穿于整个国民政府初期，即1927—1937年。因此，要比较全面、准确地反映此次整顿活动的动因、具体内容、结果和影响，既要从教育内部进行深入考察，又不能局限于教育内部，必须拓宽思路，将政治、经济、社会等诸多因素纳入考察和分析的视野。尤其要考虑到纷扰之政局、国民党纷争之派系对高等教育整顿工作的影响，从而全面、系统地再现国民政府初期高等教育整顿的演变轨迹。三是以科学的态度评价国民政府初期对高等教育的整顿。秉持客观的治学态度，坚持论从史出的治学原则，对史料进行充分挖掘和细致论证，从而对国民政府初期高等教育整顿做出符合史实的分析，对国民政府在这一时期高等教育发展中的作用做出恰如其分的评价。

---

[1] 如华东师范大学教育系教科所编《中国现代教育史》，华东师范大学出版社1983年版。

第四节 研究方法和思路

一 研究方法

本研究主要采用文献法、比较法、个案法。因本研究内容还涉及国民政府初期的党政关系以及派系之争等问题，所以亦吸收和借鉴社会学、政治学学科的研究方法。

第一，文献法。对具有鲜明史学特性的教育史学科而言，文献法是最基本的研究方法。本研究将在充分运用现有档案史料的基础上，对政府机构刊行的"公报类"史料，如《大学院公报》《教育部公报》以及一些相关的地方性教育公报等进行梳理，以期获得国民政府初期整顿高等教育更多第一手资料。通过对《大公报》《申报》《民国日报》以及《中央日报》等民国时期四大报纸的全面检阅，发掘其中与高等教育相关的内容，结合当时的政治、经济、社会、文化背景，认真连缀历史碎片，复原历史细节，勾勒出国民政府初期对高等教育整顿的概貌。期刊类如《独立评论》《中华教育界》《东方杂志》《社会与教育》《教育杂志》《学生杂志》《时代公论》等以及相关的地方性杂志亦为本选题研究提供了基本的文献来源。国民政府初期政界和高等教育界的重要人物的日记、回忆录、书信、著述和演说等资料亦是本研究的基本史料。

第二，比较法。比较法是科学研究中较为常用的一种重要方法，该方法立足于研究对象之间的差异和联系。与国民政府定都南京前的高等教育比较起来，国民政府初期的高等教育获得了较大的发展，这与政府整顿高等教育之举措不无关联。本研究充分运用比较的方法。纵向上，将整顿工作开展前后的高等教育进行对比，以突出高等教育整顿之成效；横向上，将不同类别高校之整顿情况进行对比，以再现国民政府对不同高校采取不同整顿策略之特性，展示不同高校整顿背后的诸种矛盾、冲突和较量之事实。

第三，个案法。个案法是对研究对象进行具体而深入探究的研究方法，运用个案法可以让研究者对研究对象获得细致透彻的认识。本书选取典型的国立高校、省立高校、私立高校以及边远区高校为个案，深入地展示高等教育的整顿状况，更好地再现被整顿高校对政府整顿方针政策的回应,透视派系之间争斗等因素对整顿工作之影响。如以国立中山大学、北京大学为个案,一方面可以从这两所国立大学的整顿实况来深化对国民政府初期整顿高等教育的认识;另一方面亦可再现教育界内部和国民党内部派系纷争之面相以及其对高等教育整顿的影响。

此外,国民政府初期高等教育整顿工作与当时的党政关系、派系纷争等背景联系紧密。为此,对本研究来说,如果单纯使用教育学或历史学的理论框架和分析方法,难免会力不从心,因而,努力吸收与借鉴社会学和政治学的研究方法。

二 研究思路

在分析已有相关研究成果,总结其成就和不足的基础上,本研究的最终目标是形成关于国民政府初期高等教育整顿的整体性研究成果。这一成果试图实现两个具体的目标:其一,清晰呈现国民政府初期整顿高等教育的动因、具体的整顿内容及其整顿成效,分析政府在高等教育整顿活动中发挥的作用和影响;其二,考察国民政府在整顿高等教育过程中碰到的诸种问题,并分析这些问题对此次整顿工作之影响。

首先,在对国民政府初期高等教育整顿的系统考察中,充分挖掘各类史料,努力拓宽史料使用范围,对国民政府初期高等教育的整顿动因进行系统的梳理;其次,将当时高等教育整顿具体分为四个方面的内容,对其整顿政策及政策的落实情形进行细致的描述和深入解读,从而展现国民政府整顿高等教育的具体图景;以国民政府初期有影响力的教育部长为个案,分析他们与国民政府初期高等教育整顿的关系,以便更充分地展示国民政府在整顿工作中的作用和影响。再次,高等教育整顿背后存在诸种派系纷争和各种势力之较量,这些矛盾、冲突和较量在不同类别、不同性质的高等院校中表现形式各不相同。以典型的高等院校的整顿过程为个案进行分析,既可展示派系纷争和各种势力间的冲突对高等教育整顿活动的影响,又可通过这一微观层面的分析,深入地透析政府开展整顿工作的具体情形。最后,在对国民政府初期高等教育整顿背后诸多因素进行考察时,将整顿工作置于当时复杂的社会环境中进行探讨,以期体现国民政府整顿高等教育有促使高等教育规范化发展的目的,同时亦有巩固其政权、加强党化教育意识形态的复杂动机,从而更全面地揭示国民政府初期高等教育整顿的双重面相。

基于以上考虑，本书分为以下几个部分：第一，导论；第二，国民政府初期整顿高等教育的动因分析；第三，取消单科大学，限制滥设大学；第四，加强对私立高校的控制与管理；第五，调整院系结构，注重实用科学；第六，提高教育效能；第七，教育部长与高等教育的整顿；第八，高等教育整顿中的矛盾、冲突与较量；第九，结语：国民政府初期整顿高等教育的双重面相。

第二章

国民政府初期整顿高等教育的动因分析

国民政府定都南京后，国民党虽在形式上逐步实现了统一，但其政权极不稳定。为了巩固其在国内的政治权势，发展经济、培养建设人才被提上了议事日程。在国民政府的努力下，国内经济逐步得到了恢复和发展，这为高等教育的发展提供了经济条件；当时社会各项事业亟须建设人才，更为高等教育发展提供了契机。然而，当时的高等教育问题甚多，引发社会各界人士的广泛批评，因此，国民政府初期对高等教育的整顿势在必行。

第一节　国民政府成立初期国内形势

1927年4月12日，蒋介石发动政变，在南京建立国民政府。1928年，东北"易帜"，北洋军阀政权自此结束，国民政府开始在名义上统一中国各省。实际上，当时的国民政府只是在形式上实现了统一，国民党地方实力派和中央仍旧处于分庭抗礼的割据状态，国民党各派势力之间存在着冲突和矛盾，此外，国共两党之间更是矛盾冲突不断。与此同时，日本帝国主义亦虎视眈眈、步步紧逼。这种内忧外患交迫的局面，致使国民党政权极不稳定。而历经军阀割据、战乱不息的中国，百业俱废，各项建设事业都亟待恢复和发展。

一　经济恢复与发展

以蒋介石为首的国民政府在实现了形式上的统一之后，十分强调国内经济发展。蒋氏认为，要复兴国家，完成革命，最切实最急需的工作莫如生产建设、发展国民经济。国民政府定都南京之初，全国经济混乱，为了恢复和发展国内经济，国民政府于1928年6月在上海召开了全国经济会议，7月在南京召开了全国财政会议，为制定财政经济总方针做准备，随后在中国国民党召开了二届五中全会上通过了《统一财政，确定预算，整理税收，并实行经济政策财政政策，以植财政基础而利民生建议案》，成为国民政府初期财政经济的总方针。

在上述方针的引导下，为促使国内经济恢复和发展，国民政府主要从以下几个方面入手①：第一，改善国外贸易。一方面，国民政府于1928年7月获得关税自主后，于1929年2月公布实施《国定进口税则》，开始提高进口税率，遏制洋货的大量输入，改变入超形势，这在一定程度上有助于增加政府的财政收入，亦有助于保护民族工商业的发展；另一方面，国民政府于1931年6月公布《海关出口新税则》，减免了部分出口货物关税，从而推进国内工商业发展。② 尽管上述政策并未取得理想的效果，但是正如曾任财政委员会委员长、经济委员会委员长的马寅初所说，"国外贸易虽尚未能达吾人之理想地步，然其亦有改变入超之趋势"③，国外贸易在一定程度上得以改善。第二，开放交通。交通开放与否是经济建设发展的重要条件，国民政府成立之后，对交通建设事业尤为用力，铁路、公路以及航空等方面的建设均有进步。就铁路建设而言，1928年成立了铁道部，专门负责新建铁路和维修旧的铁路。就公路建设而言，1927年至1931年，交通部、铁道部先后规划国道干支各线系统工程标准及运输计划大纲等；1931年11月还成立了全国经济委员会筹备处，并于第二年开始建设各省联络公路。另外航空建设亦于1929年着手进行。第三，整理

---

① 参见马寅初《十年来的中国经济建设》，载中国文化建设协会《抗战前十年之中国》，台北龙田出版社1980年影印版，第119—144页；彭明总主编，虞和平著：《20世纪的中国——走向现代化的历程（经济卷1900—1949）》，人民出版社2010年版，第275—438页；史全生主编：《中华民国经济史》，江苏人民出版社1989年版，第232—274页；陆仰渊、方庆秋主编：《民国社会经济史》，中国经济出版社1991年版，第215—243页；朱汉国、汪朝光分册主编：《中华民国史》（第一册），四川人民出版社2006年版，第243—246页。

② 陈晋文：《对外贸易与中国现代化》，知识产权出版社2009年版，第169—172页。

③ 关于入超的含义，马寅初认为："由国际贸易观察国家实业之进步，可分三期：第一期为入超，第二期为出超，第三期又为入超。惟第一期之入超应为生产品，第三期之入超方可为消费品。今日美国已进至第二期第三期之间，英国则已完全进入第三期，中国虽欲列入第一期而犹未能也。"参见马寅初《十年来的中国经济建设》，载中国文化建设协会《抗战前十年之中国》，台北龙田出版社1980年影印版，第121页。

金融与统一币制。国民政府定都南京之前,国内金融与币制都较为紊乱,定都南京之后,主要采取以下措施对金融业进行整理:其一,原有的民营银行被改组为官营或官商合营银行,如参股改组了中国银行和交通银行。为了达到对其他一般银行业务的监督,国民政府还先后制定了"银行条例""银行注册章程"以及"银行注册章程施行细则"等,要求各银行遵章申请注册,须经财政部核准后发给营业执照方可营业,从而加强了对银行的管理和控制。其二,国民政府直接投资设立新的国营金融机构,如中央银行、邮政储蓄汇业总局、中国农民银行等。其三,对货币制度进行整理和改革,加强对全国金融业的控制。国民政府初期共有两次货币制度改革,一次为废两改元,一次为施行法币改革。"废两改元"实施于1933年3月,系指废除原来五花八门的银两的货币流通计算单位,而统一采用银元或银本位币,并由政府统一规定银元与银两的比值和利率,以此方法不仅解决国内金融市场的银两与银元之间的矛盾,而且将银币的铸造和发行权集中于中央政府,从而完成了币制改革的第一步。"法币改革"始于1935年11月,系指由政府发行的可以自由兑换的纸币全面取代银元、银两等硬通货,"作为南京国民政府实施金融统制的一种策略,使之垄断了纸币的发行权,聚敛了华商银行业、钱庄业和地方政府所办银行的白银存底,控制和削弱了它们的金融力量。"① 法币改革实施一年后,"国内物价逐渐上腾,工商企业,颇有转机,外汇大体尚无变更,虽买卖限度稍有扩充,于工商界尚属有利。"② 其四,推动工业之发展。国民政府推行工业发展的举措主要有积极建设国家资本工业、指导和扶持民营企业、统一全国度量衡、颁布法令、调整劳资关系等。③ 由此,国内工业,尤其是民族工业得到了一定程度的发展,等等。

---

① 彭明总主编,虞和平著:《20世纪的中国——走向现代化的历程(经济卷1900—1949)》,人民出版社2010年版,第330页;虞和平:《以国家力量为主导的早期现代化建设——南京国民政府时期的国营经济与民营经济》,载《中华民国史研究三十年(1972—2002)——中华民国史(1912—1949)国际学术讨论会论文集(中卷)》,中华民国史(1912—1949)国际学术讨论会,2002年。

② 马寅初:《十年来的中国经济建设》,载中国文化建设协会《抗战前十年之中国》,台北龙田出版社1980年影印版,第131页。

③ 朱汉国、汪朝光分册主编:《中华民国史》(第一册),四川人民出版社2006年版,第243—246页。

正因为国民政府采取了上述种种发展经济的政策和措施，国内经济逐步恢复和发展，尤其在1930年出现了一个发展高潮①。总体上讲，国民政府初期致力于推动国内经济发展，力图改变国家极为落后的经济面貌，"这种努力有利于改变长期以来中国经济混乱不堪、建设无序的局面；而且一系列发展经济的举措也一定程度上促进了国民经济的发展"②。

二　人才的需求日益突出

1927年，黄郛曾向蒋介石提议"建国以储才为急"③。事实正是如此，国民政府初期，百废待兴、万端待举，各项建设事业如工业、农业、医药卫生等都亟待恢复和发展，对各项建设人才的需求日臻迫切。

1930年11月18日，中国国民党三届四中全会宣言提出："集中人才以充实建国之力量。"《宣言》认为，"任何国家之健全发展，皆赖人尽其才，才尽其用，以适当之人，任适当之事，而后人无冗闲，事无旷废。以中国今日百事之待举，自尤必须集中全国之材智，向同一之目标而努力。"④

高等院校是培养建设人才的重要场所，关于人才培养，国民政府及其教育部制定颁布了一系列的法令法规，如《大学组织法》《大学规程》《专科学校组织法》《专科学校规程》等明确要求大学和专科学校培养"研究高深学术养成专门人才"和"养成技术人才"。再如1932年12月21日中国国民党第四届中央执行委员会第三次全体会议通过的《关于整顿学校教育造就适用人才案》明确提出，"人才教育，则应重质不重量，对于现有之大学及中学，应严加整顿，务使大学所造成者为真正之人才。"⑤并对如何造就人才提出了相应的办法⑥。上述相关法令法规表明，

---

① 吴玉文：《1927—1937年南京国民政府经济政策述评》，《河南大学学报》（社会科学版）1998年第38卷第5期。

② 朱汉国、汪朝光分册主编：《中华民国史》（第一册），四川人民出版社2006年版，第253页。

③ 沈云龙编著：《黄膺白先生年谱长编》（上册），台北联经事业出版公司1976年版，第267页。

④ 中国第二历史档案馆编：《中华民国史档案资料汇编　第五辑　第一编　政治（二）》，江苏古籍出版社1994年版，第169—170页。

⑤ 中国第二历史档案馆编：《中华民国史档案资料汇编　第五辑　第一编　教育》，凤凰出版社2010年版，第1049页。

⑥ 同上书，第1051—1052页。

国民政府初期急需一批社会建设人才，尤其是迫切需求农、工、医、理等实用人才的历史事实。特别是"九一八"事变后国难当头，这种需求日臻迫切，而且更进一步转变为重点需求实用技术人才。如教育部于1931年9月令饬各大学培植土木工程专才，以适应建设之时需①，等等。针对当时高校偏重文科类教育而忽视实科类发展的事实，有人于1932年前后评论说，"工科理科医科，全国受训练之青年，尚不及七千人，当此工商卫生事业，正在发展之时，此区区之数，是否足敷分配，亦属疑问。至于中国号称以农立国，而实际，每年希望能为农林事业之新发展者，不过千人而已。"②实科类人才之缺乏显而易见。再如1935年5月11日教育部训令中央大学："吾国医学人才至感缺乏，首都亦尚缺乏高等医学教育机关。该校应即添办医学院，于下年底开始招生，以应国家急需"③；又如，全国学术工作咨询处于1936年2月15日致函中央大学等校，指出："兹有本京某军事机关及湖北某职业学校，同时委托本处代为物色土木工程工作人员数人，查本处登记人中，甚乏此项人才，经多方物色，迄未得有相当人选"④，诸如此类。可见，当时社会急需实科类建设人才，而此类大学毕业生深受社会各界欢迎。如南开大学化学工程系的学生便是如此，他们毕业时至少有三份工作供每个人自由选择⑤。

第二节　国民政府成立初期面临的高等教育状况

始于19世纪末的中国近代高等教育虽步履艰难，却也取得了一定成绩。尤其到20世纪20年代，因民初以来社会发展的需求和高等教育相关法令政策的变更，高校数量迅速增加，"大学热"现象出现。

---

① 《教部令饬各大学培植土木工程专才》，《中央日报》1931年9月18日第2张第1版。
② 程其保：《我国大学教育之估值》，《时代公论》1932年第1期。
③ 中国第二历史档案馆编：《中华民国史档案资料汇编　第五辑　第一编　教育》，凤凰出版社2010年版，第206页。
④ 《函国立中央大学工学院北平大学工学院北洋工学院》，《全国学术工作咨询处月刊》1936年第2卷第2期。
⑤ 南开大学校史编写组编：《南开大学校史》（1919—1949），南开大学出版社1989年版，第164页。

一 高等院校数量迅速增多[①]

据统计，至20世纪20年代中期，全国各类高等学校数、学生数如下：

表 2-1　　1912 年至 1926 年全国高等院校数、学生数统计表

时间	校数					学生数			
	合计	大学		专门学校		在校生			毕业生
		公立	私立	公立	私立	合计	大学生	专科及专修科生	大学、专科及专修科生
1912 年	115	2	2	77	34	40114	481	39633	490
1913 年	114	3	2	76	33	38373	1371	37002	976
1914 年	102	3	4	71	24	32079（?）	730（?）	31346	1048
1915 年	104	3	7	67	27	25242	1219	24023	1364
1916 年	86	3	7	55	21	17241	1446	15795	1470
1917 年	—	3	7				1552		1155
1918 年	89	3	7	58	21		7863		900
1919 年	—	3	7						1137
1920 年	86	3	7	59	17		9734		1446
1921 年	—	5	8						1428
1922 年		10	9						1742
1923 年		19	10						2005
1924 年		30	11						2397
1925 年	105	34	13	42	16	36321	25278	11043	2272
1926 年		37	14						2841

注："（?）"表示似有遗漏。

资料来源：教育年鉴编纂委员会编：《第二次中国教育年鉴》（第十四编　教育统计），台北文海出版社 1986 年版，第 4 页；吴相湘、刘绍唐主编：《民国史料丛刊　第一种：第一次中国教育年鉴》（第二册）丙编：教育概况（上），台北传记文学出版社 1971 年版，第 14—15、22—23 页；吴相湘、刘绍唐主编：《民国史料丛刊　第一种：第一次中国教育年鉴》（第四册）丁编：教育统计，台北传记文学出版社 1971 年版，第 30—31 页；教育部教育年鉴编纂委员会编：《第三次中国教育年鉴》（第七编　高等教育），台北正中书局 1957 年版，第 445 页；郑世兴：《中国现代教育史》，台北三民书局 1981 年版，第 146 页。

---

① 该节部分内容参见田正平、陈玉玲《国民政府初期对高等教育的整顿（1927—1937）》，《河北师范大学学报》（教育科学版）2012 年第 1 期。

由表 2-1 可知，至 1926 年，公私立大学由 1921 年的 13 所增加到了 51 所，5 年间增加了 3 倍。其中，公立大学由 5 所增至 37 所，私立大学由 8 所增至 14 所。而专门学校因大量升格，从 1920 年的 76 所减至 1925 年的 58 所。学生数增加也比较明显，如 1925 年的在校生总数是 1916 年的 2 倍多。各高校毕业生数亦呈上升趋势，1926 年达 2841 人，是 1921 年 1428 人的近 2 倍。可见，这一时期高等教育无论学校数、学生数还是毕业生数都快速增长。从近代中国高等教育的发展历史看，确实可以说，这一时期"成为五十年来的高原期"[①]。

1922 年后公私立大学数快速增加，这与各专门学校纷纷升格为大学和大批新学校创办紧密相关。在此时段由专门学校升格为大学的情况如下：

表 2-2　　1922 年至 1926 年升格为大学的部分院校统计表

时间	院校名称	校址	升格后校名
1922 年	北京高等师范学校	北京	国立北京师范大学
	南京高等师范学校	南京	改称为东南大学
1923 年	国立法政专门学校	北京	国立北京法政大学
	国立北京农业专门学校	北京	国立北京农业大学
	上海商科大学（由东南大学和暨南学校合设）	上海	改名为东南大学分设上海商科大学和暨南商科大学（后者由暨南学校自行开办）
	私立同济医工专门学校	上海	同济大学（1925 年再改称国立）
	公立法政专门学校	江苏	公立江苏法政大学
	沈阳高等师范学校	奉天	东北大学
1924 年	国立北京女子高等师范	北京	国立北京女子师范大学
	国立武昌高等师范学校	武昌	国立武昌师范大学
	国立北京医学专门学校	北京	国立北京医科大学
	国立北京工业专门学校	北京	国立北京工业大学
	河海工程专门学校	南京	河海工科大学
	湖北医学专门学校	湖北	湖北省立医科大学

[①] 徐则敏：《中国大学教育的现状》，《中华教育界》1931 年第 19 卷第 1 期。该段部分内容已公开发表。参见田正平、陈玉玲《国民政府初期对高等教育的整顿（1927—1937）》，《河北师范大学学报》（教育科学版）2012 年第 1 期。

（续表）

时间	院校名称	校址	升格后校名
1924年	外国语专门学校	湖北	湖北省立文科大学
	法政专门学校	湖北	湖北省立法科大学
	国立广东高等师范学校及省立法科大学	广州	国立广东大学
1925年	清华学校	北京	清华学校大学部
	国立武昌师范大学	武昌	国立武昌大学
	江苏公立医学专门学校	江苏	公立江苏医科大学
1926年	山东省公立法、商、农、工、医、矿六所专门学校	山东	公立山东大学
	国立成都高等师范学校	成都	国立成都师范大学

资料来源：吴相湘、刘绍唐主编：《民国史料丛刊 第一种：第一次中国教育年鉴》（第二册）丙编：教育概况（上），台北传记文学出版社1971年版，第15页；《国内教育新闻》，《中华教育界》1924年第14卷3期。

除部分专门学校改组升格为大学外，这一时期也兴办了很多大学，当时公立大学新设情况如下：

表2-3　　　　　　　　20世纪20年代部分新设公立大学统计表

创设时间	地区	学校名称	性质	备注
1921年	直隶	河北大学	省立	1931年10月，因学校风潮被令停办
1923年	广东	法科大学	省立	1924年2月4日，孙中山将该校与国立广东高等师范、广东农业专门学校合并改组为广东大学，1926年又改名为国立中山大学
1923年	上海	政治大学	国立	原名为国立自治学院，于1925年更为此名，1927年停办
1924年	四川	成都大学	国立	1931年并入国立四川大学
1924年	陕甘	西北大学	国立	1931年1月改为陕西省立高级中学校
1925年	北京	北京女子大学	国立	因北京女子师范大学风潮被改组为北京女子大学，于1926年与女师大合并为北京女子学院，是后来北平大学女子文理学院的前身
1925年	河南	中州大学	省立	1927年6月与河南农商两专校并为第五中山大学，1930年省产科学校并入后改为河南大学
1926年	北京	中俄大学	国立	1926年10月全体学生并入国立法政大学，成立俄文法政系
1926年	湖南	湖南大学	省立	1937年改为国立
1927年	安徽	安徽大学	省立	抗战期间停办

(续表)

创设时间	地区	学校名称	性质	备注
1927年	奉天	锦县交通大学	省立	1929年改为东北交通大学
1928年	广西	广西大学	省立	1929年因政变停办，1931年恢复

资料来源：吴相湘、刘绍唐主编：《民国史料丛刊 第一种：第一次中国教育年鉴》（第二册）丙编：教育概况（上），台北传记文学出版社1971年版，第15页；吴相湘、刘绍唐主编：《民国史料丛刊 第一种：第一次中国教育年鉴》（第四册）丁编：教育统计，台北传记文学出版社1971年版，第42—43页；李永森：《民国年间西北大学三次建校的经过》，载中国人民政治协商会议陕西省委员会文史资料研究委员会编《陕西文史资料》（第十九辑），陕西人民出版社1986年版，第68—76页；朱赤：《河北大学的学潮斗争》，载中国人民政治协商会议河北省保定市委员会文史资料研究委员会编《保定文史资料选辑》（第七、八辑）（内部发行），1990年版，第253—269页。

与此同时，私立大学亦迅速增加。1924年2月23日，北京政府教育部公布的《国立大学校条例》[①]进一步推动了"大学热"。虽然该法令针对国立性质的高校而提出，但亦刺激了私立大学的创办。20世纪20年代新增私立大学状况如下：

表2-4　　　　20世纪20年代私立大学新增状况统计表

校址	创设时间	学校名称	校址	创设时间	学校名称
上海	1920.09	上海艺术师范大学	北京	1920.10	中法大学
	1922.09	上海专科大学		1921.11	平民大学
	1923	上海大学		1922.06	华北大学
	1923.03	女子商科大学		—	新华大学
	1923.09	远东大学		1923	神州大学
	1924.02	文治大学		1923	新民大学
	1924.09	东华大学		1923	中央大学
	1924.09	大夏大学		1923.05	郁文大学
	1924.10	持志大学		1923.08	孔教大学
	1924	上海宏才大学		1924	民治大学
		上海法政大学			公民大学
		亚东医科大学			国际大学

[①] 中国第二历史档案馆编：《中华民国史档案资料汇编 第三辑 教育》，江苏古籍出版社1991年版，第174页。

(续表)

校址	创设时间	学校名称	校址	创设时间	学校名称
上海	1924	南洋医科大学	北京	1924	畿辅大学
		上海群治大学			进群大学
		上海师范大学			东亚大学
	1925.08	光华大学		1924.05	人文大学
	1925	华夏大学		1924.07	东方大学
	1925.03	南洋商科大学		1924.09	文化大学
	1925.09	学艺大学		1925	公教大学
	1926	上海法科大学		1925.08	新闻大学
	1926.02	神州中医大学	厦门	1921	厦门大学
	1926.09	东南医科大学	云南	1922.12	东陆大学
	1928	正风文科大学	天津	1923	津沽大学
	1928.09	大陆大学	青岛	1924.08	青岛大学
	1929.02	上海艺术大学	江西	1925	心远大学
	1929.03	人文艺术大学	天津	1925	南开大学
广州	1925	广东国民大学	沈阳	1927	冯庸大学
	1927	广州大学	—	—	—

资料来源：吴相湘、刘绍唐主编：《民国史料丛刊　第一种：第一次中国教育年鉴》（第二册）丙编：教育概况（上），台北传记文学出版社1971年版，第15—16页；吴相湘、刘绍唐主编：《民国史料丛刊　第一种：第一次中国教育年鉴》（第四册）丁编：教育统计，台北传记文学出版社1971年版，第42—43页；《国内教育新闻》，《中华教育界》1924年第14卷第3期；宋秋蓉：《近代中国私立大学发展史》，陕西人民教育出版社2006年版，第177、466—471页；吴惠玲、李塈编：《北京高等教育史料》（第一集　近现代部分），北京师范学院出版社1992年版，第328—334页；李纯康：《上海的高等教育》，《上海市通志馆期刊》1934年第2期。

由表2-4所示，20世纪20年代，京沪地区新设大学最为迅速。北京地区新增加的大学除表2-2所示的7所公立大学之外，在1924年之前还新办10所私立大学。1924年及其之后，又增加11所私立大学。上海亦"蜂飞蝶追"，1923年以前，私立大学除上海大学、南方大学、圣约翰大学、沪江大学、震旦大学、复旦大学、仓圣明智大学、大同学院大学部、中国公学大学部等外，还有上海专科大学、上海艺术师范大学。1923年及其以后，又新办了23所私立大学[①]。此外，其他地区的私立大学亦有所增加。由此可见，20世纪20年代高校数量急剧增加。但是，在这一段时

---

① 编者：《国内教育新闻》，《中华教育界》1924年第14卷第3期。

期，"我国大学数量虽然增加，但其内容则愈趋愈下，甚至借办学以敛钱，以开办大学为营业者，所在多有。"① 直到国民政府初期，全国高等教育的"大学热"毫无退减之势，尤其是开设法科教育的高校仍在增加②。何炳松批评说："国民政府成立后的二三年间实为我国大学教育史上最活动最复杂的一个短时期，比前清光绪二十八年和民国十二年两次的大学运动还要热闹。"③

二 高等教育质量日趋下降

高等教育短时期内的"大发展"以及"大学热"，一方面，在一定程度上适应了当时社会的需求；另一方面，大幅攀升的数字背后存在着严重的问题——数量增加，质量无法保证。尤其是私立高校纷纷设立，以致大量"盈利大学""野鸡大学"充斥各地，而"所有私立学校包括教会学校在内，绝大多数全靠向学生征收巨额学费来支付一切用项，甚至还有不少人从中图利的"④，尤其是上海的私立学校"一直有'学店'之称"⑤，由此，造成教育质量低下。如上海法政学院、上海法学院及持志学院等校的学生只要交清了学费，不管是否上课，混过四年，就能拿到文凭，其中又以法科为最滥且最容易骗得大学文凭⑥。这种冒用大学之名以营利赚钱为目的的学校为数不少，造成教育质量低下是不可避免的事实。有人指出："年来见大学毕业生觅事者，颇有国文欠通，英算欠熟，常识不及中小学生，专门学科不知

---

① 杨亮功：《我国高等教育之沿革及进展》，转引自郑世兴《中国现代教育史》，台北三民书局 1981 年版，第 147 页；李华兴主编：《民国教育史》，上海教育出版社 1997 年版，第 601 页。

② 陈果夫：《改革教育初步是方案原文》，《中央周刊》1932 年第 212 期。

③ 何炳松：《三十五年来之中国高等教育》，载商务印书馆编《最近三十五年之中国教育》，商务印书馆 1931 年影印版，第 122 页。上述段落部分内容参见田正平、陈玉玲《国民政府初期对高等教育的整顿（1927—1937）》，《河北师范大学学报》（教育科学版）2012 年第 1 期。

④ 谢鸣九：《上海私立学校的奇闻丑事》，载上海市政协文史资料委员会编《上海文史资料存稿汇编 科教文卫》，上海古籍出版社 2001 年版，第 405 页。

⑤ 戴鹏天：《CC 的文化特务活动》，载中国人民政治协商会议全国委员会文史资料研究委员会《文史资料选辑》编辑部编《文史资料选辑》（第一百一十一辑），中国文史出版社 1987 年版，第 169 页。

⑥ 金雄白：《记者生涯五十年》（下），台北跃升文化事业有限公司 1988 年版，转引自金以林《近代中国大学研究 1895—1949》，中央文献出版社 2000 年版，第 186 页。

所云者，殊令人为之短气。"① 有人甚至认为，与一二十年前高校学生比较起来，"今之所谓大学生，但见其量的激增，而未见其质的改善"②。以大学生的文字能力为例：

> 即号称已得学士学位之大学毕业生，询其所习学科，滔滔不绝于口，而于文字方面一经考验，往往令人失望焉。不但文言文之成绩欠佳，即白话文亦多字句欠解话柄百出，至于外国文字，能兼具阅读与听讲能力者，已在少数，遑论乎他。欲求通晓中西文字，程度优良者，真如凤毛麟角之不易多得矣。③

当时高等教育质量之低下可见一斑。

第三节 时人对高等教育现状的批评④

高等教育"大发展"以及"大学热"现象引发的诸多问题引起了时人的重视和不安，他们纷纷提出了批评和整顿建议。对当时高等教育提出批评和整顿建议的既有国内各界人士，亦包括国际友人，前者主要活动于政府、社会以及学校层面，后者则以国际联盟教育考察团为代表。

一 大学教育"浮滥"：政界人士的看法

政界人士对高等教育多有批评，如当时活跃于政界、教育界的朱家骅认为："今日全国教育，其发展关系失其均衡，而其实际内容复流于空虚。高等教育苦于浮滥"⑤。1931年8月31日，朱氏在中央国民党部总理

---

① 陆费逵：《滥设大学之罪恶》，《中华教育界》1924年第14卷第4期。
② 《今日中国之大学教育》，上海《时事新报》1930年3月14日，载沈云龙主编《近代中国史料丛刊三编 第五辑 论评选辑 国闻报社》，台北文海出版社1985年版，第112页。
③ 《今日中国之大学教育》，上海《时事新报》1930年3月14日，载沈云龙主编《近代中国史料丛刊三编 第五辑 论评选辑 国闻报社》，台北文海出版社1985年版，第112页。
④ 该节内容参见陈玉玲、田正平《20世纪20至30年代初期中国高等教育的问题——基于时人视野的考察》，《现代大学教育》2012年第1期。
⑤ 朱家骅：《九个月来教育部整理全国教育之说明》，《教育部公报》1932年第4卷第49—50期。

纪念周上指出，中国高校的通病是未按照着我们的需要来造人才，"有些大学，专做一种有名无实的铺张，多开科系，多设课程，多聘请教职员，扩大各种开支，徒然博得规模宏大的虚荣，至于最先要注重的图书仪器的设备，反不大注意，十之八九的经费，都拿来发薪水了"①。高校课程分配轻重倒置，且存在"重床叠架"问题，致使大学成了百货公司，空费学生光阴②；大学设备不完善，校舍不敷用，其结果"弄到教授在讲堂授课之外，对于学生研究之指导，人格之修养，几于全不负责。教授成了智识的贩卖者，大学成了智识的贩卖所。"③ 1932年，朱家骅在《九个月来教育部整理全国教育之说明》中除再次提及类似的高等教育问题外，还指出文法科教育畸形发展之事实④。作为教育行政人员的朱家骅对当时中国高等教育关注较全面，且切中时弊，尤其是他关注的教学设备、院系设置等问题，都成为尔后政府整顿高等教育之要点。对高校文、实科类畸形发展之状况，国民党要员陈果夫多有关注，他在《改革教育初步方案》中指出："吾国二三十年来，学校课程，尝偏重于文法，而忽视农工医各门"，此种高校畸形发展的状况导致的结果，"不外形成文法人才过剩，与农工医人材之缺乏，因其过剩，故失业者逐年增加，造成社会上种种不安状态"⑤。从当时国民党中央的一些文献中更可看出政府中枢对高等教育的看法，如1929年3月27日通过的《中国国民党第三次全国代表大会关于政治报告之决议案》认为：

> 教育制度，乃陷入事实上流于放任之境。由此放任，遂生六滥：一，学校滥；二，办学之人滥；三，师资滥；四，教材滥；五，招生滥；六，升学滥。由此六滥，更生四恶……总此四恶，即成三害……⑥

---

① 朱家骅：《中国大学教育的现状及应行注意各点》，《中央周刊》1931年第170期。
② 同上。
③ 同上。
④ 朱家骅：《九个月来教育部整理全国教育之说明》，《教育部公报》1932年第4卷第49—50期。
⑤ 陈果夫：《改革教育初步方案原文》，《中央周刊》1932年第212期。
⑥ 《中国国民党第三次全国代表大会关于政治报告之决议案》，《中央党务月刊》1929年第10期。

这是对全国教育的批评，高等教育自然包含其中。前文提及的国民党第四届中央执行委员会第三次全体会议通过的《关于整顿学校教育造就适用人才案》，亦指出高校"太滥"，尤其是"私立大学任意招生，管理训练课程均极松懈，为极不良之现象"。① 总之，国民政府初期，政界人士对高等教育的看法几乎众口一词，认为问题严重，这些批评为政府整顿高等教育提供了有力的支持。

二 大学教育破产：教界人士的批评②

教育界中有人对当时高等教育的状况，更提出了非常极端的批评，认为中国并没有真正的大学教育："所谓某某大学、某某大学云者，不是自欺，便是欺人！"③ 因为在他看来，当时私立大学在形式方面，"大概不过小小狭隘的几间房子，几张椅桌外，一无所有"；而精神方面"更是不堪设想"，这种学校"外既冒大学之名，内却乏中学之实；虽自名大，实至小也；虽称曰学，其实并不学"，因此这些"滑头式"学校不能称为大学④。公立大学同样是"有其名而无其实"，如升格而成的大学，是"徒升其名，不升其实。校长如故，教授如故，课程如故，学生如故；所更变的，不过门前一块招牌上的几个字而已"，所以，"中国现今的大学里边不但没有大学教育，就连'教育'恐怕已所存无几了"⑤。

事实上，20世纪20年代末期至30年代初期，社会上弥漫着浓烈的"教育破产"论、"教育崩溃"论，这既是对从19世纪90年代以来影响广泛的"教育救国论"的一种反动，更是对当时的高等教育提出了严峻挑战。董任坚受寰球中国学生会之邀请，于1930年11月16日发表了《中国大学教育之破产》的讲演⑥。胡适、傅斯年等人于1932年创办的

---

① 《国民党第四届中央执行委员会第三次全体会议通过的〈关于整顿学校教育造就适用人才案〉》，载中国第二历史档案馆编《中华民国史档案资料汇编 第五辑 第一编 教育》，凤凰出版社2010年版，第1049页。

② 该节内容参见陈玉玲、田正平《20世纪20至30年代初期中国高等教育的问题——基于时人视野的考察》，《现代大学教育》2012年第1期。

③ 华林一：《中国的大学教育》，《教育杂志》1925年第5期。

④ 同上。

⑤ 同上。

⑥ 《董任坚硕士之演讲》，《申报》1930年11月17日第2张第8版。

《独立评论》亦多刊有这方面的评论。傅斯年曾连续发文，提出了改革高等教育的建议：第一，大学的地理上分布应合理，"使公立学校在上下的系统上及地方的分配上有相当的照应"①；第二，取缔不良学校，尤其是"限制私立学校，使他不紊乱系统"②；第三，调整院系结构，使学科分配与社会需求相联系，要"作一个全国教育的统计，同时斟酌一下，中国到底需要些那样人，然后制定各校各科门的人数，使与需要相差不远"③；第四，裁并大学，"教育当局应该把大学及专科学校之量的方面相当缩小"④，等等。傅斯年曾多年从事大学行政管理工作，对中国高等教育问题的认识比较深刻，其改革建议有较强的针对性。

《中华教育界》《大公报》等刊物亦有这方面的评论，如1924年陆费逵在《中华教育界》上撰文指出：

> 年来大学之兴，大有蓬蓬勃勃之象。然夷考其实，则国立大学，本已名不副实。高专升格，除最少数外，又不免形同儿戏。各省为名高而悬一大学招牌与夫私立者之徒慕虚名不求实际，不惟等诸自郐，抑且制造许多罪恶。⑤

针对类似问题，周太玄在《中国高等教育的充实问题》一文中亦指出："吾国此时办大学一事甚为踊跃，而学制之改革对于大学一级遂顾及时尚不肯为严格之规定，以致崭新招牌，日添日多，而真正大学反未见一个。"⑥

上海各大学教授协会宣言里亦有对当时高等教育的批评：

> 目前中国教育上的缺点，实在很多。大学教育上腐败的情形，较中小学教育尤甚。大学校的设备残缺不完；大学校的课程，杂乱无章，学校管理，敷衍塞责；学生程度，参差不齐。

---

① 孟真：《教育改革中几个具体事件》，《独立评论》1932年第10期。
② 同上。
③ 同上。
④ 傅孟真：《青年失业问题》，天津《大公报》1934年9月30日第3版。
⑤ 陆费逵：《滥设大学之罪恶》，《中华教育界》1924年第14卷第4期。
⑥ 周太玄：《中国高等教育的充实问题》，《中华教育界》1923年第12卷第11期。

第二章　国民政府初期整顿高等教育的动因分析　47

宣言宣称："中国的大学教育机关，已成合股谋利的商店；中国的大学毕业文凭，已成滥发贱兑的钞票。"①

以上各点是国内教育界人士对当时高等教育某些问题之揭示与批判。需要注意的是，政界人士与教育界人士对高等教育的看法有着某些重合之处，但后者对高等教育问题的揭示更为具体，剖析得更为深刻。另外，国际人士尤其是国际联盟教育考察团之代表对中国高等教育亦有一定的评论。

三　大学教育有诸多品质上的缺点：国际友人的评论②

1931年4月，时任国民政府财政部长的宋子文致书国际联盟秘书长，请求国际联盟遴选顾问专家来华"助商发展教育制度之方案"③，此请求于当年5月19日获得国际联盟行政院会议通过。国际文化合作委员会专家考察团（国际联盟教育考察团）于当年6月成行，除了国联秘书长窝尔忒兹（Frank P. Walters）外，考察团共有代表4人，分别是：德国柏林大学教授、前普鲁士教育部长柏刻氏（Carl H. Becker，负责研究中国中学教育和教育制度中的一般性问题）、波兰教育部初等教育司司长法尔斯基（M. Falski，负责考察中国职业教育问题）、法兰西大学物理学教授郎吉梵（P. Langevin，负责中国自然科学与技术教育问题）以及英国伦敦大学政治经济学院教授叨尼（R. H. Tawney，亦被时人译作陶内，负责考察中国高等教育制度）。考察团于当年9月30日抵达上海后，对上海、南京、北平、天津、苏州、无锡、镇江、杭州等通都大邑进行了为期3个月的考察④。尔后撰写了调查报告书，国立编译馆将其译成中文，即《中国教育之改进》。

在该书中，专门负责考察中国高等教育制度的国联教育考察团成员叨尼以旁观者的立场，表明了对中国高等教育的看法。作者感叹中国大学教育发展速度之快，同时也指出大学教育诸多弱点，这些弱点"一部分在于

---

①　董任坚：《大学教育论丛·弁言》，新月书店1932年版，第1页。
②　该节部分内容参见陈玉玲、田正平《20世纪20至30年代初期中国高等教育的问题——基于时人视野的考察》，《现代大学教育》2012年第1期，第75—76页。
③　《宋部长与国联秘书长书》，《申报》1931年4月29日第13版。
④　国际联盟教育考察团编：《国际联盟教育考察团报告书》，台北文海出版社1986年版，导言第1—4页。

组织，一部分在于教育方法"。"一方面，大学在地理上的分配是绝无布置的"，且同地有好几个大学的工作重复；政府常欠经费，学校财政不能稳定，教授兼课现象较为普遍；"另一方面，许多大学生不够资格：结果他们自己不能收益，而全校的程度为之降低"等①。作者还提出了稳定经费以及合并同区域重复院校等建议。在国联教育考察团的考察报告书中，有对中国大学教育的专门评述：

> 中国人对于高等教育之信仰——几成为对于高等教育之狂热——致使二十五年之内，竟有五十余所大学之创设，此种信仰之本身，确有值得特别羡慕者。但此种迅速创立之制度，纵具有真实之优点，其品质上之缺点，自不可免。②

该报告指出了中国高等教育的缺点，并列出了两大批评。在"组织之批评"中，认为：

> 中国大学在地理上之分布，杂乱无章，在同一区域内常有多数大学，其所进行之工作几全相同，诸大学间亦无合理之分工；对于某数种学问过于重视，而对于有同等重要之其他学问，反忽视之。③

此外，还论及了教职员之地位，教师兼课以及高校经费等问题④。在"教育标准及方法之批评"中，认为多数大学生入学前缺乏适当之准备，且入学程度缺乏共同的、严格的标准；教授钟点过多，教育方法以讲授为主；普通学科的设置亦巧立名目；学生缺乏公民训练，学风不良，等等。针对上述问题，该报告还提出五大改革建议⑤。由上可知，国联教育考察团对于我国大学教育，虽然"所批评各点都是我们自己早已深切感到者，

---

① R. H. Tawney：《中国的教育》，蒋廷黻译，《独立评论》1933 年第 38 期。
② 国际联盟教育考察团编：《国际联盟教育考察团报告书》，台北文海出版社 1986 年版，第 160 页。
③ 同上。
④ 同上书，第 173 页。
⑤ 同上书，第 193—206 页。

所建议各点大部分亦为国内从事教育者所早已见到者"①，但这并不影响教育考察团意见的价值。或者说，国内人士对中国大学教育问题之看法，与国外人士不谋而合。总之，国联教育考察团专家们对中国高等教育的批评和建议亦为政府整顿高等教育提供了较好的思路。

四 小结：事实与评价②

无论是"中国无大学教育"论，还是"大学教育破产论""大学教育崩溃论"，时人对高等教育的批评主要围绕着以下几个方面展开：第一，大学滥设现象严重。一方面，单科大学在法令中地位的合法化，使得多数专门学校纷纷升格，然这些升格之大学多数"学校地址未换，办事人未换，学生未换，甚至课程未换，所更换者学校，教职员，学生等之名称耳"③；另一方面，私立大学"遍地开花"，凭借几间狭小的屋子，几件桌椅，或是租赁别校，一所大学就成立了，且这些私立大学的教学水平十分低下，仅相当于中学或者职业学校。第二，地理分布杂乱无章。无论国内各界人士，抑或国际友人都对此问题关注颇多，指责颇多。叨尼曾说道：1930年全国共59所大学，北平及上海两处就占了25所，其学生亦占全国大学学生的60%④。名为J. D. F. Herbert的国际友人亦认为，中国各大城市大学的发展，不仅与中小学的发展失去了衡，而且"就北平一市而论，所有的大学校数目，几乎和全法国大学的数目相等"⑤。第三，院系结构设置不合理。同一区域，各个大学各自为政，做着重复的工作。国联教育考察团认为我国各大学之种类多趋一律，其课程亦集中于某数门科目而忽视其他。据其考察，1930年至1931年，大学生习文科、法科者比例占据魁首，分别为22.5%、36.6%。⑥ 因院系设置不成系统，致使大学教

---

① 青士：《国联教育考察团报告书中之中国大学教育》，《教育与职业》1933年第144期。
② 该节部分内容参见陈玉玲、田正平《20世纪20至30年代初期中国高等教育的问题——基于时人视野的考察》，《现代大学教育》2012年第1期。
③ 周太玄：《中国高等教育的充实问题》，《中华教育界》1923年第12卷第11期。
④ R. H. Tawney：《中国的教育》，蒋廷黻译，《独立评论》1933年第38期。
⑤ J. D. F. Herbert：《对于中国初等教育的几项意见》，吴俊升节译，《独立评论》1934年第99期。
⑥ 国际联盟教育考察团编：《国际联盟教育考察团报告书》，台北文海出版社1986年版；第166页。

育与社会实际需要相背离。第四,教育效能低下。教育效能体现在学生入学资格验证、师资、教学设备以及学风等方面。就师资方面的问题而言,一方面,有人对留学生执教育界之牛耳的现状不满。如傅斯年对哥伦比亚大学师范学院的毕业生就颇有微词,认为这些中国毕业生"在中国所作所为,真正糊涂加三级"①。其言论或许有些过激,但的确与当时留学生水平参差不齐大有关系。林华一亦指出,当时大学的校长或教授并非外国大学的高才生或优秀毕业生,"大半是领用官费,在外国鬼混了两三年,骗得半个一个硕士、博士的衔头,利用国人的无知,互相援引的占了大学教授的职位"②。亦有人指出,教授的蹩脚和不负责任是大学腐败的现象之一,是大学的致命伤,也是中国大学的悲哀之处③。另一方面,多数批评者认为,大学中专任教员较少,而兼职现象严重,多数教员拼命奔走于各校之间,致力于钟点课程,教学质量无法保障,学生的课外辅导甚为缺乏。高校教师兼职及教学设备问题亦是时人的关注点。此外,教会大学宗教问题及学生风潮等问题,时人亦多有关注和评论。

时人所指的高等教育问题的确存在,并非无的放矢。第一,关于大学的滥设情况。一方面,专门学校纷纷升格为大学(如表2-2所示);另一方面,新创办的公、私立大学纷纷设立(如表2-3和表2-4所示)。由表2-1至表2-4的统计可以看出,高等院校在数量上十分"泛滥"。据中华教育改进社调查,"北京一处在十三四年间,全城大学由十二增至二十九,为世界各城冠。"④虽数量增加,质量却愈趋低下,以至于北京高等院校"其中程度不及大学而冒用大学之名的很不少"⑤。名不符实的高校中,又以私立法政专门学校为最。如章江法政专门学校,1931年6月前后该校自称有学生681人,然实地视察时学生人数却不到三分之一,已缴费者仅五分之一;校舍方面,包括教室、图书馆、各项办公室等,因兼办中学,颇不敷用;运动场较小,亦不适用。江西法政专门学校的情况与此类似,学校自称有学生963人,视察时发现学生人数不到一半,已缴费者亦

---

① 孟真:《教育崩溃之原因》,《独立评论》1932年第9期。
② 华林一:《中国的大学教育》,《教育杂志》1925年第5期。
③ 《中国大学教育的悲哀》,天津《大公报》1930年9月3日第3张第11版。
④ 吴相湘、刘绍唐主编:《民国史料丛刊 第一种:第一次中国教育年鉴》丙编:教育概况(上),台北传记文学出版社1971年版,第17页。
⑤ 蔡元培:《十五年来我国大学教育之进步》,《申报》1926年10月10日国庆纪念增刊。

仅五分之一①。总之,当时大学名实不符滥设现象甚为严重。

第二,院系设置不合理。20 世纪 20 年代,中国高等教育的院系设置较为混乱,同一区域的高校各自为政。以北平市高校的院系设置为例,1932 年前后北平公私立大学及独立学院共 12 校,分 30 余学院(独立学院中之科概作学院)、130 余学系。就院别而论,计文学院、法学院各有10 个;理学院 7 个,其他如工、农、医等学院各有一两个;再就系别而论,130 余系中,中国文学系、经济系各有 10 个,政治系、外国文学系各 9 个,法律系、物理系各 7 个,史学系、哲学系、数学系各 6 个,教育学系、社会学系、化学系各 5 个,生物系、心理系各 4 个,地理系、音乐系各 3 个②,院系重复设置可见一斑。从全国范围看,1928 年至 1931 年专科以上学校文、实科类在校生情况统计如下:

表 2-5　　1928 年至 1931 年全国专科以上学校文、实科类在校生统计表

时间	实科类 (理、工、农、医) 在校生数	文科类 (文、法、商、教育、 艺术)在校生数	共计
1928 年	6749	18286	25198
1929 年	7799	21254	29121
1930 年	7375	28191	37566
1931 年	11227	32940	44167

注:1928—1930 年在校生数还包括了未分院系学生,1928 年未分院系学生为 163 人,1929年及 1930 年的数据不详。

资料来源:教育年鉴编纂委员会编:《第二次中国教育年鉴》(第五编　高等教育),台北文海出版社 1986 年版,第 38—43 页。

据表 2-5 所示,在校文科类学生数远远高于实科类学生数。如 1928 年,除了未分院系学生 163 人,占学生总数的 0.65%外,文科类学生数 18286 人,占学生总数的 72.57%,而实科类学生数仅占学生总数的 26.78%。文、实科类学生比例严重失调显而易见。其中,又以文科和法科的学生最多,尤其是法学院系更是畸形发展。据中华教育改进社统计,1922—1923 年,即使 35 所综合大学法政专业的学生不计算在内,仅 33

---

① 《为呈复视察私立章江江西两法政专门学校情形请鉴核由》,《教育部公报》1931 年第 3卷 21 期。

② 《北平各校院系重叠》,《中央日报》1932 年 5 月 25 日第 2 张第 3 版。

所法政专门学校就有在校学生 10864 人，约占当时全国大学生总数 34880 人的 31%①。再如 1928 年各高校本科在校生为 17792 人，其中法学院在校生占 5695 人，约占总数的 32%②。总之，国民政府成立前后各高校院系设置较为混乱，比例严重失调。

第三，高校师资是影响教育效能的重要因素。其一，教授兼职状况严重。人才缺乏、经济的制约以及高校教师经济压力大等因素，致使高校教师兼职成为不可避免的现象③。当时，高校教师兼职最为严重的是北平和上海地区，以北平地区为例，见表 2-6。

表 2-6　　1928 年至 1930 年北平主要高等院校教员专兼任统计表

教员相关	学校	北平大学	北京大学	北平师范大学	清华大学	燕京大学	协和医学院	中国学院	朝阳学院
教员总数	1928 年	566	269	126	82	99	112	117	122
	1929 年	743	293	210	117	132	113	133	125
	1930 年	658	285	347	140	151	125	144	154
专任	1928 年	219	85	53	60	73	108	15	117
	1929 年	297	91	82	81	93	112	25	120
	1930 年	294	89	117	93	97	118	32	149
兼本校职务	1928 年	41	14	3	2	4	2	10	5
	1929 年	25	17	—	1	9	—	5	5
	1930 年	17	15	4	6	9	—	5	5
互兼本校及校外职务	1928 年	10	—	—	—	—	—	—	—
	1929 年	—	—	—	5	—	1	—	—
	1930 年	—	—	—	—	—	1	—	—
兼校外职务	1928 年	296	170	70	20	22	2	92	—
	1929 年	421	185	128	30	30	—	103	—
	1930 年	347	181	226	41	45	6	107	—

资料来源：根据 "表 11　近三年度各大学教员等级分析表" 及 "表 12　近三年度各大学教员专兼任分析表" 制作而成。参见中华民国教育部高等教育司编《全国高等教育统计》，中华民国教育部高等教育司 1932 年印。

---

① 周予同：《中国现代教育史》，良友图书公司 1934 年版，第 225 页。
② 中华民国教育部高等教育司编：《全国高等教育统计》，中华民国教育部高等教育司 1932 年印，第 53、58 页。
③ 吴民祥：《流动与求索——中国近代大学教师流动研究：1898—1949》，浙江教育出版社 2006 年版，第 218—219 页。

由表 2-6 可知，当时教员分为专、兼任两种，其中兼任者又分为三类：兼本校职务者、互兼本校及校外职务者以及兼校外职务者。1928 年至 1930 年，教员之兼任现象甚为严重。以北平大学为例，1928 年该校共有教员 566 人，专任教员仅 219 人，兼本校职务者 41 人，互兼本校及校外职务者 10 人，而兼校外职务者为 296 人，超过了专任教员人数；至 1930 年，此状况几无变化，共有教员 658 人，专任者仅 294 人，兼校外职务者大大超过此数，为 347 人。北京大学、北平师范大学情况类似。中国学院的教师兼职状况更为严重，1928 年该校兼任校外职务教师为 92 人，专任教师仅 15 人，前者是后者的 6 倍。当时高校有名的教员大多身兼数职。如鲁迅曾于北大、女师大、北师大、世界语专门学校、中国大学等校任兼课教师，讲授"中国小说史"①。俞平伯亦曾兼职多校，如 1927 年除在燕京大学教授中国小说外，还任北京女子文理学院讲师②。可见，当时高校教师兼职状况异常普遍，且程度较严重。据胡适透露，随着国民政府成立，政治文化中心的转移，北平地区各方面的学人纷纷南去，致使当时"一个大学教授的最高俸给还是每月三百元，还比不上政府各部的一个科长。北平的国立各校无法向外延揽人才，只好请那一班留在北平的教员尽量的兼课。几位最好的教员兼课也最多。例如温源宁先生当时就'有身兼三主任，五教授'的流言。结果是这班教员到处兼课，往往有一个人每星期兼课到四十小时的！也有排定时间表，有计划地在各校轮流辍课的！这班教员不但'生意兴隆'，并且'饭碗稳固'。不但外面人才不肯来同他们抢饭碗，他们还立了种种法制，保障他们自己的饭碗。"③ 高校教师兼职过多，对于学生就很难谈得上负责，国民政府教育部指出："现时各校教授每因兼课太多，请假缺课，甚至以一人兼两校，或同校两院以上之教授，平时授课已虞不及，何有研究之可言，其影响教授效能、妨碍学校进步，盖无有甚于此者"④。

其二，关于时人评论的师资水平问题，当时许多高校的确存在一些鳖

---

① 马嘶：《百年冷暖：20 世纪中国知识分子生活状况》，北京图书馆出版社 2003 年版，第 31 页。

② 俞平伯：《俞平伯全集》（第十卷），华山文艺出版社 1997 年版，第 466 页；孙玉蓉编纂：《俞平伯年谱》，天津人民出版社 2001 年版，第 100—112 页。

③ 胡适：《丁文江的传记》，安徽教育出版社 1999 年版，第 132—133 页。

④ 《教部限制教授兼课》，天津《大公报》1929 年 6 月 24 日第 2 张第 5 版。

脚、毫无责任心的教师，亦有一些滥竽充数的归国留学生混迹高校讲坛，钱钟书于《围城》中塑造的男主角方鸿渐就是此类人物的典型代表。但时人对高校教师之批评未必尽是事实，多数归国留学生还是具有真才实学，他们是高等院校师资的重要来源，在中国高等教育近代化的进程中发挥了巨大的作用，并为中国培养出了一批批优秀的人才[①]。

另外，学校风潮亦是影响教学效能的重要因素。自从学生们在五四运动中发挥的作用被认可以来，他们更为广泛地参与到社会和学校各项事务之中。随着学生们参与各项运动之行为的日益过激，致使中国高校终无宁日，革命运动、抗外运动、收回教育权运动、读书运动、大学易长风波等，大学生们无一不在其列。而大学区制实施以来，各地高校风潮更是此起彼伏，其中以北平地区为最。如北大为复校开展了多次护校运动[②]；女大有反对合并之运动；师大艺专有校长人选之争执；第一师院有请求增加预算及恢复公费之运动[③]，等等。据统计，1930年，全国发动学潮的高校共有39所，学潮共有43起[④]。全国高等院校之风潮流行，严重影响到学校教学效能。如北大师生为复校开展多次护校运动，致使"牺牲千余人半载光阴"[⑤]。且因学潮汹涌，"学校以内，日在惊涛骇浪中，随时有一触即发的危机，则无论在学校当局或学生方面，都会感觉到精神上有莫大的损失。而且为风潮而发生的各种冲突，常作破浪式的起伏，时隐时现，影响于学校行政与学生功课极大"[⑥]。

第四，关于大学分布不合理之状况，以1929年前后全国各高等院校地理分布为例：

---

① 田正平：《留学生与中国教育近代化》，广东教育出版社1996年版，第402—458页。
② 北大除有复校运动外，还有学生捣毁校长办公室风波，接收文理法三科受阻之风波等，致使原来到校授课的教授休课，学生虚度光阴。参见1928年10—12月的天津《大公报》。
③ 《一师院大风潮》，天津《大公报》1929年2月20日第2张第5版；《北平新学潮》，天津《大公报》1929年2月21日第1张第3版。
④ 周振光：《十九年全国学校风潮之分析研究》，《教育季刊》1931年第1期。
⑤ 《北大问题已解决说》，天津《大公报》1929年1月10日第2张第5版；《北大学潮解决》，天津《大公报》1929年1月29日第2张第5版；《北大学潮解决》，天津《大公报》1929年1月30日第1张第2版。
⑥ 周振光：《十九年全国学校风潮之分析研究》，《教育季刊》1931年第1期。

表 2-7　　1929 年前后全国主要高等院校地理分布表

性质	院校	分类数目	地点								
			北平	上海	天津	广州	南京	成都	武昌	太原	其他
国立高校	北平大学	15	√								
	北京大学		√								
	北京师范大学		√								
	交通大学（三个校园）		√	√							唐山
	中央大学						√				
	中山大学					√					
	清华大学		√								
	武汉大学								√		
	浙江大学										杭州
	暨南大学			√							
	同济大学			√							
	劳动大学			√							
	北洋工学院				√						
	广东法科学院					√					
	青岛大学										青岛
省立高校	成都师范大学	16						√			
	成都大学							√			
	四川大学							√			
	河北法商学院				√						
	河北工业学院				√						
	河北女子师范学院				√						
	河北大学										保定
	山西大学									√	
	吉林大学										吉林
	东北大学										沈阳
	河南大学										开封
	甘肃学院										兰州
	湖南大学										长沙
	安徽大学										安庆
	山西教育学院									√	
	江苏教育学院										无锡

（续表）

性质	院校	分类数目	地点								
			北平	上海	天津	广州	南京	成都	武昌	太原	其他
国人自办高校	中国学院	14	√								
	朝阳学院		√								
	南开大学				√						
	武昌中华大学								√		
	大夏大学			√							
	光华大学			√							
	岭南大学					√					
	中国公学			√							
	复旦大学			√							
	大同大学			√							
	南通学院										南通
	上海法学院			√							
	上海法政学院			√							
	厦门大学										厦门
教会高校	燕京大学	7	√								
	协和医学院		√								
	东吴大学										苏州
	金陵大学						√				
	金陵女子文理学院						√				
	沪江大学			√							
	福建协和学院										福州
总计		52	9	12	5	3	3	3	2	2	15

注：专门学校的相关统计不包括在内，多数未立案之私立学校亦不包括在内。

资料来源：《大学概况总表》，载中华民国教育部高等教育司编《高等教育概况》（上册 大学之部），中华民国教育部高等教育司1929年印；中华民国教育部高等教育司编：《全国高等教育统计》，中华民国教育部高等教育司1932年印；吴相湘、刘绍唐主编：《民国史料丛刊 第一种：第一次中国教育年鉴》（第四册）丁编：教育统计，台北传记文学出版社1971年版，第43—45页。

据表2-7所示，52个学校共有54个校园，地理分布为上海12个，位居第一；北平9个，位居第二；其次是天津5个，广州、南京、成都各3个，武昌、太原各2个；另外，唐山、杭州、青岛、保定、吉林、沈阳、开封、兰州、长沙、安庆、无锡、南通、厦门、苏州、福州各1个。由此可见,1929年前后中国高等院校多分布于上海、北平两地区。到1931年,高校的这种地理分布亦没有多大改变①。20世纪30年代,中国高等院校的地理分布仍多集中于东南沿海、沿江及华北地区。

综上所述,国民政府自1928年从形式上统一中国之后,制定了各种经济政策以推动国内经济逐步恢复和发展。与此同时,国家各项建设事业开始进行,培养各种建设人才以满足社会需要被提上了议事日程。发展高等教育是国家建设的一部分,高等院校是培养建设人才的主要场所之一,因此备受关注。然而,当时的实际情形是,高校数量急剧增加,教育质量却参差不齐:大学滥设现象严重,各高校地理分布杂乱无章,院系结构设置不合理及高校教员兼职现象严重,等等。正是上述状况的存在,促使国民政府下决心对高等教育进行整顿。当然,政府整顿高等教育不仅有提升高等教育品质,培养社会需要的各项建设人才之计划,亦有统一思想,巩固其政治权势之意图。②

---

① 吴相湘、刘绍唐主编:《民国史料丛刊 第一种:第一次中国教育年鉴》(第四册)丁编:教育统计,台北传记文学出版社1971年版,第40—41页。
② 该节内容参见陈玉玲、田正平《20世纪20至30年代初期中国高等教育的问题——基于时人视野的考察》,《现代大学教育》2012年第1期。

第三章

取消单科大学　限制大学滥设

本章讨论的是，针对全国甚为严重的"大学热"现象，国民政府所采取的整顿措施及其落实情况。

第一节　相关政策

针对全国大学"升格运动"以及严重的"大学滥设"现象，国民政府颁布了一系列相关的法令法规，特别是制定了只有具备三学院以上者才能称为大学的有关法令，对当时大量的"单科大学"进行了整顿。

一　大学滥设之源头：大学可"单设一科"

民国政府成立后，于1912年颁布了《大学令》，规定"大学以文理二科为主，须合于左列条款之一，方得名为大学。一、文理二科并设者。二、文科兼法商二科者。三、理科兼医农工三科或二科、一科者。"[1] 在该法令的严格限定下，国内高等院校数量比较稳定。如前文表2-1所示，1912—1917年，公私立大学总数在4所至10所之间。1917年9月27日《修正大学令》的颁布"颠覆"了民国初期《大学令》中对大学设置的严格规定，规定高等学校"设二科以上者，得称为大学；其但设一科者，称为某科大学"[2]。"但设一科"的规定，为各专门学校升格为大学提供了法律基础，放宽了大学设立的条件，为大学之滥设埋下了种子。而1922年

---

[1] 中国第二历史档案馆编：《中华民国史档案资料汇编　第三辑　教育》，江苏古籍出版社1991年版，第108页。

[2] 同上书，第168页。

制定的《壬戌学制》则进一步延续了《修正大学令》的相关内容，由此引发了高等教育"大发展"。如表2-1所示，从1922年起，大学数和学生数明显增加。1924年2月23日，教育部公布《国立大学校条例》，要求"国立大学校得设数科或单设一科"①。"单设一科"的规定表明政府仍在鼓励各地兴办大学，这就进一步推动了"大学热"。由此，政府对民初以来高等教育政策的重大修正导致20世纪20年代中后期高校数量急剧增加、大学滥设现象严重的重要原因之一②。

二 整顿政策："具备三学院以上者始得称为大学"

为了取消单科大学，限制滥设大学，国民政府于1929年7月26日颁布了《大学组织法》《专科学校组织法》；教育部于1929年8月14日颁布了《大学规程》，1931年3月26日颁布了《专科学校规程》，1933年10月19日颁布了《私立学校规程》等。这些法规的主要内容有：第一，大学分文、理、法、教育、农、工、商、医各学院，具备三学院以上者才能称为大学，否则为独立学院③。第二，国立专科学校由教育部视全国各地情形设立，而省、市、私立专科学校之设立变更及停办，须经教育部批准④。第三，提高私立大学立案之门槛，设置私立大学得到国家承认的三个程序。第四，规定了高等院校各科最低开办费和经常费⑤。另外，由于"办理未善之大学，往往大学其名，实际预科学生，转占多数，流弊不可胜言"⑥。为了防止这种流弊，教育部还于1930年3月4日公布了《各大学自十九年度起不得再招预科生》的规定。上述法令政策旨在取消单科大学和预科生招生制度，在一定程度上有助于限制大学滥设⑦。为了

---

① 中国第二历史档案馆编：《中华民国史档案资料汇编 第三辑 教育》，江苏古籍出版社1991年版，第174页。

② 该段内容见田正平、陈玉玲《国民政府初期对高等教育的整顿（1927—1937）》，《河北师范大学学报》（教育科学版）2012年第1期。

③ 宋恩荣、章咸主编：《中华民国教育法规选编1912—1949》，江苏教育出版社1990年版，第405页。

④ 同上书，第410—418页。

⑤ 同上书，第408页。

⑥ 中华民国教育部参事处编：《教育法令汇编 第一辑》，商务印书馆1936年版，第143页。

⑦ 该段部分内容参见田正平、陈玉玲《国民政府初期对高等教育的整顿（1927—1937）》，《河北师范大学学报》（教育科学版）2012年第1期。

防止停闭学校改名重办，教育部亦规定了四种"处置停办学校办法"①：

  一、凡经令饬停办封闭之学校，非经过一学期，不得就原有基础，改易名称或变更组织，重请设立同类之学校；二、凡经令饬停办或封闭之学校，经过相当时期，如就原有基础，改易名称或变更组织，重请设立同类之学校，拟以新开办之学校论；三、凡新开办之学校，只准招收一年级时生，以杜□滥；四、凡经令饬停办或封闭之学校，当时在校之学生，应由各该学校负责结束，将学生名册及相片呈送各该所在地地方教育行政机关，听候举行甄别按其成绩发给修业证明书。②

通过上述规定，试图防止那些已被停办或被封闭的大学"死灰复燃"，从根本上限制大学滥设。

第二节 政策的落实

上述法令政策为取消单科大学、限制大学滥设提供了法律依据。通过采用"降格、裁并、取缔"等处置方式，这些法令政策基本上得到了较好的落实，并在一定程度上有助于限制高等院校的数量，促使高等教育质量得到提升，即实现"但作质的改进，不作量的扩充"。

一 降格

在相关法令法规的指引下，多数高校纷纷降格。1929 年至 1931 年部分高校被降格情况如下：

表 3-1   1929 年至 1931 年部分高校被降格情况统计表

院校名称	校址	性质	创办或改组的时间	降格时间	降格后的名称
北京协和医科大学	北平	私立	1915-07	1929	北平协和医学院

---

① 《教部规定处置停办学校办法》，《民国日报》1930 年 3 月 2 日第 4 张第 4 版。
② 同上。

（续表）

院校名称	校址	性质	创办或改组的时间	降格时间	降格后的名称
平民大学	北平	私立	1921-11	1930	平民学院
华北大学	北平	私立	1922-06	1930	华北学院
中国大学	北平	私立	1927	1930-08	中国学院
朝阳大学	北平	私立	1916	1930-11	朝阳学院
民国大学	北平	私立	1916	1930-12	民国学院
郁文大学	北平	私立	1923-05	1930-12	郁文学院
上海法政大学	上海	私立	1924	1928-10-15	上海法政学院
正风文科大学	上海	私立	1928	1929	正风文学院
中法大学分设上海药学院	上海	私立	1929	1929	中法大学药学专修科
国立音乐院	上海	国立	1927-11-26	1929-09	音乐专科学校
东南医科大学	上海	私立	1926-09-10	1930-01-01	东南医学院
新华艺术大学	上海	私立	1926-12	1930-01	新华艺术专科学校
人文艺术大学	上海	私立	1929-03	1930-01	中国艺术学院
上海艺术大学	上海	私立	1929-02	1930-01	中国文艺学院
中国文艺学院	上海	私立	1930-03	1930-07	中国艺术专科学校
中国艺术学院	上海	私立	1930-03	1930-07	上海艺术专科学校
持志大学	上海	私立	1924-10	1930	持志学院
国立艺术院	杭州	国立	1928-04	1929-10-10	杭州艺术专科学校
之江大学	杭州	私立	1911	1929	之江文理学院
文化大学	南京	私立	—	1929-08	文化学院
金陵女子大学	南京	私立	1913	1930	金陵女子文理学院
广东光华医科大学	广州	私立	1928	1929	广东光华医学院
无锡国文专门学院	无锡	私立	1920	1930-01	无锡国学专修学校
南通大学	南通	私立	1928-08	1930-11	南通学院
福建协和大学	福州	私立	1916	1931-01-17	福建协和学院
甘肃大学	兰州	省立	1930	1931-04	甘肃学院

(续表)

院校名称	校址	性质	创办或改组的时间	降格时间	降格后的名称
西安中山大学	西安	省立	1928	1931-05	陕西省立高级中学
焦作矿务大学	河南	私立	1921	1931-07	焦作工学院

资料来源：吴相湘、刘绍唐主编：《民国史料丛刊 第一种：第一次中国教育年鉴》（第二册）丙编：教育概况（上），台北传记文学出版社1971年版，第17—19页；吴相湘、刘绍唐主编：《民国史料丛刊 第一种：第一次中国教育年鉴》（第四册）丁编：教育统计，台北传记文学出版社1971年版，第42—48页；吴惠龄、李壑编：《北京高等教育史料》（第一集 近现代部分），北京师范学院出版社1992年版；王学珍、张万仓编：《北京高等教育文献资料选编1861—1948》，首都师范大学出版社2004年版；《上海的高等教育》，《上海通志馆期刊》1934年第1—4期，第623—626、648—658页；《国立艺术院之进行》，《申报》1928年2月6日第10版；《国立音乐院行开院礼》，《申报》1927年11月28日第8版；吴小如、徐天新主编：《365天中外名人大事辞典》，中国旅游出版社1992年版，第693页；《西湖艺术院改艺术专校》，《申报》1929年9月26日第3张第10版；《私立文化大学改称文化学院 部批准予立案》，《中央日报》1929年8月11日第3张第4版；《教育部革新工作报告 二十年一月份》，《申报》1931年2月13日第3张第10版；《为甘肃大学改称甘肃学院暂设文法两科俟理学院完成再恢复大学名称希查照饬遵招生》，《教育部公报》1931年第3卷第13期，第37—38页；教育大辞典编纂委员会编：《教育大辞典10卷：中国近现代教育史》，上海教育出版社1991年版，第151页；《二十年一月十二日至十七本部重要工作报告》，《教育部公报》1931年第3卷3期，第106页；宋秋蓉：《近代中国私立大学发展史》，陕西人民教育出版社2006年版，第170页；张本烈：《忆西安中山大学》，载中国人民政治协商会议西安市莲湖区委员会文史资料研究委员会编《莲湖文史资料》（第五辑）（内部图书），1990年版，第112—116页；《本校史略》，载民国学院出版课编《北平民国学院一览》，民国学院出版课1933年版，第5—6页；《呈报改组西安中山大学为陕西省立高级中学校情形请备案由》，《教育部公报》1931年第3卷第15期，第23页；《二十年（三月二十三至二十八）本部重要工作报告》，《教育部公报》1931年第3卷第13期，第65页。

如表3-1所示，第一，在1929年至1931年期间，多数不合《大学组织法》和《大学规程》的高校纷纷降格，大学降格为学院，如朝阳大学、华北大学、中国大学等；学院降格为专科学校，如国立音乐院和艺术院；有的高校甚至降格改组为中学，如西安中山大学因水平和程度不够被改称为陕西省立高级中学。第二，被降格的多为私立高校，省立者和国立者为极少数。第三，被降格的高校多分布于上海地区，这是因为当时私立高校多分于该地区之缘故。通过这一措施，国民政府限制了单科大学的发展，降格之后的学校将有限的资源集中起来，全力发展学校已有学科，这在一定程度上有助于保障学校教育的质量。另外，一些降格之后的学校为了达到国民政府规定的综合大学的相关条件，竭尽全力促使学校学科等各项建设的发展，这同样有助于提高学校的教育质量①。

二 取缔与裁并

除要求不合规程的高校降格之外，对于那些办理不善之高校，国民政府或者加以取缔，或者令其停办，或者令其暂停招生，以便从源头上遏制大学滥设、遏制以教育为盈利目的现象。1929年至1933年部分高校被取缔、停办、停止招生情况如下：

表3-2　　1929年至1933年部分高校被取缔、停办、停止招生情况统计表

院校名称	校址	变动情况
文化大学	南京	1929年4月29日被令停止招生
南京女子法政学校	南京	1929年4月29日被令停止招生
待旦学院	南京	1930年2月20日被勒令停闭
贵州大学	贵阳	1930年被勒令停办
远东大学	上海	1929年5月2日被勒令停办
大陆大学	上海	1929年5月被部令封闭
华南大学	上海	1929年5月被封闭
建华大学	上海	1929年5月被封闭
群治大学②	上海	1929年年底被勒令停办
东亚大学	上海	1930年因与法令不合，被勒令停办
华国大学	上海	1930年2月被勒令停办
新民大学	上海	1930年2月被勒令停办
光明大学	上海	1930年2月被勒令停办
艺术大学	上海	1930年2月26日被勒令停办
建设大学	上海	1930年2月26日勒令其停办
上海文法学院	上海	1930年2月被勒令停办
国民学院	上海	1930年2月被查封
中华艺术大学	上海	1930年6月15日前被停办
湖南建国法政专门学校	长沙	1930年被停止招生
青岛大学	青海	1929年6月被提议取消

---

① 但也不排除某些高校不顾学校实际情况，盲目追求"综合"发展的状况产生。
② 亦有资料表明该校因学校经费受到上海一家私人银行倒闭的影响而停办。参见罗元珊《开展革命教育活动的上海大学和上海群治大学》，载上海市政协文史资料委员会编《上海文史资料存稿汇编　科教文卫》，上海古籍出版社2001年版，第230页。

（续表）

院校名称	校址	变动情况
民治大学	北平	1928年被停办
新民大学	北平	1930年被勒令停办
劳动大学	上海	1930年被部令饬停止招生，1931年年底完全停办
南洋医学院	上海	1931年2月令其停闭
上海法政学院	上海	1933年7月20日被令停止招收学生及转学生
上海法学院	上海	1933年7月20日被令停止招收学生及转学生
文化学院上海第二院	南京	1933年7月20日被令结束；9月12日法科被令结束，后改办为理商等科
湖北省立教育学院	武昌	1933年6月被令本年暂停招生
民国学院	北平	1933年6月被令本年暂停招生
郁文学院	北平	1933年6月被令办理结束，不得再招新生
江南学院	上海	1933年6月被令办理结束，不得再招新生
广州法学院	广州	1933年6月被令办理结束，不得再招新生
平民大学	北平	1933年8月22日被令停止招收新生，并办理结束
华北学院	北平	1933年8月22日被令停止招收新生，并办理结束
新中国学院	上海	1933年9月1日被令停止招生

资料来源：多贺秋五郎编：《近代中国教育史资料 民国编中》，台北文海出版社1976年版，第554页；《教育部高等教育司十九年份重要工作报告》，《教育部公报》1931年第3卷第3期，第99页；中国第二历史档案馆编：《中华民国史档案资料汇编 第五辑 第一编 教育》，凤凰出版社2010年版，第272—273页；吴惠龄、李壑编：《北京高等教育史料》（第一集 近现代部分），北京师范学院出版社1992年版，第328—334页；《上海的高等教育》，《上海通志馆期刊》1934年第1—4期，第623—626页；宋秋蓉：《近代中国私立大学研究》，天津人民出版社2002年版，第314—315页；《教育部取缔待旦学院》，《民国日报》1930年2月22日第3张第4版；《教部勒令停闭东亚大学》，《民国日报》1930年1月25日第3张第3版；《教育部取缔待旦学院》，《民国日报》1930年2月22日第3张第4版；《教部令市教局查封建设大学》，《民国日报》1930年2月28日第3张第4版；《改名重办三大学勒令停闭》，《民国日报》1930年3月1日第2张第4版；《学校择校的指针 教育部发布已立案之校名》，《民国日报》1930年6月15日第2张第4版；《远东大学奉令停办》，《申报》1929年5月3日第3张第12版；《教部取缔待旦学院》，《申报》1930年2月22日第4张第13版；《教部令停闭上海四大学》，《申报》1930年2月19日第3张第11版；《教部令三学院停止招生》，《申报》1933年7月21日第4张第14版；《教部六月份工作报告（一）》，《申报》1933年8月3日第4张第15版；《教部令北平三私立大学结束》，《申报》1933年8月27日第5张第18版；《教部令文化第二学院停止招生》，《申报》1933年9月13日第5张第18版；《教部电沪市教局令新中国学院停止招生》，《申报》1933年9月2日第6张第21版；《市教局饬查新中国学院招生》，《申报》1933年9月3日第5张第20版。

据表3-2所示，对那些办理不合规程，或者以营利为目的的高校，教育部分别采取了勒令停办、取缔、暂停招生等不同的处置方式,以达到限制大学滥设之目的。上述被处置高校几乎都是私立性质,当时私立大学滥设的严重程度可想而知。此外,如表3-1所示的被令降格的高校同样面临着或者被取缔,或者被停办,或者被停止招生的命运。如1930年由华北大学降格的华北学院,因"科目不齐、设备不周,影响学生学业",于1933年8月22日再次被训令停止招生新生,并办理结束①。

国民政府还通过裁并原有高校的办法,来实现其限制大学滥设之目的。这一时期被裁并的高校主要有:

表 3-3　　　　　　1930 年至 1935 年部分高校被裁并情况统计表

院系名称	时间	裁并状况
山东大学	1930-09	与私立青岛大学合并为青岛大学
成都大学、成都师范大学、四川大学	1931	合并为国立四川大学
冯庸大学	1932-06	并入东北大学
东北交通大学	1932-06	并入东北大学,改称交通学院,于1935年7月停办
山西法学院	1934-07	并入山西大学
山西教育学院	1934-07	并入山西大学,保持原有教育学院名义,至1936年改为教育学系,下设于文学院
四川省立农学院	1935	并入国立四川大学
四川省立工学院	1935	并入重庆大学

资料来源:吴相湘、刘绍唐主编:《民国史料丛刊　第一种:第一次中国教育年鉴》(第二册)丙编:教育概况(上),台北传记文学出版社1971年版,第23、25页;《教部裁并山西文法院系》,《申报》1933年6月2日第4张第13版;《教部令川教厅处理省农院等校办法》,《申报》1935年9月9日第4张第15版。

如表3-3所示,国民政府通过对高校进行裁并,一方面达到限制大学滥设之目的,另一方面亦使高校财力、物力得以集中,以促使高等教育更好的发展。另外,上述被裁并高校多为省立性质。

综上所述,通过令成绩不良、不合规程的高校或者降格,或者停办,或者暂停招生,或者裁并等处置方式,国民政府在一定程度上达到了取消单科大学、限制大学滥设之目的。1929—1933年,取消单科大学的整顿

---

① 《教部令北平三私立大学结束》,《申报》1933年8月27日第5张第18版。

工作基本上完成。从时间上讲，高校降格多发生于1929—1931年；高校或者取缔，或者停办多集中于1929—1933年；实行高校裁并多发生于1931—1935年，尤其是1934—1935年被裁并者占多数。也就是说，上述多种整顿方式在不同时间段，其侧重点是有所不同的。从被整顿高校的性质来说，被裁并者多为省立高校；被令取缔、停止招生者多为私立高校，另外，国立高校亦有被合并和改设者。总之，通过上述几种处理方式进行整顿之后，至1937年前，高等教育体系中单科大学已不复存在，大学滥设之弊已基本上得到了遏制。当然，上述整顿在执行过程中亦有贯彻政府政治意图之目的，这将在以后有关章节中有所涉及。

第四章

加强对私立高校的控制与管理

私立高校，在当时有两种类型，一是外国宗教团体所创办的教会高校，其历史较长，在一定程度上促使中国高等教育向前推进，但长期以来游弋于中国政府管辖范围之外自由发展。二是由中国人自己创办的私立高校，其扩宽了中国人接受高等教育的渠道，但因其并不受政府掌控，缺乏统一规范的管理，因此，当时多数国人自办私立高校名实不符，办学质量较差。

第一节 整顿政策

为了加强对私立高校（包括教会高校）的控制和管理，国民政府颁布了一系列的法令法规，明确规定了国人自办私立高校和教会高校立案、裁并、奖惩等各种条件和标准。

一 对国人自办私立高校的整顿：立案、奖惩

1927年12月20日，中华民国大学院公布《私立大学及专门学校立案条例》；教育部于1929年8月29日颁布《私立学校规程》，1930年8月23日颁布《私立大学、专科学校奖励与取缔办法》，1934年5月18日颁布《私立专科以上学校补助费分配办法大纲》，同年11月29日颁布《私立专科以上学校补助费支给办法》，等等。这些法令政策的主要内容有：第一，与公立教育机关一样，私立教育机关须接受国家监督；私立高校须遵照立案程序限期呈请立案，对不遵令者勒令停办[①]。第二，规定未

[①] 中国第二历史档案馆编：《中华民国史档案资料汇编 第五辑 第一编 教育》，凤凰出版社2010年版，第180页。补助办理成绩优良而经济困难者的具体办法，参见宋恩荣、章咸主编《中华民国教育法规选编1912—1949》，江苏教育出版社1990年版，第418页。

立案学校的肄业生及毕业生不得与已立案学校的学生受同等待遇①，自1930年起各高校不得再收未立案高校之转学生及未立案高中之升学生②，学生不得投考未经核准设立及未立案之私立学校；未立案之私立高校学生不得转学于公立及已立案之私立高校③。第三，对已立案成绩优良且经费困难者，由中央或省市政府酌量拨款补助，或由教育部转商各庚款教育基金委员会拨款补助④，等等。

为了加强对私立高校（包括教会高校）的控制和管理，除前文所述的令办校成绩不良、不合法令规程的私立高校或者降格，或者裁并，或者取缔，或者暂停招生之外，最主要的是要求私立高校向政府立案，且规定了立案的三个程序：第一，学校开办前校董会要提前呈请教育部立案。第二，校董会履行立案程序之后，私立高校才能呈请开办。呈报开办时必须呈报全校平面图、说明书及学校名称与种类、学校所在地、校地与校舍情形、经费来源及经常开办经费预算表、组成编制及课程、校长及教职员履历表等内容。第三，开办一年之后才能申请立案，经教育部视察符合标准者才能正式立案⑤。由此可见，此程序提高了私立高校立案的门槛⑥。

教育部对于办理成绩优良之私立高校给予经费补助，而对于办理不善者则严令其取缔，并于1930年8月23日规定了取缔的三个办法：第一，未立案高校应限期立案，否则勒令停办或封闭；第二，已立案高校不合标准的限期改善，否则警告或封闭；第三，新办高校应依法规办理，先行呈

---

① 宋恩荣、章咸主编：《中华民国教育法规选编1912—1949》，江苏教育出版社1990年版，第399页。

② 中华民国教育部参事处编：《教育法令汇编 第一辑》，商务印书馆1936年版，第143—144页；《令直辖各机关》，《教育部公报》1934年第6卷第31—32期。

③ 宋恩荣、章咸主编：《中华民国教育法规选编1912—1949》，江苏教育出版社1990年版，第406、411页。

④ 该段内容参见田正平、陈玉玲《国民政府初期对高等教育的整顿（1927—1937）》，《河北师范大学学报》（教育科学版）2012年第1期。

⑤ 宋恩荣、章咸主编：《中华民国教育法规选编1912—1949》，江苏教育出版社1990年版，第141—144页。

⑥ 该段部分内容参见田正平、陈玉玲《国民政府初期对高等教育的整顿（1927—1937）》，《河北师范大学学报》（教育科学版）2012年第1期。

请立案，否则封闭①。通过以上种种规定和要求，国民政府以立案为前提，采用奖惩相结合的方式，加强了对私立高校的控制和管理，同时也限制了私立高校的混乱设置。与此同时，国民政府还颁布了《未立案及已停闭之私立专科以上学校毕业生肄业生甄别试验委员会章程》和《未立案及已停闭之私立专科以上学校毕业生肄业生甄别试验章程》②等法令，给予未立案或已停闭之私立高校学生们试验机会，以便于他们另觅求学之路。

二　对教会高校的整顿：向中国政府立案等

上述的法令法规同时亦适用于管理教会开办的高校。对于教会高校，除了要求其必须向中国政府立案外，还有更为严格的规定：私立学校如由外国所设立，其校长或院长须以中国人充任；学校董事会成员须是中国人，"有特别情形者，得以外国人充任校董，但名额最多不得过三分之一，其董事长或校董会主席，须由中国人充任"③。"私立学校如系宗教团体所设立不得以宗教科目为必修科，亦不得在课内作宗教宣传"，不得强迫或诱使学生参加宗教仪式，当学校办理不善或违背法令时，则被撤销立案或被解散④。总之，通过要求教会高校须由中国人长校、中国人在校董会中占较大比例以及在学校不得以宗教科目为必修科等规定，以作为教会高校立案之条件，从而基本上实现了收回教育主权的预定目的，并促使教会高校进行内部改造。

第二节　政策的落实

在整顿过程中，教育部一面严令各地方教育行政机关对私立高校限期实行呈报立案，一面"由部派员切实调查"，掌握学校实况，以考虑是否准予其立案。国民政府初期对各私立高校进行视察的相关活动如下：

---

① 中国第二历史档案馆编：《中华民国史档案资料汇编　第五辑　第一编　教育》，凤凰出版社2010年版，第180页；何炳松：《三十五年来中国之大学教育》，载商务印书馆编《最近三十五年之中国教育》，商务印书馆1931年影印版，第130页。

② 《教育部公报》1932年第4卷第19—20期。

③ 《私立学校规程》，《安徽教育行政周刊》1929年第2卷第31期。

④ 刘燡元、曾少俊编：《民国法规集刊》（第13集），民智书局1930年版，第387页。

表 4-1　国民政府初期教育部视察各私立高校的相关情况统计表

视察时间	视察人员	视察的对象、内容及备注
1927-01	庄恩祥、张文廉	华东大学历年办理情形、各科成绩，并参观各级授课
1927-01	庄思祥、张文廉	群治大学新校舍地理位置、建筑、光线、学生成绩及出版年刊杂志讲义
1929-03-21	朱经农	沪江大学
1929-04-19	黄建中、谢树英、程振基	光华大学基金、教授、课程、设备、学生数及学生成绩等
1929-04-23	赵乃传、谢树英	燕京大学、南开大学、北平各私立大学
1929-04	黄建中、谢树英	远东大学
1929-04	朱经农、谢树英	辅仁大学
1929-04	孟寿椿、陈剑修、钟灵秀、胡刚复	大夏大学经费、设备、教学、管理
1929-06	程时煃、何逸	福建协和大学
1929-06	王星拱、张有桐	武昌中华大学
1929-06	王世杰、皮宗石	武昌文华图书专门学校
1930-06	王善佺、陈庆堂、金宝善、沈庆炽	南通大学
1929-06-13	马叙伦、朱经农、程振基、谢树英	上海法政大学
1930-09	朱家骅、金曾澄	广州光华医学院
1930-09	孟宪承、张盖谋	之江文理学院
1930-09	郭有守	持志学院
1930-10	谢树英、郭有守	上海法学院
1930-11	郭有守	福建法政专门学校、福建学院、厦门大学和福建协和大学
1930-11	郭有守、贾子铮	东亚体育专科学校
1930-11	蒋笈	江西、章江两法政专门学校
1931-11	相菊潭	文化学院
1931-11	王慎明	齐鲁大学、中法大学、平民学院和并州学院
1931-11	向玉楷	武昌华中大学和湘雅医学院
1931-11	林本	上海美术专科学校
1932-01	郭有守	新华艺术专科学校和中国艺术专科学校
1932-03	齐真如、谢树英	焦作工学院
1932-05	周炳琳、李蒸	平民学院
1932-05	周炳琳、陈总	民国学院和华北学院
1932-05	高廷梓	广东大学
1932-05	郭有守	苏州美术专科学校和正风文学院
1932-07	吴君毅、魏嗣銮、张铮	华西协和大学
1932-09	翁之龙、谢树英	中法大学药学专修科
1932-10	古底克、林椿年	夏葛医学院

(续表)

视察时间	视察人员	视察的对象、内容及备注
1932-10	史尚宽、郭心崧、童冠贤	上海各私立大学的法学院
1932-11	刘奇峯、陈可忠、赵士卿、杨芳	震旦大学
1932-11	赵士卿、朱恒璧	中法大学药学专修科
1932-11	沈鹏飞、王芸	上海美术专科学校
1932-11-12	郭心崧、童冠贤、史尚宽	江南学院
1932-12	沈鹏飞、谢树英、徐佩琨	上海法学院和上海法政学院
1932-12	陈可忠	福州公私立高等院校和厦门大学
1933-03	孙国封、白鹏飞、李光忠	北平铁路学院和天津工商学院
1933-03	胡庶华、朱经农	群治法学院
1933-06-17	钟道赞	文化学院上海分院

资料来源：《教育部派员视察华东大学》，《申报》1927年1月4日第2张第8版；《教部派员视察群大校舍》，《申报》1927年1月5日第3张第10版；《教部派朱经农视察沪江大学》，《申报》1929年3月22日第3张第11版；《教部派朱经农赴平调查三大学》，《申报》1929年4月25日第3张第11版；《教部派员调查光华大学》，《申报》1929年4月26日第3张第11版；《教部派员视察各大学》，《申报》1929年4月29日第2张第7版；《教部派员视察闽鄂私大》，《申报》1929年6月12日第3张第10版；《教部马次长视察法大》，《申报》1929年6月14日第3张第10版；《教部视察南通大学》，《申报》1930年6月15日第5张第17版；《教部派员视察广州光华医学院》，《申报》1930年9月22日第3张第10版；《十九年度九月二十九日至十四日本部重要工作报告》，《教育部公报》1930年第2卷第41—42期，第42页；《十九年十月二十日至二十五日本部重要工作报告》，《教育部公报》1930年第2卷第44期，第17页；《二十年（十一月十六日至二十一日）本部重要工作报告》，《教育部公报》1931年第3卷第47期，第51页；《二十一年（一月十一日至十六日）本部重要工作报告》，《教育部公报》1932年第4卷第3期，第94页；《二十一年（三月四日至二十六日）本部重要工作报告》，《教育部公报》1932年第4卷第11—12期，第21页；《二十一年四月廿五至五月七日本部重要工作报告》，《教育部公报》1932年第4卷第17—18期，第52页；《十一年（五月二十三日至二十八日）本部重要工作报告》，《教育部公报》1932年第4卷第21—22期，第42页；《廿一年（六月六日至十八日）本部重要工作报告》，《教育部公报》1932年第4卷第25—26期，第42页；《二十一年（九月十二至二十四日）本部重要工作报告》，《教育部公报》1932年第4卷第39—40期，第36页；《部员视察江南学院》，《申报》1932年11月15日第3张第9版；《二十一年（九月二十六至十月八日）本部重要工作报告》，《教育部公报》1932处第4卷第41—42期，第42页；《二十一年（十月二十四日至十一月五日）本部重要工作报告》，《教育部公报》1932年第4卷第45—46期，第61页；《十一年十二月五日至十七日本部重要工作报告》，《教育部公报》1932年第4卷第51—52期，第43页；《教育部二十二年三月份革新工作报告》，《教育部公报》1933年第5卷第15—16期，第52页；《教部派员视察文化分院》，《申报》1933年6月18日第4张第16版。

从表4-1可以看出，几乎每所私立高校申请立案时，教育部都会派员赴各校视察；对于已立案之学校，亦通过视察加强监督。视察内容大致有学校校舍、建筑、基金、教授、课程、各种试验、学生人数与成绩、教学设备等各方面。视察人员主要有四大类：一是教育部员，如科长、司长等；二是高校教授、校长或院长；三是特聘督学；四是各省教育厅长。另外，还有国立编译馆人员等。视察之后的私立高校，或者被准予立案，或者被指明了具体的整顿方向，待改进后才准予立案，或者被要求降格，或者被勒令停办，等等。总之，通过对私立高校进行视察，教育部对学校的具体情况有了大致的了解，为随后的整顿工作做准备。尤其对于外国宗教团体设立的教会高校，教育部饬令"严密查察、随时具报"①。

在对各私立高校进行视察的前提下，各项整顿法令政策得到了较好的落实：办理不善之私立高校或被降格，或被取缔，或被停办（如表 3-1、3-2 所示）；私立高校包括教会所办的高校纷纷向中国政府申请立案。

一 整顿国人自办私立高校

如前所述，这一时期政府在要求私立高校立案同时，对办理不善者予以取缔或停办，对办理成绩较好、但经济困难者给予专款资助和奖励，并对未立案或被取缔、停办高校之学生，通过举行甄别试验颁发转学证明书，以给予他们出路。

（一）立案

在国民政府的严格要求下，国人自办私立高校纷纷立案。各高校立案的具体情形如下：

表 4-2　　1928 年至 1935 年部分国人自办私立高校立案情形表

院校名称	院校所在地	学校或校董会立案情形
厦门大学	厦门	1928 年 3 月立案
无锡国学专科学校	无锡	1928 年 9 月立案
大同大学	上海	1928 年 9 月立案
复旦大学	上海	1929 年 3 月 20 日立案
光华大学	上海	1929 年 5 月 24 日立案
大夏大学	上海	1929 年 5 月 24 日立案
南开大学	天津	1929 年 6 月 5 日立案

---

① 《教部通令对于教会学校应注意各点》，《申报》1930 年 2 月 12 日第 3 张第 12 版。

第四章　加强对私立高校的控制与管理

（续表）

院校名称	院校所在地	学校或校董会立案情形
武昌中华大学	武昌	1929年12月26日立案
南通学院专科学校	南通	1930年6月立案
中国公学	上海	1930年6月立案
上海法政学院	上海	1930年6月9日立案
武昌艺术专科学校	武昌	1930年7月立案
朝阳学院	北平	1930年11月27日立案
中国学院	北平	1930年11月立案
上海法学院	上海	1930年12月4日立案
正风文学院	上海	1931年1月校董会立案，1932年8月学校暂准立案
福建学院	福州	1931年1月校董会立案，1932年7月学校立案
广东国民大学	广州	1931年7月立案
文化学院	南京	1931年7月8日立案
持志学院	北平	1931年7月立案
华北学院	北平	1931年8月暂准立案，1933年1月取消立案
平民学院	北平	1931年8月校董会立案
东南医学院	上海	1931年8月校董会立案，1935年9月学校立案
群治法学院	长沙	1931年8月校董会立案
并州学院	太原	1931年8月校董会立案
东亚体育专科学校	上海	1931年9月立案
中法大学	北平	1931年12月立案
上海美术专科学校	上海	1931年12月校董会立案，学校暂准立案，1932年11月学校姑准立案
新华艺术专科学校	上海	1932年2月立案
焦作工学院	焦作	1932年7月暂准立案
广州大学	广州	1932年7月立案
苏州美术专科学校	苏州	1932年7月立案
中山体育专科学校	苏州	1932年9月立案
夏华大学	上海	1932年12月14日立案
中法大学药学专修科	上海	1932年12月16日暂准立案
江南学院	上海	1932年12月16日不准立案
夏葛医学院	广州	1932年12月立案
民国学院	北平	1932年12月立案，后被取消立案资格，直到1933年1月才恢复暂准立案
山西川至医学专科学校	太原	1933年5月校董会立案
北平铁路学院	北平	1933年6月暂准立案

(续表)

院校名称	院校所在地	学校或校董会立案情形
广东光华医学院	广州	1933年9月立案
上海女子医学院	上海	1933年12月立案
同德医学院	上海	1935年9月立案

注：该表如未特别指明是校董会立案或暂准立案，均系指学校而言。

资料来源：《教育部高等教育司十九年份重要工作报告》，《教育部公报》1931年第3卷第3期，第99页；中国第二历史档案馆编：《中华民国史档案资料汇编　第五辑　第一编　教育》，凤凰出版社2010年版，第128—129、322—323页；宋荐戈：《中华近世通鉴·教育专卷》，中国广播电视出版社2000年版，第304—310页；宋秋蓉：《近代中国私立大学研究》，天津人民出版社2002年版，第314—315页；中国人民政治协商会议上海市委员会文史资料工作委员会编：《解放前上海的学校》（上海文史资料选辑第五十九辑），上海人民出版社1988年版；《大夏光华立案部令已到》，《民国日报》1929年5月24日第4张第1版；《大夏立案成功》，《民国日报》1929年5月25日第4张第1版；《中法大学备案》，《民国日报》1930年8月10日第2张第3版；《上海光华大学已准立案》，《申报》1929年5月11日第3张第11版；《大夏光华准予立案部令已到》，《申报》1929年5月24日第3张第11版；《燕京南开两大学准予立案》，《申报》1929年6月6日第2张第7版；《武昌中华大学准予立案》，《申报》1929年12月27日第3张第10版；《上海法政学院立案批准》，《申报》1930年6月9日第4张第13版；《教部准南开大学立案》，天津《大公报》1929年6月6日第2张第5版；《福建学院校董准立案》，《申报》1931年1月15日第3张第12版；《南京文化学院立案》，《申报》1931年7月9日第3张第12版；《广东国民大学批准立案》，《申报》1931年7月11日第3张第12版；《八月份教部准予立案之私立学院校董会》，《申报》1931年8月27日第3张第11版；《十二月份教部革新工作》，《申报》1932年1月18日第2张第8版；吴相湘、刘绍唐主编：《民国史料丛刊　第一种：第一次中国教育年鉴》（第二册）丙编：教育概况（上），台北传记文学出版社1971年版，第17、19页；《教部准夏华大学立案》，《申报》1932年12月15日第4张第13版；《一月份之教部工作报告》，《申报》1933年2月27日第3张第11版；《教部最近准予立案之私大》，《申报》1932年12月19日第3张第12版；《教部政闻汇志》，《申报》1932年11月16日第3张第10版；《教部政闻》，《申报》1933年5月21日第4张第14版；《教部六月份工作报告》（一），《申报》1933年8月3日第4张第15版；《教育部核准同德医学院立案》，《申报》1935年9月7日第4张第16版；《教育部核准东南医学院立案》，《申报》1935年9月8日第4张第16版。

如表4-2所示，国人自办私立高校纷纷向教部呈请立案：对于满足立案条件者，教育部准予立案；对于条件不足、但有发展前途者则暂准予立案；对于办理不善，立案后仍毫无进步者则取消立案，等等。总之，截至1935年，大多数国人自办私立高校均得予立案。私立高校呈请立案必须满足国民政府制定的相关法令法规，达到中国政府有关私立高校开设的最低条件的规定，因此，上述此类学校的立案有助于提高学校的教育质量。

第四章　加强对私立高校的控制与管理

（二）专款补助

对已获准立案，且办理成绩优良、经济较为困难的私立高校，国民政府给予经费补助。除了庚款奖助①惠及私立高校之外，到1934年，国民政府为私立高校设立了专款，以资补助。1934年3月，教育部"为奖助成绩优良，而经费困难之私立专科以上学校起见，曾向行政院提议，自二十三年度起，由国库每月发款六万元，计全年七十二万元，定为私立专科以上学校补助费额"②。该提案经行政院暨中央政治会议先后通过。教育部遂于5月18日制定公布了《私立专科以上学校补助费分配办法大纲》，明确规定私立高校补助费之分配办法③。1934年7月，为了对申请补助的41校进行审核，教育部"聘定部外而与私立大学无关系之专家委员及指派部内委员七人，自七月二十三日起举行审查委员会，会议一星期"④。

审查委员会对申请学校进行了严格审查，其结果，1934年的72万元补助费除酌情留5万元由教育部代为保管以备作本年度各私立高校临时紧急救济费外，其余的分配予32校。

1935年获得补助的高校与1934年相同。其中，国人自办私立高校为17校，教会高校为15所。1934—1935年国人自办私立高校补助费分配情况如下：

表4-3　　　　1934年至1935年获得专款补助的国人自办
私立高校之名单及数额统计表

1934年（17校）		1935年（17校）	
获准补助的院校	补助费额	获准补助的院校	补助费额
南通学院	35000	南通学院	42638

---

① 庚款奖助的对象为各国立、省立、私立高校。参见宋秋蓉《近代中国私立大学发展史》，陕西人民教育出版社2006年版，第162—164页。

② 《本年度私立专科以上学校补助费案核定经过》，《申报》1934年8月11日第4张第13版；《王世杰日记》（手稿本　第一册）民国廿四年一月十三日题追记，台北"中研院"近代史研究所1990年版，第11页；《中政会决议补助私立大学》，《申报》1934年5月13日第4张第16版。

③ 宋恩荣、章咸主编：《中华民国教育法规选编1912—1949》，江苏教育出版社1990年版，第418页；《教部昨日公布私立专科以上校补助费分配法》，《申报》1934年5月19日第4张第16版。

④ 《教部本年度私校补助费核定经过》，《中华教育界》1934年第22卷第4期。

(续表)

1934 年（17 校）		1935 年（17 校）	
获准补助的院校	补助费额	获准补助的院校	补助费额
大同大学	35000	大同大学	37193
复旦大学	15000	复旦大学	16280
光华大学	15000	光华大学	13725
大夏大学	15000	大夏大学	16280
中法大学药学专修科	10000	中法大学药学专修科	10457
东亚体育专科学校	5000	东亚体育专科学校	5228
苏州美术专科学校	6000	苏州美术专科学校	6274
厦门大学	90000	厦门大学	98861
广州大学	6000	广州大学	6274
广东国民大学	14000	广东国民大学	15233
广东光华医学院	8000	广东光华医学院	8366
武昌中华大学	8000	武昌中华大学	6662
焦作工学院	35000	焦作工学院	36600
山西川至医学专科学校	15000	山西川至医学专科学校	16873
朝阳学院	8000	朝阳学院	8366
南开大学	40000	南开大学	43015
合计	360000	合计	388325

资料来源：《本年度私立专科以上学校补助费案核定经过》，《申报》1934 年 8 月 11 日第 4 张第 13 版；《廿四年度私专以上校补助费》，《申报》1935 年 7 月 4 日第 4 张第 13 版；《教部本年度私校补助费核定经过》，《中华教育界》1934 年第 22 卷第 4 期，第 185 页；《二十四年度私立专科以上学校补助费》，《中华教育界》1935 年第 23 卷第 3 期，第 87—88 页。

由表 4-3 可知，1934 年 17 所国人自办私立高校共获补助费 360000 元，占了补助费总额的一半。1935 年共获得了 388325 元，比上一年稍有增加。其中，厦门大学获得的补助费最多，两年分别为 90000 元、98861元；其次为南开大学，两年分别为 40000 元、43015 元。1934 年，厦门大学与后文将提到的燕京大学两校"经济情形特殊、补助较多"；南开大学则因"经审查委员会议定，该校虽已另受国库之补助，此次似可不必再予考虑，但因该校成绩素优，并已从事应用科学及实际问题之研究，故特予该项事业以补助，藉资奖励"；还有少数学校办理成绩较逊，且未能与分配办法大纲所定条件完全相合，但因考虑要给予少数学校努力向上之机会，因此仍给予补助。另外，"又有若干学校，因顾及所在地域关系，其补助费额，特予审优核定"①。

1936年获得该项补助费的高校增至40校。其中，国人自办私立高校占24校，其具体分配情况如下：

表4-4　1936年获得专款补助的国人自办私立高校之名单及数额统计表

1936年（共24校）			
被补助院校	补助额度	被补助院校	补助额度
南通学院	40000	武昌中华大学	6000
大同大学	35000	大夏大学	35000
复旦大学	15000	焦作工学院	30000
光华大学	20000	山西川至医学专科学校	15000
中法大学药学专修科	10000	朝阳学院	8000
东亚体育专科学校	3000	上海法学院（新增）	4000
苏州美术专科学校	6000	东南医学院（新增）	4000
厦门大学	90000	同德医学院（新增）	4000
广州大学	6000	新华艺术专科学校（新增）	4000
广东国民大学	14000	上海美术专科学校（新增）	5000
广东光华医学院	8000	无锡国学专修学校（新增）	3000
南开大学	40000	武昌艺术专科学校（新增）	3000
合计	408000		

注：有关金陵女子文理学院、苏州美术专科学校及华西协和大学三校的补助费额，《申报》与《中央日报》的统计信息并不一致。据前者统计，1936年金陵女子文理学院获得补助12300元、苏州美术专科学校获得6500元、华西协和大学获得22000元，照此统计，该年的专款补助总额不到72万元，相差200元，据《中央日报》统计，上述三校的补助额分别为12000元、6000元、23000元，据此数据合计专款总额刚好72万元，因此，该三校的补助额度采用了《中央日报》的数据。

资料来源：《二十五年度补助私立各大学》，《申报》1936年7月1日第5张第17版；《二十五年度私专补助费》，《中央日报》1936年7月1日第2张第4版；《校史》，载之江文理学院编《私立之江文理学院一览》，之江文理学院1937年印，第1—9页。

---

① 《本年度私立专科以上学校补助费案核定经过》，《申报》1934年8月11日第4张第13版。

由表4-4可知，到1936年，获得补助的国人自办私立高校增至24校，与前两年相比，增加了7校，分别为2所医学院、2所艺术专科学校、1所美术专科学校、1所国学专修学校以及1所法学院。增加的学校多为独立学院或专科学校，因此给予的补助费额度相对较低。该年度国人自办私立高校获补助金额总数为408000元，占了总数72万元的大半，比前两年的数额亦有所增加。其中，厦门大学的补助费额仍占据魁首，维持90000元，其次仍为南开大学和南通学院，各占40000元。

到1937年，获得国家补助的私立专科以上学校共有36校。其中，国人自办私立高校占20校，其具体名单及其数额分配情况如下：

表4-5　1937年获得专款补助的国人自办私立高校之名单及数额统计表

1937年（共20校）			
获准补助院校	补助额度	获准补助院校	补助额度
南通学院	45000	中法大学药学专修科	10000
大同大学	40000	武昌中华大学	6000
光华大学	40000	焦作工学院	45000
东亚体育专科学校	3000	山西川至医学专科学校	20000
苏州美术专科学校	12000	南开大学	40000
上海法学院	6000	东南医学院	10000
广州大学	10000	同德医学院	10000
广东光华医学院	10000	新华艺术专科学校	8000
武昌艺术专科学校	7000	上海美术专科学校	15000
广州国民大学	16000	福建学院（新增）	4000
合计	357000		

资料来源：《教部核定专科以上校补助费　共计八十六万元》，《申报》1937年7月8日第3张第12版。

由表4-5可知，1937年获得补助的国人自办私立高校共有20校，与1936年相比，减少了4校，补助费额亦明显下降，20校共补助357000元。这是因为在1937年，有5所曾于1936年获得资助的学校不再被列入其内，分别为朝阳学院、大夏大学、复旦大学、厦门大学以及无锡国学专修学校。其中，厦门大学因当年改为国立大学，因此不在私校资助之列；大夏大学以及朝阳学院被取消资格则是时任行政院院长的蒋介石严格贯彻限制法科教育之结果①。

由此可见，1934—1937年，国库每年都拨给一定的经费以资助国人自办私立高校和教会高校。通过给予国人自办私立高校经费补助，一方面有助于缓解其经济困难的问题，促使其更好的发展；另一方面，通过奖励等积极手段促使其朝着正规化方向发展的同时，也在一定程度上加强了对其的管理和控制。

（三）甄别与转学

国民政府对未立案和已停闭私立高校之学生，通过举行甄别试验，作为给予救济的条件。教育部规定甄别试验由省市教育厅局聘定的甄试委员会主持，对甄试委员、应试学生以及甄试科目等都有明确的规定。

关于甄试委员的成分和聘请条件，下面是1930年上海聘请的部分委员：

> ［法学院］（法学）谢冠生、刘世芳，（政治）童冠贤、梅思平、刘镇中、张慰慈，（经济）马寅初、刘大钧、金国宝、刘秉麟、杨端六、刘振东。［商学院］潘叙伦、程振基、杨□溥、张治夫、李权时。［文学院］（国）胡适之、陈望道、郑振铎、杨鸿烈、陆侃如、谢六逸，（法文）陈登恪，（英）徐志摩、唐庆贻、楼光来、于楠秋，（社）吴泽霖、李剑华、许德珩，（德）胡庶华，（史）何炳松、陈翰笙，（哲）胡适之、宗白华、汤用彤。［理学院］（理）胡刚复、张绍忠，（化）张江澍、王季梁、颜任光、丁燮林，（生）蔡□、蔡堡、秉志，（数）钱琢如、周烈忠、段调元，（心）郭任远、潘菽、谢循初，［教育学院］廖茂如、郑晓沧、韦捧丹，（艺术）徐悲鸿、李毅士、林风眠、萧友梅、李金发，（党义）陈德征、梅思平、潘公展、罗家伦。［工学院］胡庶华、陈懋解、徐佩璜、周仁。［医学院］金宝善、颜福庆。（教育部所派）（国）刘大白，（教）朱经农、赵迺传，（社）孙本书，（心）陈剑修，（工）谢树英，（法文）郭有守，（日文）朱葆勤，（理）熊正理。②

---

① 《王世杰日记》（手稿本　第一册）民国二十六年六月四日，台北"中研院"近代史研究所1990年版，第57—58页。

② 《教部聘定甄试委员会委员》，《申报》1930年7月27日第3张第12版。

由上可知，聘定的甄试委员会委员中既有公私立高校校长、著名教授、各领域专家，又有各级教育行政人员。委员会成员之职别和素质较高，在一定程度上有助于保障甄试的水平和质量。

对于参与甄试的学生，亦有一定的限制条件。学生参与甄别试验必须具备如下条件：

> 凡未立案及已停闭之私立专科以上学校毕业生肄业生，其入学时具有左列资格之一者，均得依本章程之规定，应甄别试验。一，高级中学毕业者；二，相当于高中职业科之职业学校毕业者；三，旧制中学毕业或高级中学修业一年，升入大学预科修业满两年者；四，旧制中学或同等学校毕业服务满两年者。①

在甄别试验开始前，民国教育部会专门派员对应试生的资格进行审查。如1930年上海市的甄别试验，教育部派高等教育司长（同时亦是甄试委员之一）谢树英于8月9日开始审查应试生的资格②。

关于甄别试验的科目，亦以上海地区的甄别试验为例。除基本科目外，还有"大学专门科目"和"艺术专科学校"科目。基本科目考试五门：党义、国文、外国文（英文、法文、德文、日文中择考一科）、社会科学（中外历史、中外地理、政治学大意、经济学大意、社会学大意等五科中择考一科）、自然科学（数学、物理、化学、生物学四科中择考一科）③。其分类较为详细，且有较大的选择余地，而且党义是甄别试验的必考科目。大学专门科目分类详细，而"艺术专科学校"要求则相对简单，分为理论和实习，前者要求作一篇关于美术原理及美术史之论文，后者仅要求作一件简单之作品④。

试验合格后，教育部发给学生转学证书，以便其继续就学。国民政府

---

① 《未立案及已停闭之私立专科以上学校毕业生肄业生甄别试验章程》，《教育部公报》1932年第4卷第19—20期。

② 关于此次甄试应试生资格审查的结果，参见《上海私校甄别试验会审查合格准予考试生明晨起在交大考试》，《申报》1930年8月16日第3张第10版；《教部派员审查沪私校甄别应试生资格》，《申报》1930年8月11日第3张第10版。

③ 《上海私校甄别试验课目发表》，《申报》1930年8月7日第3张第12版。

④ 同上。

初期举行的相关甄别试验如下：

表 4—6　　　　1930 年至 1935 年未立案或已停闭私立高校学生
举行的部分甄别试验统计表

时间	举办者	相关法令	甄试时间、结果及备注
1930年7月	北平、上海地区	公布"北平上海两市内未立案及已经停闭之私立专科以上学校毕业生肄业生甄别试验委员会章程"	沪市8月17—19日甄试，47人应试，及格者计26人；北平地区及格人数不详
1931年8月①	上海、北平、广州、武昌	公布全国未立案及已停闭之私立专科以上学校毕业生、肄业生甄别章程及甄别试验委员会章程	及格者上海区54人；北平区32人；湖北区13人；广州区情况不详
1932年5月	上海、北平两市教育局、广东、湖北两省教育厅	令四大地区继续办理甄别试验	同年7月1日举行，及格者上海63人、北平33人、广州2人、湖北1人
1933年5月	上海市教育局、北平市社会局、广东、湖北两省教育厅	令四大地区举行甄别试验一次	同年7月举行，及格者上海219人、北平30人、武昌15人②、广州不详
1933年12月	上海市教育局、南京市教育局	令两市续办甄试一次	及格者南京区31人、上海区442人
1935年9月	上海市教育局、北平市社会局	令举行最后一次甄别试验	同年12月8—10日上海区举行，及格者794人、北平区及格158人

资料来源：教育年鉴编纂委员会编：《第二次中国教育年鉴》（第五编　高等教育），台北文海出版社1986年版，第82—83页；《上海市内未立案及已停闭之私立专科以上学校毕业生肄业生甄别试验成绩表》，《教育部公报》1930年第2卷36期，第35—42页；《举行未立案及已停闭之私立专科以上学校毕业生肄业生甄别试验》，《广东省政府公报》1932年第189期，第80—83页；《办理未立案及已停闭之私立专科以上校毕业生肄业生甄别试验之经过》，《时代与教育》1933年第1卷第11—12期，第115—123页；谢青、汤德用主编：《中国考试制度史》，黄山书社1995年版，第591页；《沪私校甄别筹备续闻》，《申报》1930年8月9日第3张第10版；《教部派员审查沪私校甄别应试生资格》，《申报》1930年8月11日第3张第10版；《教部评定沪私校甄别生》，《申报》1930年8月30日第3张第11版；《上海私校甄别试验会审查合格准予考试生明晨起在交大考试》，《申报》1930年8月16日第3张第10版；《本市专科以上学校甄别试验考试日程》，《申报》1935年12月6日第3张第11版。

---

①　也有资料表明此两个章程公布于1932年5月10日。参见《教育部公报》1932年第4卷19—20期。

②　另有资料表明该年北平地区的甄别试验最终参与考试者30人，完全及格者仅仅13名。参见《办理未立案及已停闭之私立专科以上校毕业生肄业生甄别试验之经过》，《时代与教育》1933年第1卷11—12期。

由表 4-6 可知，1930 年至 1935 年，教育部令北平、上海两市教育局，广东、湖北两省教育厅举行了大约 6 次未立案及已停闭之私立专科以上学校毕业生、肄业生甄别试验，以此方式解决被整顿私立高校之遗留问题。甄别试验"毕业生之成绩较优者，于公立或已立案之私立专科以上学校招考时得转入其最后年级肄业。其余毕业生及肄业生，依照程度，转入相当年级。应试人试验成绩过劣，而学历又浅，不克转入以上学校者，得转入高级中学相当年级肄业。"① 甄别试验的要求甚为严格，每次试验及格人数较少，以 1930 年 8 月上海市的甄别试验为例，报名者 47 人，通过者 26 人。其中，修满大学三学年资格者 3 名、二学年者 6 名、一学年者 7 名、合高中毕业生资格者 8 名、合修满高中二学年资格者 1 名、一学年者 1 名②。可见，以试验结果为依据对应试者的资格划定较为严格，被降格的学生所占不少。

总之，通过要求私立高校立案，给予经济困难、办理成绩优秀者专款资助，甄别未立案及已停闭私立高校毕业生肄业生等方式，国民政府加强了对国人自办私立高校的控制和管理。对教会高校，除同样采用了这些整顿办法外，亦有特别的整顿手段。

二 整顿教会高校

《私立学校规程》将"外国人设立之学校"归属于私立学校之列，因此，要求此类学校立案同样是国民政府加强对教会高校控制和管理的最主要手段。但与国人自办私立高校不同的是，教会高校立案的前提条件是：华人长校、中国人在校董会中占三分之二的比例以及学校不以宗教宣传为宗旨，等等。当然，专款奖励成绩优良之教会高校亦是国民政府为间接掌控教会高校而采用的积极手段之一。

(一) 关于"华人长校"

国民政府成立前后，大部分教会高校都未向政府立案，而所有教会学校校长均由外国人担任。根据《私立学校规程》，教会高校必须由华人长校，这也是其获准立案的重要条件之一。在国民政府的严格要求下，教会

---

① 《未立案及已停闭之私立专科以上学校毕业生肄业生甄别试验章程》，《教育部公报》1932 年第 4 卷第 19—20 期。

② 《教部评定沪私校甄别生》，《申报》1930 年 8 月 30 日第 3 张第 11 版。

高校校（院）长之职位开始由中国人担任。这一时期有关华人执掌教会高校的基本情况如下：

表 4-7　　1927 年至 1932 年国人执掌教会高校情况统计表

院校名称	院校所在地	首任华人校长或院长	任命时间
齐鲁大学	济南	李天禄	1927 年
东吴大学	苏州	杨永清	1927 年
福建协和学院	福州	林景润	1927 年
岭南大学	广州	钟荣光	1927 年 1 月
金陵大学	南京	陈裕光	1927 年 11 月
金陵女子文理学院	南京	吴贻芳	1928 年
沪江大学	上海	刘湛恩	1928 年 1 月
华南女子文理学院	福州	王世静	1928 年 6 月
辅仁大学	北平	陈垣	1929 年
北平协和医学院	北平	刘瑞恒	1929 年
燕京大学	北平	吴雷川	1929 年
武昌华中大学	武昌	韦卓民	1929 年
华西协和大学	成都	张凌高①	1930 年
天津工商学院②	天津	赵振声	1931 年 6 月
之江文理学院	杭州	李培恩	1931 年 7 月
震旦大学	上海	胡文耀	1932 年 12 月

文献来源：吴梓明编著：《基督教大学华人校长研究》，福建教育出版社 2001 年版；[美] 杰西·格·卢茨：《中国教会大学史（1850—1950）》，曾钜生译，浙江教育出版社 1987 年版，第 506—509 页；刘少雪：《中国大学教育史》，山西教育出版社 2007 年版，第 111 页。

如表 4-7 所示，至 1932 年，除圣约翰大学外③，绝大部分教会高校都改由中国人任校长或院长。虽然"有些校长仍旧萧规曹随，不愿稍越轨范，有些校长有名无实，形同傀儡"④，但国民政府至少在形式上有效地掌握了这些学校的主动权。有关校董会，多数教会高校能遵守《私立学校规程》要求，由中国人充任董事长，并将外国人充任校董的名额控制在总额三分之一左右。以震旦大学的校董会为例。该校于 1932 年 12 月正式获

---

① 1930 年，张凌高仅是华西协和大学的代理校长。
② 该校由津沽大学降格后改称。
③ 直到 1947 年圣约翰大学才任命涂羽卿为首任华人校长。
④ 上海市政协文史资料委员会编：《上海文史资料存稿汇编 科教文卫》，上海古籍出版社 2001 年版，第 424 页。

准立案，其校董会由九人组织成立：马相伯（董事长）、韦礼敦（M. Wilden）公使、惠济良（Mgr. Haouissée）主教、朱季球主教（中国籍）、陆伯鸿①、王一亭、林康侯、杨维时司铎、才尔孟司铎（R. P. Germain，常务校董）②。其中，有3名外国人，刚好符合校董中外国人"不得过三分之一"的规定。《私立燕京大学校董会简章》亦明确规定"于全体校董十五人之中，外国人至多不得过三分之一"③。1936年燕京大学董会成员有：孔祥熙（主席）、颜惠庆（副主席）、全绍文（副主席）、来义庭（Gleysteen, William Herry，秘书）、白士德（Rev Alexander Baxter）、陈崇寿夫人（王敏仪女士）、寇润岚、凌其峻夫人、艾德敷（D. W. Edwards）、孙科、黄荣良、周贻春、寇饶司、王正黼夫人、王锡炽。④可见，燕京大学校董会之设立亦符合法令之规定。其他获准立案的教会高校亦遵守了此项规定。通过规定华人长校、规定华人在校董会中占多数比例，国民政府至少在形式上收回了开办高等教育的主动权，在一定程度上亦有助于加强对教会高校的控制和管理⑤。

（二）向中国政府立案

北京政府教育部于1913年1月16日颁布的《私立大学规程》、1915年7月20日颁布的《私立专门以上学校认可条例》及11月16日的《外人捐资设立学校请求认可办法》等都有要求教会高校立案的相关规定⑥，只因当时的政府处于更加弱势状态，很多教会高校或者采取观望态度，或

---

① 陆伯鸿非陆费伯鸿（即陆费逵），关于此二人的信息，参见《陆伯鸿与陆费伯鸿》，《新民晚报》2009年3月4日。

② 《行政组织》，载震旦大学编《私立震旦大学一览》，震旦大学1935年印，第10页。

③ 《私立燕京大学校董会简章》，载燕京大学编《燕京大学一览》（民国二十五年至二十六年度），燕京大学1938年印，第9页。

④ 《本校校董题名 民国二十五年度》，载燕京大学编《燕京大学一览》（民国二十五年至二十六年度），燕京大学1938年印，第14页。

⑤ 教会高校虽在形式上遵守了国民政府相关的法令法规，但在实际操作过程中仍有许多背离，其实际主权仍掌握在外国人手里，毫无松动迹象。但是，教会高校开始调整自己的教育宗旨，其宗教性色彩亦逐渐淡化。参见金以林《近代中国大学研究：1895—1949》，中央文献出版社2000年版，第192—193页。

⑥ 中国第二历史档案馆编：《中华民国史档案资料汇编 第三辑 教育》，江苏古籍出版社1991年版，第141—143、163—164页；朱有瓛、高时良主编：《中国近代学制史料》（第四辑），华东师范大学出版社1993年版，第784页。

者漠然置之，仅有个别学校立案。1929年8月29日《私立学校规程》颁布后，政府以强硬的态度要求教会学校立案，对不立案者予以惩处。不仅将教会高校立案与否与学校的生存和命运联系起来，而且将立案与否与学生的个人利益直接挂钩①。教育部经常将已立案或被停闭之私立高校名单公布于众，作为投考学生之指南，从生源上限制了未立案之私立高校的发展②。为了促使各私立高校立案，教育部三令五申，并提出了私立高校立案之最后期限。1930年7月，教育部颁布训令：

> 规定本京内之各私立大学呈请立案期为自即日起至八月底止，如在此期限内仍未呈报备案者，即令饬其停办及招生；京外各省市私立大学，如交通便利，查无阻滞者，亦均自即日起至九月中止；如新疆察哈尔等省其他处较远而交通又未十分完备，似宜特予优容，拟展至本年年度为止。以上两项办法，各该处如届期仍未呈报立案者，亦勒令停办。③

在国民政府严格要求之下，为保障学校的生存和生源，教会高校纷纷向教育部申请立案，具体情形如下：

表4-8　　1928年至1933年部分教会高校立案情况统计表

院校名称	地址	学校或校董会立案情形
金陵大学	南京	1928年9月立案
沪江大学	上海	1929年3月20日立案
燕京大学	北平	1929年6月5日立案
东吴大学	苏州	1929年7月28日立案
武昌文华图书馆学专科学校	武昌	1929年8月立案
岭南大学	广州	1930年7月立案
金陵女子文理学院	南京	1930年12月立案
福建协和学院	福州	1931年1月17日立案
辅仁大学	北平	1931年6月立案
之江文理学院	杭州	1931年7月立案
武昌华中大学	武昌	1931年10月校董会立案；12月学校立案

---

① 刘烺元、曾少俊编：《民国法规集刊》（第13集），民智书局1930年版，第399页。
② 《投考大学者注意》，《申报》1930年6月15日第5张第17版。
③ 《教部拟订私立大学立案标准》，《申报》1930年7月6日第3张第11版。

(续表)

院校名称	地址	学校或校董会立案情形
齐鲁大学	济南	1931年10月校董会立案；12月学校立案
湘雅医学院①	长沙	1931年12月立案
震旦大学	上海	1932年12月8日立案
夏葛医学院	广州	1932年12月暂准立案
华南女子文理学院	福州	1933年6月立案
天津工商学院	天津	1933年8月立案
华西协和大学	成都	1933年9月立案

注：以上如未注明是校董会立案，一般均指学校而言。

资料来源：吴相湘、刘绍唐主编：《民国史料丛刊 第一种：第一次中国教育年鉴》（第二册）丙编：教育概况（上），台北传记文学出版社1971年版，第17、19页；《教育部高等教育司十九年份重要工作报告》，《教育部公报》1931年第3卷第3期，第99页；中国第二历史档案馆编：《中华民国史档案资料汇编 第五辑 第一编 教育》，凤凰出版社2010年版，第128—129、306—323页；宋秋蓉：《近代中国私立大学研究》，天津人民出版社2002年版，第314—315页；中国人民政治协商会议上海市委员会文史资料工作委员会编：《解放前上海的学校》（上海文史资料选辑第五十九辑），上海人民出版社1988年版；《之江文理学院立案已准》，《民国日报》1930年9月22日第2张第2版；《沪江大学立案照准》，《申报》1929年3月21日第3张第11版；《沪大立案照准》，《民国日报》1929年3月21日第4张第2版；《燕京南开两大学准予立案》，《申报》1929年6月6日第2张第7版；《教部准震旦学院立案》，《申报》1932年12月9日第4张第15版；《教部六月份工作报告》（一），《申报》1933年8月3日第4张第15版。

如表4-8所示，虽然上述教会高校并非都在1932年6月之前获准立案，但截至1933年，绝大多数教会高校都已向中国政府立案。从此，教会高校被政府纳入了国家教育行政体制之内。

(三) 限制宗教课程

《私立学校规程》规定，教会学校不能把宗教课作为必修课，并要求各校淡化其宗教色彩。1930年2月10日，教育部通令各省教育厅及特别市教育局，要求对教会高校随时查察，视察其"是否已遵章不以宗教科目为必修科，其有设选修科者，有无强迫选修等情弊"，对违令者立即取缔②。同年3月，教部令饬金陵大学、沪江大学停止宗教学系③；4月，再

---

① 学界多将湘雅医学院作为教会学校来研究，尽管亦有人提出异议，但本书遵从多数人的观点，将其列入该表。彭平一：《湘雅医学院是教会大学吗》，《高等教育研究》2002年第6期。

② 《教部通令对于教会学校应注意各点》，《申报》1930年2月12日第3张第12版。

③ 《教部严饬金陵沪江停止宗教科系》，《申报》1930年3月24日第3张第10版。

令调查沪江大学，如该校仍设有宗教学系，即令其停止①；6月23日，令燕京大学撤销招收新生广告中关于宗教事业与社会服务专修科一节②；6月27日，令南京、上海两市教育局，查明教会高校是否设有宗教教学系及神学系，并随时令饬停止③；同年7月13日，因燕京大学仍有宗教教育，令北平市教育局查禁④；1932年7月，令燕京大学取消宗教学系⑤，等等。对此，燕京大学遵部令于1932年裁撤了文学院的宗教系；沪江大学于1935年拟停办神学院，改设神学系，但在教育部拒不承认其合法地位的情况下，将宗教系改为宗教学科⑥。另外，教育部还通令各省市教育厅司严格取消此类学校的宗教课程⑦。

事实上，取消宗教科目、取消以宗教课为教会高校必修课、要求华人长校，都是教会高校获准立案的必备条件。正是通过上述诸种方式，国民政府在一定程度上达到了加强对教会高校的控制与管理之目的。

（四）专款补助

1934—1935年，获得专款补助的教会高校各占15所，其具体分配情况如下：

表4-9　1934年至1935年获得专款补助的教会高校之名单及数额统计表

1934年（15校）		1935年（15校）	
获准补助的院校	补助费额	获准补助院校	补助费额
金陵大学	30000	金陵大学	32558
金陵女子文理学院	12000	金陵女子文理学院	13142
东吴大学	10000	东吴大学	13347

---

① 实际上，沪江大学并未将宗教学系列为必修科目，但浸礼教会令设沪江神学院。参见《沪大未设宗教科系》，《申报》1930年4月28日第3张第9版；《市教局奉令调查沪大》，《申报》1930年4月17日第3张第12版。

② 吴惠龄、李壑编：《北京高等教育史料》（第一集 近现代部分），北京师范学院出版社1992年版，第418—419页。

③ 《教部取缔神学系》，《申报》1930年6月28日第2张第8版。

④ 《教部查禁燕京大学》，《申报》1930年7月14日第4版。

⑤ 《教育部训令 令北平市教育局 为私立燕京大学宗教学系应即取销令仰转饬遵照由》，《教育部公报》1932年第4卷第25—26期。

⑥ 刘少雪：《中国大学教育史》，山西教育出版社2007年版，第116页。

⑦ 《教部严防教会校传宗教》，《申报》1930年3月3日第3张第11版。

（续表）

1934年（15校）		1935年（15校）	
获准补助的院校	补助费额	获准补助院校	补助费额
沪江大学	20000	沪江大学	22101
之江文理学院	8000	之江文理学院	8366
福建协和学院	12000	福建协和学院	11，438
华南女子文理学院	8000	华南女子文理学院	8366
岭南大学	35000	岭南大学	34121
华西协和大学	20000	华西协和大学	22101
湘雅医学院	35000	湘雅医学院	37787
武昌华中大学	15000	武昌华中大学	16873
武昌文华图书馆学专科学校	5000	武昌文华图书馆学专科学校	5822
燕京大学	60000	燕京大学	65117
辅仁大学	10000	辅仁大学	11050
齐鲁大学	30000	齐鲁大学	29486
合计	310000	合计	331675

资料来源：《本年度私立专科以上学校补助费案核定经过》，《申报》1934年8月11日第4张第13版；《廿四年度私专以上校补助费》，《申报》1935年7月4日第4张第13版；《教部本年度私校补助费核定经过》，《中华教育界》1934年第22卷第4期，第185页；《二十四年度私立专科以上学校补助费》，《中华教育界》1935年第23卷第3期，第87—88页。

如表4-9所示，1934—1935年获得专款补助的15所教会高校共获得经费分别为310000元、331675元。其中，燕京大学在两年中均获得最高经费额度分别为60000元、65117元。与表4-3所示的国人自办私立高校的专款补助费额度的比较，用于教会高校的额度相对较低。

有关1936—1937年教会高校专款补助的分配情况如下：

表4-10 1936年至1937年获得专款补助的教会高校之名单及数额统计

1936年（共16校）		1937年（共16校）	
被补助院校	补助额度	被补助院校	补助额度
金陵大学	30000	金陵大学	35000
金陵女子文理学院	12000	金陵女子文理学院	12000
东吴大学	10000	东吴大学	15000
燕京大学	60000	燕京大学	60000
辅仁大学	12000	辅仁大学	15000
之江文理学院	8000	之江文理学院	10000

第四章　加强对私立高校的控制与管理

（续表）

1936 年（共 16 校）		1937 年（共 16 校）	
被补助院校	补助额度	被补助院校	补助额度
岭南大学	30000	岭南大学	35000
齐鲁大学	24000	齐鲁大学	24000
福建协和院	10000	福建协和学院	12000
华南女子文理学院	8000	华南女子文理学院	8000
华西协和大学	23000	华西协和大学	30000
湘雅医学院	35000	湘雅医学院	40000
武昌华中大学	18000	武昌华中大学	24000
武昌文华图书馆学专科学校	7000	武昌文华图书馆学专科学校	8000
沪江大学	20000	沪江大学	25000
震旦大学（新增）	5000	震旦大学	10000
合计	312000	合计	363000

注：有关金陵女子文理学院、苏州美术专科学校及华西协和大学三校的补助费额，《申报》与《中央日报》的统计信息并不一致。据前者统计，1936 年金陵女子文理学院获得补助 12300 元、苏州美术专科学校获得 6500 元、华西协和大学获得 22000 元，照此统计，该年的专款补助总额不到 72 万元，相差 200 元。据《中央日报》统计，上述三校的补助额分别为 12000 元、6000、23000 元，据此数据合计专款总额刚好 72 万元。因此，该三校的补助额度采用了《中央日报》的数据。

资料来源：《二十五年度补助私立各大学》，《申报》1936 年 7 月 1 日第 5 张第 17 版；《二十五年度私专补助费》，《中央日报》1936 年 7 月 1 日第 2 张第 4 版；《教部核定专科以上补助费共计八十六万元》，《申报》1937 年 7 月 8 日第 3 张第 12 版；《校史》，载之江文理学院编《私立之江文理学院一览》，之江文理学院 1937 年印，第 1—9 页。

1936 年，获得补助的教会高校为 16 校，较前两年增加了 1 所，即震旦大学。16 所教会高校共获得补助 312000 元，其中，燕京大学获得的补助费仍旧最多，为 60000 元。到 1937 年，获得补助的教会高校仍为 16 所，补助对象与上一年度完全相同，只是补助金额有所调整，获得总金额 363000 元，较上年度增加了 51000 元。其中，燕京大学仍保持占有款额前列的位置，为 60000 元。

总之，1934 年至 1937 年四年期间[①]，国民政府拨发专门款项 72 万

---

① 1935 年获得专款补助费表面上是 72 万元，但其中有 13 万元是补足 1934 年的短发数额，因此，该年仅获补助费 59 万元。参见《二十四年度私立专科以上学校补助费详数》，《申报》1935 年 7 月 13 日第 4 张第 15 版。

元,以资助私立专科以上学校发展。1934年、1935年获得资助的学校均为32校。至1936年,获得补助的私立高校增至40校,增加者多为国人自办私立高校。到1937年,获得资助者有36校,减少了5所国人自办私立高校,但增添了福建学院。在这四年中,获得补助的教会高校数一直少于国人自办私立高校数,而且前三年教会高校获得的经费数额亦低于后者,但至1937年,教会高校获得专款补助的数额略高于后者。由此可见,国民政府开始加大对教会高校的支持和资助。这与当时此类高校已取得一定成绩有关,亦与其越来越少地获得宗教团体支持,而日益面临经费紧缺的问题大有关联。

综上所述,为了加强对私立高校的控制和管理,政府和教育部围绕着要求学校立案,专款资助经费困难且办理成绩优秀的学校,颁布了诸种法令法规。在教育部三令五申之下,无论是国人自办私立高校抑或是教会高校纷纷向中国政府呈请立案。在申请立案之前,前类学校遵照教育部规定对学校的院系设置、设备、经费等方面进行了改进;后类学校除改进上述方面外,还将学校校(院)长职权交给中国人担任,将校董会的外国人数额控制在三分之一,取消宗教课作为学校的必修课等。经过一番改进和整顿之后,前类学校多数于1935年前后得以立案,获得教育部之认同;后者多数于1933年前后被准予立案,从而纳入了中国政府教育行政体制范围。与此同时,国民政府亦采取正面的、积极的手段,专款补助私立专科以上学校。《私立专科以上学校补助费分配办法大纲》的各种规定引导着私立高校向国家有关法令法规靠拢。因此,此专款补助不仅有助于解决私立高校经济上的燃眉之急,资助学校更好地发展,而且也促使此类学校朝着正规化方向运行。此外,政府亦实施奖励政策,拨用大批资金,以奖励办学成绩优良之私立高校。如南开大学、厦门大学、岭南大学、金陵大学等校都曾获得过国民政府的重金奖励[①]。另外,对于未立案和已停闭之私立高校,教育部对学生举行甄别试验后给予救济。总之,国民政府以要求私立高校立案为前提,将奖惩并举、专款补助的方式相结合,促进了私立高校的有序发展,也加强了对私立高校的控制和管理。

---

① 宋秋蓉:《近代中国私立大学发展史》,陕西人民教育出版社2006年版,第164—166页。

第五章

调整院系结构　注重实用科学

自晚清以来，高等院校中文、法等学科快速发展，而在国民政府看来，此类学科常鼓励学生思想自由，易促使学生接触到异端邪说，因此认为文、法等科无用处且危险，再加上这些科目快速发展亦导致对科学技术及近代社会急需的其他专门学科的投入不足之事实，因此，国民政府以注重实用科学为原则，着手调整院系结构。在这种原则的引导下，政府以裁撤、合并重复设置的院系为中心，一方面限制文科类教育发展，另一方面大力鼓励和提倡发展实用科学。

第一节　政策与落实

为了改变当时高校院系结构混乱以及文、实科类教育发展失衡等问题，国民政府制定了相应的整顿政策，并采取裁撤、合并以及停止招生等诸多方式，使这些法令法规逐步得以落实。

一　相关的整顿政策

1929年4月，国民政府颁布的《中华民国教育宗旨及其实施方针》明确规定，"大学及专门教育，必须注重实用科学，充实学科内容，养成专门知识技能，并切实陶融为国家社会服务之健全品格"①。"注重实用科学"奠定了调整院系结构之基调。同年公布的《大学规程》除要求大学至少具备三学院之外，还强调"大学教育注重实用科学之原则，必须包含

---

① 宋恩荣、章咸主编：《中华民国教育法规选编1912—1949》，江苏教育出版社1990年版，第46页。

理学院或农工医各学院之一"①。为了贯彻上述原则,《专科学校组织法》和《专科学校规程》还要求：第一，专科学校"以教授应用科学养成技术人才"②；第二，专科学校分为农、工、商、医等类；第三，"专科学校之设立以属于应用科学及技术者为限"；等等③。总之，上述法令法规是对当时高校院系结构混乱设置的修正，为解决文、实科类学生比例失衡问题提供了法律依据。围绕着注重实用科学原则，教育部一面严格限制文科类教育的发展，一面制定奖励政策引导发展实科类教育，尤其是对私立高校。如前文曾提及的《私立专科以上学校补助费分配办法大纲》明确规定，给予私立高校补助时应"注重理农工医之发展（每年至少应占全部补助费百分之七十）"④。在限制文科类教育发展方面，教育部于1932年12月9日公布了《改革大学文法等科设置办法》⑤。另外，还从高校招生方面限制文法等科教育的畸形发展，教育部于1933—1936年每年均颁布当年度的招生办法，限制招生数额⑥，并严格要求除女子学院之外的其余高校均需遵照办理，"务使各校自本年起招收文科新生严守一定的限制；其不遵守此项限制者，教部即不审定其新生之学籍"⑦，或作其他纠正之处置。此种规定在一定程度上有助于纠正文科类教育畸形发展。1934年4月，教育部又颁布了《二十三年度各大学及独立学院招生办法》，"更作进一步之限制，规定各大学及独立学院招收新生，皆须以学系为单位"⑧。

针对具体高校，教育部亦发出了明确的整顿法令。如1934年6月28

---

① 宋恩荣、章咸主编：《中华民国教育法规选编 1912—1949》，江苏教育出版社1990年版，第405页。

② 同上书，第404页。

③ 《教育部对全国高等教育设施》，《申报》1929年3月1日第2张第4版。

④ 宋恩荣、章咸主编：《中华民国教育法规选编 1912—1949》，江苏教育出版社1990年版，第418页。

⑤ 具体内容参见中华民国教育部参事处编《教育法令汇编 第一辑》，商务印书馆1936年版，第142页。

⑥ 教育年鉴编纂委员会编：《第二次中国教育年鉴》（第五编 高等教育），台北文海出版社1986年版，第42页。

⑦ 《王世杰日记》（手稿本 第一册）廿二年五月廿四日记，台北"中研院"近代史研究所1990年版，第2页。

⑧ 教育年鉴编纂委员会编：《第二次中国教育年鉴》（第五编 高等教育），台北文海出版社1986年版，第42页。

日颁布的《教育部致国立北平大学训令》，要求：

> （1）该校商学院应与法学院合并，改称法商学院，以原法学院院址为院址，原有商学院院址应呈候指作别用。该法商学院自二十三年度起应设置商学系，以俄文为必修科目，藉以培植边地商事人才。至原商学院现有学生，除法律、政治、经济各学系学生应由该校妥订办法，令其插入原法学院各系相当班级外，其国际贸易、工商管理、交通管理三系学生，得由该校斟酌情形或令插班，或继续开班，以完成其学业。该三系嗣后不得再招新生，以便结束。（2）法学院之乙组四班，应即归并甲组，另设俄文课程，以资选习。该项课程，现时选习学生既不多，均可合班教授。（3）女子文理学院各系，去年曾令裁并，该院并未切实办理，殊属不合，下年度应依前令，力举裁并之实，不得仍以裁系分组为掩饰。至英文系应否独立设系，得由该校体察情形，呈部核夺。①

对该校院系结构的调整问题，教育部于同年 8 月 11 日再次提出要求②。这些整顿训令详细且明确，为北平大学的院系调整指明了具体的改进方向。同年 7 月 7 日的《教育部训令 令国立暨南大学》的内容亦是如此③。

由上述可知，国民政府初期为调整院系结构而颁布的法令和政策，贯穿了注重实用科学原则，强化了实用性、应用性学科在高校中的重要地位。这些都是政府及教育界为满足当时社会政治、经济发展的迫切需要而作出的政策选择，同时亦是对当时大学生严重的失业问题的应对。

二 裁撤、合并重复设置的院系

根据上述相关法令政策，对重复设置的院系，教育部采取裁撤、合并

---

① 中国第二历史档案馆编：《中华民国史档案资料汇编 第五辑 第一编 教育》，凤凰出版社 2010 年版，第 213 页。

② 同上书，第 216—217 页。

③ 《教育部训令 令国立暨南大学》，载中华民国教育部编《教育部改进专科以上学校训令汇编》，中华书局 1935 年版，第 25—26 页。

以及停止招生等方式加以整顿。到 1935 年，全国整理院系之结果如下：

表 5-1　　1928 年至 1935 年初被裁撤、归并、停止招生的院系统计表

院系＼整顿方式	裁撤	归并	停止招生
北平院系	13	11	1
上海院系	53	1	
其他各省院系	22	34	15
合计	88	46	16

资料来源：根据《近年来中国大学教育之趋向》整理而成。谢树英：《近年来中国大学教育之趋向》，《光华大学半月刊》1935 年第 3 期，第 15 页。

如表 5-1 所示，1928 年至 1935 年初，被裁撤、归并以及停止招生的院系分别总计为 88 院（系）、46 院（系）、16 院（系）。其中又以北平和上海为最，分别占 66 院（系）、12 院（系）、1 院（系）。而且，北平、上海地区的高校院系调整以裁撤为主，而其他各省高校的院系则以归并为主。另外，在被裁撤和停止招生的学校当中，属于实科类者仅 3 院（系），其余均属文法类①，政府在调整院系结构中注重实用科学之原则显而易见。

（一）关于院系裁撤

国民政府初期整理院系结构时，注重裁并重复或超过需要之院系。"裁并"分为裁撤与合并，有时两种处理方式分别进行，有时则同时进行。1932 年至 1935 年各高校院系的具体裁撤情况如下：

表 5-2　　　　　　1932 年至 1935 年部分高校院系裁撤情况统计表

院校名称	院系裁撤训令发布时间	裁撤训令内容	裁撤情况备注
暨南大学	1932	法学院裁撤，原有学生转入中央大学法学院肄业	该院被裁撤
朝阳学院	1933	法律及政治经济专门部结束	同年结束
北平大学	1933	女子文理学院哲学教育系裁撤	该系被裁撤

---

① 谢树英：《近年来中国大学教育之趋向》，《光华大学半月刊》1935 年第 3 期。

（续表）

院校名称	院系裁撤训令发布时间	裁撤训令内容	裁撤情况备注
浙江大学	1933-05	下年度文理学院政治系停招新生，原有学生毕业后撤销	政治系停办
	1936-07	农学院畜牧及森林两组裁撤	同月森林组被裁撤
河北省法商学院	1933-05	政治系本年停止招生，原有学生毕业后撤销	该系被撤销
河南大学	1933-05	政治、社会两系停止招生，待原有学生毕业后撤销该系	该两系被撤销
	1933-06	自下年度起取消英文系和生物系，改为讲座	该两系被取消
	1934-07-06	法律系停招，并裁撤土木工程系	土木工程系停止招生
南京文化学院上海第二院	1933-07-20	因办理不善，且未请立案，令即结束，不得再招新生	该院结束
甘肃学院	1934-01-23	政治艺术各科结束	各科结束
复旦大学	1934-01	法学院取消，法律市政两系限期结束	市政系逐年结束
大夏大学	1934-01	商学院限期结束	该院至1936年仍存在
河北女子师范学院	1934-07	英文教育两系自本年暑假停止招生，逐年结束	教育系停招新生，但至1937年7月仍存在
齐鲁大学	1934-07	教育学系自本年停止招生，逐年结束	该系结束
南开大学	1934-07	经济学院应即取消或与经济研究会合并，原经商两院学系应斟酌裁并	经济学院改称研究所，原学院改为系并入商学院
中法大学	1934-07	社会科学院应即裁撤，原各学系酌量并入文学院	该院各系并入文学院
北平师范大学	1933	社会系裁撤	该系被裁撤
清华大学	1934	法律系裁撤	该系被裁并
南通学院	1935-07-18	农艺化学、染化工程系酌量停办	至抗战前仍存在
辅仁大学	1935-08-09	将哲学、心理、教育及社会经济各系从速酌量裁并	1938年哲学心理学两系并为哲学心理学系

(续表)

院校名称	院系裁撤训令发布时间	裁撤训令内容	裁撤情况备注
山西大学	1935-08-02	工学院电器工程系下年度起停办	结果不详

资料来源：《教部政闻》，《申报》1933年5月26日第4张第13版；《教部令三大学停招政治系生》，《申报》1933年5月29日第4张第13版；《教部裁并山西文法院系》，《申报》1933年6月2日第4张第13版；《河南大学学系之变更》，《申报》1933年6月16日第4张第15版；《教部六月份工作报告》（一），《申报》1933年8月3日第4张第15版；《教部令北平三私立大学结束》，《申报》1933年8月27日第5张第18版；《教部令文化第二学院停止招生》，《申报》1933年9月13日第5张第18版；《教部令整顿甘肃学院》，《申报》1934年1月24日第4张第14版；《教部分令复旦大夏结束法商两学院》，《申报》1934年1月29日第3张第12版；《教部整顿河南大学》，《申报》1934年7月8日第4张第15版；《教部又整顿北平国立私立各大学》，《申报》1934年7月10日第4张第15版；《教部令安大设农学院》，《申报》1934年7月3日第5张第19版；《教部训令北平专科以上各校应行改进要点》（二）（五）（六）（七），《申报》1934年7月15日第5张第19版、7月21日第4张第14版、7月22日第4张第15版、7月27日第4张第14版；《教部训令专科以上各校应行改进要点》（三）（四）（八），《申报》1934年7月19日第4张第14版；7月20日第4张第15版；8月9日第4张第14版；《教育部改进东北大学训令》，载中国第二历史档案馆编《中华民国史档案资料汇编 第五辑 第一编 教育》，凤凰出版社2010年版，第198—199页；《教育部最近改进专科以上学校之要点》（二），《申报》1934年10月30日第4张第14版；四川大学校史编写组：《四川大学史稿》，四川大学出版社1985年版，第172页；《教部整理川各大学》，《申报》1935年7月5日第4张第15版；《教部训令四川公私立大学改进》，《申报》1935年8月31日第4张第14版；《教部训令晋皖两省立大学改进》，《申报》1935年8月3日第4张第16版；《教部令平津私立大学院改进》，《申报》1935年8月10日第4张第15版。

如表5-2所示的院系裁撤训令基本上得到了实施。1933—1935年，被裁撤者大多是文、法、商、教育等文科类院系，实科类院系则较少。另外，与文科类院系被裁撤之原因大不相同，被裁并的实科类院系一般是由于办理成绩太差，或学生人数极少，或设备奇缺，为迫不得已之举。如南通学院因农艺化学、染化工程系"设备较差、学生亦少、且经费困难"[①]，于1935年7月18日被部令酌量停办。

（二）关于院系合并

对同一地区同一性质的院系，国民政府还采用合并的方法，将之归并起来，以集中资源和精力促使高等教育发展。

[①]《教部训令南通学院切实改进》，《申报》1935年7月19日第4张第15版。

表 5-3　　　　1932 年至 1935 年部分高校院系合并情况统计表

院校名称	院系合并训令发布时间	合并训令之内容	合并情况备注
山东大学	1932	文、理学院合并为文理学院	遵部令合并
锦州交通大学	1932-02	并入东北大学改组为交通学院	遵部令合并改组
暨南大学	1932-09	教育学院并于文学院	合并改组为教育学系
北平大学	1933	国文、史地两系并为文史系；商法两学院合并为法商学院	第二年合并
山西省立法学院	1933-06-01	自下学年起，法学院两系并入山西大学法学院	1934 年 7 月正式合并
山西省立教育学院	1933-06-01	自下学年起，教育学院并入山西大学文学院	1934 年 7 月并入山西大学，但 1936 年才改称教育学系，合并于文学院
甘肃学院	1934-01-23	教育学系与文学系合并，并改称文史学系	当年即合并，但 1935 年教育系独立于文史系
复旦大学	1934-01	法学院取销，将其政治系并入文学院，经济系并入商学院	该院取消
安徽大学	1934-07-02	法学院停办，并入文学院	同年，政治经济两系合并为政经学系，隶于文学院，法律系学生借读于朝阳学院，该院结束
河南大学	1934-07-06	中国文学、史学系并为一系，经济系并入文学院	1935 年经济系并入文学院，文史两系并为文史系
东北大学	1934-07	法学院政治经济两系合并为政治经济系	遵部令合并
齐鲁大学	1934-07	文学院历史经济、社会政治两系并改为历史政治、社会经济系	1935 年遵部令合并
持志学院	1934-07	自下年度起，法科政治经济两系应合并为政治经济系	遵部令合并
武昌华中大学	1934-07	教育学院教育方法、教育行政两系及教育心理副系并为教育学系	到 1936 年该院仅设心理学、教育学两系
中国学院	1934-07	法科经济商学两系自下年度合并	结果不详
四川大学	1935-08-30	法学院政治经济两系合并为政治经济系，理学院物理数学两系合并为数理系	遵部令合并
山西大学	1935-08-02	采矿冶金两系合并为采冶系	结果不详
重庆大学	1935-09-06	理学院数学物理两系并为数理系	1936 年遵部令合并
重庆大学	1935-09	农学系并入四川大学农学院	遵部令合并
四川省立农学院	1935-09-08	自本年度起农林两学系合并为农系后并入四川大学农学院	遵部令合并

（续表）

院校名称	院系合并训令发布时间	合并训令之内容	合并情况备注
四川省立工学院	1935-09-08	自本年度起机械工程、应用化学及采矿冶金三系并入重庆大学	遵部令合并

资料来源：《教部政闻》，《申报》1933年5月26日第4张第13版；《教部令三大学停招政治系生》，《申报》1933年5月29日第4张第13版；《教部裁并山西文法院系》，《申报》1933年6月2日第4张第13版；《河南大学学系之变更》，《申报》1933年6月16日第4张第15版；《教部六月份工作报告》（一），《申报》1933年8月3日第4张第15版；《教部令北平三私立大学结束》，《申报》1933年8月27日第5张第18版；《教部令文化第二学院停止招生》，《申报》1933年9月13日第5张第18版；《教部令整顿甘肃学院》，《申报》1934年1月24日第4张第14版；《教部分令复旦大夏结束法商两学院》，《申报》1934年1月29日第3张第12版；《教部整顿河南大学》，《申报》1934年7月8日第4张第15版；《教部又整顿北平国立私立各大学》，《申报》1934年7月10日第4张第15版；《教部训令北平专科以上各校应行改进要点》（二）（五）（六）（七），《申报》1934年7月15日第5张第19版，7月21日第4张第14版，7月22日第4张第15版，7月27日第4张第14版；《教部令安大设农学院》，《申报》1934年7月3日第5张第19版；《教部训令专科以上各校应行改进要点》（三），《申报》1934年7月19日第4张第14版；《教育部改进东北大学训令》，载中国第二历史档案馆编《中华民国史档案资料汇编 第五辑 第一编 教育》，凤凰出版社2010年版，第198—199页；《教部训令专科以上各校应行改进要点》（四）（八），《申报》1934年7月20日第4张第15版，8月9日第4张第14版；《教育部最近改进专科以上学校之要点》（二），《申报》1934年10月30日第4张第14版；四川大学校史编写组编：《四川大学史稿》，四川大学出版社1985年版，第172页；《教部整理川各大学》，《申报》1935年7月5日第4张第15版；《教部训令四川公私立大学改进》，《申报》1935年8月31日第4张第14版；《教部令平津私立大学院改进》，《申报》1935年8月10日第4张第15版；《教部训令南通学院切实改进》，《申报》1935年7月19日第4张第15版；《教部训令晋皖两省立大学改进》，《申报》1935年8月3日第4张第16版；《教部训令国立东北大学切实改进》，《申报》1935年8月16日第4张第15版；《教部训令四川公私立大学改进》，《申报》1935年8月31日第4张第14版；《教部令川教厅注意重庆大学改进》，《申报》1935年9月7日第4张第16版；《教部令川教厅处理省农院等校办法》，《申报》1935年9月9日第4张第15版；《浙大农学院改进》，《申报》1936年7月13日第4张第15版；黄季陆主编：《革命文献 第五十三辑 抗战前教育与学术》，台北中央文物供应社1971年版，第171页。

如表5-3所示，与被裁撤院系一样，被归并者亦多属于文、法、商、教育等文科类院系。可见，当时教育部对于重复或超过实际需要的院系，通过裁撤与合并等处置方式，在一定程度上促使各高校院系结构设置更为合理。

三 限制文科设置，发展实科教育

为了调整院系结构，教育部在裁并重复设置的院系之外，采取的重要措施即是限制文科类教育发展，鼓励实科类教育发展。

（一）限制文科类教育发展

如前文所述，为了限制文科类教育的发展，教育部于1932年12月9日颁布了《改革大学文法等科设置办法》，具体规定：

> 全国各大学及专门学院之文法等科，可由教育部派员视察，如有办理不善者，限令停止招生或取销立案分年结束，嗣后遇有请设文法等科者，除边远省分，为养成法官教师，准设文法等科外，一律饬令暂不设置。又在大学中，有停招文法等科学生者，其节余之费，应移作扩充或改设理、农、工、医药等科之用。①

尔后又制定了限制文法等科招生的相关办法。1933年至1936年教育部每年均会颁布当年度的招生办法，限定文实科类招生数额，以达到纠正文实科类畸形发展之目的。如1933年5月颁布的《二十二年度各大学及独立学院招生办法》，具体要求：

> 各大学兼办甲类（包括文、法、商、教育、艺术）学院及乙类（包括理、工、农、医）学院者，如甲类学院所设学系与乙类学院所设学系数目不同，则任何甲类学院各系所招新生及转学生之平均数，不得超过任何乙类学院各系所招新生及转学生之平均数。各独立学院兼办有甲乙两类学科者，其招生办法同。至专办甲类学科之独立学院所招新生之数额，不得超过各该学院。二十年度新生数额，即有特殊情形，亦须先经教育部核准。②

总之，关于改革文法等科设置，1932年12月的相关法令均得到了落

---

① 中华民国教育部参事处编：《教育法令汇编　第一辑》，商务印书馆1936年版，第142页。
② 教育年鉴编纂委员会编：《第二次中国教育年鉴》（第五编　高等教育），台北文海出版社1986年版，第42页。

实。据表 5-2 和表 5-3 所示，对于办理不善之文法等科，限令停止招生，并分年结束。如 1933 年 5 月浙江大学政治系被令停止招生，待原有学生毕业后该系撤销。除边远地区准予新设文法等科外，其他省份暂不新设置。再如对于江南学院的立案申请，教育部因该校与"限制文法学院之部令相背"，于 1932 年 12 月 13 日训令不批准该校立案①。关于限制文法等科招生，各高校均遵照部令要求限额招生，下表的各高校便是明显的例子。

表 5-4　　1933 年至 1935 年部分高校招生数额限定情况统计表

院校名称	时间	限定招生数额情况简述
中央大学	1933	下学年度招收一年级新生及文、理、教育三学院三年级转学生，暂定总额 350 名
持志学院	1934	本年招生合计至多不得超过 120 名
上海法学院	1934	本年各系招收一班学生，每班数额不超过 50 名
上海法政学院	1934	下年度只准秋季招生一次，各系合计不得超过 90 名。其中，法律系不得超过 40 名
上海法政学院	1935	本年招收新生，以上年度所招新生总额之半为限
正风文学院	1934	每年只准秋季招生一次，总数最多不得超过 60 名
中山体育专科学校	1934-07	本年度招收专科学生名额至多不得超过 30 人
东北大学	1934-07-30 — 1934-08-25	文学院的中国文学系 31 名、史地学系 33 名、女子家政专修科 42 名；法学院的政治经济学系 45 名、边政学系 66 名；工学院的机电学系 31 名、土木学系 35 名，共招生 283 名
朝阳学院	1934-08	本年招收新生四系共计 200 人，法律以外各学系如有余额，法律学系酌增名额，但不得超多 80 名
安徽大学	1935	农学院准设立农艺系一班，招生暂以 20 名为限

资料来源：《中大罗校长力主严格招生》，《申报》1933 年 6 月 19 日第 4 张第 16 版；《教部训令北平专科以上各校应行改进要点》（六），《申报》1934 年 7 月 22 日第 4 张第 15 版；《朝阳学院新生取额准予变通》，《申报》1934 年 8 月 8 日第 5 张第 17 版；《教部训令专科以上各校应行改进要点》（八），《申报》1934 年 8 月 9 日第 4 张第 14 版；《教部训令上海法政学院改进》，《申报》1935 年 7 月 20 日第 4 张第 13 版；《教部训令晋皖两省立大学改进》，《申报》1935 年 8 月 3 日第 4 张第 16 版；杨佩祯等主编：《东北大学八十年》，东北大学出版社 2003 年版，第 109 页。

---

① 《江南学院立案不准》，《申报》1932 年 12 月 14 日第 2 张第 6 版。

如表5-4所示，1933—1935年，针对具体高校之实际情形，教育部规定了具体的招生名额，而且限定招生数额的对象多为文科类院校或系科，尤其是法科院系为最多。对此，上述高校均遵照执行。即便朝阳学院因"历年招生时，投考学生，均以法律系人数为最多，故本学院过去历年所招新生及编级生法律系学生人数，常较他系超过数倍以上，若严格以系为单位，法律系招考学生势必限于数额，不能多取，将有大多数志愿研习法律学生，失去求学机会，至堪惋惜"①，并呈请教育部予以变通，但教育部仍将该学院法律学系1934年暑期的招收数额控制在80名以内②。可见，上述限定招生数额的策略较好地得到了落实。再以1934年为例，据统计，该年41所高校中有32所都遵教育部令之规定实施招生，仅9所（约两成）未遵部令之规定，而多数未遵部令者其实科各系学生平均数已多于文科③。限制文法等科之招生政策颇有成效是显而易见的。

总之，通过以上整顿方式，文科类教育得以限制，尤其是法学教育。1929年政府严格要求全国所有法专停办，截至1935年7月，所有法专或改办为实科，或完全停办④。文科类学生数量逐渐减少，与此同时，实科类教育快速发展，学生明显增加，这是国民政府积极鼓励、推进实科教育的发展之结果。

（二）发展实科教育

为了贯彻注重实用科学的原则，教育部不仅对现有实科类院系进行适当调整，鼓励高校增设实科类院系，在对成绩优良之私立高校给予资助时，亦将资助侧重于实科类院系。与此同时，还鼓励发展实业类专科学校。通过这些方式推动实科类教育的发展。

教育部在调整院系结构时，对文、实科类院系采用了不同的整顿策略，虽然对实类科院系以调整和充实为主，但仍实行严格的监督。对办理不良或设备不齐的院系，仍令其改善或停办。以北洋工学院为例，该学院呈请添设电机工程及建筑工程两系，曾得到教育部的批准和支持，但教育

---

① 《朝阳学院新生取额准予变通》，《申报》1934年8月8日第5张第17版。

② 同上。

③ 陈能治：《战前十年中国的大学教育（1927—1937）》，台湾商务印书馆股份有限公司1990年版，第89—108页。

④ 黄季陆主编：《革命文献 第五十三辑 抗战前教育与学术》，台北中央文物供应社1971年版，第171页。

部派人实地考察后发现该两系存在不少问题，随即训令该校，"建筑系以暂缓开办为宜，电机系现只有一年级且与机械系合班教授，原有学生，暂可归并机械系，均应由该校再行慎加考虑，呈侯核夺。化学工程系，应暂缓设立，飞机工程系，应于设备费确有着落时，妥拟设立办法，呈部核夺。"① 可见，即便是对国家急需之科系，教育部仍厉行监督和管理，贯彻"重质不重量"之原则。

这一时期，对既存的实科类院系进行调整的大致情况如下：

表 5-5　　1935 年至 1936 年教育部对部分实科类院系调整情况统计表

院系名称	变动时间	变动原因及具体状况
南通学院	1935-07-18	设备差、学生少、经费困难，令农艺化学、染化工程系酌量停办
山西大学	1935-08-02	工学院电器工程系的设备缺乏，且与省立工专的电工科重复，令该系自下年度起停办；采矿冶金两系合并为采冶系，至第三年级再分组
东北大学	1935-8-15	下年度工学院只招土木系新生，机电系停办，酌设电工专修科、机电系原学生送他校攻读或改入电工专修科
四川大学	1935-08-30	理学院物理数学两系学生人数不多，酌定合并为数理系；添设农学院暂设一系或两系，省立农学院学生及重庆大学农艺化学系学生甄别核定后均并入该院
重庆大学	1935-09-06	该校先设理工两学院，俟经费充足时添设医学院，理学院数学物理两系学生太少，应即并为数理系，化学系仍旧，工学院设土木采冶电机三系，省立工学院学生并入该院
四川省立农学院	1935-09-08	办理情形殊多不合，令自本年度起农林两学系并入四川大学，该两系合并为农林系
四川省立工学院	1935-09-08	办理情形殊多不合，令自本年度起机械工程、应用化学及采矿冶金三系应即并入重庆大学
浙江大学	1936-07	改设农学院原农业植物学、动物学、社会学三系，每系分若干组；本年度起该院决定改为园艺、农艺、蚕桑、病虫害、农业经济等五学系；原有畜牧森林两组裁撤，学生转入中央大学农学院肄业

注：与表 5-2、表 5-3 所示的内容部分重复。

资料来源：《教部训令南通学院切实改进》，《申报》1935 年 7 月 19 日第 4 张第 15 版；《教部训令晋皖两省立大学改进》，《申报》1935 年 8 月 3 日第 4 张第 16 版；《教部训令国立东北大学切实改进》，《申报》1935 年 8 月 16 日第 4 张第 15 版；《教部训令四川公私立大学改进》，《申报》1935 年 8 月 31 日第 4 张第 14 版；《教部令川教厅注意重庆大学改进》，《申报》1935 年 9 月 7 日第 4 张第 16 版；《教部令川教厅处理省农院等校办法》，《申报》1935 年 9 月 9 日第 4 张第 15 版；《浙大农学院改进》，《申报》1936 年 7 月 13 日第 4 张第 15 版。

如表 5-5 所示，国民政府在调整各高校既存的实科类院系时，也采用

---

① 《教部训令专科以上各校应行改进要点（三）》，《申报》1934 年 7 月 19 日第 4 张第 14 版。

裁并等处置方式，以使实科类院系朝着提高质量的方向发展。

与此同时，国民政府鼓励、支持高校增添新的实科类院系，以应时需。"仅 1931 年至 1933 年三年间，增设的实科专科以上大学有 18 所之多，大学新设院系，国立者也几乎全为实科"①。增设的高校如四川省立工学院、四川省立农学院等，增设的院系如同济大学增设理学院，清华增设工学院，山东大学、安徽大学增设农学院，等等。1932—1936 年高校增添实科类院系情况大致如下：

表 5-6 1932 年至 1936 年部分高校增设实科类院系情况统计表

院系名称	原有院系	变动时间	增设实科类院系（或科）情况简述
同济大学	工、医两学院	1933—1937	工学院增设高等测量系，于 1935 年 1 月改为测量系，1937 年 7 月建成理学院
广西大学	理学院	1932	添设农工两学院
郁文学院	文、法、商科	1933-03	添设农村建设专修科，分农村自治、农村合作、农村教育三班
北洋工学院	土木工程、采治工程、机械工程	1935	增设电机工程系
清华大学	文理法三学院	1932	增设工学院②
安徽大学	文理法三学院	1935	增设农学院
沪江大学	文理商三学院	1934	5 月 1 日商学院办国际贸易学系，9 月 22 日创办建筑科
山东大学	文理、工、农（研究部和推广部）	1934—1935	设农学院，注重病虫害系，1935 年年初完成
中央大学	文理法教育农工六学院	1934—1935	添设航空工程学系，1935 年 5 月 18 日添办医学院
武汉大学	理工农文四学院	1934—1935	添设航空工程学系，1935 年 8 月工学院增设电机工程学系
交通大学	科学、土木工程、农三学院	1934	添设航空工程学系
中山大学	理农工文法五学院	1935	增设工学院
中国学院	文法两科	1935	增设理科
大夏大学	理文法教育商五学院	1935	增设土木工程科
福建学院	法科	1935	改办农科

---

① 张宪文等：《中华民国史 第二卷》，南京大学出版社 2006 年版，第 473—474 页。
② 1933 年教育部令该校增设农学院，结果只增添了农业研究所。参见《教部令清华妥筹添设农学院办法》，《申报》1933 年 6 月 19 日第 4 张第 16 版。

(续表)

院系名称	原有院系	变动时间	增设实科类院系（或科）情况简述
山西大学	文法工三学院	1935-07	增设理学院
四川大学	文理法三学院	1936-07	在湖南长沙增设农学院
光华大学	文理商工四学院	1936-06	于下学期开办土木工程系
福建协和学院	文理两学院	1936	设农科

资料来源：《同济大学增设测量系》，《申报》1932年11月3日第3张第9版；《北平郁文学院添设农村建设专修科》，《中央日报》1933年3月3日第2张第2版；《国立北洋工学院添设建筑电机两工程学系》，《申报》1933年5月1日第4张第16版；《国立北洋工学院秋季添设建筑工程学系》，《申报》1934年4月23日第4张第13版；《安徽大学筹设农学院》，《申报》1934年1月9日第4张第13版；《教部令安大设农学院》，《申报》1934年7月3日第5张第19版；《教部训令北平专科以上各校应行改进要点》（七），《申报》1934年7月27日第4张第14版；《沪江大学将举办国际贸易学系》，《申报》1934年5月1日第4张第16版；《山东大学设农学院》，《申报》1934年5月4日第4张第14版；《山东大学农学院开办》，《申报》1934年6月16日第4张第15版；《晋省改革高等教育》，《申报》1935年3月24日第4张第13版；《教部令中大添办医学院》，《申报》1935年5月19日第4张第13版；《中大遵令开办医学院》，《申报》1935年5月23日第4张第13版；《武汉大学发展近况》，《申报》1935年5月30日第4张第13版；《教部整理川各大学》，《申报》1935年7月5日第4张第15版；《光华大学办土木工程系》，《申报》1936年6月16日第4张第14版；《清华协和两校积极实施农业教育》，《申报》1936年7月9日第4张第16版；《福建协和学院文科改组》，《申报》1937年3月12日第3张第12版。

如表5-6所示，1933—1936年，当时一些比较有名的高校，尤其是综合大学，均添设了理、工、农、医等实科类院系。此外，教育部还鼓励增设实科类讲座。如到1935年年初，"增设讲座者，有同济大学之公共卫生讲座，北京中央中山清华武汉等大学之国防化学讲座，共计六院，三系，二科，六讲座。"[①] 教育部一边主张添置新的实科类院系，一边鼓励将停办的文科类院系改办为实科类院系。如1933年令私立文化学院上海第二院结束并"改办理商等科"[②]。同时，亦鼓励将停办或停止招生之院系的经费移作发展理、工、农、医等实科类院系的发展。

第四章曾论述到教育部设置的资助私立高校发展的专款72万元，主

---

① 谢树英：《近年来中国大学教育之趋向》，《光华大学半月刊》1935年第3期。
② 《教部令北平三私立大学结束》，《申报》1933年8月27日第5张第18版；《教部令文化第二学院停止招生》，《申报》1933年9月13日第5张第18版；《教部不准文化学院招生》，《申报》1933年9月14日第4张第14版。

要用于奖励实科类院系之发展。其中，理农工医等实科类院系至少应获得补助费的70%，也就是50.4万元。其实际分配情形以1935年的补助情况为例，具体如下：

表5-7　1935年私立专科以上学校补助费分配情况统计表（按补助院科）

校名	审定支配数			补足上年度短发数	合计
	总数	被资助院科	数额		
金陵大学	26737	文学院	9110	5821	32558
		理学院	17627		
金陵女子文理学院	10814	文科	5704	2328	13142
		理科	5110		
东吴大学	11407	理学院	5407	1940	13347
		法律学院	4000		
苏州美术专科学校	5110	实用美术科	5110	1164	6274
南通学院	35847	农科	14220	6791	42638
		医科	12517		
		纺织科	9110		
之江文理学院	6814	理科	6814	1552	8366
大同大学	30402	理学院	30402	6791	37193
复旦大学	13369	理学院	13369	2911	16280
光华大学	10814	理学院	10814	2911	13725
大夏大学	13369	理学院	13369	2911	16280
沪江大学	18220	文学院	4000	3881	22101
		理学院	14220		
中法大学药学专修科	8517	药专科	8517	1940	10457
东亚体育专科学校	4258	全校	4258	970	5228
燕京大学	53475	文学院	8000	11642	65117
		理学院	38661		
		全校各院	6814		
辅仁大学	9110	理学院	9110	1940	11050
朝阳学院	6814	法科	6814	1552	8366
南开大学	35254	文学院	5110	7761	43015
		理学院	30144		

(续表)

校名	审定支配数			补足上年度短发数	合计
	总数	被资助院科	数额		
齐鲁大学①	23665	理学院	9110	5821	29486
		医学院	10555		
焦作工学院	29809	工学院	29809	6791	36600
山西川至医学专科学校	13962	医学	13962	2911	16873
武昌中华大学	5110	理学院	5110	1552	6662
武昌华中大学	13962	理学院	9962	2911	16873
		教育学院	4000		
武昌文华图书馆学专科学校	4852	全校	4852	970	5822
华西协和大学	18220	文学院	5703	3881	22101
		理学院科	2555		
		医学院	9962		
湘雅医学院	30996	医学院	30996	6791	37787
厦门大学	81398	文学院	10814	17463	98861
		理学院	43254		
		法商学院	18220		
		教育学院	9110		
福建协和学院	9110	理科	9110	2328	11438
华南女子文理学院	6814	理科	6814	1552	8366
岭南大学	27330	文理学院	7407	6791	34121
		农学院	10813		
		工学院	9110		
广东国民大学	12517	工学院	12517	2716	15233
广州大学	5110	理学院	5110	1164	6274
广州光华医学院	6814	医学院	6814	1552	8366
总计	590000			130000	720000

资料来源：《二十四年度私立专科以上学校补助费详数》，《申报》1935年7月13日第4张第15版。

如表5-7所示，1935年获得教育部补助者同样多为实科类院校，即便是综合性私立大学，其补助费亦大多用于实科类院系的发展。1936年

---

① 该校理学院、文学院的数额，原文统计有误。

获得该款项补助的私立高校有所增加，其增设者除上海法学院和无锡国学专修学校为文科类院校之外，其余如东南医学院和同德医学院多为实科类院校，三所艺术专科的补助费亦多用于实用艺术类课程。另外，震旦大学的资助对象同样为实科类院系（如表4-4所示）①。总之，1936年的专款补助费"就科别而言，理、工、农、医等科各占百分之七四.四，文、法、商、教育等科占百分之二五.六。"② 国民政府在加强对实科类院系之资助的同时，既引导私立高校实科类院系的发展，又加强了对私立高校的控制和管理。

为了鼓励实业类专科学校发展，一方面，教育部于1929年规定除职业学校之外的专门学校均应改为专科学校③；将某些大学或学院的原有院系改办为专科学校，如将北平大学艺术院所有经费及校产用作改办北平艺术专科学校④。另一方面，鼓励筹备新的专科学校，但规定其设立"以属于应用科学及技术者为限"⑤。如用劳动大学所有校产筹备了西北农林专科学校，训令中央大学主持办理国立牙医专科学校，等等。据教育部于1934年的统计，"全国共有专科学校三十一校，计国立者五校、部立者五校、省立者十一校、市立者五校、私立者五校。就其设科性质言之，设实科——理农工医科——者十三校；设文科——文法商教育——十八校，文科较实科多五校。"⑥ 到1937年，全国专科学校大致状况如下：

表5-8　　　　　　　　　1937年全国公私立专科学校一览表

院系名称	地址	性质	备注
北平艺术专科学校	北平	国立	由北平大学艺术院于1934年改组而来
杭州艺术专科学校	杭州	国立	1928年开办，1929年由国立艺术院降格

---

① 《二十五年度补助私立各大学》，《申报》1936年7月1日第5张第17版。

② 《私立专科以上校二十五年度补助费之核定》，《政治成绩统计》1936年6月，第83页。

③ 《教部训令职业学校不得改为专科》，《申报》1929年12月1日第3张第12版。

④ 黄季陆主编：《革命文献　第五十三辑　抗战前教育与学术》，台北中央文物供应社1971年版，第170—171页。

⑤ 《教育部对全国高等教育设施》，《申报》1929年3月1日第2张第4版。

⑥ 但根据《第二次中国教育年鉴》统计，全国专科学校国立者10校、省市立者12校、私立者9校，与上述稍有不同。参见教育年鉴编纂委员会编《第二次中国教育年鉴》（第十四编 教育统计），台北文海出版社1986年版，第4页；雷震：《全国教育概况（二）》（专科以上学校就业训导班演讲），《申报》1936年10月30日第2张第8版。

（续表）

院系名称	地址	性质	备注
音乐专科学校	上海	国立	1927年开办，1929年由国立音乐院降格
西北农林专科学校	陕西武功	国立	1934年创建
牙医专科学校	南京	国立	1935年8月成立，附设于中央大学
吴淞商船专科学校	上海		由交通部设立，1929年改为今名
北平税务学校	北平		财政部设立，1936年移往上海
中央国术馆体育专科学校	南京		中国国术馆设立，视同公立
上海兽医专科学校	上海		实业部相关部门于1931年设立，1932年12月暂准立案，1936年暂行停办
浙江医药专科学校	杭州	省立	1912年开办，1927改为今名
江西工业专科学校	南昌	省立	1914年开办，1931年改为今名
江西农艺专科学校	南昌	省立	1917年开办，1928年改为今名
江西医学专科学校	南昌	省立	1921年开办，1931年改为今名，1937年起停止招生逐年结束
河北水产专科学校	天津	省立	民国前两年开办，1929年改为今名
河南水利工程专科学校	开封	省立	1933年7月呈准立案
山东医学专科学校	济南	省立	1933年7月呈准立案
山西工业专科学校	太原	省立	1916年开办，1936年改为今名
山西商业专科学校	阳曲	省立	1930年改为今名，1935年起不再招新生
山西农业专科学校	太原	省立	民国前十一年开办，1931年改为今名
广西省立师范专科学校	桂林	省立	1936年并入广西大学
北平市体育专科学校	北平	市立	1934年9月准予备案
上海美术专科学校	上海	私立	1911年创办，1930年改为今名，1935年10月正式立案
东亚体育专科学校	上海	私立	1918年8月创建，1929年9月暂准用此名，1931年8月立案
新华艺术专科学校	上海	私立	1926年创办，1932年2月立案
中山体育专科学校	苏州	私立	1924年创办，1932年9月立案，1936年已暂停招生
无锡国学专科学校	无锡	私立	1920年创建，1928年9月立案
苏州美术专科学校	苏州	私立	1922年9月创办，1932年7月立案
武昌文华图书学专科学校	武昌	私立	1920年1月创办，1929年8月立案
武昌艺术专科学校	武昌	私立	1920年4月成立，1930年7月立案
山西川至医学专科学校	太原	私立	1921年成立，1934年9月立案

（续表）

院系名称	地址	性质	备注
铁路专科学校	北平	私立	1936年6月由铁路学院改办而来，1937年被令暂停招生
群治农商专科学校	长沙	私立	1936年7月准暂行试办

注：表中所列均为已立案或暂准立案的专科学校，未立案者未列入其中。

资料来源：中国第二历史档案馆编：《中华民国史档案资料汇编 第五辑 第一编 教育（一）》，凤凰出版社2010年版，第129、318—323页；杜元载主编：《革命文献 第五十六辑 抗战前之高等教育》，台北中央文物供应社1971年版，第217—219页；中华民国教育部编：《全国公私立专科以上学校一览表》，中华民国教育部1936年印，第9—11页；中华民国教育部高等教育司编印：《全国公私立专科以上学校一览表》，中华民国教育部高等教育司1939年印，第16—18页；《校史》，载上海美术专科学校编《上海美术专科学校概况》，上海美术专科学校1947年印，第1页。

据表5-8所示，到1937年，全国公私立专科学校大致有32所，国立者5所、省立者11所、市立者1所、私立者11所、其他部门设立者4所。省立者和私立者数量大体相当，占了总数的大多数。其中，国立者皆为这一时期新设或改组；省立者大多设于国民政府定都南京之前，并于国民政府初期改名或注册备案，私立者亦是如此。可见，政府在鼓励发展专科教育时，多侧重于改组原有同等性质的学校。另外，文、实科类分别为14所、18所，实科类者开始占据多数。各专科学校的地理分布与全国高校地理分布情况类似，以上海、北平地区为最多，各占6所、4所；其次为武昌、太原，各占3所；苏州、杭州、武昌、南京各占2所；其余陕西、天津、开封、济南、阳曲、南宁、无锡、长沙各占1所。地理分布不均衡显而易见。

综上所述，国民政府初期除裁并重复设置之院系外，一边限制文科类教育，一边积极鼓励、推进实科类教育的发展，消极方式和积极方式相互结合，正面推进和侧面引导交替使用，以达到调整院系结构之目的。关于院系结构调整之结果，从各高校录取新生数之变化可以得到较好的说明。这一时期全国各高校录取新生之科别情况如下：

表5-9　1931年至1936年全国专科以上学校录取新生之科别统计表

时间	总计	文科类学生（实数和百分比）					实科类学生（实数和百分比）				
		合计	文	法	教育	商	合计	理	农	工	医
1931年	13733 100	9511 69.3	3286 24.0	4142 30.1	1436 10.5	647 4.7	4222 30.7	1899 13.8	412 3.0	1372 10.0	539 3.9

（续表）

时间	总计	文科类学生（实数和百分比）					实科类学生（实数和百分比）				
		合计	文	法	教育	商	合计	理	农	工	医
1932年	9810 100	6221 63.4	2474 25.2	2280 23.2	966 9.9	501 5.1	3589 36.6	1266 12.9	426 4.4	1309 13.3	588 6.0
1933年	8533 100	5142 60.3	2246 26.3	1791 21.0	655 7.7	450 5.3	3391 39.7	1474 17.3	441 5.2	1027 12.0	449 5.3
1934年	11920 100	6440 54.0	2440 20.4	2154 18.1	893 7.5	953 8.0	5480 46.0	2194 18.4	683 5.7	1999 16.8	604 5.1
1935年	12533 100	6118 48.8	2280 18.2	1804 14.4	1120 8.9	914 7.3	6415 51.2	2702 21.6	694 5.5	2332 18.6	687 5.5
1936年	11634 100	5430 46.7	2118 18.2	1491 12.8	985 8.5	836 7.2	6204 53.3	2190 18.8	788 6.8	2252 19.3	974 8.4

资料来源：根据《申报》相关数据整理而成。如《全国高教近数年之新生科别》，《申报》1937年2月17日第5张第18版。

如表5-9所示，自1931年始调整院系结构之后，全国高教已注重实科类如理、工、农、医等科的发展，历次投考与录取新生渐避文趋实。在1931年录取新生中，文法两科新生数占第一位，而到1936年该两科新生已降居第三位或第四位，在录取新生11634人中，工科占19.3%，居第一位，理科占18.8%，居第二位。可见，在历年全国高校录取的新生数额中，实科类人数逐渐增加。

再以这一时期全国高校之院数、在校生数为例。1932—1936年，全国专科以上学校之学院数和在校生数如下：

表5-10　　1932年至1936年全国高校之学院数和在校生数统计表

时间	院、学生	总计	文	法	商	教育	理	工	医	农	其他（1）
1932年	学院 在校生	195 42710	42 9312	34 14523	17 2867	13 3368	33 4159	21 4439	15 1852	11 1557	9 633
1933年	学院 在校生	— 42936	— 8703	31 12913	17 3167	13 4004	36 4722	24 5263	17 2458	12 1690	7 16
1934年	学院 在校生	200 41768	40 7921	32 11029	18 3033	12 4059	38 5324	24 5910	16 2633	14 1831	6 28
1935年	学院 在校生	202 41128	42 9596	29 8794	16 2951	12 2741	39 6272	24 5514	19 3041	14 2163	7 56

第五章　调整院系结构　注重实用科学

(续表)

时间	院、学生	总计	文	法	商	教育	理	工	医	农	其他(1)
1936年	学院	187	33	22	12	9	33	23	19	13	23
	在校生	41922	8364	8253	3243	3292	5485	6989	3395	2590	311

注："(1)"表示该栏的在校生包括航空工程专修班各种训练班及特别生旁听生及未分科者。

资料来源：该表根据"全国专科以上学校之学院数（二十一至三十五学年度）"表、"十七年度至三十六年度专科以上学校在校生数与科别表"相关信息统计而成。参见教育年鉴编纂委员会编《第二次中国教育年鉴》（第十四编　教育统计），台北文海出版社1986年版，第12—13、16、19页；教育年鉴编纂委员会编：《第二次中国教育年鉴》（第五编　高等教育），台北文海出版社1986年版，第38—43页；杜元载主编：《革命文献　第五十六辑　抗战前之高等教育》，台北中央文物供应社1971年版，第93—94页。

由表5-10可知，文科类学院除文学院于1932—1935年徘徊于40—42所，而到1936年减少外，法、商、教育等学院则于1932—1936年均呈下降趋势。此为政府实施限制文法等学院发展之结果。国民政府"限制文科类教育，发展实科教育"取得一定成效还表现在以下几个方面：1932年，全国高校195个学院中，文、法学院数各自居第一位、第二位，理学院数量居第三位；1933年，文学院数量仍居第一位，而法学院数量退居第三位，理学院数量占据第二位。1934年、1935年亦是如此。1936年，理学院数量开始与文学院并驾齐驱，同居第一位，而工学院数量则占据第二位，法学院仅次其后。就全国高校之在校生数而言，与1932年比较起来，至1936年，文科类如文、法、商、教育等学科的在校生数量都有所减少，而实科类如理、工、农、医等学科之在校生数量则有所增加。因此，从总体上讲，到1936年，各高校的院系重复状况已有所好转，院系结构已经开始趋向合理的方向发展。

第二节　个案分析

在国民政府调整院系结构的过程中，教育学院（系）和理学院（系）分别是文、实科类重要的整顿对象。前者于1932—1934年历经了大幅度的调整和裁并；后者则逐步增设、调整和充实。对前者的整顿从一个侧面展示国民政府初期调整院系结构，限制文法等科发展的实况；对后者的整顿则从另一个侧面展示国民政府注重实用科学原则之面相。

一 限制文科：以教育学院（系）的整顿为例①

在限制文科类教育发展中，教育学院（系）被作为重要的整顿对象。尤其是在1932—1934年间，全国高校中的教育学院（系）历经了大幅度的调整和裁并。通过"裁、并、停"等方式进行整顿之后，全国高校教育学院（系）之在校生有所减少，但总的来看远未达到预期结果。其中主要原因，一是国民政府的相关训令未能得到多数被整顿学校的认同，相反地遭到学校师生之强烈抵制；二是至1935年前后，国民政府"限制文科类教育"的政策发生了转变。

（一）国民政府成立之初教育学院（系）的实际状况②

根据1929年国民政府和教育部颁布的《大学组织法》和《大学规程》，教育学院被列入大学八大学院之一。当时中国高校中的教育学院，既有设在综合大学、师范大学之中的，也有独立建制的教育学院。《大学规程》还规定，"大学或独立学院之有文学院或文科而不设教育学院或教育科者，得设教育学系于文学院或文科。"③可见，教育学系还分布于高校文学院或文科之中。

据统计，国民政府对教育学院（系）进行全面整顿之前，全国设置教育院（系）的高校有42所④，其具体分布情况如下：

表5-11　1931年前后公立高校教育学院（系）设置状况统计表

院校名称	校址	所设学院（科系）	教育学院（系）及备注
中央大学	南京	文、理、法、教育、工、农、医、商	分设教育学、教育心理学、教育行政、教育社会学系四系，体育、艺术教育两科，体育、艺术两专修科
北京大学	北平	文、理、法	教育学系下设于文学院
北平师范大学	北平	文、理、教育	分设教育学系、体育学系

---

① 该节内容参见田正平、陈玉玲《国民政府初期对高等院校教育学院（系）的整顿——以1931—1936年为中心的考察》，《高等教育研究》2012年第9期。

② 同上。

③ 宋恩荣、章咸主编：《中华民国教育法规选编1912—1949》，江苏教育出版社1990年版，第406页。

④ 为了行文表述简洁、方便，不论何种性质的高校，一般不在其校名前冠以"国立""省立""私立"字样。

(续表)

院校名称	校址	所设学院（科系）	教育学院（系）及备注
中山大学	广州	文、理工、法、农、医	教育学系下设于文学院
武汉大学	武昌	文、法、理、工	哲学教育系下设于文学院
浙江大学	杭州	工、农、文理	教育学系下设于文理学院
暨南大学	上海	文、法、商、教育、理	分设教育学、心理学两学系、师资专修科
山东大学	青岛	文、理、教育	分设教育行政、乡村教育系
四川大学	成都	文、理、法、教育	分设教育学系，体育、艺术两专修科、文预科
东北大学	沈阳	文法、理工、教育	分设教育学系，国文、英文、博物、体育、公民史地专修科，农艺、园林、垦牧系
河南大学	开封	文、理、农、法、医	教育系下设于文学院
湖南大学	长沙	文、理、工	教育系下设于文学院
东陆大学①	云南	文、理、工	教育系下设于文学院
吉林大学	吉林	文法、理工	教育学系下设于文法学院
安徽大学	安庆	文、理、法	哲学教育系下设于文学院
甘肃学院	兰州	文学、法律、教育三学系，政治、艺术、国文专修科	该系于1929年增设，1931年12月部令将教育学系附隶于文科
江苏教育学院	无锡	民众、农事两教育学系，民众教育、农事教育、农民师范三专修科	
山西教育学院	太原	文科、教育两科	教育科设教育、心理两学系
湖北教育学院	武昌	设乡村教育、农事教育两学系，附设乡村师范、职业师范、民众教育三专修科	
河北女子师范学院	天津	国文、英文、史地、教育、家政、音乐体育六学系	教育学系于1930年增设

资料来源：吴相湘、刘绍唐主编：《民国史料丛刊 第一种：第一次中国教育年鉴》（第二册）丙编：教育概况（上），台北传记文学出版社1971年版，第25—87页；中华民国教育部高等教育司编：《二十年度全国高等教育统计》，中华民国教育部高等教育司1933年印；国立山东大学出版课编：《国立山东大学一览》，国立山东大学出版课1935年版，第5—6页；天津市地方志编修委员会编著：《中国天津通鉴 上》，中国青年出版社2005年版，第224页。

---

① 该校于1934年9月16日正式改名为云南省立云南大学。参见《沿革概略》，载云南大学编《云南省立云南大学便览》，云南大学1936年印，第8—9页。

表 5-12　1931 年前后私立高校教育学院（系）设置状况统计表

院校名称	校址	所设学院（科系）	教育学院（系）及备注	立案时间
大同大学	上海	文、理、商	哲学教育系下设于文学院	1928-09
大夏大学	上海	文、理、法、商、教育	分设教育心理、中等教育、教育行政、社会教育四学系	1929-05
光华大学	上海	文、理、商	教育学系下设于文学院	1929-05
沪江大学	上海	文、理、教育、商	分设教育、音乐两学系和师范专修科	1929-03
复旦大学	上海	文、理、法、商	教育学系下设于文学院	1929-03
中国学院	北平	文、法、商三科	哲学教育系下设于文科	1930-11
民国学院	北平	文、法两科	教育学系下设于文科	1932-12
燕京大学	北平	文、理、法	教育学系下设于文学院	1929-06
辅仁大学	北平	文、理、教育	分设教育、心理两学系，美术专修科	1931-06
广州大学	广州	文、理、法	教育学系下设于文学院	1932-07
广东国民大学	广州	文、法、工、商	教育学系下设于文学院	1931-07
岭南大学	广州	文理、农、工、商	教育学系下设于文理学院	1930-07
武昌中华大学	武昌	文、理、商	教育学系下设于文学院	1929-12
武昌华中大学	武昌	文、理、教育	分设教育原理、教育行政、教育心理三学系	1931-12
金陵大学	南京	文、理、农	教育系下设于文学院	1928-09
金陵女子文理学院	南京	文、理两科	教育学系下设于文科	1930-12
厦门大学	厦门	文、理、法、商、教育	分设教育原理、教育心理、教育行政、教育方法四学系	1928-03
南开大学	天津	文、理、商	教育哲学系下设于文学院	1929-06
东吴大学	苏州	文、理、法律	教育学系下设于文学院	1929-07
齐鲁大学	济南	文、理、医	教育学系下设于文学院	1931-12
之江文理学院	杭州	文、理两科	教育学系下设于文科	1931-07
福建协和学院	福州	文、理、教育	分设教育原理、教育心理、教育行政、教育方法四学系	1931-01

注：此表前 11 所为国人自办的私立高校，后 11 所为教会高校。

资料来源：吴相湘、刘绍唐主编：《民国史料丛刊　第一种：第一次中国教育年鉴》（第二册）丙编：教育概况（上），台北传记文学出版社 1971 年版，第 87—139 页；中华民国教育部高等教育司编：《二十年度全国高等教育统计》，中华民国教育部高等教育司 1933 年印。

由表 5-11 和表 5-12 可知，其一，1931 年前后全国高校教育学院（系）分布较广。综合性大学、独立学院、独立的教育学院、高等师范大学、师范学院多设有教育学院或教育学系。其二，设置教育学院（系）者既有公立高校，亦有私立高校。1931年前后，设有教育学院（系）的公立高校有20所，其中，综合性大学14所、独立学院1所、高等师范学校1所、师范学院1所、独立设置的教育学院3所；而私立高校则有22所，其中教会高校11所、国人自办私立高校11所。设置教育学院（系）的公立高校数量略少于私立高校。其三，教育学院（包括独立设置者）共15个，教育学系（附设于文学院、文理学院、文科的均包括在内，但教育学院的教育学系不复计）共27个，教育学系数量远远高于教育学院。其四，就其地理分布而言，设置教育学院（系）的高校多分布于北平、上海地区，各占6所。其中，上海地区的私立高校占5所，公立高校仅1所（暨南大学）；北平地区情况类似，私立者4所，公立者2所，可见，北平、上海地区的教育学院（系）多分布于私立高校之中。广州地区亦是如此，公立高校1所，私立高校占3所。其余分布为：武昌、南京各3所，杭州、天津各2所，沈阳、成都、苏州、青岛、福州、济南、开封、厦门、长沙、云南、吉林、安庆、兰州、太原、无锡各1所。可以说，百分之七十的教育院（系）均集中于沿海一带，而有的内地省份却无一校。当时全国高校教育学院（系）地理分布不均衡之现象甚为严重，时人认为，此种现象"大有改造之必要"①。

教育学院（系）在全国高等教育体系中所占比例的情形如下：

表5-13　1931年全国高校中教育学院（系）及其学生所占比例统计表

学院类别	院数									
	总计	文科类				实科类				
		合计	文	法	教育	商	合计	理	农	工	医
实数	186	110.5	43.5	33.5	16	17.5	75.5	34.5	8	20	13
比例	100	59.0	23.2	17.8	8.6	9.4	41.0	19.0	4.3	10.7	7.0

学系类别	系数									
	总计	文科类				实科类				
		合计	文	法	教育	商	合计	理	农	工	医
实数	676	395	197	102	42	54	281	158	33	56	34
比例	100	58.4	29.1	15.1	6.2	8.0	41.6	23.4	4.9	8.3	5.0

---

① 张文昌：《国内二十六处教育学院系状况与课程调查》，《之江学报》1933年第1卷第2期。

(续表)

学生类别	学生数										
	总计	文科类					实科类				
		合计	文	法	教育	商	合计	理	农	工	医
实数	44167	32940	10066	16487	4231	2156	11227	3930	1413	4084	1800
比例	100	74.5	22.8	37.2	9.6	4.9	25.5	8.9	3.2	9.3	4.1

注：1. 此表所示的教育学院为16所，而表5-11、表5-12所示的教育学院为15所（其中，大学11所，独立学院4所），二者略有出入；2. 文理、理工学院合称者则文、理、工均以半院计算。

资料来源：根据"全国二十年度专科以上学校之编制""全国专科以上学校之编制""全国专科以上学生之科别"三表改制而成。参见吴相湘、刘绍唐主编《民国史料丛刊 第一种：第一次中国教育年鉴》（第四册）丁编：教育统计，台北传记文学出版社1971年版，第48页；中华民国教育部高等教育司编《二十年度全国高等教育统计》，中华民国教育部高等教育司1933年印，第11—12、19—20页；《最近五年度全国高教生人数科别》，《申报》1936年1月10日第4张第14版。

由表5-13可以看出，教育学院（系）数和学生数，无论是在文科类院系，抑或是在全国高校，所占比例均偏低。如学院设置方面，在文、法、商、教育等文科类学院中，教育学院所占比例最低为8.6%。即使与实科类各学院相比，所占比例亦仅略高于农、医学院而已。教育学系的设置状况以及学生所占百分比状况同样如此。而在这种背景下国民政府对当时高校的教育学院（系）进行大力调整和裁并，除因其地理分布不平衡外，必定还有其他缘由。①

(二) 整顿教育学院（系）的理由②

早在1929年，国民政府公布的《中华民国教育宗旨及其实施方针》就曾明确规定，"大学及专门教育，必须注重实用科学"③。可以说，注重实用科学教育是国民政府初期整顿高等教育的重要原则。为了贯彻该原则，1932年5月19日，在广州中山大学召开的大学教育方针讨论会议

---

① 参见田正平、陈玉玲《国民政府初期对高等院校教育学院（系）的整顿——以1931—1936年为中心的考察》，《高等教育研究》2012年第9期。

② 同上。

③ 宋恩荣、章咸主编：《中华民国教育法规选编1912—1949》，江苏教育出版社1990年版，第46页。

上，邹鲁等提出在广州各大学"停办文法科或减少数量"①。同年5月30日，时任导淮委员会副委员长的陈果夫向国民党中央提出《改革教育初步方案》②，建议停办部分文、法科，至十年内停止所有文、法科的招生③。如果说上述言论只是一般性地主张减少或压缩文、法等类学科而并未提及教育学科的话，那么，时任教育部长的朱家骅，在1932年7月22日国民政府行政院召开的五十一次会议上提交的"整顿全国教育整理京沪各大学院系案"中，则明确提出取消国立暨南大学教育学院④。至此，教育学院被正式列为院系调整的重要对象。朱家骅在1932年11月25日的《九个月来教育部整理全国教育之说明》中，进一步道出了其中的原因。他说，"文法教育诸社会科学，其为超过社会需要或社会需要未臻迫切者，为节省教育力量计，自不应任其于同区之内随意骈设。"⑤可见，作为教育部长，"社会需要"是朱氏考虑一个学科存在、发展或减少、裁并的标尺，教育学院（系）尽管如前所述，无论在当时文科类院系中，抑或是在全国高校中，所占比例均偏低，但在朱家骅看来，却因"超过社会需要或社会需要未臻迫切"，而应列入了整顿的重点。

在1932年12月16日召开的国民党第四届中央执行委员会第三次全体会议上，中央组织委员会提出的"改革高等教育案"，为整顿教育学院（系）提供了直接的依据。据此方案，"大学应由教部设立，各省市府团体及私人所设之大学除农工医理各学院有特殊成绩者外，一律停办"，非国立性质高校中教育等文科类学院自然在停办之列；而国立高校的"所有教育学院归并于文学院，改设教育系"⑥。虽然上述方案未获通过，但因其反映了国民党上层相当一部分有影响人士的看法，国民政府还是开始了

---

① 张太原：《20世纪30年代的文实之争》，《近代史研究》2005年第6期。

② 该方案经中央政治会议教育组审查后有所更动。参见《改革教育初步方案原文》，《中央周刊》1932年第212期。

③ 《改革教育初步方案原文》，《中央周刊》1932年第212期。

④ 《行政院决议案》，《申报》1932年7月23日第2张第8版。

⑤ 朱家骅著，王聿、孙斌编：《朱家骅先生言论集》，台北"中研院"近代史研究所1977年版，第139页；《九个月来教育部整理全国教育之说明》，《教育部公报》1932年第4卷第49—50期。

⑥ 《三中全会中央组委会提改革高等教育案内容》，《申报》1932年12月17日第4张第15版；《改革高等教育案原文》，《中央周刊》1933年第239期。

对各高校教育学院（系）的整顿工作。

上述情况说明，国民政府对教育学院（系）的整顿，一方面，贯彻其教育宗旨和实施方针中早已明确的注重实用科学原则的结果；另一方面，与政府要员们的极力倡导，推波助澜有关。而当时高等教育界一些知名人士对教育学科的消极轻视态度，更对这种态势起了雪上加霜的作用。如时任"中研院"语言历史研究所所长、兼任北京大学教授的傅斯年便明确表示，不承认教育学具有学术性，且对美国哥伦比亚大学师范学院学教育的中国毕业生不屑一顾。他曾撰文《教育崩溃之原因》，认为："小学，至多中学，是适用所谓教育学的场所，大学是学术教育，与普通所谓教育者，风马牛不相及。"① 并认为，大学校里教育科与文理科平行，只能造成不学无术之空气充盈于中国"教育专家"行列，"造就些不能教书的教育毕业生，真是替中国社会造废物罢！"② 虽然傅氏此言主要是试图突出文理各科的重要性，但轻视教育学科之心态亦显露无遗③。时任北大文学院院长的胡适，在高等教育界的地位更是如日中天。同样，胡适亦不重视教育学科。据曾任北大文学院教育学系主任的吴俊升回忆："我到北大时，在学术气氛中教育并非被重视的学科，教育系也只是聊备一格的学系。"校内有力的人物，除了傅斯年外，"胡适之先生也不是太重视教育学的"④。此为北大教育学系的处境。学术风气偏重人文社会科学类的北大尚且如此境遇，更何况其他高校；高教界有名望的人物尚且如此认识，更何况一般人呢？当时教育学科处于被人忽视之地位由此可见一斑。

国民政府初期限制文科类教育发展，教育学院（系）难逃被整顿的历史命运，还与当时教育学院（系）自身发展中存在诸多问题而招致社会舆论之不满意大有关联。国民政府初期，高等师范院校和其他高等学校设置的教育学院（系）都承担着培养师资、教育行政人员和教育科学研

---

① 孟真：《教育崩溃之原因》，《独立评论》1932年第9期。
② 同上。
③ 此种心态可以吴俊升的回忆为佐证，"傅斯年教授便是不重视教育学的一位学者"。参见吴俊升《北大任教与著述生涯》，载王世儒、闻迪《我与北大——"老北大"话北大》，北京大学出版社1998年版，第200—201页。
④ 吴俊升：《北大任教与著述生涯》，载王世儒、闻迪《我与北大——"老北大"话北大》，北京大学出版社1998年版，第200—201页。

究人员的任务①。但事实上这些高等院校教育学院（系）的毕业生并未能在当时中学师资和教育行政人员中有突出的表现，受到特别的欢迎。1935年郑西谷对全国中学教师进行抽样调查后发现，在接受调查的6188人中，"师大或教院毕业者占11.35%"②。换言之，高等学校教育学院（系）毕业生在中学教员中所占比例仅及十分之一左右。这种状况说明，高校教育学院（系）学生之实际出路与这些院（系）所制定的培养目标，特别是与当时中国教育发展之需要相矛盾，正如时人所言："各学校，各行政机关不尽量，甚至不欢迎大学教育学院系之毕业生。"③ 为何会造成如此状况呢？朱家骅认为，"现在由普通大学之毕业生或教育学院与教育系之毕业生担任中学师资，其流弊实多，前者缺乏教育学之培养，后者又专恃教育学，而于其所任教学科之训练则嫌不足。"④ 1933年，张文昌在对国内26所教育学院（系）状况进行调查后指出，这些院（系）共同存在的问题是"分系或分组之散漫""专任教员之缺少""本国教材之缺少""课程之分化太甚""师资训练之欠缺"等⑤。曾在中国考察教育的国际联盟教育考察团在其报告中亦批评说，中国高校里培养出来的大批中学教师，"熟谙教育学中所包含之一切学问，而对于课程表中所列之科目，则无一专长"⑥。这种批评虽然指的是所有从大学里培养出来的中学教师所患的"通病"，而专门培养教育人才的教育学院（系）自然是首当其冲。由此可见，高校教育学院（系）之发展过程中自身存在的问题亦是教育学院（系）被整顿的重要理由之一。⑦

---

① 从当时《中学规程》和《师范学校规程》对教员资格之规定可看出。参见中国第二历史档案馆编《中华民国史档案资料汇编 第五辑 第一编 教育》，凤凰出版社2010年版，第437—438、454—455页。

② 林本：《改进师范学院之几点意见》，《教育通讯周刊》1941年第38—39期；张文昌：《中等教育》，中华书局1938年版，第306页。

③ 张文昌：《国内二十六处教育学院系状况与课程调查》，《之江学报》1933年第1卷第2期。

④ 《九个月来教育部整理全国教育之说明》，《教育部公报》1932年第4卷第49—50期。

⑤ 张文昌：《国内二十六处教育学院系状况与课程调查》，《之江学报》1933年第1卷第2期。

⑥ 国际联盟教育考察团编：《国际联盟教育考察团报告书》，台北文海出版社1986年版，第126页。

⑦ 上述段落的内容参见田正平、陈玉玲《国民政府初期对高等院校教育学院（系）的整顿——以1931—1936年为中心的考察》，《高等教育研究》2012年第9期。

（三）对教育学院（系）整顿的概况①

1931年，福建协和大学申请立案而部令该校降格为学院，同时要求将该校原有文理两学院改为文理两科，裁并其教育学院②。教育学院成为整顿的对象大概始于该校。由此，国民政府对教育学院（系）的整顿拉开了帷幕。大张旗鼓的整顿主要集中于1932—1934年。在此期间，教育学院（系）或被裁撤，或被合并，或被停办。关于这一时期的具体整顿情况，见下表：

表5-14　1931年至1935年全国高校中教育学院（系）变动简况表

院校名称	时间	对教育学院（系）的整顿情况简述	备注
福建协和大学	1931	该校降格为福建协和学院，其教育学院被裁并	被裁为教育学系，下设于文学院
吉林大学	1931	"九一八"事变后该校停办	教育学系亦停办
甘肃学院	1931-12	该校被降格为学院时，令其教育学系附于文科。1934年1月23日令文学系归并教育学系，改为文史学系	1935年教育学系重新独立于文史学系
山东大学	1932-07	教育学院停办	
暨南大学	1932-09	教育学院原有各学系并为教育学系，并入文学院	是年正式并入
中央大学	1932—1934	1932年拟改院为系，与教部协商后保留该院，1934年还将心理学系并入	教育学院规模扩大
大夏大学	1932—1935	教育学院分设教育行政、心理、社会教育三学系	学系改变
武昌华中大学	1932—1935	教育学院分设心理学、教育学两系	学系改变
厦门大学	1932—1935	教育学院分设教育心理、教育两学系	学系改变
四川大学	1933-03-07	教部令将教育学院裁撤，所属系科并入文学院	因学生反对，到9月30日才正式并入
山西省立教育学院	1933-06-01	部令其合并于山西大学	1934年7月正式并入
沪江大学	1933-12	令取消教育学院	1935年裁院为教育学系，并入文学院
山西大学	1934-07	山西省立教育学院并入该校，保持原教育学院名义，直至原有学生毕业	1936年改为教育学系，合并于文学院
齐鲁大学	1934-07	令教育系自本年起停止招生，逐年结束	教育课目可择要讲授。停办时间不详

---

① 该节内容参见田正平、陈玉玲《国民政府初期对高等院校教育学院（系）的整顿——以1931—1936年为中心的考察》，《高等教育研究》2012年第9期。
② 《二十年一月十二日至十七日本部重要工作报告》，《教育部公报》1931年第3卷第3期。

(续表)

院校名称	时间	对教育学院（系）的整顿情况简述	备注
河北女子师范学院	1934-07	令教育学系自当年暑假期起停止招生，逐年结束，但教育等科目仍须酌设教席	该系停止招生，但到1937年7月仍存在
东北大学	1934-07-14	令教育学院当年不准招生，第二年7月末停办；8月15日又令该院教育学系原有班次既经结束，以后毋庸设立	教育学院被裁撤
云南大学	1934-09-16	教育学院归并于文法学院，并改称为教育学系	该院1932年由云南省立师范校归并而成
之江文理学院	1935	教育系应否裁撤，俟下届派员视察后定	到1940年左右仍存在
北平大学	1935-08	女子文理学院哲学教育系停办，学生改入他系或转学	该系于1933年8月奉部令成立
勷勤大学	1935-07	师范学院改为教育学院，添教育学系	该校1934年7月成立

资料来源：吴相湘、刘绍唐主编：《民国史料丛刊　第一种：第一次中国教育年鉴》（第二册）丙编：教育概况（上），台北传记文学出版社1971年版，第23页；教育年鉴纂委员会编：《第二次中国教育年鉴》（第五编　高等教育），台北文海出版社1986年版，第120、138页；中国第二历史档案馆编：《中华民国史档案资料汇编　第五辑　第一编　教育》，凤凰出版社2010年版，第198—220、300—317页；中华民国教育部高等教育司编印：《全国公私立专科以上学校一览表》，中华民国教育部高等教育司1935年印，第3—13页；《朱家骅对于目前政府整理大学办法之说明》，《申报》1932年7月25日第2张第8版；国立暨南大学编：《国立暨南大学创校三十一周年完成大学十周年纪念刊》，国立暨南大学1937年印，第5页；国立山东大学出版课编：《国立山东大学一览》，国立山东大学出版课1935年版，第5—6页；王立诚：《美国文化渗透与近代中国教育：沪江大学的历史》，复旦大学出版社2001年版，第211页；四川大学校史写组编：《四川大学史稿》，四川大学出版社1985年版，第172页；《女子文理学院略史》，载国立北平大学校长办公处编《国立北平大学一览》，杰民制版印刷局1934年版，第13页；杨佩祯等主编：《东北大学八十年》，东北大学出版社2003年版，第115页；徐士瑚：《国立山西大学沿革概况》，载国立山西大学编《国立山西大学一览》，国立山西大学1947年印，第1页；云南大学编：《云南省立云南大学便览》，云南大学1936年印，第7—9页；广东省立勷勤大学教务处编：《广东省立勷勤大学二十五年度概览》，勷勤大学1937年印，第11—12页；《教部训令国立东北大学切实改进》，《申报》1935年8月16日第4张第15版；《中大教育学院添设一心理学系》，《中央日报》1932年10月8日第2张第3版；《教部令整顿甘肃学院》，《申报》1934年1月24日第4张14版；《教部训令专科以上各校应行改进要点》（二）（四）（五），《申报》1934年10月30日第4张第14版，7月20日第4张第15版，7月21日第4张第14版。

通过对表5-11、表5-12、表5-14的比较可知，经过这一时期的整顿，至1936年1月，全国设置教育学院（系）的高校仍有42所[①]，教育

[①] 到1936年，教育学院被取缔的有山西省立教育学院，东北大学、山东大学的教育学院，新增设教育学院的有勷勤大学，另外还有华南女子文理学院和华西协和大学两校亦设有教育学系，因分别于1933年立案，计入新增设教育学系之列。

学院（系）的总数虽并无变化，但教育学院数明显减少，由1931年的15所减至1936年的9所；而至1937年，全国设置教育学院的高校只有7所①。减少的教育学院多被并入了文学院，改称为教育学系。至1936年，教育学院（系）在全国高等教育中的具体情形，见表5-15。

表5-15　1936年全国高校中教育学院（系）及其学生所占比例统计表

学院类别	总计	院数									
		文科类					实科类				
		合计	文	法	教育	商	合计	理	农	工	医
实数	187	76	33	22	9	12	88	33	13	23	19
比例	100	40.6	17.6	11.8	4.8	6.4	47.1	17.6	7.0	12.3	10.2

学系类别	总计	系数									
		文科类					实科类				
		合计	文	法	教育	商	合计	理	农	工	医
实数	627	338	174	78	42	44	289	158	47	76	8
比例	100	53.9	27.8	12.4	6.7	7.0	46.1	25.2	7.5	12.1	1.3

学生类别	总计	学生数									
		文科类					实科类				
		合计	文	法	教育	商	合计	理	农	工	医
实数	41922	23152	8364	8253	3292	3243	18549	5485	2590	6989	3395
比例	100	55.3	20.0	19.7	7.9	7.7	44.1	13.1	6.2	16.7	8.1

注：表中187个学院中，除表中统计的文、实类学院外，另有其他学院23个（其中文理学院8所、理工学院2所、文理法学院1所。文理、理工学院合称者则文、理、工均以半院计算；文理法学院合称者以三分之一院计算，由此，其他学院中还有5.3个理学院），占总数的12.3%（其中理学院占0.65%）；在校生41922人中，除文实科类学生外，其他院系还有311人，约占总数的0.6%。

资料来源：该表的院系数是参照"全国专科以上学校之学院数（二十一至三十五学年度）"表、"全国专科以上学校之学系数（二十一至三十五学年度）"表与本书表5-11、表5-12、表5-14所示的信息统计而成；在校生数是参照"最近数年度全国专科以上学校在校生之人数与科别"表制定而成。参见杜元载主编《革命文献　第五十六辑　抗战前之高等教育》，台北中央文物供应社1971年版，第93—94页；教育年鉴编纂委员会编《第二次中国教育年鉴》（第五编　高等教育）、（第十四编　教育统计），台北文海出版社1986年版，第39页；第12—13、16页；中国第二历史档案馆编《中华民国史档案资料汇编　第五辑　第一编　教育》，凤凰出版社2010年版，第300—317页。

---

① 减少的2所分别为厦门大学和湖北教育学院。参见《厦门大学实行裁院并系》，《申报》1936年6月18日第4张第15版；厦门大学编《私立厦门大学文学院一览》，厦门大学刊1936年印，第1页；《鄂省停办教育学院》，《申报》1936年7月11日第4张第16版；陈友松《湖北省立教育学院成立以来之经过及检讨》，《新潮北季刊》1943年第1—2期。

通过表 5-15 与表 5.13 的比较可知，至 1936 年，全国高校文科类学院所占比例有较大幅度下降，由 1931 年的占 59%降至 1936 年的占 40.6%；与此同时，实科类学院比例有所提升，由原来的 41%增至 47.1%。文、法、商、教育学院数均呈下降趋势，其中文学院减少了 5.6%；法学院减少了 6%；商学院减少了 3%；而教育学院减少了 3.8%，其减少幅度居第三位。就高校之学系设置而言，到 1936 年，文科类学系减少了 4.5%，而实科类则增加了 4.5%。其中，文、法、商学系数均减少，唯有教育系反而增加了 0.5%，此为国民政府裁改教育学院为学系之结果。就高校之在校生而言，到 1936 年，文科类学生减少了 19.2%，实科类学生则增加了 18.6%。其中，理、农、工、医科生均增加，而文科类中除商科学生增加了 2.8%外，文科生减少了 2.8%，法科生减少了 17.5%，教育学科之学生减少了 1.7%，法科学生减少幅度最大，而教育科学生减少幅度最小。

国民政府初期对教育学院（系）的整顿，是国民政府教育奉行注重实用科学之原则的结果。针对当时高校文、实科类教育畸形发展的状况，国民政府以注重实用科学为原则，限制文科类教育之发展，以达到调整院系结构之目的。教育与文、商、法等科类一样，自然被列入了限制发展之列。主要通过"裁、并、停"等处理方式，国民政府对教育学院（系）进行了整顿。到抗战爆发前，全国高校文、实科教育畸形发展状况得以改变，文、实科类学生数量及其比例渐趋平衡，但整顿教育学院（系）之成绩并不明显。距离其初衷甚远，其中原因是多方面的[①]，政府的相关政令未能得到被整顿学校的认同，相反却遭到学校师生之抵制是其中的重要因素之一。有的学校采用诸多方法极力逃避被整顿的命运；有些学校以声势浩大的护校运动抵制政府的整顿。当然，这些努力有的发挥了作用，有的则没产生实际效应。联系到这一时期国民政府政权建立不久、政令难以畅通的实际情况，可以说这是致使此次整顿成效不彰的重要原因之一。另一个重要原因是，至 1935 年前后，由于知识界、教育界舆论的强烈反对，国民政府教育部贯彻"限制文科教育、注重实用科学"原则的态度亦有所转变，整顿后期教育部对文科类教育逐步的宽容态度，致使绝大多数教育学院（系）躲过了被"关""裁"的命运。至于整顿之初作为重要理由

[①] 具体参见田正平、陈玉玲《国民政府初期对教育学院（系）的整顿——以 1931—1936 年为中心的考察》，《高等教育研究》2012 年第 9 期。

的教育学院（系）地域分布不平衡以及办学质量不高等问题，事实上在整个整顿过程中很少触及，政府的训令、指令大多只是在"数量"上做文章，结果是数量没有减下来，质量没有提上去，整顿就匆匆结束了①。

二 发展实科：以理学院（系）的整顿为例

根据《大学组织法》和《大学规程》，理学院被列入了大学八大学院之一；大学至少具备三学院，且必须包含理学院或农工医各学院之一。由此，当时高校理学院（系）之设主要分布于综合性大学和独立学院之中，而且，"大学理学院或独立学院理科：分数学、物理学、化学、生物学、生理学、心理学、地理学、地质学及其他各学系，并得附设药科"②。

（一）国民政府成立之初理学院（系）的实际状况

国民政府初期贯彻注重实用科学原则，理学院在政策的保护下获得极为重要的地位。1931年前后，全国设置理学院（系）的高校具体分布情况如下：

表5-16　　1931年前后公私立高校理学院（系）设置状况表

院校名称	校址	所设学院（科系）	理学院（系）的分系状况及备注
山东大学	青岛	文、理、教育	化学、数学、物理学、生物学四系
中山大学	广州	文、理工、法、农、医	数学天文学、物理学、化学、生物学、地质学、地理学、化学工程学、土木工程学、师范部
中央大学	南京	文、理、法、教育、工、医、商	算学、物理学、化学、地理学、地质学、动物学、植物学、心理学
四川大学	成都	文、理、法、教育	数学、物理学、化学、生物学、预科
北平大学	北平	女子文理、法、医、农、工、商、艺术	理科、数学系、物理系、化学系、体育系文科、国文系、英文系、政学系、经济系、史学系、音乐系
北平师范大学	北平	文、理、教育	地理、物理、数学、化学、生物五学系
北京大学	北平	文、理、法	数学、物理、化学、地质、生物、心理学

---

① 该节内容参见田正平、陈玉玲《国民政府初期对高等院校教育学院（系）的整顿——以1931—1936年为中心的考察》，《高等教育研究》2012年第9期。
② 宋恩荣、章咸主编：《中华民国教育法规选编1912—1949》，江苏教育出版社1990年版，第406页。

第五章　调整院系结构　注重实用科学

（续表）

院校名称	校址	所设学院（科系）	理学院（系）的分系状况及备注
武汉大学	武昌	文、法、理、工	数学、物理学、化学、生物学
浙江大学	杭州	工、农、文理	外国文学、教育学、政治学、数学、物理学、化学、生物学
清华大学	北平	文、理、法	算学、物理、化学、生物学、心理学、地理学、土木工程
暨南大学	上海	文、法、商、教育、理	数学、物理学、化学、生物学
安徽大学	安庆	文、理、法	数学、物理学、化学、生物学
东北大学	辽宁沈阳	文法、理工、教育	算学、物理学、化学、生物学、心理学、机械学、电工学、土木工学、采冶学、纺织学、建筑学
河南大学	开封	文、理、农、法、医	数理、化学、生物、土木工程
湖南大学	长沙	文、理、工	数理、化学、地质
东陆大学	昆明	文、理①、工	
广西大学	梧州	农、工、矿②、理	数理、化学、生物
大同大学	上海	文、理、商	数学、物理学、化学
大夏大学	上海	文、理、法、商、教育	数学、物理学、化学、生物学、心理学
中法大学	北平	文、理、医、社会科学	物理、化学、生物系
光华大学	上海	文、理、商	化学、物理学、生物学、数学
东吴大学	苏州	文、理、法	生物、化学、物理、数学
武昌中华大学	武昌	文、理、商	数学、物理学、化学、生物学③
武昌华中大学	武昌	文、理、教育	物理学、化学、生物学、医学先修科
金陵大学	南京	文、理、农	物理系、化学系、数学系、动物系、工业化学科、医学先修科、电机科
南开大学	天津	文、理、商、经济	算学、化学、物理学、生物学、医预科、电工系
厦门大学	厦门	文、理、法、商、教育	算学、物理学、化学、植物学、动物学
辅仁大学	北平	文、理、教育	数学、化学、生物学、物理、医学先修科
复旦大学	上海	文、理、法、商	化学、生物学、土木工程学系
震旦大学	上海	法、理工、医	数理、化学工业、电气机械、土木工程

① 理学院 1932 年添设。

② 矿学院暂停。

③ 生物学系正在计划之中。

(续表)

院校名称	校址	所设学院（科系）	理学院（系）的分系状况及备注
沪江大学	上海	文、理、教育、商	生物学、化学、物理系、医学先修科
广州大学	广州	文、理、法	数学系
岭南大学	广州	文理、农、工、商	中国语言文学、西洋语言文学、哲学、社会科学、教育学、家政学、美术学、生物学、物理学、化学、数学、史学、政治学
齐鲁大学	济南	文、理、医	天文算学、生物学、化学、物理学
燕京大学	北平	文、理、法	数学、化学、生物学、物理学、地理地质学、心理学、家事学
之江文理学院	杭州	文、理科	化学、土木工程、生物学、物理学
中国公学	上海	文理、社会科学院	中国文学、外国语文、史学社会学、哲学、数理
金陵女子文理学院	南京	文、理两科	生物学、化学、数理、地学、体育
福建协和学院	福州	文、理	生物学、化学、数理学、医学先修科

资料来源：吴相湘、刘绍唐主编：《民国史料丛刊　第一种：第一次中国教育年鉴》（第二册）丙编：教育概况（上），台北传记文学出版社1971年版，第87—139页；中华民国教育部高等教育司编：《二十年度全国高等教育统计》，中华民国教育部高等教育司1933年印。

据表5-16所示，1931年前后，全国68所公私立大学及独立学院中，设置理学院者30校，设立理工学院者3校，文理学院者6校，因文理、理工学院合称者则文、理、工均以半院计算，因此理学院共34.5个，也就是说，有超多一半的高校设置该学院。且在理学院中，其学系的设置亦相当完备，基本上遵照了《大学规程》的规定。毋庸置疑，这是国民政府贯彻注重实用科学原则之必然结果。上述39所高校中，独立学院仅占3所，其余皆为综合大学；公立高校占17所，而私立高校则为22所，后者占了多数。由此可见，设置理学院（系）的高校多为私立综合性大学。

关于理学院（系）在全国高校中的具体情况，以1931年为例。如表5-13所示，理学院共有34.5个，在全国总学院中约占19%，在实科类院系中位列第一，在文实科类学院中，仅次于文学院。而理学系全国共有158个，在实科类学系中居于首位，在全国高校中亦紧跟文学系之后。理学院学生数占全国高校学生总数的8.9%，在实科类学院中位居第一，在文实科类学院中位居第三。关于其地理分布，与教育学院（系）一样，主要分布于上海和北平地区,地理分布不均衡。

在贯彻注重实用科学原则,培养实用建设人才的整顿政策的引导下,针对上述的理学院(系)的发展状况,教育部主要采用调整、合并和充实等处置方式对其进行整顿。

(二)对理学院(系)整顿的概况

国民政府初期对理学院(系)的整顿,除了要求某些高校增设该院(系)之外,主要是采取措施使现存者更好地发展。教育部或者合并理学院中相关院系,或者要求增设极其需要的新科系,或者裁并师资设备不良的科系,以便集中力量办理其他科系。通过这些方式,使理学院(系)不断得到调整和充实。这一时期整顿理学院(系)的大致情况如下:

表 5-17　　1931 年至 1936 年全国高校理学院(系)变动简况表

院校名称	时间	对理学院(系)整顿情况简述	备注
中国学院	1931-10	开办理科,分设生物、理化两系	
清华大学	1932	理学院土木工程并入工学院	工学院成立于 1932 年
暨南大学	1932	裁撤生物系	
中央大学	1932	动物学植物学两系合并入生物学系,心理学系与教育学院之教育心理系合并,改隶于教育学院	此后,该院设算学、物理学、化学、生物学、地理学及地质学六系,长期未变
南开大学	1932	增设化学工程学系,裁撤医预科	
山东大学	1932-07	文理两院合并为文理学院,分设中国文学、外国文学、数学、化学、物理学、生物学六学系	理学院原学系并未减少
齐鲁大学	1933	增设无线电专修科	
厦门大学	1933	植物学、动物学系改称为生物系	
岭南大学	—	裁撤数学系	具体时间不详
勤勤大学	1933	数理化学系、博物地理两学系下设于教育学院	教育学院于 1935 年 3 月由该校师范院改称而来
北平大学	1933-08	该院十学系裁为五学系两专修科时物理、数学两系合并为数理系	数理系再分数学、物理二组
广州大学	1933-09	添设数学物理系	
同济大学	1934	筹备理学院,拟设数学、生物两系暨药物科	直到 1937 年 7 月 1 日才正式建成
中山大学	1934-08	土木工程、化学工程归并于工学院,理工学院改称理学院	1934 年后该院设数学天文、物理、化学、生物、地质、地理、师范部
安徽大学	1932—1934	裁撤生物学系,该系学生借读于浙江大学;1934 年数学、物理两系合并为数理学系	

(续表)

院校名称	时间	对理学院（系）整顿情况简述	备注
河南大学	1934	土木工程系奉令停止招生	该系20余名一年级学生转入北洋大学
湖南大学	1932—1937	1932年9月停地质系，改设矿学系，后改称为采矿冶金工程学系隶属工学院；10月数理系分为数学物理两系；1937年增生物学系	
广西大学	1934-02	数理学系分为数学、物理两学系	
云南大学	1932—1934	1932年文学院扩充为文理学院，增设理科学系；1933年该院添设数理、法律两系，招考医学专修科；1934年9月16日该院改称文法学院，理工学系并为理工学院	理工学院分设数理、土木工程和采矿冶金三学系；云南大学是由东陆大学于1934年9月16日改称
东北大学	1932—1935-07	1932年暑期停办数学系、采冶系；1933年停办物理建筑两学系；1934年7月停办生物系；1935年7月停办理学院	
大夏大学	—	增设土木系，裁撤物理学、生物学和心理学系	具体时间不详
东吴大学	—	增设护士先修科	具体时间不详
沪江大学	—	裁撤医学先修科	具体时间不详
燕京大学	1934	裁撤地理地质学系，心理学系重新附设于文学院	
辅仁大学	1932	数学、物理系合并为数理学系，裁撤医学先修科	医学先修科裁撤的具体时间不详
中法大学	1934	增设数学系	
武昌中华大学	—	裁撤物理学和生物学系	具体时间不详
武昌华中大学	1934	裁撤医学先修科	
华西协和大学	—	理学院分设数理、化学、生物、制药学四系	该校1933年9月立案
金陵女子文理学院		裁撤地学、体育学系	
之江文理学院	1934	校董会年会议决生物系为副系；1934年决定自下年度起数理学系仍改副系	
福建协和学院	—	裁撤医学先修科	具体时间不详
华南女子文理学院		理学院分设化学和生物两学系	该校1933年6月立案
光华大学	1935	1935年裁撤生物学系；1936年6月令下学期开办土木工程系	生物学系裁撤的时间据推测是1935年
交通大学	1935	令将科学院改为理学院	到1937年仍未发生变化

（续表）

院校名称	时间	对理学院（系）整顿情况简述	备注
四川大学	1935-08	数学、物理学两系并为数理学系	
山西大学	1935-07	增设理学院	分设数学系及物理学系
重庆大学	1936	数学物理两系合并为数理系	该院分设数理、化学两学系

资料来源：中国第二历史档案馆编：《中华民国史档案资料汇编 第五辑 第一编 教育》，凤凰出版社2010年版，第300—317页；《国立同济大学校史及最近概况》，载国立同济大学出版课编《国立同济大学概览》，国立同济大学事务课1934年印，第3页；同济大学党委宣传部编：《同济大学》，浙江大学出版社2001年版，第146页；《理学院沿革》，载国立中央大学编《国立中央大学理学院概况》，国立中央大学1936年印，第1—2页；《女子文理学院略史》，载国立北平大学校长办公处编《国立北平大学一览》，杰民制版印刷局1934年版，第12—13页；《国立清华大学校史概略》，载清华大学编《国立清华大学一览》，国立清华大学出版事务所1935年版，第3—5页；《校史》，载国立中山大学秘书处编《国立中山大学现状》（二十三年），国立中山大学1934年印，第1—5页；《校史概要》，载国立山东大学出版课编《国立山东大学一览》（民国二十四年），国立山东大学出版课1935年版，第5—6页；《校史》《理学院》，载国立暨南大学编《国立暨南大学创校三十一周年 完成大学十周年纪念刊》，暨南大学1937年印，第1—3、9—10页；《沿革概要》，载国立四川大学编《国立四川大学一览》，国立四川大学1936年印，第4—5页；《河南省立河南大学》，载教育部编《全国专科以上学校要览（上）》，正中书局1942年版，第99—100页；《沿革概要》《各学院概况及其课程》，载国立湖南大学编《民国二十六年度 国立湖南大学概览》，国立湖南大学1937年印，第3—6、30—31页；《校史》，载广西大学编《广西大学一览》，广西大学1938年印，第3—4页；广西大学校史编写组编：《广西大学校史：1928—1988》，广西大学学报编辑部1988年版，第13—21页；《教育学院》，载广东省立勷勤大学教务处编《广东省立勷勤大学概览》（廿五年度），勷勤大学1937年印，第1—2页；《沿革概略》，载云南大学编《云南省立云南大学便览》，云南大学1936年印，第8—9页；杨佩祯等主编：《东北大学八十年（1923—2002）》，东北大学出版社2003年版，第6—11、83—115页；光华大学编：《光华大学十周纪念册》，光华大学1935年印；王国平：《东吴大学简史》，苏州大学出版社2009年版，第201页；《校史》，载燕京大学编《燕京大学一览》（民国二十五年至二十六年度），燕京大学1938年印，第1—4页；李铁虎编著：《民国北京大中学沿革》，北京燕山出版社2007年版，第79页；《沿革》，载中法大学编《北平中法大学一览》，中法大学1935年印，第3—4页；梁吉生：《允公允能 日新月异——南开大学校长张伯苓》，山东教育出版社2003年版，第68—69页；王神荫：《齐鲁大学校史简介》，载中国人民政治协商会议全国委员会文史资料研究委员会编《文史资料选辑 合订本 第三十一册（总九十一—九十二）》，中国文史出版社1986年版，第129页；《本校逐年大事记》，载厦门大学编《厦门大学一览》（民国二十五至二十六年），厦门大学1936年印，第3—12页；《十年来教育大事记》，载厦门大学编《厦门大学十周年纪念刊》，厦门大学1931年印，第43页；《理学院教职员一览》，载厦门大学编《厦门大学一览》（中华民国二十二年至二十三年），厦门大学1934年印，第1—2页；《本校沿革》，载广州大学编《私立广州大学概览》，广州大学1936年印，第5—7页；《校史》，载北平中国学院编《北平中国学院概览》（民国二十三年度），中国学院1934年印，第7—9页；《校史》，载之江文理学院编《私立之江文理学院一览》（民国二十六年度），之江文理学院1937年印，第7—9页；《国立山西大学沿革概况》，载国立山西大学编《国立山西大学一览》，国立山西大学1947年印，第1页；北京辅仁大学校友会编：《北京辅仁大学校史》，中国社会出版社2005年版，第177页；《晋省改革高等教育》，《申报》1935年3月24日第4张第13版；《光华大学办土木工程系》，《申报》1936年6月16日第4张第14版；《教部训令四川公私立大学改进》，《申报》1935年8月31日第4张第14版；《教部令川教厅注意重庆大学改进》，《申报》1935年9月7日第4张第16版。

据表 5-17 所示，1932—1937 年，大约有 38 所高校的理学院（系）发生了变动。具体来讲，该阶段新增加理学院者有同济大学、云南大学、山西大学等。理学院增加学系者主要有：湖南大学（增生物学系）、云南大学（增数理系、法律系及医学专修科）、大夏大学（增土木系）、中法大学（增数学系）、南开大学（增化学工程学系）、齐鲁大学（增无线电专修科）、广州大学（增数学物理系）等。理学院被停办者仅 1 所，为东北大学[1]；理学院各系被实行裁撤者主要有暨南大学（裁撤生物学系）、安徽大学（裁撤生物学系）等，被裁撤较多的是生物学系和医学专修科。理学院各学系实施合并者主要有：中央大学（动植物两学系并为生物学系）、北平大学（物理、数学两系合并为数理系）等，实施合并者多为数学和物理系。当然，亦有个别理学院实施院系分设者，如湖南大学。

总之，国民政府初期整顿理学院（系），对于学院以增设为主；对于学系则采用裁撤和合并相结合的方式加以整顿，并鼓励增设实用性较强之学系。对理学院（系）主要采取积极支持的态度，与限制文科类教育发展的态度完全不同。

到 1936 年，全国高校理学院（系）有所改变。将表 5-13 与表 5-15 进行比较可知，理学院由 1931 年的 34.5 个增加到 1936 年的 38.3 个，尽管数量有所增加，但所占比例却略有下降，由 1931 年的 19%降至 1936 年的 18.3%[2]；就学系而言，尽管 1931 年和 1936 年的都为 158 个，但其所占比例有所增加，由 1931 年的 23.4%增至 1936 年的 25.2%；理科学生增加得更为明显，由 1931 年的 3930 人增至 1936 年的 5485 人，由 1931 年占全国高校学生总数的 8.9%增至 1936 年的 13.1%。因此，从实质上看，理科人才的培养状况大为改善。此为国民政府初期贯彻注重实用科学原则之结果。可见，理学院（系）的整顿成效明显。

综观上述，国民政府定都南京后，针对全国高校院系结构混乱及文、

---

[1] 该校理学院各学系于 1932—1935 年被陆陆续续停办。

[2] 164 个文、实类学院中，理学院 33 个，占文、实类学院总数的 17.6%。23 个其他类型学院中，文理学院 8 所、理工学院 2 所、文理法学院 1 所。文理、理工学院合称者则文、理、工均以半院计算；文理法学院合称者以三分之一院计算，由此，其他学院中还有 5.3 个理学院，占其他类型学院总数的 0.65%。到 1936 年，理学院共有 38.3 个，约占总数的 18.3%。参见教育年鉴编纂委员会编《第二次中国教育年鉴》（第十四编　教育统计），台北文海出版社 1986 年版，第 12 页。

实类教育失衡发展等状况，对各高校院系结构进行了调整。在整个调整过程中，教育部始终贯彻注重实用科学原则，并以裁并重复、混乱设置之院系为中心，一边限制文科类教育的发展，一边大力支持发展实用科学。为达到发展实用科学之目的，在适当调整现有实科类院系，鼓励高校增设此类院系，私立高校专款补助侧重此类院系之外，教育部还鼓励发展专科学校。正是通过上述消极方式和积极方式相结合，正面推进和侧面引导交互使用的方法对各高校院系结构进行整顿之后，院系结构设置渐趋合理，文实科类学生之比例渐趋平衡。然而，具体分析，当时的院系结构调整未必都取得了预设的成效，教育学院（系）的整顿便是如此，其整顿结果距离初衷尚远。

第六章

提高教育效能

国民政府对高等教育进行整顿之前，全国高校存在教师兼职现象严重，设备费数额偏低，学校风潮不断，学生管理松散等问题，诸如此类的问题致使高校的教育效能日益低下。鉴于此，教育部制定了一系列旨在提高教育效能的法令法规。

第一节 相关政策的出台

教育部出台的一系列政策，主要包括加强对高校教师的管理，规定高校教员以专任为主，限制兼职；规定高校设备费数额，从硬件设施上加强对高校的管理；注重高校学生的各种试验，加强对学生学业的管理；针对学校风潮，厉行整顿，保障教学工作的进行，等等。

一 高校教师以专任为主

为加强对高校教员的管理，国民政府教育行政委员会于1927年6月15日颁布了《大学教员资格条例》，明确规定：大学教员为教授、副教授、讲师和助教四等，对每等教员的资格进行了规定。并规定，"大学教员以专任为原则，如有特别情形不能专任时，其薪俸得以钟点计算。"[1] 1929年7月公布的《大学组织法》和《专科学校组织法》均规定，高校聘兼任教员的总数不得超过全体教员三分之一[2]。针对高校教授兼课太

---

[1] 关于大学教员薪俸表，参见中华民国教育部参事处编《教育法令汇编 第一辑》，商务印书馆1936年版，第146页；中国第二历史档案馆编：《中华民国史档案资料汇编 第五辑 第一编 教育》，凤凰出版社2010年版，第169页。

[2] 中华民国教育部参事处编：《教育法令汇编 第一辑》，商务印书馆1936年版，第172、179页。

多,影响教学效能,1929 年 6 月 17 日教育部专门制定了《国立大学教授自十八年度上学期起应以专任为原则》的文件,具体规定:

> 即自十八年度上学期起,凡国立大学教授,不得兼任他校或同校其他学院功课,倘有特别情形,不能不兼任时,每周至多以六小时为限,其在各机关服务人员,担任学校功课,每周四小时为限,并不得聘为教授。①

上述法令明确规定高校教员以专任为主,对兼职教员在学校的比例作出限制。

二 关于建筑设备费数额

为了加强对高校教学设备之管理,教育部先后颁布的《大学规程》和《专科学校规程》还规定了高校各科开办费及每年经常费之最低限度,如表 6-1 所示。

表 6-1 《大学规程》《专科学校规程》中关于高校各科开办费及每年经常费的规定

院别或科别或专科学校	开办费	每年经常费
文学院或文科	100000	30000
理学院或理科	200000	150000
法学院或法科	100000	80000
教育学院或教育科	100000	80000
农学院或农科	150000	150000
工学院或工科	300000	200000
商学院或商科	100000	80000
医学院或医科	200000	150000
甲类之矿治、机械工程、电机工程、化学工程专科学校	200000	100000
甲类之土木工程、河海工程、建筑、纺织、造纸、飞机制造以及其他关于工业之专科学校	150000	80000

---

① 中华民国教育部参事处编:《教育法令汇编 第一辑》,商务印书馆 1936 年版,第 146—147 页。

(续表)

院别或科别或专科学校	开办费	每年经常费
甲类之测量、染色、制革、陶业、造船专科学校	100000	80000
乙类之农医、森林、畜牧、水产、其他关于农业之专科学校	100000	80000
乙类之兽医、园艺、蚕桑专科学校	60000	50000
丙类之各项专科学校（银行、保险、会计、统计、交通管理、国际贸易、税务、盐务、其他关于商业之专科学校）	60000	50000
丁类之医学专科学校	150000	100000
丁类之药学专科学校	100000	80000
丁类之商船专科学校	100000	60000
丁类之艺术、音乐、体育、图书馆、市政、其他不属于甲乙丙类之专科学校	60000	50000

资料来源：该表根据《大学规程》《专科学校规程》规定的数额制定而成。参见宋恩荣、章咸主编《中华民国教育法规选编 1912—1949》，江苏教育出版社 1990 年版，第 408、411—414 页。

如表 6-1 所示的开办费包含建筑费和设备费等。"凡性质相类之学院或科同时并设者，其开办费得酌减之。各学院或各科第一年之经常费，至少须各有额定数目三分之二"，"大学或独立学院须有相当校地、校舍、运动场、图书馆、实验室、实习室，及图书、仪器、标本、模型等设备"，而每年扩充设备费"至少应占经常费百分之十五"①，专科学校亦如此②。教育部于 1929 年 12 月 3 日公布的《大学行政费不得超过经常费百分之十》，进一步要求"专科以上学校每年行政费，不得超过经常费百分之十，以期款不虚糜，多留余力，用之于扩充设备方面，藉谋学校实际之进步"③。在《私立专科以上学校补助费分配办法大纲》和《私立专科以上学校补助费支给办法》亦有关设备费的相关规定，具体要求："补助费总额的定为全年七十二万元"，百分之三十用于补助添设特种科目之教席，而百分之七十用于补助扩充设备④，而且要求，"凡补助设备费者，

---

① 宋恩荣、章咸主编：《中华民国教育法规选编 1912—1949》，江苏教育出版社 1990 年版，第 407—408 页。

② 同上书，第 413—414 页。

③ 中华民国教育部参事处编：《教育法令汇编 第一辑》，商务印书馆 1936 年版，第 147 页。

④ 宋恩荣、章咸主编：《中华民国教育法规选编 1912—1949》，江苏教育出版社 1990 年版，第 418 页。

并应将其物品详细名称、用途、件数、价目及承购地点等项，造具详细表册，呈部核定。"① 这些法令政策在一定程度上有助于加强高校教学设备费之管理。

三　关于"学生试验"

为了提高教学质量，教育部出台一系列相关政策，明确规定学生试验分为四种：入学试验、临时试验、学期试验和毕业试验。② 关于入学试验，《大学规程》和《专科学校规程》明确规定，大学或独立学院招收"曾在公立或已立案之私立高级中学或同等学校毕业，经入学试验及格者"；专科学校招收"曾在公立或已立案之私立高级中学或同等学校毕业，或具有高级中学毕业同等学力，经入学试验及格者"。而且要求入学试验"由校务会议组织招生委员会，于每学年开始以前举行之，各大学因事实上之便利，得组织联合招生委员会"③。教育部还于1932年颁布《大学附中毕业生不得无试验直接升入各本大学肄业》，要求各高校附中学生毕业后，"不得无试验直接升入各大学肄业，仍须与其他高中毕业生视同一律，经过入学试验，分别去取。以昭公允，而杜冒滥"④。《私立学校规程》还将私校学生参加入学试验作为学校的立案条件之一，"要求学生入学资格合格，在校成绩良好"⑤。1932年12月24日教育部颁布的《规定各校招考新生之考试及各科程度》还制定了招考新生标准⑥，对各高校入学试验的考试内容和科目做了宏观上的调整，加强了高校入学试验与中学教育的联系。

关于临时试验和学期试验，《大学规程》和《专科学校规程》规定，"临时试验由各系教员随时举行之。每学期内至少须举行一次。临时试验

---

① 《私立专科以上学校补助费支给办法》，《教育部公报》1934年第6卷第43—44期。
② 宋恩荣、章咸主编：《中华民国教育法规选编1912—1949》，江苏教育出版社1990年版，第408、414页。
③ 同上书，第405—406、408、411页。
④ 中华民国教育部参事处编：《教育法令汇编　第一辑》，商务印书馆1936年版，第194页。
⑤ 宋恩荣、章咸主编：《中华民国教育法规选编1912—1949》，江苏教育出版社1990年版，第145页。
⑥ 中华民国教育部参事处编：《教育法令汇编　第一辑》，商务印书馆1936年版，第99页；《教部令各校招考新生标准》，《申报》1932年12月25日第4张第16版。

成绩，须与听讲笔录、读书札记、及练习、实习、实验等成绩，分别合并核计，作为平时成绩。"而学期试验，"由院长会同各系主任及教员于每学期之末举行之。学期试验成绩，须与平时成绩合并核计，作为学期成绩。"①

毕业试验，即为最后一学期之学期试验，"由教育部派校内教授副教授及校外专门学者组织委员会举行之。校长为委员长。每种课目之试验，须于可能范围内有一校外委员参与，遇必要时，教育部得派员监试。"而且大学或独立学院的"试验课目须在四种以上，至少须有两种包含全学年之课程"，专科学校的试验科目则要求五种以上，"至少须有三种包含全学期之课程"②。此外，毕业论文和农工商各学院以及专科学校的学生的实习亦作为毕业的条件之一，等等。

四 整顿学风

面对高教育界此起彼伏的学校风潮，国民政府行政院于 1930 年 12 月 6 日下令整饬学风，要求当局倾注全力改善教育，告诫学生勿干预校政，对违反者坚决执法严绳③。为此，教育部于同年 12 月 11 日公布了《整顿学风令》：

> 嗣后各学校学生务当修养人格，努力学问，蔚为大器，效用国家。须知校长经政府慎重选择而后任命。反对校长即无异反对政府。教职员居师保之地位，学生对之应尊重服从，不得爱憎由己，随意迎拒。……至于教育经费为学生生机所寄，政府尤当负责筹划，决不使常费稍有缺乏，基金稍有动摇，致妨教育之发展与独立。凡此诸端，既有政府及学校当局任之，学生惟当一意力学，涵养身心，凛古人思不出位之训戒，奉总理三民主义为依归，不得干涉教育行政，致荒学业。如再有甘受反动派之利用，仍前嚣张恣行越轨者，政府为爱护青年，贯澈整饬学风计，惟有执法严绳，以治反动派者治之，决不稍事姑息。④

---

① 宋恩荣、章咸主编：《中华民国教育法规选编 1912—1949》，江苏教育出版社 1990 年版，第 408 页。
② 同上书，第 408—409、414—415 页。
③ 《行政院令整饬学风》，《民国日报》1930 年 12 月 7 日第 1 张第 3 版。
④ 中华民国教育部参事处编：《教育法令汇编 第一辑》，商务印书馆 1936 年版，第 31—32 页。

由此可见，国民政府对当时高校的学校风潮甚为重视，并决心严加整饬。1932年7月行政院还颁布了《整顿教育令》，加大了对学生的管理力度，"力矫宿弊，不事姑息放任，以逢长少数分子之嚣张。实行严格监督，以维持多数学生之安定"①。

第二节　相关政策的落实

在上述法令法规的指引下，各高校教员兼职现象在一定程度上有所转变，教学设备得到了一定程度的保障，学生学业以及学风的管理也得到了一定程度的加强。

一　限制教员兼职

对于限制教员兼职的相关整顿法令政策，一些高校采取积极配合的态度。如清华大学出台专任教授每周不得在外兼职四小时之规定（合聘教授除外），若有逾规，则按教师服务规定分别更改名义和薪俸。该校还于1932年11月派员到各校调查本校教授在外的兼职钟点情况②。但解决高校教员兼职问题并非易事，至1933年教员兼职问题仍较为严重，1933年12月教育部派员视察上海六大学后发现：除了沪江大学绝不允许教员兼职外，其余5所兼职者都较多。如大同大学专任教员22人，兼任教员13人；复旦大学专任教员仅17人，兼任者高达79人，约占了总数的80%；光华大学教员共有60人，专兼任各占半数；而大夏大学教员76人，兼任者远高于专任者③。1934年颁布的修订后的《大学组织法》更加明确地、严厉地规定大学校长不得兼职④。"上所行，下所效"，限制高校校长兼职，也可以更好地控制高校教员兼职。

为了解决高校教员兼职问题，针对具体学校，教育部于1933年至

---

① 中华民国教育部参事处编：《教育法令汇编　第一辑》，商务印书馆1936年版，第31页。
② 《清华派员赴各校调查教授在外兼课钟点》，《申报》1932年11月16日第3张第10版。
③ 《教部发表视察上海六大学报告》，《申报》1933年12月25日第3张第12版。
④ 但仍未规定对于违反者进行处置之具体办法。参见中国第二历史档案馆编《中华民国史档案资料汇编　第五辑　第一编　教育》，凤凰出版社2010年版，第171页；宋恩荣、章咸主编：《中华民国教育法规选编1912—1949》，江苏教育出版社1990年版，第416页。

1935年颁布了一系列的整顿训令。包括清华大学、武汉大学、中山大学、中央大学、北平师范大学、北平大学以及复旦大学,明确要求这些学校增加专任教员比例,限制教员兼职[1]。到1934年,国立高校教师兼职状况有所好转,如表6-2所示。

表6-2　　　1931年至1934年全国高校教员专兼任状况统计表

教员职别	1934年	1933年	1932年	1931年
专任者人数	5127	5000	4723	4133
专任者百分比	71.16	69.45	70.43	58.60
兼校外职务者人数	2078	2200	1984	2920
兼校外职务者百分比	28.84	30.55	29.57	41.40
总计	7205	7200	6709(1)	7053
较1931年专兼任者增减人数之实数及百分比				
专任者增加之人数	994	867	592	——
专任者增加之百分比	12.56	10.85	11.83	——
兼校外职务者减少之人数	842	720	936	——
兼校外职务者减少之百分比	12.56	10.85	11.83	——

注:1. 专任者包括兼校内职务者在内;2. "(1)"表示该数据与1932年高校教员专任者和兼校外职务者总数不一致。
资料来源:《全国高教近四年度专兼任教员之增减》,《申报》1936年11月14日第4张第14版;《全国高教专任教员较增》,《申报》1936年10月29日第2张第8版。

如表6-2所示,1934年各高校共有教职员7205人,其中专任者(兼校内职务在内)5127人,占了总数的71.16%,较1931年增加了994人,增加了12.56%,而兼校外职务之教员共有2078人,占总数的28.84%,较1931年减少了842人,减少了12.56%[2]。到1936年前后,北平高校的专任教员比例逐渐增加,北京大学最为明显。如表2-6所示,1928年该校的专任教员仅85人,占总教员269人的32%,至1936年,该校教师专

---

[1] 中国第二历史档案馆编:《中华民国史档案资料汇编 第五辑 第一编 教育》,凤凰出版社2010年版,第189—220页。

[2] 黄建中:《十年来的中国高等教育》,载中国文化建设协会《抗战前十年之中国》,台北龙田出版社1980年影印版,第525页。

任者为 142 人，占总数 211 人的 67.3%。① 可见，经过整顿当时各高校教员兼职问题有所好转。

然而，高校教员兼职问题难以彻底根除，这种现象不仅由经济因素决定，还有其他重要的因素②。再加上国民政府并未严禁教员兼职，而仅强调以"专任"为原则，允许教员有限的兼职。在教员兼课行为已经"合法"化的背景下，限制高校教员兼职并未取得理想的效果③。教员兼职过多，导致缺席现象较为严重。以北平大学为例，据统计，该校 1934 年上学期教员缺席者法商学院有 58 人，女子文理及农工三院各有 40 人以上，法商学院商学系有一学期内缺席达 50 小时者，法律政治经济各系及农学院之农业生物系，各有缺席达 35 小时者④。大量教员缺席背后严重的兼职问题可见一斑。不过，到 1937 年为止，该状况有较大程度的改观。

二 保障教学设备

为了保障教学工作的顺利开展，国民政府对高校设备费用投入不足或经费浪费现象予以整顿。不仅从宏观上规定了全国高校建筑设备费的数额和所占比例，而且针对具体学校还划定了设备费的具体数额。

（一）基于设备费和图书册数的考察

设备费用与图书册数是衡量高校教学设备的重要指标。整顿工作开展后，高校的设备费与图书馆书籍册数迅速增加，就前者而言，1932—1934 年，国立高校的设备费每年平均占 20.8%、省立高校占 19.7%、私立高校占 18.4%⑤。全国高校设备费用的投入超出了规定"应占经常费百分之十五"的标准。这一时期各年度建筑设备费以及图书册数增设情况如下：

---

① 吴民祥：《流动与求索——中国近代大学教师流动研究：1898—1949》，浙江教育出版社 2006 年版，第 201 页。

② 梁晨：《民国国立大学教师兼课研究——以北京大学、清华大学为例》，《南京大学学报》（哲学·人文科学·社会科学）2011 年第 3 期。

③ 陈能治：《战前十年中国的大学教育（1927—1937）》，台湾商务印书馆股份有限公司 1990 年版，第 175 页。

④ 中国第二历史档案馆编：《中华民国史档案资料汇编 第五辑 第一编 教育》，凤凰出版社 2010 年版，第 217 页。

⑤ 金以林：《近代中国大学研究：1895—1949》，中央文献出版社 2000 年版，第 210 页。

表 6-3　1929 年至 1936 年高校建筑设备费及图书册数增加情况统计表

时间	图书		添置建筑设备价值（元）
	总册数	本年度添置册数	
1928 年	2158126	—	—
1929 年	2713762	555636	5287119
1930 年	2983266	269504	6208283
1931 年	3633927	650661	6379778
1932 年	3951847	317920	6216559
1933 年	4493616	541769	6376137
1934 年	4876964	383348	6642254
1935 年	5181128	304164	6812185
1936 年	5446530	265402	7564420
合计	35439166	3288404	51486735
平均每年添置数	411051	6435842	

资料来源：杜元载主编：《革命文献　第五十六辑　抗战前之高等教育》，台北中央文物供应社 1971 年版，第 68—69 页。

如表 6-3 所示，从 1929 年开始，各高校图书册数每年都有所增加，尤其是 1931 年增加最多，到 1936 年，共增加图书 3288404 册，平均每年添置 411051 册。关于设备资金投入，主要分布于建筑修缮、卫生设备、图书、仪器标本、模型机器及校具杂项设备等方面[①]。自 1930 年始，此类投入大为增加，且呈现持续增长状态，1929 年至 1936 年共增加投入 51486735 元，平均每年增加 6435842 元。至 1936 年，全国 108 所高校之校舍总值、设备价值以及图书总数情形如下：

表 6-4　1936 年全国高校校舍价值、图书册数及设备价值统计表

高校类别	校舍价值（单位：元）	图书册数	设备价值（单位：元）	附注
国立者	21039511	2015230	8625473	
省市立者	5057210	674136	2422284	其中，有 7 校数据未能列入
私立者	31034119	2855374	7932042	
合计	57400840	5544740	18979799	

资料来源：杜元载主编：《革命文献　第五十六辑　抗战前之高等教育》，台北中央文物供应社 1971 年版，第 69 页。

---

① 《二十三年度全国高教设备状况》，《申报》1936 年 9 月 2 日第 4 张第 16 版。

(二) 专款补助私立高校设备费

第五章论述的私立高校专款补助费主要用于补助私立高校的教席和设备两方面，尤其是后者占用了大多数。以1935年的补助费分配情况为例：

表6-5 1935年私立专科以上学校补助费分配情况统计表（按补助项目）

校别	教席费	所占比例	设备费	所占比例	总计
金陵大学	8000	29.92%	18737	70.08%	26737
东吴大学	8000	70.13%	3407	29.87%	11407
大同大学	4000	13.16%	26402	86.84%	30402
复旦大学	3360	25.13%	10009	74.87%	13369
光华大学	4000	36.99%	6814	63.01%	10814
大夏大学	4000	29.92%	9369	70.08%	13369
沪江大学	8000	43.91%	10220	56.09%	18220
中法大学①	—	—	8517	100.00%	8517
燕京大学	16000	29.92%	37475	70.08%	53475
辅仁大学	4000	43.91%	5110	56.09%	9110
南开大学	8000	22.69%	27254	77.31%	35254
齐鲁大学	16000	67.61%	7665	32.39%	23665
武昌中华大学	—	—	6662	100.00%	6662
武昌华中大学	8000	57.30%	5962	42.70%	13962
华西协和大学	8000	43.91%	10220	56.09%	18220
厦门大学	32000	39.31%	49398	60.69%	81389
岭南大学	12000	43.91%	15330	56.09%	27330
国民大学	4000	31.96%	8517	68.04%	12517
广州大学	—	—	5110	100.00%	5110
以上大学合计	147360	35.12%	272178	64.88%	419538
金陵女子文理学院	4000	36.99%	6814	63.01%	10814
南通学院	12000	33.48%	23847	66.52%	35847
之江文理学院	—	—	6814	100.00%	6814
朝阳学院	—	—	6814	100.00%	6814
焦作工学院	—	—	29809	100.00%	29809
湘雅医学院	7200	23.23%	23796	76.77%	30996

---

① 应该是中法大学药学专修科。

(续表)

校别	教席费	所占比例	设备费	所占比例	总计
福建协和学院	3360	36.16%	5932	63.84%	9292
华南女子文理学院	—	—	6814	100.00%	6814
光华医学院	—	—	6814	100.00%	6814
以上学院合计	26560	18.44%	117454	81.56%	144014
苏州美术专科学校	1540	16.26%	7933	83.74%	9473
东亚体育专科学校	—	—	4258	100.00%	4258
山西川至医学专科学校	8000	57.30%	5962	42.70%	13962
武昌文华图书馆学专科学校	2640	45.35%	3182	54.65%	5822
武昌艺术专科学校	—	—	2000	100.00%	2000
以上专科学校合计	12180	34.30%	23335	65.70%	35515
总计	186100	31.06%	412967	68.94%	599067

注：1. 国民大学补助额度为 12517 元，原资料误写成了 12175 元；

2. 1935 年获得补助的私立高校共有 32 校，并不包括武昌艺术专科学校；

3. 福建协和学院及苏州美术专科学校的补助额度与表 4-3、表 4-9、表 5-7 所示的数据不符。

资料来源：《廿四年度全国高教申请教部核准之补助费》，《申报》1937 年 2 月 3 日第 3 张第 11 版。

如表 6-5 所示，1935 年高校设备费约占当年补助经费总额的 68.94%，而教席费仅占 31.06%。具体而言，获得设备费补助的综合大学占 64.88%、独立学院占 81.56%、专科学校占 65.70%，独立学院所占比例最高。另外，除四所学校设备费之比例（东吴大学占 29.87%、齐鲁大学占 32.39%、武昌华中大学占 42.70%、山西川至医学专科学校占 42.70%）低于各自教席费比例外，其余 28 校的设备费均高于其教席费，甚至中法大学药学专修科、武昌中华大学、广州大学等校的补助费全额用于设备。而 1936 年的专款补助费支配情况亦是如此，设备费占 62%，教席费占 38%[①]。由此可见，教育部除了制定法令保证教学设备逐年增添与充实外，还将私立高校的专款补助主要用于学校设备的增加方面，提高设备费所占比例，从而促使各高校的设备逐步得到充实。

---

① 《私立专科以上校二十五年度补助费之核定》，《政治成绩统计》1936 年 6 月，第 83 页。

三 加强对学生学业学风的管理

这一时期政府加强对学生学业和学风的管理和整顿，既有着提高教育教学质量的初衷，也有着灌输"党化教育"意识形态的用意。

(一) 加强对学生学业的管理——以注重学生试验为中心的分析

如前所述，这一时期高校学生之试验主要有四种。除此之外，对未立案及已停闭之私立高校的毕业生、肄业生，对国民政府初期停办、改组之高校学生亦有甄别试验。

其一，对入学考试的管理。1912 年至 1927 年，各高校均按照各自拟定的标准组织入学招生考试，考试时间、地点、科目、内容、时间及录取人数均由学校自己决定。教育部在此方面缺乏管理致使各高校新生质量参差不齐，亦成为当时高校文、实科类学生比例失衡的重要因素之一。国民政府定都南京之后，开始以自主招生为前提，颁布各种法令法规，给予相应的指引，以加强对高校入学试验的控制和管理①。针对具体高校亦有相关整顿训令，如 1931 年 2 月教育部令饬北平三大学"关于学生之各种试验，应明定规则，严加执行"②。再如 1935 年 6 月 24 日，教育部认为复旦大学"招生考试殊嫌宽滥，对于少数学校毕业生，予以免试全部科目或一部科目之特例，尤属不合，嗣后应一律公开考试全部科目，平时考核学生成绩，并应注重严格。"③ 可见，通过制定各种法令政策，教育部加强了对各高校入学实验之管理。

关于学生参与入学试验的条件，在政府整顿高等教育之前，教育部并未明确详加限定，但至 1933 年 6 月则进行了严格规定，明确要求："各该校院对于前来报名投考学生，所缴证书务须严加查验。如毕业证书，并无毕业会考及格字样，而又非本部特准暂免会考省市之学生，一律不得准其报名投考"④；未立案之私立学校的学生不得报考；毕业会考不及格者不得准其参加试验。

---

① 有关高校入学试验的规定引发了社会各界人士纷纷议论。参见 1931 年的天津《大公报》。
② 《教部令饬整顿北平三大学》，《申报》1931 年 2 月 13 日第 3 张第 10 版。
③ 中国第二历史档案馆编：《中华民国史档案资料汇编 第五辑 第一编 教育》，凤凰出版社 2010 年版，第 220 页。
④ 《教部令各大学严查毕业证书》，《申报》1933 年 6 月 16 日第 4 张第 15 版；《未经会考及格学生不得投考大学》，《申报》1933 年 6 月 17 日第 4 张第 16 版。

关于入学试验科目和选题的编制，在实施整顿之前，各高校均有很大差异。以1929年、1930年部分国立大学本科生入学考试科目为例：

表6-6　　　1929年、1930年部分国立大学本科生入学试验科目表

招生单位		试验主要科目
1929年		
中山大学		国文（分文理两部）、总理遗教、动物学、植物学、历史地理（复试时用）、算学（分文理两部）、物理、化学、论理学、英文十科
南开大学	文	国文、英文、政治、世界历史、化学、数学、生物学七科
	商	国文、英文、政治、世界历史、化学、数学、生物学七科
	理	国文、英文、数学、化学四科
厦门大学		国文、三民主义、哲学概论、论理学、中外近世史、数学、物理、化学、生物、英文十科
北京大学		国文、英文德文法文（任选一）、中国历史、外国历史、化学五科
武汉大学	文	国文、党义、英文、数学、历史、地理、化学、物理八科
	理	国文、党义、英文、数学、化学、物理学、历史、生物学、地质学九科
1930年		
招生单位		试验主要科目
中央大学		（通试）党义、国文、算学、英文、化学、物理学、史地
武汉大学		国文、党义、英文、数学、化学、中外历史、地理、博物学、论理学
中山大学		国文（分甲组、乙组）、孙中山先生遗教、英文、德文（考英文者不考）、数学、物理、化学、逻辑、生物（分甲组、乙组）、中国历史、地理、外国历史
厦门大学		国文、英文、党义、德文法文（文任选一）、物理、化学、几何、三角、高等代数、解析几何、簿记（商学院用）、经济原理（商学院用）、国学常识（文学院用）、生物学（理学院用）、法学通论（法学院用）、经济概论（法学院用）、教育学概要（教育学院用）、心理学大意（教育学院用）
南开大学	文	党义、国文、英文、物理、数学、政治、化学、生物学、世界历史
	商	党义、国文、英文、物理、数学、政治、化学、生物学、世界历史
	理	党义、国文、英文、物理、化学、数学

资料来源：《国立各大学十八年度入学试题调查（续）》，《学生杂志》1930年第17卷第2—7期，第115—123、107—120、111、102—105、106—108、109—114页；《国内各大学十九年度入学试题调查》，《学生杂志》1930年第17卷第10—12期，第121—128、117—124、113—118页；《国内各大学十九年度入学试题调查——续第十七卷》，《学生杂志》1931年第18卷第1期，第137—141页；《国内各大学十九年度入学试题调查（续）》，《学生杂志》1931年第18卷第2期，第105—111页；《国内各大学十九年度入学试题调查（续）》，《学生杂志》1931年第18卷第4—7期，第111—122、101—106、115—120、114—118页。

据表6-6所示，1929年、1930年各国立高校的必考科目是国文、英

文（或者其他外国语）以及党义，各校考试科目不尽相同，有2科、4科、5科、7科、8科、9科、10科不等。某些高校所有科系均考试相同科目；有的学校则规定各科系共同考试科目和特定科目，如厦门大学；有的高校还要求参加多次入学试验，如暨南大学。

在入学试验选题编制方面，以1930年的国文考试作文题目为例。如暨南大学入学试验第一次考试时，国文试题共有作文两题，具体如下："（一）华侨教育应特别注意者何事？（二）略述中学时代研习国文之经过。（任作一题文言白话不拘）"①。可见该校国文考题内容较为简单，且覆盖面不广。清华大学国文考题题型亦较为单一，亦是作文两题："（1）将来拟入何系？入该系之志愿如何？（2）新旧文学书中，任择一书加以批评。"② 上述两校国文考试题型相同，但其考试内容完全不同。

由于考试科目、内容和题型千差万别，知识覆盖面较为狭窄，致使各高校入学试验在一定程度上根本就不能保证学校招生的质量，且导致文、实科类学生比例失衡。对此，教育部于1935年训令："专科以上学校招考新生，所有考试科目及各科程度，自二十二年度起仍照高中课程暂行标准办理，自二十五年度起应照现行课程标准办理"，而"本年各校招生考试科目，务按上项暂行标准命题，以符程度，并将各科试题全份，于考毕后送部备查。"③ 由此可见，在各高校自主招生的前提下，政府加强了对入学试验命题的标准和程度的管理，这在一定程度上有助于保证入学试验的质量。另外，国民政府对招生数额作出了相关规定。由1933年开始实行的"比例招生法"，到1935年则以实际名额取代了"比例招生办法"。"由'比例招生法'到代之以实际名额的招生方法，均为有计划的招生，故称计划招生。"④ "计划招生"法令颁布之后，在一定程度上调整了文、实科类学生之招收比例，加强了对高校入学试验的控制和管理。

其二，对毕业试验的管理。毕业试验，仅系最末一学期的学期考试的别称，与其他各学期结束的考试性质并无二致。只是在国民政府成立之后

---

① 《国内各大学十九年度入学试题调查（续）》，《学生杂志》1931年第18卷第4期。
② 《国内各大学十九年度入学试题调查（续）》，《学生杂志》1930年第17卷第11期。
③ 《专科以上校招生考试应照标准》，《申报》1935年3月28日第4张第13版。
④ 谢青、汤德用主编：《中国考试制度史》，黄山书社1995年版，第564页。

被拓宽为学科毕业考试、毕业实习和毕业论文三项。前一项主要测量学生掌握书本知识；后两项主要测量学生动手能力①。1927 年之前，毕业考试亦由各高校自行负责办理，但各校在毕业考试和文凭发放过程中出现不少问题。分别于 1927 年 2 月 22 日、1928 年 2 月 7 日颁布的《专门以上学生毕业资格试验委员会规则》②和《国内外专门以上学校毕业生复试条例》③，使得政府掌握了高校毕业考试的命题权、阅卷权及考务权。高等教育整顿工作开展后，政府更是要求高校严格执行毕业考试。1929 年的《大学规程》和《专科学校规程》规定毕业考试应由考试委员会举行，并于 1933 年 12 月 21 日规定，"自本学年起各校毕业试验，均应一律遵照上项规程办理，并先行拟具委员会名单，呈侯本部核定，以符法令"④。此项规定较好地得以落实，如 1934 年北京大学举行毕业试验，则"由校长、院长、课业主任，各系教授为校内委员，每系聘定校外委员一人"⑤。要求由教育部派员监试毕业试验的规定亦得到较好落实。如暨南大学于 1933 年 6 月呈请教部派员监视毕业试验⑥；中央大学于 1934 年 1 月 4 日聘校外学者监视毕业生考试⑦，等等。另外，教育部对各高校毕业生之论文、农工商各学院及专科学校学生之实习等方面亦加强了管理和监督。

教育部亦将学期考试作为重要的整顿内容之一，为加强学期试验的管理，在整顿工作中亦训令各高校严厉实行。如 1935 年 5 月 11 日，教育部令中央大学"各院考试，并应由考试委员会共同严厉执行。"⑧ 同年 7 月要求北平铁路学院"学生课业应认真考核训练"⑨，等等。大体而言，国民政府关于学期试验的法令法规均得到了较好的落实。如暨南大学于

---

① 谢青、汤德用主编：《中国考试制度史》，黄山书社 1995 年版，第 586 页。
② 杨学为等主编：《中国考试制度史资料选编》，黄山书社 1992 年版，第 592 页。
③ 宋恩荣、章咸主编：《中华民国教育法规选编 1912—1949》，江苏教育出版社 1990 年版，第 730 页。
④ 《教部令专科以上学校组毕业考试委员会》，《申报》1933 年 12 月 22 日第 3 张第 11 版。
⑤ 王学珍、郭建荣主编：《北京大学史料 第二卷：1912—1937》，北京大学出版社 2000 年版，第 1016 页。
⑥ 《教育政闻》，《申报》1933 年 5 月 26 日第 4 张第 13 版。
⑦ 《中大毕业生举行考试》，《申报》1934 年 1 月 6 日第 4 张第 14 版。
⑧ 中国第二历史档案馆编：《中华民国史档案资料汇编 第五辑 第一编 教育》，凤凰出版社 2010 年版，第 206 页。
⑨ 《教部训令私立铁路学院严加整顿》，《申报》1935 年 7 月 5 日第 4 张第 15 版。

1935 年 1 月 14 日举行学期考试时，考试规则异常森严，且每日由校长沈鹏飞、各院长李熙谋、孟寿椿等以及各系主任轮流监视①。

针对未立案或已停闭私立高校的毕业生、肄业生进行的甄别试验，第五章已有论述。对因风潮而被停办改组的高校学生亦要进行临时性的甄别试验。如中央大学在甄别考试委员会的组织下，于 1932 年 9 月 10 日陆续举行甄别试验②。

总之，针对各高校千差万别的入学试验科目、内容及题型导致的招生质量不高、不平衡的问题，教育部制定了高校招生考试应行标准，规定高校毕业试验由考试委员会举行，必要时教育部派员监试等。通过上述方式，教育部在一定程度上加强了对高校各种实验的控制和管理，以此为中心，从而加强对学生学业的管理。

（二）整顿学风

蒋介石兼长教育部期间，对于各高校风潮起伏不断，影响教育效能等问题，主张"执法严绳"，以谋整顿风气③。教育部亦制定了相应的整顿政策，并严令各高校遵照执行。如 1932 年 6 月 16 日青岛大学学生因学校当局不采纳提出修改学则之意见，遂于 22 日施行罢课罢考，由此引发学校风潮④。对此，教育部于 7 月 2 日电令该校暂行解散，限学生三日内离校⑤，随后不久便成立了青岛大学整理委员会，对该校进行改组。改组方案具体内容如下：

> （一）文理两学院合并为文理学院，仍设青岛；教育学院停办，于文理学院内设教育讲座；增设农学院、工学院于济南；本年文理院中外两文学系，暂不招生，他系及工学院各部，招一年生，在青岛合

---

① 《暨大学期考试严格》，《申报》1935 年 1 月 15 日第 4 张第 13 版。

② 关于甄别试验及结果，参见《中大甄别试及格生揭晓》，《申报》1932 年 10 月 2 日第 5 张第 17 版；《中大农学院及格生揭晓》，《申报》1932 年 10 月 8 日第 3 张第 12 版。

③ 陈布雷：《陈布雷回忆录》，东方出版社 2009 年版，第 127 页。

④ 详细情形参见《青大学潮益恶化》，《中央日报》1932 年 6 月 26 日第 2 张第 2 版；《青大将瓦解》，《中央日报》1932 年 6 月 28 日第 1 张第 2 版；《青大校长杨振声抵京》，《中央日报》1932 年 6 月 30 日第 1 张第 3 版；《青大学潮仍陷僵持》，《中央日报》1932 年 6 月 30 日第 2 张第 2 版。

⑤ 《部令青大学生限三日内离校》，《中央日报》1932 年 7 月 4 日第 1 张第 2 版。

并上课，以省经费，下学年工院生移济上课。（二）变更名称，改青大为国立山东大学。（三）设甄别委会，甄别学生，以平时学业成绩及品性为标准，此次罢课罢考主动及学行不良者，不得再入学，并不发给转学证书（十五日）①。

随后，该校改称为国立山东大学②，并于暑假后正式重新开学。由此，在教育部严格要求和监督下，该校风潮得以圆满解决。此后，学校在新任校长赵琦的带领下步入正规发展时期：1933年10月，在青岛开办工学院，设土木工程学、机械工程学两系；1934年7月，农学院在济南正式开办。至1936年，该校设文理、工、农三学院，并成为国民政府时期重要的国立大学之一③。可见，教育部整顿学校风潮之成效。

对1928年至1931年的清华大学易长风潮的整顿亦是如此④。其易长风潮主要包括：1928年8月21日至1930年的驱逐校长罗家伦风潮；1930年6月25日的反对乔万选长校风潮；1931年因新任校长吴南轩与教授会发生摩擦引发的全校师生"拒吴风潮"等⑤。该校师生深陷上述风潮之中，致使教学秩序深受影响。对此，教育部于1931年6月任命翁文灏暂行代理校务，并令其全面整顿该校风潮，翁因身兼数职，于同年9月提出辞职。1931年10月8日教育部任命梅贻琦继长该校。从此，清华大学长达一年之久且连绵不断的易长风波得以平定。学校风潮得以解决后的清华大学在梅氏的领导下，无论在教学与学术工作还是在物质建设方面，均取

---

① 《青大整委会昨开会》，《中央日报》1932年7月16日第1张第3版。
② 《青岛大学改称国立山东大学》，《中央日报》1932年7月18日第2张第2版。
③ 《校史概要》，载国立山东大学编《国立山东大学二十四年度一览》，国立山东大学出版课1935年版，第5—6页。
④ 苏云峰：《清华校长人选和继承风波》（1913—1931），台北《中央研究院近代史研究所集刊》1993年第22期下；《二十年（六月二十九日至七月四日）本部重要工作报告》《教育部公报》1931年第3卷26期；苏云峰：《罗家伦与清华大学》，台北《中央研究院近代史研究所集刊》1987年第16期；苏云峰：《抗战前的清华大学，1928—1937：近代中国高等教育研究》，台北"中研院"近代史研究所2000年版。
⑤ 苏云峰：《清华校长人选和继承风波》（1913—1931），台北《中央研究院近代史研究所集刊》1993年第22期下；该校董事会、师生与罗家伦之间的冲突详情，参见苏云峰《罗家伦与清华大学》，台北《中央研究院近代史研究所集刊》1987年第16期。

得前所未有之大发展，并跃居当时国内外知名的学府之一①。

总之，通过严厉整顿学校风潮之后，到 1934 年，"全国高校的安宁，殆不近十余多年来可未见"②。虽然，1935 年因国民政府对日本的领土索求步步退让而发生了大规模的学生运动③，1936 年因宣传抗日，学生开展了救国运动会等，但这种带有政治性的学生运动，已经明显地不同于因教育问题发生在校园内的学校风潮④。随着国民政府先后采取的整顿措施，再加上教育部于 1933 年年底先后解决教育行政及教育经费等方面的问题，"使民国二十二年到民国二十四年底间，中国教育界达到战前十年少有的安定气象"⑤，高校风潮得以控制。这为高校教育效能的提高提供了良好的环境保障。当然，整顿学校风潮亦是中央政府稳固政治权势之需要。

总之，国民政府定都南京之后，针对全国高校存在的教师兼职现象严重，设备费数额偏低，学校风潮频发以及学生管理等松散诸多问题，教育部制定并实施了一系列相应的整顿政策，从而在一定程度上加强了对高校教师的管理并限制其兼职，保障了设备费数额，加强了对学生试验之监督和管理，整顿了学校风潮，保障教学工作的进行，初步达到了提高教育效能之目的。与此同时，通过加强对高校学生学业和学风的管理，国民政府亦在一定程度上达到了巩固其政权、灌输其意识形态之目的。如将党义课程列为高校学生必修科目、列为各试验必考科目便反映了政府的此种目的。文后将进一步分析。

在第三章至第六章，我们讨论了国民政府初期对高等教育所进行

---

① 清华大学校史编写组编著：《清华大学校史稿》，中华书局 1981 年版，第 108 页。

② 《王世杰日记》（手稿本　第一册）民国廿四年一月十三题追记，台北"中研院"近代史研究所 1990 年版，第 10 页。

③ 黄坚立：《难展的双翼：中国国民党面对学生运动的困境与决策：1927—1949 年》，商务印书馆 2010 年版，第 19—20 页。

④ 有人认为"'学运'反映时代政治，动机不限于学生本身的利益，活动范围不只在学校内部，势力可深入民间，影响及于国家社会；'学潮'反映的是教育问题，多起于与学生切身关系的事项，范围多半局限于校园，虽也会波及校外，但势力和影响大大不如学运。"参见吕芳上《从学生运动到运动学生》（民国八年至十八年），台北"中研院"近代史研究所 1994 年版，第 420—421 页。

⑤ 陈能治：《战前十年中国的大学教育（1927—1937）》，台湾商务印书馆股份有限公司 1990 年版，第 180 页。

的整顿，整顿工作主要包括以下几个方面：取消单科大学，限制滥设大学；加强对私立高校（包括教会高校）的控制与管理；调整院系结构，注重实用科学及提高教育效能等。在教育部以及全国高校师生的共同努力之下，上述四大方面均取得了一定的成绩。针对当时大学滥设现象严重等问题，国民政府和教育部制定和颁布了《大学组织法》《大学规程》等相关法规，并在"具备三学院以上者始得称为大学"的规定的指引下，采取"降格、裁并、取缔"等处置方式，对各高校进行整顿。至1937年前后，大学滥设现象得以遏制。在此次整顿中，政府对于长期以来游弋于管辖范围之外的私立高校，无论是教会高校抑或是国人自办私立高校，均要求立案为前提，并将取缔与奖励或专款补助的方式相结合，促使其有序发展，并加强对其控制和管理。至1935年前后，多数私立高校均已向中国政府申请立案。针对当时全国高校院系结构重复和设置混乱、文实科类学生比例失衡等问题，教育部以注重实用科学为原则，以裁、撤、并设置重复、混乱院系为中心，一方面限制文科类教育发展，另一方面大力鼓励和提倡发展实用科学。经过调整之后的院系结构设置渐趋合理，文实科类学生之比例渐趋平衡。在提高教育效能方面，主要从限制高校教师兼职，规定高校设备费数额，注重高校学生的各种试验，整顿学校风潮等方面实施整顿，并取得了一定成效。

另外，国民政府初期对高等院校的地理分布不均衡问题亦进行了整顿，尽管结果不尽理想，但确实是为此努力过。到1937年，全国高校的地理分布情况如下：

表6-7　　　　　　　　　1937年中国主要高等院校及其分布

地点		主要的院校	院校数	
上海	大学	国立：同济大学、暨南大学、交通大学；私立：大同大学、复旦大学、光华大学、大夏大学、沪江大学、震旦大学	9	25
	独立学院	国立：上海商学院、上海医学院、中法国立工学院；私立：上海法学院、上海法政学院、持志学院、正风文学院、中国公学、上海女子医学院、同德医学院、东南医学院	11	
	专科学校	国立：音乐专科学校；公立：吴淞商船专科学校；私立：上海美术专科学校、东亚体育专科学校、新华艺术专科学校	5	

第六章 提高教育效能　151

（续表）

地点		主要的院校	院校数	
北平	大学	国立：北平大学、北京大学、清华大学、北平师范大学；省立：东北大学；私立：燕京大学、辅仁大学、中法大学	8	15
	独立学院	私立：朝阳学院、北平协和医学院、民国学院、中国学院	4	
	专科学校	国立：北平艺术专科学校；市立：北平市立体育专科学校；私立：私立铁路专科学校	3	
河北	大学	私立：南开大学	1	8
	独立学院	国立：北洋工学院；省立：河北工业学院；河北女子师范学院、河北法商学院、河北农学院、河北医学院；私立：天津工商学院	7	
	专科学校			
广东	大学	国立：中山大学；省立：勷勤大学私立：岭南大学、广东国民大学、广州大学	5	7
	独立学院	国立：广东法科学院；私立：广东光华医学院	2	
	专科学校			
江苏	大学	私立：东吴大学	1	6
	独立学院	省立：江苏教育学院；私立：南通学院	2	
	专科学校	省立：江苏省立制丝专科学校；私立：无锡国学专科学校、苏州美术专科学校	3	
南京	大学	国立：中央大学；私立：金陵大学	2	6
	独立学院	私立：金陵女子文理学院	1	
	专科学校	国立：牙医专科学校、药学专科学校；公立：中央国术馆体育专科学校	3	
湖北	大学	国立：武汉大学；私立：武昌中华大学、武昌华中大学	3	5
	独立学院			
	专科学校	私立：武昌文华图书馆学专科学校、武昌艺术专科学校	2	
山西	大学	省立：山西大学	1	5
	独立学院			
	专科学校	省立：山西工业专科学校、山西商业专科学校、山西农业专科学校；私立：山西川至医学专科学校	4	
浙江	大学	国立：浙江大学	1	4
	独立学院	私立：之江文理学院	1	
	专科学校	国立：杭州艺术专科学校；省立：浙江医药专科学校	2	

(续表)

地点		主要的院校	院校数	
福建	大学	私立：厦门大学	1	4
	独立学院	私立：福建协和学院、华南女子文理学院、福建学院	3	
	专科学校			
四川	大学	国立：四川大学；省立：重庆大学；私立：华西协和大学	3	4
	独立学院	省立：四川教育学院	1	
	专科学校			
山东	大学	国立：山东大学；私立：齐鲁大学	2	4
	独立学院			
	专科学校	省立：山东医学专科学校、山东省立乡村建设学校	2	
湖南	大学	省立：湖南大学	1	3
	独立学院	私立：湘雅医学院	1	
	专科学校	私立：湖南群治农商学院	1	
河南	大学	省立：河南大学	1	3
	独立学院	私立：焦作工学院	1	
	专科学校	省立：河南水利工程专科学校	1	
江西	大学			2
	独立学院			
	专科学校	省立：江西工业专科学校、江西药学专科学校	2	
广西		省立：广西大学	1	1
安徽		省立：安徽大学	1	1
云南		省立：云南大学	1	1
甘肃		省立：甘肃学院	1	1
陕西		国立：西北农林专科学校	1	1
新疆		省立：新疆学院	1	1
合计	107			

注：据教育部统计，到1937年6月全国共有高校107所，其中有些学校为试办性质，因此，该数据与《第二次中国教育年鉴》统计的91所有所不同。

资料来源：《全国高教最近校数及其分布》，《申报》1937年7月25日第3张第12版；教育年鉴编纂委员会编：《第二次中国教育年鉴》（第五编　高等教育），台北文海出版社1986年版，第100—304页；教育年鉴编纂委员会编：《第二次中国教育年鉴》（第十四编　教育统计），台北文海出版社1986年版，第4页。

如表6-7所示，全国107所高校中，分布在上海和北平地区者最多，分别为25校、15校；其次为河北8校；广东地区7校；江苏、南京地区各6校；湖北、山西各5校；浙江、福建、四川、山东各4校；湖南、河南各3校、江西2校；此外，广西、安徽、云南、甘肃、陕西、新疆地区各1校。与第二章中表2-7所示的1929年前后的中国高等院校分布一样，仍主要分布于北平、上海两个地区，全国高校的地理分布仍非均衡显而易见。

第七章

教育部长与高等教育的整顿

　　教育部是代表政府对全国高校进行整顿的决策、执行和监督机构，在整个整顿过程中，无论是政策的制定、颁布还是落实，教育部长都起着举足轻重的作用。从1928年教育部恢复设立到抗战爆发，主要有四任部长先后执掌教育部，他们是蒋梦麟、李书华、朱家骅和王世杰。上述四位部长与整个整顿工作关系较深，下面将逐一做些分析，以从另一角度探讨这场持续多年的整顿工作。

第一节 "励精图治"：蒋梦麟的开创

　　蒋梦麟（1886—1964），浙江余姚蒋村人。1897年入绍兴中西学堂，开始了与蔡元培之师生交谊。1904年考入上海南洋公学。1908年赴美留学，第二年入加州大学农学院，半年后转入该校社会科学学院，1912年毕业于该校教育学系，即赴哥伦比亚大学研究院继续研习教育学。1917年获哲学博士学位，旋即回国。五四运动后期代蔡元培主持北大校务。1928年10月24日国民政府教育部恢复设置时，出任教育部长，于1930年12月4日辞职后，被任命为北京大学校长。蒋任教育部长伊始，即"拟先从高等教育着手"整顿全国教育①。在教育部二年多的任期内，蒋梦麟为国民政府初期整顿高等教育尤其是为整顿工作的有关法规政策建设做出了奠基性的贡献。

一　重新制定高等教育法规政策

　　如前所述，国民政府定都南京之前高等教育法令的重大修正是导致了

---

① 《教育部纪念周》，《申报》1928年10月30日第4版。

20 世纪 20 年代"大学热"的重要原因之一①。对此,作为国民政府首任教育部长,蒋梦麟上任伊始,就把制定和颁布一系列法令法规作为整顿高等教育的首要任务。

前文多次提到的《大学组织法》《大学规程》等即是在蒋梦麟之任内制定颁布的。后者由蒋任内的教育部制定并颁布,前者虽由国民政府颁布,但亦由教育部制定而成。另外,蒋任内的教育部还制定和公布了《专科学校组织法》《私立学校规程》等法令法规。上述法令法规明确要求取消单科大学的设置,限制大学滥设,加强对私立高校的管理和控制,并要求高校教育注重实用科学之原则。上述两"组织法"还严格限定兼任教员总数不得超过全体教员三分之一,与 1929 年 6 月颁布的《国立大学教授自十八年度上学期起应以专任为原则》等法规相应,以加强对高校教师队伍之管理;两"规程"及 1929 年 12 月 3 日公布《大学行政费不得超过经常费百分之十》等法规还对高等院校各科开办费及设备费之最低限度作出规定,等等。

总之,针对当时高等教育的诸多问题,蒋梦麟主持部务期间有针对性地制定和颁布了一系列旨在整顿高等教育的法令法规。

二 成效与困难

下面我们考察一下蒋梦麟长部期间整顿高等教育的成效和问题。

(一)整顿工作之实际成效

在取消单科大学,限制大学滥设方面,通过整顿,如表 3-1 所示,蒋梦麟任期内多数不合《大学组织法》和《大学规程》的高校纷纷降格,一些大学降格为学院,有些学院降格为专科学校。其次,教育部采取或取缔,或停办,或令其暂停招生的办法整顿那些办理不善,或设备简陋,以营利为目的高校,并规定了四种"处置停办学校办法",以防止停闭学校改名重办②。再次,蒋梦麟任内还通过合并原有高校以改善学校办学条件,如山西省立法学院、山西省立教育学院合并于山西大学③;省立山东

---

① 具体内容参见田正平、陈玉玲《国民政府初期对高等教育的整顿(1927—1937)》,《河北师范大学学报》(教育科学版)2012 年第 1 期。

② 《教部规定处置停办学校办法》,《民国日报》1930 年 3 月 2 日第 4 张第 4 版。

③ 吴相湘、刘绍唐主编:《民国史料丛刊 第一种:第一次中国教育年鉴》(第二册)丙编:教育概况(上),台北传记文学出版社 1971 年版,第 23 页。

大学和私立青岛大学 1930 年 9 月合并为青岛大学，等等①。另外，还通过要求省立、私立高校立案来达到限制大学滥设之目的。至 1929 年 6 月 13 日，已立案之省立大学有东北大学、成都大学、安徽大学、山西大学、西安中山大学、安兰州中山大学、成都师范大学、四川大学、湖南大学、开封中山大学、广州大学、贵州中山大学、贵州大学广西大学等十三校②。私立高校（包括教会高校）亦纷纷立案。由表4-2、表4-8 所示，1929 年至 1930 年，获准立案之私立高校约有 20 所以上。教育部还通过"凡未依照本规程呈准立案之私立学校，其肄业生及毕业生不得与已立案学校之学生受同等待遇"的规定将学校立案与否与学生利益直接挂钩③，以限制未立案高校之发展。私立高校设立时，亦须呈准教育部批准。通过要求私立高校立案、新学校开设时呈请教育部批准等方式不仅限制私立高校滥设，同时亦有助于加强对此类高校的控制和管理。

除上述"降格、取缔、立案"等方式外，蒋梦麟主政期间，教育部还对办理成绩良好之私立高校给予褒奖或补助费等。通过积极鼓励和补助，消极取缔或停闭两种策略相结合的方式，加强了对私立高校的控制和管理。至 1930 年前后，绝大多数教会高校向中国政府立案的工作就是在蒋梦麟任内完成的。

总之，蒋梦麟出任教育部长后，于 1929 年 3 月至 1930 年 2 月整顿高等教育取得的进展主要有：

> 整理大学及专门学校，由部呈请国民政府公布大学组织法及专科学校组织法，复由部公布大学规程、专科学校规程及私立学校规程，依组织法及规程严格整理国立省立及私立各大学，并将以前各种专门学校废止，次第改设专科学校。计得国立大学十二，正筹备者一，独立学院一，报部核准设立之省立大学十三，批准立案之私立大学十，封闭停办之私立大学及学院六。国立专科学校四，省立专科学校一，

---

① 吴相湘、刘绍唐主编：《民国史料丛刊 第一种：第一次中国教育年鉴》（第二册）丙编：教育概况（上），台北传记文学出版社 1971 年版，第 25 页。

② 成都大学、成都师范大学、四川大学三大学被当作一所省立大学。参见《全国已经立案各大学之统计》，《民国日报》1929 年 6 月 15 日第 4 张第 1 版。

③ 刘燡元、曾少俊编：《民国法规集刊》（第 13 集），民智书局 1930 年版，第 399 页。

私立专科学校三,省立或公立专门学校厉行筹设者九,应行结束者十。①

这是教育部1930年3月在国民党三届三中全会上的总结报告中所概括的,揆诸现实,大致不差。1930年3月至10月的整顿工作主要有:第一,迭次派员视察国立劳动、浙江、交通、暨南、同济等大学,并发现劳动大学办理未尽完善,于是令其停止招生,并筹议改进办法;第二,经核查并批准了岭南大学、中国公学、北平协和医学院、上海法政学院、南通学院、武昌图书馆学专科学校及武昌艺术专科学校等校立案;第三,举行私立高校学生甄别试验,等等②。

综上所述,在取消单科大学、限制大学滥设,加强私立高校(包括教会高校)的控制和管理等方面,蒋梦麟执掌教育部期间取得了一定的成绩,但其余方面成果较少。可以说,蒋梦麟长部期间的主要贡献是各种整顿法令政策的制定,这些法令政策为国民政府初期整顿高等教育奠定了基础。

(二) 整顿工作中存在的问题——蒋梦麟被迫去职

正当高等教育整顿工作轰轰烈烈、全面展开之际,1930年11月27日,蒋梦麟突然宣布辞去教育部长职务,并离开了南京。

1. 去职原因:"无古大臣之风"

关于蒋梦麟去职之缘由,他本人曾说过:"我当时年壮气盛,有所决策,必须贯彻到底,不肯通融,在我自以为励精图治,在人则等于一意孤行。我本世居越中,耳濡目染,颇知绍兴师爷化大为小化小为无的诀窍。今背道而驰,自然碰壁。"③可见,在蒋氏自己看来,其被迫去职的主要原因是,整顿高等教育时采取的强硬态度和决心得罪了一批人。事实上,在蒋梦麟辞职前夜,国民党元老吴稚晖突至教育部,询问蒋氏"中央、劳动两校所犯何罪,并为两校讼冤",教训他说:"部长是当朝大臣,应该多管国家大事,少管学校小事。"④此次会面的第二天,蒋即宣布辞去部

---

① 《教育部一年来工作概况》,《中央日报》1930年3月7日第3张第4版。
② 《教育部工作报告书》,《中央日报》1930年11月10日第3张第4版。
③ 蒋梦麟:《西潮与新潮——蒋梦麟回忆录》,东方出版社2005年版,第180页。
④ 同上。

务。那么，问题究竟何在呢？

劳动大学于 1927 年由国民政府派员筹备，易培基出任该校校长一职①。易氏之所以被推举为该校校长，除了与其 1924 年曾署理教育总长的经历有关之外，一个更为关键的因素是：劳动大学兴办之时曾深得国民党元老李石曾等人的支持，因易培基为"法日派"重要成员，且李石曾与其结为儿女亲家这层关系，易氏便执掌了该校②。

1930 年前后，劳动大学因"办理数年大学部招收不劳动之学生，工厂纯用非学生之工友，毫无成绩，兼之社会上訾语时起"③。1930 年 4 月 22 日，天津《大公报》便刊载一篇文章，对劳动大学的各种弊端予以揭露：

> 最可笑者，为所谓劳动大学，盖该校只中学程度，而以劳动大学名，依通常理论言之，大学教育系统中，本不应有所谓劳动大学，盖若为研究一般劳动问题，则为社会科学系之一门。各大学皆应学习。若为实习劳动，则无大学教育之可言，故该校名义上，根本即无存在理由。况实际为中学程度之一特殊学校。寥寥二三百人，每年费国库六七十万。中国劳动者，每月收入不过数元，而国家以每年每人二千元以上之耗费。养成所谓劳动学生，诚不知教育部是何用意，对国民有何辩解，夫该校所以成立之内幕无他，学阀要人，而有所谓元老者作后盾。因官官相维之故，学校能成立，预算能批准，而成绩能免稽察，随意浪费，一塌糊涂，中国教育之官僚化。该校即一最适之例也。④

对于上述批评，教育部很快予以回应并派出视察人员。视察员于

---

① 《劳动大学开学》，《申报》1927 年 9 月 20 日第 2 张第 7 版。
② 程仲文：《江湾劳动大学漫忆》，载上海市政协文史资料委员会编《上海文史资料存稿汇编 教科文卫》，上海古籍出版社 2001 年版，第 145 页；唐士亮：《易培基其人其事》，载中国人民政治协商会议全国委员会文史资料委员会《文史资料选辑》编辑部编《文史资料选辑》第 24 辑（总 124 辑），中国文史出版社 1992 年版，第 29 页；刘晓：《李石曾与中华民国大学院》，《中国科技史杂志》2008 年第 29 卷第 2 期。
③ 《蒋主席谕教部调查上海劳动大学》，《中央日报》1930 年 6 月 6 日第 3 张第 4 版。
④ 《再论大学教育之合理化》，天津《大公报》1930 年 4 月 22 日第 1 张第 2 版。

1930年5月6—7日连续前往该校,"将工学院、农学院、社会科学院内部设备情形及课程编制等及全校学生读物、课卷、宿舍及图书馆等详加考查、对学校之行政状况、学生课外作业及平日思想行动等尤作严密之视察"①,视察结果,"不独学校行政,工厂管理,教课设备等项多所未合,而根本'劳动'不与'大学'相联,大学招收不劳动之学生,工厂纯用非学生之工友,南辕北辙,宜乎功效鲜见"②。由此可见,社会上对该校之"蜚语"皆是事实。另外,劳动大学耗费经费甚巨。该校月支64000余元,"按各校院系数目及师生人数比例观察,劳动大学的经费数额明显偏高"③。综合上述因素,教育部很快发布训令要求其立即停止招生。

训令发布后,劳动大学拒不接受,随即召开了校务会议,随后又采取如下措施:向行政院申诉,请求收回成命;宴请南京、上海新闻界和学界,以期获得外界支持;全体师生发布宣言等④。在《劳大全体教职员为停止招生事宣言》还将导致停办事件的矛头直接指向蒋梦麟,而非他执掌的教育部。该宣言开头便称:"一千余贫苦青年学生的学业及继续发达的劳动教育,全系其命运于教育当局一二人感情权利之私。"⑤对此,蒋梦麟表示,"停止招生,并非停办,目的在就该大学之组织及原有学生谋适当之变更与改进,使不负国家培植劳动人才之本旨,此事完全为组织问题,绝非人的问题"⑥。

面临该校层出不穷的护校招数,蒋梦麟态度非常坚决,一方面固然因其当时试图理顺高等教育的关系,剔除劣质学校,支持优质学校之发展⑦;另一方面还与蒋介石在背后极力支持整顿劳动大学有关。中原大战之后,蒋介石逐步确立了其在国民党和南京政府中的地位,对国民党元老

---

① 《教部派员视察劳动大学》,《民国日报》1930年5月8日第3张第3版;《教部派员视察劳动大学》,《申报》1930年5月8日第3张第11版。

② 《蒋主席谕教部调查上海劳动大学》,《中央日报》1930年6月6日第3张第4版;《蒋主席谕教部调查上海劳动大学》,《民国日报》1930年6月7日第2张4版。

③ 《教部请财部复核大学经费》,《民国日报》1930年5月16日第2张第3版;马勇:《蒋梦麟传》,河南文艺出版社1999年版,第209页。

④ 《劳大全体教职员为停止招生事宣言》,《中央日报》1930年6月26日第3张第4版;《劳大全体学生对教育部停止招生宣言》,《中央日报》1930年7月4日第3张第4版。

⑤ 《劳大全体教职员为停止招生事宣言》,《中央日报》1930年6月26日第3张第4版。

⑥ 《教部撤销劳大招生》,《申报》1930年6月12日第3张第9版。

⑦ 马勇:《蒋梦麟传》,红旗出版社2009年版,第266页。

们占领的教育地盘亦有逐步掌控之打算。如在一次总理纪念周上,"蒋介石对于中央各部门首长,遥兼数百里之外的大学校长空衔一事,严词斥责,借此打击国民元老"①。再如 1930 年 3 月 4 日国民党第三届中央执行委员会第三次会议议决通过《限制官吏兼职案》,进一步限制了国民党元老们在教育界的权势②。劳大校长易培基因身兼数职③,根本无暇顾及该校校务,于 1930 年 9 月 24 日被国民政府免去了校长职务。易培基的免职以及随后对劳动大学的验收再次引发了该校风潮。蒋梦麟也因此开罪了易培基的靠山李石曾和吴稚晖二大元老,为他不久后的去职埋下了隐患。

一波未平,一波又起。随后不久,中央大学再次发生了学校风潮,致使蒋梦麟深陷困境。

国民政府于 1927 年 6 月 9 日令将江苏省内东南大学等 9 所公立高校合并组建为国立第四中山大学,由国民党元老之一张静江的子侄张乃燕长校。后因"中山大学热"致使学校名称混乱,大学院于 1928 年 2 月 29 日令该校改名为江苏大学,招致全体师生反对。几经交涉,该校于当年 5 月 16 日定名为"国立中央大学",张乃燕留任该校校长。1930 年 10 月,中央大学发生"改进校务运动",全体师生将校务涣散、行政不善的矛头指向学校行政当局,校长张乃燕首当其冲④。于是,张于 1930 年 10 月 21 日向蒋介石请辞⑤。新总务长黄曝寰负责校内事务,却招致学生驱逐,驱黄事件使得该校风潮进一步扩大⑥。此次风潮不久,蒋梦麟与张乃燕二人便相互猜疑和指责,蒋认为此次学潮应该归罪于张,而张却认为此次学潮全

---

① 唐士亮:《易培基其人其事》,载中国人民政治协商会议全国委员会文史资料委员会《文史资料选辑》编辑部编《文史资料选辑》第 24 辑(总 124 辑),中国文史出版社 1992 年版,第 31 页。

② 《限制官吏兼职案》,《中央周刊》1930 年第 90—98 期;《限制官吏兼职案》,《中央党务月刊》1930 年中国国民党第 2 届中央执行委员会第 2 次全体会议特号,第 57 页。

③ 易培基并非仅涉猎教育地盘,还权揽政界,执掌了故宫博物院和农矿部。政界与教界势力相互援引,可谓权倾一时。

④ 参见《中大生改进校务运动》,《申报》1930 年 10 月 17 日第 3 张 9 版;《中大校务运动之影响》,《申报》1930 年 10 月 18 日第 3 张 12 版;《中大学生纷起改进校务》,《中央日报》1930 年 10 月 21 日第 3 张 4 版;《中央大学将改组校务会议》,《中央日报》1930 年 10 月 24 日第 1 张 4 版;等等。

⑤ 《中大风潮未已 张乃燕向蒋主席辞职》,《申报》1930 年 10 月 24 日第 2 张第 8 版。

⑥ 《中央大学风潮未已》,《中央日报》1930 年 10 月 28 日第 3 张 4 版。

系蒋在背后主导①。一时之间，社会各界热闹非凡、议论纷纷。

上述两校之形势致使蒋梦麟成为众矢之的，社会舆论对他颇多指责。如《所谓"大北大主义"》一文便认为中央大学此次风潮系蒋梦麟背后主导②。有人还将劳动大学的风潮推到蒋梦麟头上，认为该大学"自停止招生，而校长易培基免职，迄今瞬将半年，因新校长之迟未任命，致启野心家的觊觎，纠纷滋甚，学生无心读书，学校日在动摇与不安之中，这责任，是应由他来担负的。"③ 国民党元老更是将上述两校风潮归罪于教育部，吴稚晖还于1930年10月21日上书蒋介石试图状告蒋梦麟，认为蒋梦麟整顿劳动大学含有报复之意，是假借整顿之名行破坏之实④。

吴稚晖的状告并未获得成功⑤，为此，他于当年11月26日造访教育部，面责蒋梦麟。而在此前，即蒋梦麟决定清点接收劳动大学时，李石曾和吴稚晖就曾于10月14日造访过他，劝其"不可以气矜用事"。可见，在高等教育整顿工作开展的过程中，蒋梦麟屡次招致国民党元老们介入和干涉。

2. 去职的背后："蜀洛交咬"

蒋梦麟被迫辞职的背后还反映了英美派和法日派之间的争斗，反映了国民政府的政治权力对教育界渗透之事实。

教育界内的英美派和法日派之争产生于蔡元培长校北京大学期间，当时，"蔡先生组织教授会，定出教授治校的办法，因此教授就有了权。权之所在成了争夺的目标，于是马上分成英美派和法日派两大系，用团体的力量做斗争的工作"⑥。英美派多曾留学欧美，以蔡元培为精神领袖，胡

---

① 《蒋梦麟重要谈话》，《申报》1930年10月27日第2张第8版；《张乃燕发表谈话》，《申报》1930年10月28日第2张第8版；《中大风潮内幕复杂》，《申报》1930年12月29日第3张第10版；《张乃燕申明辞职真相》，《中央日报》1930年10月30日第3张4版；《蒋梦麟对张函之声明》，《中央日报》1930年10月31日第3张4版。

② 原载1930年11月8日的《时事新报》。参见《所谓"大北大主义"》，《社会与教育》创刊号1930年11月15日。

③ 樊仲云：《学校风潮平议》，《社会与教育》创刊号1930年11月15日。

④ 《上蒋主席函》，载罗家伦、黄季陆主编《吴稚晖先生全集》，台北中国国民党中央委员会党史史料编纂委员会出版1969年版，第678—680页。

⑤ 同上书，第680页。

⑥ 顾颉刚：《顾颉刚自传（三）》，《东方文化》1994年第3期。

适、蒋梦麟等为其代表；而法日派多曾留学日法①，以李石曾为领袖，易培基、褚民谊、郑毓秀、萧瑜以及"三沈""二马"②等为其代表。在北伐前，两大派系之争基本上发生于北京大学校园，北伐之后两系之争斗蔓延至全国范围。北伐战争成功之后，两大派系就北平教育界展开了争夺战③，最后法日派占据上风。丢失北平教育地盘的英美派推出蒋梦麟执掌教育部职权。而蒋梦麟被迫去职便是教育界内英美派和法日派两大派系斗争激烈之表现，亦是该两派系斗争之结果。充当两派"和事佬"的吴稚晖偏向以李石曾为核心的法日派是显而易见的事实。吴稚晖曾多次表示自己最不愿意这两派系之间"蜀洛交咬"。遗憾的是，他不仅身临其境，且掺和其中。关于蒋梦麟被迫辞职背后的派系纷争，曾于1931年任教育次长，且为蒋介石亲信的陈布雷有如下说明：

> 教部之改组，由于李（石曾）、蔡（孑民）两系之龌龊，石曾先生方面常视蒋梦麟为蔡所提掣之人（不但对蔡不满，且对于现代评论派之人物亦不满，而谥之曰吉祥"胡同名"系），然石曾先生所汲引之人如易培基（劳动大学）、褚民谊（中法大学工学院）、郑毓秀（上海法政学院）及萧蘧（中法大学）、谭熙鸿等在平、沪等处办学成绩极不佳，且常蔑视教部法令，教部屡欲裁抑之，石曾先生以为难堪，主张去蒋梦麟甚力，吴稚老（吴稚晖）于李、蔡均友善，而尤同情于李……。④

由此可见，蒋梦麟的去职实质是教育界法日派与英美派之间纷争的结果，而中央大学于1930年10月的易长风潮与劳动大学停办风潮纠缠在一起，"成为蔡、李两系争斗的高潮，最终导致教育部的改组和蒋梦麟去职"⑤。

蒋梦麟的去职亦反映了国民政府从成立之初无暇顾及教育，至政权初

---

① 两大派系划分牵涉地缘、学缘等因素，却也并不限于这些因素，即两大派系划分并没有确切的标准。
② "三沈"指沈士远、沈尹默、沈兼士三兄弟；"二马"指马裕藻和马恒斌两兄弟。
③ 参见胡适著，曹伯言整理《胡适日记全编·5》，安徽教育出版社2001年版，第153—161页；林辉锋《马叙伦与民国教育界》，北京师范大学出版社2010年版，第229—230页。
④ 陈布雷：《陈布雷回忆录》，东方出版社2009年版，第127页。
⑤ 林辉锋：《马叙伦与民国教育界》，北京师范大学出版社2010年版，第233页。

第七章　教育部长与高等教育的整顿

步稳定后即将政治权势逐渐渗透到教育界之态势。上述国民政府借限制中央各部门首长兼任大学校长以削减部分国民党元老之影响就是一例。实际上，对劳动大学和中央大学的整顿亦是蒋介石的意思，尤其是中央大学校长张乃燕的去职以及随后的校长风潮，其实质是南京政府与国民党元老对最高学府权力争夺之结果①。国民政府定都南京之初，因其政权并不稳定，蒋介石等无力控制高等教育，由国民党元老派吴稚晖、李石曾、张静江等人主持。由此，张乃燕遂成为中央大学的首任校长。但随着国民政府政权的日益巩固，蒋介石等开始将政治权势渗透入高等教育领域，从而致使张乃燕去职②。由此，蒋梦麟不仅是英美派和法日派斗争的参与者，而且成了国民党内部派系之争以及南京政权和国民党元老派争斗的直接受害人。对劳动大学的整顿即是如此，整顿该校固然因其在经费、师资、管理等多方面存在问题，确实有整顿之必要。同时，这亦跟易培基的人际关系大有关联：在英美派眼中，他只是一个人品学识不足为道的小人；在法日派中他人缘最差；且当时法日派正当权势高峰，锋芒太露。除此之外，还有两个更为致命的因素：第一，易培基在国民政府内态度高傲，得罪了蒋介石、孔祥熙、宋子文及陈立夫等人，"故在蒋家王朝中变成孤臣孽子，自然受到排挤"③，且蒋介石"居心去易（易培基），借此打击国民党元老"④。第二，蒋介石的心腹陈立夫、陈果夫二人的CC系早就打着将国民党政治势力渗入教育界的如意算盘。当蒋梦麟整顿劳动大学，引发了英美派和法日派纷争之际，"蒋介石及二陈认为这时是扩展CC势力侵入劳动大学的最好机会，就内定CC骨干余景塘为劳动大学校长"。而易培基闻讯后，拟择其女婿李宗侗为副校长，试图在提出辞呈的同时保荐李氏为校长，以抵制余景塘。李宗侗刚到上海，"二陈"便先下手为强，力促教育部将易培基撤职查办，由此，在劳动大学掀起轩然大波。后经国民党元老

---

① 参酌了许小青的观点。参见许小青《政局与学府：从东南大学到中央大学（1919—1937）》，中国社会科学出版社2009年版，第207页。

② 许小青：《政局与学府：从东南大学到中央大学（1919—1937）》，中国社会科学出版社2009年版，第208页。

③ 唐士亮：《易培基其人其事》，载中国人民政治协商会议全国委员会文史资料委员会《文史资料选辑》编辑部编《文史资料选辑》第24辑（总124辑），中国文史出版社1992年版，第31页。

④ 同上。

们的调解，委任王景岐为该校校长后才了结此事①。国民党政治权势对教育界之渗透显而易见，正如吴稚晖于1931年致函易培基时所指出："弟于去年劳大、中大之交涉以后，加以四中全会（引者——指1930年11月召开的国民党第三届四中全会）时，党中四面八方抢夺教育权。"② 由此，整顿工作中南京政权插足教育界展现无遗。

正因上述诸多复杂因素，致使蒋梦麟整顿高等教育的工作面临诸多障碍，他本想借蒋介石的支撑达到整顿高等教育的目的，然无意之中成了蒋氏集团达其政治意图的工具，亦成了法日派发泄私愤的对象。由此可见，国民政府初期整顿高等教育存在诸多困境，在整顿工作中，不仅教育界内派系纷争得以呈现，而且南京中央政权也日益加强了对高等教育界的渗透和控制。

第二节 "再接再厉"：李书华的努力

李书华（1890—1979），字润章，河北省昌黎人。1908年考入保定直隶高等农业学堂农科第三班，1912年因毕业考试名列第一获补助留学法国③。1915年入法国都鲁芝大学农科，1918年获得该校理学硕士学位。1919年转入巴黎大学理学院，三年后获法国国家理学博士学位④。回国后先后出任北京大学物理系教授、系主任、中法大学代理校长、中华大学副校长、北平研究院副院长兼物理所所长等职⑤。1930年12月15日至1931年6月27日出任教育部政务次长；1931年6月19日至1931年12月30

---

① 唐士亮：《易培基其人其事》，载中国人民政治协商会议全国委员会文史资料委员会《文史资料选辑》编辑部编《文史资料选辑》第24辑（总124辑），中国文史出版社1992年版，第31页。

② 《致易培基函》，载罗家伦、黄季陆主编《吴稚晖先生全集》，台北中国国民党中央委员会党史史料编纂委员会出版1969年版，第677页。

③ 李书华：《从私塾到学堂》，《传记文学》1970年第17卷第4期。

④ 李书华：《十年留法》，《传记文学》1963年第3卷第4期。

⑤ 李书华：《七年北大》，《传记文学》1965年第6卷第2期；李书华：《七年北大》（续完），《传记文学》1965年第6卷第3期；李书华：《二十年北平研究院》（上）（中）（下），《传记文学》1965年第7卷第4—6期；李书华：《一年北平大学区》，《传记文学》1967年第11卷第3期；李书华：《一年教育部》，《传记文学》1969年第15卷第3期；李书华：《两年中法大学》，《传记文学》1967年第10卷第1期。

日署理教育部。其任职教育部期间①，推动蒋梦麟时期教育部遗留下的高等教育整顿工作得以正常进行。

一 "蒋规李随"：李书华的整顿策略

李书华任职教育部期间，几乎都以蒋梦麟长部期间制定的整顿政策为导向，使得高等教育整顿工作得以陆续推进。与此同时，李书华任期内的教育部亦制定了一些新的法令法规。如在《专科学校组织法》和《专科学校规程》的基础上，教育部于1931年3月26日公布《修正专科学校规程》，大力鼓励设立专科学校，"以教授应用科学，养成技术人材"，以满足国民政府社会建设对实用人才之需要。1931年7月19日又公布了《各省市普设农医工三种专科学校实施方案》，将注重实用科学教育的原则具体化②。上述法令在一定程度上有助于调整当时文、实科类教育畸形发展之现状，有助于促使实用科学教育之发展。李书华主持教部期间，打破了此前取消医学专门学校之规定，允许此类学校存在。如浙江省医药专门学校于1931年被允改称为浙江省医药专科学校③。另外，于1931年11月8日还公布了"关于中等以上学校设置奖学金案"，"拟自民国二十一年度起，全国专科以上学校，每年设置奖学金五百名，每名每年给国币四百元，由国库支出，是项学生之考选，由教育部主办"。④ 该案对优秀学生给予一定的奖励，在一定程度上有助于提高学生学习的积极性，进而提高教育质量。

二 成效与问题

李书华任职时期的教育部，第一，在取消单科大学，限制大学滥设方面，继续采用"降格、停招、裁并、取缔"等方式整顿高等教育。

---

① 李书华正式掌管教育部的时间仅半年，但任政务次长时，因监理部长蒋介石政务繁忙，教育部大小事务多由他和常务次长陈布雷全权负责，因此，其供职教育部以一年计算。

② 《部颁各省市普设农医工三种专科学校实施方案》，《教育周刊》1931年第89期，第7—12页。《各省市普设农医工三种专科学校实施方案》，《教育部公报》1931年第3卷第27期。

③ 吴相湘、刘绍唐主编：《民国史料丛刊 第一种：第一次中国教育年鉴》（第二册）丙编：教育概况（上），台北传记文学出版社1971年版，第173页。

④ 中国第二历史档案馆编：《中华民国史档案资料汇编 第五辑 第一编 教育》，凤凰出版社2010年版，第186页。

1931年被降格、改组、停闭的高校达10所以上（见表3-1至表3-3）。对劳动大学问题的解决较为迅速且颇有成绩。前文曾述，经过蒋梦麟时期的整顿，该校由王景岐替代易培基长校。王氏试图采取压缩教师工资和学生福利等手段，以达到开源节流、维持该校之目的，却引起了全校学生暴动①。对此，教育部于1931年7月11日训令该校暂行解散，于次日决定解散该校大学部、停办附属中学，并制定和公布了彻底整理该校之措施：

（一）大学部已届毕业之学生，限令即日离校，不得逗留。（二）大学部各院学生，均限即日离校；听候订定登记办法，定期通告举行登记。（三）附属中学停办，所有学生，一律离校，听候举行甄别试验，按其程度，给予转学证明书。②

经过整理之后，该校大学部规模大为缩小。与蒋梦麟长部期间比较，这次对劳动大学的整理还算比较顺利。这是因为前期实施的停招、易长措施，使得保护该校的国民党元老们的影响被清除的缘故。总之，通过对劳动大学的改组和整理，在一定程度上有助于提升其教育质量。

第二，在蒋梦麟长部期间仍未立案的许多高校陆续立案。由表4-2、表4-8可知，到1931年有20多所高校或者校董会准予立案。由此，蒋梦麟时期的加强对私立高校（包括教会高校）的控制和管理的相关工作仍在顺利进行。

第三，就调整院系结构，注重实用科学教育而言，所做工作主要有：裁并重复院系。如福建协和大学于1931年降格为学院时教育学院被裁并；同年8月北平大学俄文法政学院结束等。鼓励培养高等技术人才和发展实科院系。在高校中设置了实用科学奖学补助金额，择优良成绩学生分别发给，以鼓励培养高等技术人才；为鼓励发展实科类院系，教育部于1931年批准设立四川省立工学院、四川省立农学院二校③；引导河北大学以注

---

① 《教育部昨日暂行解散劳大》，《申报》1931年7月12日第3张第12版。
② 《教部彻底整理劳大》，《中央日报》1931年7月12日第2张第1版。
③ 吴相湘、刘绍唐主编：《民国史料丛刊 第一种：第一次中国教育年鉴》（第二册）丙编：教育概况（上），台北传记文学出版社1971年版，第17页。

重实用科学为原则实行改组①，诸如此类。尽管如此，到1931年，全国17285名大学生中法科生仍最多，占18.03%；文科生其次，占11.68%；商科生占10.98%，医科学生最少，仅1.19%，院系结构仍不甚均衡②。大幅度裁并高校院系，直到朱家骅与王世杰长部期间才取得了明显的成绩。

第四，在整顿学风方面，除成功地整顿了劳动大学，还"平息"了清华大学易长风潮。如前文所述，清华大学于1928年8月21日至1931年产生了多次易长风潮，直到1931年10月8日梅贻琦接任该校校务后，学校才步入快速发展时期。李书华本人以选择并建议政府任命梅贻琦为清华大学校长而自豪，他说："回想我在教育部所作的事令我满意的并不多，我为清华选择了这位校长，却是我最满意的一件事。"③另外，当时光华大学学潮亦在教育部指示下得到圆满解决④，等等。可见，与蒋梦麟时期相比，李书华任职教育部期间在整顿学风方面有所成绩。

综观上述，李书华虽在教育部仅一年时间，在限制大学滥设，加强对私立高校（教会高校）的控制和管理以及调整院系结构，注重实用科学方面，仍促使教育部前期的整顿工作继续推进。与前任教育部长蒋梦麟的整顿工作比较起来，李书华任职教育部期间，整顿学校风潮开始着手进行，并取得一定的成绩。

在其任职教育部期间，教育界派系纷争以及其他人事纠葛并不像蒋梦麟时期表现得那么明显。此期间整顿工作中存在的主要问题是进展较为缓慢，原因在于：第一，李书华任职教育部的时间较短。在国民政府初期正式出长教育部的四位教育部长当中，李任职时间最短，将其任教育部政务

---

① 《河北大学改组中之文法科学生转学办法》，天津《大公报》1931年10月3日第2张第7版；吴相湘、刘绍唐主编：《民国史料丛刊 第一种：第一次中国教育年鉴》（第二册）丙编：教育概况（上），台北传记文学出版社1971年版，第17页；《河北大学全部经费用于发展农医两学院》，天津《大公报》1931年10月4日第2张第7版。

② 《教部所发表最近教育统计》，《民国日报》1931年3月27日第3张第2版；《大学生一万七千人 法科学生多》，《民国日报》1931年5月16日第3张第3版。

③ 李书华：《一年教育部》，《传记文学》1969年第15卷第3期。

④ 《光华风潮详情》，《申报》1930年12月15日第2张第8版；《光华学潮全部解决》，《民国日报》1931年1月19日第2张第4版。

次长的时间计算在内也不过短短一年，在如此短暂时间内想要大有作为当然会有困难。第二，李书华个性特点的影响。与其同掌教育部实权的陈布雷评价说，"润章（引者——指李书华）笃实长厚，初相遇犹不相知，继则性情浃洽，知余坦白无他，同为书生本色，遂极相得焉。"① 正因其"书生本色"，李书华"以和平政策处理教育事业和部内人事，任内没有发生任何纠纷"②。除了李书华处理事情谨慎之外，陈布雷亦"为人小心谨慎，坦白公正"，这样的领导班子有助于维持局面稳定，但不可能大有作为，尤其是对高等教育难以进行大刀阔斧的改革。于是，李书华提请辞职不久，部长一职就由蒋介石赏识的朱家骅所代替。

第三节 "继续前贤"：朱家骅的推进

朱家骅（1893—1963），字骝先，浙江省吴兴县人。1908年考入上海同济德文医学校（同济大学前身）。1914年自费留德，入柏林矿科大学。因德日两国交战，学业未成便于1917年回国，在北京大学任德文教员，次年为部派瑞士专攻地质学教授。1920年转至德国柏林大学地质系，两年后获该校博士学位。1924年任教北京大学德文系和地质系。1926年任广东中山大学地质系教授兼系主任、校务委员、代理校务委员长。1927年4月任广东省政府委员兼民政厅长、教育厅长。1930年9月起先后任中山大学、中央大学校长。1931年12月28日接任国民政府教育部长之职，直至1933年4月③。在此阶段，朱氏继续前贤、努力策进，大刀阔斧地对高等教育进行了整理，使得国民政府初期的整顿工作"更上一层楼"。

一 朱家骅的整顿背景与政策

从总体上讲，朱家骅整顿高等教育是对前期整顿工作的接续。朱氏任职教育部长前后，高等教育界尤其是平津各高等院校经费竭蹶，索薪运动、教育经费独立运动迭出不已，致使正常的教学活动几陷停顿。而

---

① 陈布雷：《陈布雷回忆录》，东方出版社2009年版，第128页。
② 广少奎：《重振与衰变：南京国民政府教育部研究》，山东教育出版社2008年版，第29页。
③ 此为朱氏首任教育部长时期，期间虽于1932年10月28日被调任交通部长，但因继任者未到职，仍由其兼长教部。抗日战争胜利之后再任该职。参见胡颂平《朱家骅先生年谱》，台北传记文学出版社1969年版，第27—32页；陶英惠《中研院六院长》，文汇出版社2009年版，第87页。

高校教育经费的切实保障是推进高等教育整顿工作的重要前提。因此，解决高等教育经费问题是其上任后面临的迫切任务和使命。调整院系结构业已开始，整顿工作亟待进一步开展。与此同时，国民政府对整顿工作亦提出了新的要求。行政院于1932年7月制定了《整顿教育令》，具体规定：

> 对于经费决予宽筹，务期不致延欠，并于可能范围内逐渐求独立保障之实现。同一区内学院学系之重复，亦逐渐谋其合理化，集中力量，以图各校院之发展与充实。对于教育行政人员与教师，则饬各机关各大学慎重遴选，务求确能称职。
>
> 至于学生管理方针，亦决力矫宿弊，不事姑息放任，以逢长少数分子之嚣张。实行严格监督，以维持多数学生之安定。①

上述法令表明国民政府整顿高等教育之决心，亦为朱氏任期内的整顿工作明确了思路、提供了保障。为此，在朱家骅主持下，教育部于1932年7月召集全国高校校长开谈话会议，讨论事项涉及确定经费问题、院系的整理问题及整顿学风，等等②。此后，整顿工作便陆续展开。

朱家骅长部期间制定的主要整顿政策是1932年12月9日出台的《改革大学文法等科设置办法》③，进一步明确了高等院校文科类院校设置办法，限制文科类院校的发展，鼓励发展实科类教育，纠正高校文、实科类畸形发展的状况。此后的整顿工作即以此为基础。

二 成效与特点

在前期整顿的基础上，朱家骅期间整顿工作取得了新的成效，并体现出一定的特点。

在取消单科大学，限制滥设大学方面，经教育部前期采用多种处理方

---

① 中华民国教育部参事处编：《教育法令汇编 第一辑》，商务印书馆1936年版，第31页。
② 《本月十日教部召集专科以上学校校长谈话》，《申报》1932年7月3日第5张第17版。
③ 《改革大学文法等科设置办法》，载中华民国教育部参事处编《教育法令汇编 第一辑》，商务印书馆1936年版，第142页；《整顿全国文法学院》，《申报》1932年12月9日第4张第15版。

式进行整顿后,到朱家骅长部之时已取得了相当的成绩,但仍有一些棘手工作。如劳动大学的停办和解散。1932年6月,教育部令劳动大学"于本学期终了时,办理结束,原有学生,转入其他国立学校,以竟学业"①。再如对华北学院,李书华长部时期,1931年8月曾令其暂准立案,"并列举应行改善各点,限期一年逐渐改善,如未依限遵办,应即取消立案"。一年后,朱家骅时派员视察后发现:

> 一年以来,华北学院对于学生缺课尚略能取缔,惟学生程度仍属低浅,惟推广部及各种函授科业已取消,其他专科班次依旧存在,图书较前未有若何增加,各种设备除添造寄宿舍外均无特殊改进之处。②

为此,教育部取消该校此前的立案,训令其早日结束。又如对上海法学院和上海法政学院的处置,据调查,至1933年两校在学生程度、教员待遇、课程、设备、经费、校舍等方面存在许多问题③。对此,教育部严令其进一步整顿。可见,通过对前任教育部长期间被整顿高校的考察和监督,朱家骅任期内进一步贯彻限制大学滥设的原则,有利于保障高等教育的质量。另外,在限制单科大学过程中,就杭州艺术专科学校、上海音乐专科学校等降格问题,深受德国经典大学理念影响的教育界内知名人士蔡元培并不赞同,并为此类学校请命。他于1932年4月9日致函朱家骅等人④,曰:

> 艺术人才,非经长期之训练,不能养成,音乐尤甚。各国美术学校及音乐学校,多与大学同等。吾国旧以学院名之,与专科大学相埒,修业年限亦同,毕业各生,尚有程度太低之感。近年改名专科学校,限三年毕业,试验数年,甚感困难。国立三校,现在呈请复院,务请再加考

---

① 《教部六月份工作报告》(一),《申报》1932年7月22日第3张第2版;《教育部训令停办劳动大学》,天津《大公报》1932年6月15日第2张第5版。
② 《教部令华北学院结束》,《申报》1933年3月4日第4张第15版。
③ 《整顿两法学院之部令》,《申报》1933年3月6日第4张第15版。
④ 此函分别致朱家骅、段锡朋、钱昌照、汪兆铭四人,函中所指国立三校,据推测,除音乐专科学校、艺术专科学校外,另外一校应该指北平大学艺术学院。

察，修改条文，提出立法院及政治会议通过，以便刻期实行。①

尽管如此，朱家骅执掌的教育部并未改变整顿政策，因此，上述学校并未实现他们的"复院"梦想②。

就加强对私立高校（包括教会高校）的控制和管理而言，朱长部后，继续要求未立案的私立高校厉行立案。1932年5月电令各省市教育厅局，"限令至六月底为度，一律呈报立案，不再展期延长"③。此后，未立案学校陆续立案。由表4-2、表4-8可知，1932年，上海新华艺术专科学校、福建学院、广州大学、苏州美术专科学校、中山体育专科学校、震旦大学、夏华大学等校陆续立案④。

朱家骅任内整顿工作的一大亮点是调整院系结构。在1932年7月22日第五十一次行政院会议中，朱氏提案称：

> 北平大学有七院三十一系，北平师范大学有三院十二系，近年来学潮迭起，内容复杂，每令办学者深感困难，均应从事整理。北平大学除农工医三院应令照常招生外，其他各学院以及北平师范大学，本年拟令饬停止招生，以便整理工作之进行。
>
> 查京沪两地国立各校所设院系，颇多重叠，亟应总核通筹，以谋发展。国立暨南大学教育学院，拟令取销；将原有的法学院拟令裁撤，所有学生，一律转入中央大学法学院肄业；国立中央大学医学院商学院均拟令独立，分别改名为国立上海医学院国立上海商学院。⑤

---

① 《致朱家骅等函》，载高平叔编《蔡元培全集》（第六卷），中华书局1988年版，第183页。

② 1933年5月26日，蔡元培致函时任教育部长的王世杰，为杭州和上海的两所艺术学校再次请命。参见《致王世杰函》，载高平叔编《蔡元培全集》（第六卷），中华书局1988年版，第282—283页。

③ 《教部整顿私校》，《申报》1932年5月10日第3张第11版。

④ 中国第二历史档案馆编：《中华民国史档案资料汇编 第五辑 第一编 教育》，凤凰出版社2010年版，第322页；《教部准震旦学院立案》，《申报》1932年12月9日第4张第15版；《教部准夏华大学立案》，《申报》1932年12月15日第4张第13版。

⑤ 《行政院决议案》，《申报》1932年7月23日第2张第8版。

上述提案经会议讨论通过，并得到了较好的落实。如 1932 年 7 月北平大学除农、工、医三学院照常招生外，其余各学院均暂停招生一年①。同月，中央大学商、医两学院分别独立为上海商学院、上海医学院②。北平师范大学于当年 8 月起停止招生一年③。9 月，暨南大学法学院裁撤，原有学生转入中央大学法学院肄业④，等等。教育部对这些院系主要采用了裁撤与合并的整顿方式进行整顿，"目的在减少设置之重复与适应实际之需要，使各校人力财力集中，从事于特别之充实与发展。"⑤

　　前文所述，朱家骅长部期间出台了《改革大学文法等科设置办法》并得到了较好的落实。如教育部于 1932 年 7 月 20 日训令河南大学，要求该校文学院社会学系、法学院法律政治经济三系应一律停招新生，"腾出现有费用，充实其他各系之内容，以期内容充实、效能增进"⑥，等等。在限制文科类教育发展的同时，通过多种方式鼓励增设实科类院系或要求增设社会急需之专业。如 1932 年 7 月教育部召开了化学讨论会，建议各大学设立国防化学讲座，并要求北京大学、中央大学、中山大学以及武汉大学等校设该讲座。另外，为了鼓励实科类教育的发展，教育部还允许办理良好之实科类专科学校升格。如核准广东省立工业专科学校改称工学院，并定名勷勤工学院⑦。

　　总之，朱家骅任内的教育部在调整院系结构方面取得了较为显著的成绩。

---

　　① 黄季陆主编：《革命文献　第五十三辑　抗战前教育与学术》，台北中央文物供应社 1971 年版，第 170 页。

　　② 吴相湘、刘绍唐主编：《民国史料丛刊　第一种：第一次中国教育年鉴》（第二册）丙编：教育概况（上），台北传记文学出版社 1971 年版，第 17 页。

　　③ 《校史概略》，载北平师范大学编：《国立北平师范大学一览》，国立北平师范大学 1934 年印，第 27 页。

　　④ 教育年鉴编纂委员会编：《第二次中国教育年鉴》（第五编　高等教育），台北文海出版社 1986 年版，第 120 页；黄季陆主编：《革命文献　第五十三辑　抗战前教育与学术》，台北中央文物供应社 1971 年版，第 170 页。

　　⑤ 黄季陆主编：《革命文献　第五十三辑　抗战前教育与学术》，台北中央文物供应社 1971 年版，第 171 页。

　　⑥ 《教育部令河南大学充实必要科系》，《中央日报》1932 年 7 月 21 日第 2 张第 3 版。

　　⑦ 《一月份之教部工作报告》，《申报》1933 年 2 月 27 日第 3 张第 11 版。

朱氏出任教育部长前后，正是各国立高校教育经费严重匮乏之时。

表 7-1　　　　1931 年 8 月至 12 月财政部积欠部分高校
　　　　　　经费数额统计表　　　　　　　　（单位：元）

被积欠教育经费之学校	积欠月份	积欠数额
平津国立各院校	8 月	175000
	9 月	100000
	10 月	350000
	11 月	350000
	12 月	350000
教部经费	10 月	24000
	11 月	37000
	12 月	42000
劳动大学	9 月	40000
	10 月	50000
	11 月	50000
	12 月	50000
中央大学	12 月	45000
暨南大学	11 月	50555
	12 月	50555
同济大学	9 月	24725
	10 月	34725
	11 月	34725
	12 月	34725
同济大学（德教授津贴）	11 月	6720
	12 月	6720
中法工学院	9 月	1000
	10 月	6000
	11 月	6000
	12 月	6000
艺术专科学校	11 月	9000
	12 月	9000

（续表）

被积欠教育经费之学校	积欠月份	积欠数额
音乐专科学校	10月	5000
	11月	5000
	12月	5000
北平师范大学（增加费）	9月	5000
	10月	5000
	11月	5000
	12月	5000
总额		1991890

注：劳动大学9月、10月的9万元经费已被领走。

资料来源：《教费积欠之清单共达一百九十九万一千余元》，天津《大公报》1932年1月16日第1张第4版。

据表7-1所示，1931年8—12月，财政部积欠高教经费共达1991000元。积欠平津各国立高校经费达五个月之久，共计1325000元。此外，其他国立高校亦有两三个月没有拨发经费者。高校教育经费缺乏可见一斑。正是在这种背景下朱家骅接任教育部长之职。为了解决教育经费问题，朱于1932年2月23日赴杭州会晤财政部长宋子文，"与宋子文商量教育经费，从三月起改发五成。其它各机关的政费到六月底仍为三成。"① 在朱家骅的努力下，国民政府对教育经费的拨给开始逐步落实。4月20日，平津各国立高校收到4月的五成经费。5月31日，平津高等教育经费保管委员会成立，平津各院校开始复课。就全国范围而言，教育经费问题亦开始逐步着手解决，如表7-2所示。

表7-2　　　　1928年至1936年高等教育经费状况统计表　　（单位：元）

时间	岁入总经费	岁入经费内国、省库款	岁出总经费	盈亏
1928年			17909810	
1929年			25533343	
1930年			29867474	

---

① 胡颂平：《朱家骅先生年谱》，台北传记文学出版社1969年版，第27页。

（续表）

时间	岁入总经费	岁入经费内国、省库款	岁出总经费	盈 亏
1931 年	34025786	17726163	33619287	+406499
1932 年	34189690	19071162	33203821	+985869
1933 年	34548360	20203892	33574896	+973464
1934 年	35759374	21373486	35196506	+562868
1935 年			37126870	
1936 年			39275386	

资料来源：教育年鉴编纂委员会编：《第二次中国教育年鉴》（第五编　高等教育），台北文海出版社1986年版，第20页；教育年鉴编纂委员会编：《第二次中国教育年鉴》（第十四编　教育统计），台北文海出版社1986年版，第4、19页；中华民国教育部高等教育司编：《二十年度全国高等教育统计》，中华民国教育部高等教育司1933年印，第15—16页；中华民国教育部编：《二十一年度全国高等教育统计》，商务印书馆1935年版，第17—18页；中华民国教育部统计室编：《二十二年度全国高等教育统计》，商务印书馆1936年版，第20—21页；中华民国教育部统计室编：《二十三年度全国高等教育统计》，商务印书馆1936年版，第18—21页；谢树英：《近年来中国大学教育之趋向》，《光华大学半月刊》1935年第9—10期，第16页。

据表7-2所示，1932—1934年，虽然专科以上学校的岁入经费总数增加缓慢，但每年均有盈余，尤其是1932年余额较多，由此可见，自1932年下半年起，各高校教育经费逐步得到保障和增加。

总之，朱家骅长部期间，在一定程度上保障和增加了高等院校的教育经费，为当时整顿高等教育奠定了较好的物质基础，为各项整顿工作的开展提供了经济保障。当时执教于中央大学的著名历史学家郭廷以曾评论说："战前教授待遇很高，一二八事变时，公教人员待遇打折扣，教授原薪三百元付一百多，不到一年，先恢复教员原来待遇，所以战前四五年间，全国的教育、学术进步很快，这应归功于教育部长朱家骅。"①

朱家骅长部期间亦厉行整顿学风，以解决劳动大学护校运动及中央大学易长风潮为例。在前两任教育部长对劳动大学都进行整顿的基础上，1932年6月7日，朱家骅向行政院提议"国立劳动大学设立以来，成绩未著"，"拟令于本年度终了时全部结束"。② 提案通过后教育部于6月11

---

① 郭廷以：《郭廷以口述自传》，中国大百科全书出版社2009年版，第145页。
② 中国第二历史档案馆编：《中华民国史档案资料汇编　第五辑　第一编　教育》，凤凰出版社2010年版，第189—190页。

日公布该校停办消息。对此，该校师生"深为愤慨"①，开展了一系列护校活动②。但教部的整顿决心并未因此动摇，劳动大学最终在1932年7月31日正式结束，朱家骅提前完成了既定的整理计划。关于中央大学，如前所述，一直深受因校长和索薪所致的学潮的困扰，1932年就发生多起学潮。

表7-3　　　　　1932年1月至6月中央大学风潮简况表

时间	参与主体	原因	风潮简述	备注
1932-01-10	中大学生	校长人选	1月8日，桂崇基被任命为校长；10日到校访法学院长刘光华，遭拒桂学生围殴	桂氏于22日请辞
1932-01-24	中大教授	经费积欠	中大教授开临时紧急会议，先推代表赴京请愿，因政府对经费无办法，决25日、26日停课索薪	
1932-01-25	中大教授	经费积欠	中大教授昨日罢课	
1932-01-27	中大师生代表	催发经费	中大教授召开第九次教授会，师生代表赴江苏经费管理处索欠	
1932-01-29	全体学生	催发经费	赴政院请愿	
1932-06-06	中大教授	经费未发	总罢教	
1932-06-20	中大师生	经费	成立中大经费独立运动委员会，推代表向行政院请愿	
1932-06-24	中大师生代表	经费	再赴行政院请愿，要求指拨英庚款做基金	7月8日经费问题解决
1932-06-29	中大学生	校长人选	6月28日段锡朋被任命为代理校长，29日视事时被学生殴伤	中央大学暂行解散

资料来源：《中大新校长被殴》，《民国日报》1932年1月11日第1张第3版；《桂崇基辞中大校长》，《民国日报》1932年1月22日第2张第4版；《中央大学教职员今日起停课索薪》，天津《大公报》1932年1月25日第1张第3版；《中大教授昨日罢教》，《中央日报》1932年1月26日第2张第4版；《国立中大经费财部即发五万维持》，天津《大公报》1932年1月27日第2张第5版；《中大教授领到两个半月经费即可继续上课》，《中央日报》1932年1月28日第2张第4版；《中央大学全体学生今晨赴政院请愿》，《中央日报》1932年1月29日第2张第4版；《中大教授欠薪定今日起发放》，《中央日报》1932年7月8日第2张第3版。

如表7-3所示，从1932年1月8日新任校长桂崇基被学生殴打至6

---

① 《教育部训令停办劳动大学》，天津《大公报》1932年6月15日第2张第5版。
② 参见《申报》，1932年6—8月与劳动大学相关的信息。

月 29 日学生殴伤代理校长段锡朋，该校两个月内发生了多次罢教请愿行动，可以说风潮频仍。

殴段事件发生后，教育部令中央大学于 7 月 1 日实行解散，学校停课，全体学生限三日内离校，肇事学生移送法院侯讯①，并于 7 月 2 日派员接收。在接收过程中，警备司令部便衣侦探协助②。为了彻底整理中大，教育部还于 7 月 6 日成立中央大学整理委员会，聘蔡元培为委员长③。经整委会的努力，各整理事项积极进行：聘罗家伦为新任校长，先后聘定各院长人选；陆续展开学生甄别试验，等等④。10 月 3 日，整顿后的中央大学正式开学⑤。由此可见，教育部对中央大学风潮采取了严厉手段，这对当时风潮频仍的学界在一定程度上产生了"威慑"的作用。而后，中央大学在罗家伦领导之下朝着正规化方向发展。总之，因朱家骅任期内对学校风潮处置得力，致使大多学潮被较好地控制。

综上所述，朱家骅长部期间，在限制大学滥设、加强对私立高校的控制和管理以及整顿学风等方面均取得一定成绩，尤其使得国民政府成立以来困扰多时的教育经费问题逐渐得以初步解决；限制文科类教育办法的制定促进了高校院系结构调整。有人说，"用朱家骅管教育，是蒋介石真正的，'人尽其才'，好了国家，也使他本人游刃有余"⑥，这可能是对朱家骅长部期间功绩的最好评价。

朱家骅长部期间的整顿工作有如下特点：朱氏本人的"党化教育"思想根深蒂固，在整顿工作中不遗余力地贯彻"党化教育"方针、加强意识形态灌输，从而巩固和加强了国民党对高等院校的控制。

国民政府定都南京之后，在高等教育范围内，军训被视为"党化教育"政策下的一项主要内容⑦。1931 年"九一八"事变之后，在"救亡图

---

① 《中大昨日实行解散》，《中央日报》1932 年 7 月 2 日第 1 张第 3 版。

② 《教部派员接收中大》，《中央日报》1932 年 7 月 3 日第 1 张第 3 版；《教部接收中大》，《申报》1932 年 7 月 4 日第 3 张第 10 版。

③ 《整理中大》，《中央日报》1932 年 7 月 7 日第 2 张第 3 版。

④ 关于甄别试验办法，参见《中大甄别考试办法》，《中央日报》1932 年 9 月 13 日第 2 张第 3 版。

⑤ 《中大后日开学》，《申报》1932 年 10 月 1 日第 3 张第 12 版。

⑥ 鲍学谦：《朱家骅其人其事》，《文史春秋》1999 年第 2 期。

⑦ 陈能治：《抗战前十年中国大学教育（1927—1937）》，台湾商务印书馆股份有限公司 1990 年版，第 67—68 页。

存"的时代主旋律下,军事训练更是成为"党化教育"之重要部分。对此,朱家骅任内的教育部于1932年1月颁布了《高中以上学校加紧军事训练方案》,令各高校加紧实施军事训练,并增加训练时间①。在对各高校进行整顿的过程中,教育部要求各高校实施军训,并调派国民党中央党务政治学校的毕业生充当军训教官。1932年6月,教育部电令各高校,要求所有受军事训练之学生于学年考试完竣后应一律留校,连续严格实施三星期之暑期军事训练②。对于未经实行军事教育之各高校,教育部于1932年9月1日发布训令,"亟应派遣军事教官,实施训练",并要求尽快向教部呈报学生人数班数级数,以便统筹核派军事教官③。在朱氏任内,即1932年、1933年,开展军训的高校分别为39所、91所,接受军训的大学生分别为13105人、11355人④。各高校实施的军事训练一方面有助于增强学生的民族主义意识,另一方面则是推进高校"党化教育"。另外,朱长部期间在高校还增加政治训练、设置训育员,以中央政治学校毕业生充任。尽管朱家骅在高校大力贯彻"党化教育"思想,稳固国民党政权的做法深得蒋介石欣赏,但其在高校内的诸种行为招致南北著名大学校长如陆志韦、陈垣、张伯苓、马相伯等人强烈反对与抵制,这些校长们以讲学自由反对朱家骅实施的"党化教育"⑤。由此,朱氏任内的教育部与各高校之间的关系较为紧张,这也影响到当时高等教育整顿工作的开展和成效。

第四节 "成效渐著":王世杰的收场

王世杰(1891—1981),字雪艇,湖北崇阳人。1910年考入北洋大学

---

① 《高中以上学校加紧军事训练方案》,《广东省政府公报》1932年第179期;中国第二历史档案馆编:《中华民国史档案资料汇编 第五辑 第一编 教育》,凤凰出版社2010年版,第1272—1273页。

② 杜元载主编:《革命文献 第五十六辑 抗战前之高等教育》,台北中央文物供应社1971年版,第145页。

③ 《教部注重军事训练》,《申报》1932年9月2日第3张第11版。

④ 中国第二历史档案馆编:《中华民国史档案资料汇编 第五辑 第一编 教育》,凤凰出版社2010年版,第1286页。

⑤ 薛毅:《王世杰传》,武汉大学出版社2010年版,第47页;高思庭:《国民党政府统治教育事业概述》,载中国人民政治协商会议全国委员会文史资料研究委员会《文史资料选辑》编辑部编《文史资料选辑》(第八十七辑),中国文史出版社1983年版,第128页。

采矿冶金科。1911年武昌起义后,返回武汉任都督府秘书。1913年入伦敦大学政治经济学院,1917年获法学士学位;同年转入巴黎大学攻读公法,1920年获博士学位。随即应北京大学校长蔡元培之邀回国,并于第二年被聘为北大教授,旋兼法律系主任。1929年3月5日被任命武汉大学校长。1932年任湖北省政府委员兼教育厅长。1933年4月20日被国民政府任命为教育部长①,直至1938年1月1日卸职。长部期间,他对整顿高等教育做出了较大的贡献。

一 王世杰的整顿举措与政策

朱家骅任内整顿高等教育可谓成绩显著,尤其是使得国民政府成立以来久欠未决的教育经费问题逐步得以解决,为王世杰上任后的整顿工作奠定了基础。王氏长部期间,教育部"稳定推进",使各项整顿工作顺利地进展,并取得了较为显著的成就。

在前期整顿高等教育法令的基础上,王世杰任内制定颁布了一系列新的相关政策,最主要的是"限制招生办法"。如前所述,1933年至1935年,每年教育部都制定严格的年度招生办法,规定文科类各科所招学生数额均不得超过实科类所招学生数,从而在一定程度上纠正文、实科类教育畸形发展②。对前期教育部颁布的相关法令,王世杰任内亦进行了某些方面的修订。如1934年修订了《大学组织法》③等。

二 成效与问题

王世杰任期内整顿高等教育取得了一定的成绩,与此同时亦面临一些新的问题。

(一) 整顿工作之成效

在1933年8月24日的日记中王世杰写道:

---

① 《中政会议决王世杰任教长》,《申报》1933年4月21日第3张第11版。

② 教育年鉴编纂委员会编:《第二次中国教育年鉴》(第五编 高等教育),台北文海出版社1986年版,第42页;《王世杰日记》(手稿本 第一册)民国廿二年五月廿四日记,台北"中研院"近代史研究所1990年版,第2页。

③ 宋恩荣、章咸主编:《中华民国教育法规选编1912—1949》,江苏教育出版社1990年版,第416页。

>　　在过去两月间，予在教部之工作，以取缔不良学校为首要：公私立专科以上之学校，经部令停止招生或立即结束者达十余校；而以上海之江南学院，法学院、法政学院，北平之北平大学，华北学院、民国学院，郁文学院，南京之文化学院为最。此系消极工作，然恶学风之传播，与教育家不能取得社会或政府真实的同情心，大半由于此类学校之存在；故整顿教育之初步工作，不能不于此努力。①

这是他对自己上任两个月来所做工作的大致总结，从中可以看出，长部之后，王世杰长部之后的主要工作是承继前几任教育部长制定的整顿办法，对各类高等院校严加考核清理，或停止其招生，或者令其立即结束。上任后两个月内即处置了10余所此类高校。此外，他"对于大学之创设，复设有严密之条件"②，力图从根源上限制大学滥设。实际上，经过前几任教育部长整理之后，大学滥设之弊"已稍纠正"，通过王世杰任期内的努力，大学滥设现象基本上得到了遏制。另外，为了限制私立高校滥设，王世杰长部期间，教育部进一步修订了《私立学校规程》，加大对私立高校立案的要求。如1933年5月，令准山西川至医学专科学校校董会立案③；6月，令准北平铁路学院暂予立案④；1935年9月，训令核准同德医学院、东南医学院立案⑤，等等。实际上，到王世杰长部时，未立案的私立高校已不多见。对已立案之私立高校，王世杰任内对其严加考察监督。

就加强对教会高校的管理而言，除圣约翰大学外，其他教会大学在1934年之前均先后立案，且均由中国人长校。王世杰任期内，教育部一方面对办理不善之私立高校厉行取缔；另一方面亦于1934年开始专门拨

---

① 《王世杰日记》（手稿本　第一册）民国廿二年八月二十四日记，台北"中研院"近代史研究所1990年版，第7—8页。
② 王世杰：《中国教育的现状》，载黄季陆主编《革命文献　第五十五辑　抗战前教育概况与检讨》，台北中央文物供应社1971年版，第71页。
③ 《教部政闻》，《申报》1933年5月21日第4张第14版。
④ 《教部六月份工作报告》（一），《申报》1933年8月3日第4张第15版。
⑤ 《教育部核准同德医学院立案》，《申报》1935年9月7日第4张第16版；《教育部核准东南医学院立案》，《申报》1935年9月8日第4张第16版。

款72万元，以资助成绩优良、经费困难之私立高校之发展。通过以厉行立案、加强监督为前提，再以取缔与奖励相结合的整顿方式，全面加强了对私立高校的监管。

在调整院系结构，加强实用科学教育方面，王世杰任内取得了非常显著的成果。王氏"到部后调阅二十年度各大学统计，全国文科（文、法、商、教育等科）大学生数额，占大学生总额的百分之七十，共约二万三千人；实科（理、农、医、工）生仅占百分之三十，约九千多人。"① 为此，1933年7月教育部通令各高校整理院系。此后，教育部颁布了一系列针对各校具体情形的整顿训令，并根据各个院系实况，或者令其停办，或者要求其暂停招生，或者令裁并（如表5-1至表5-3所示）。总体上讲，"自限制文、法等科招生办法施行后，理、工、农、医等实科学生年有增加，法、商、教育、艺术等文科学生逐渐减少。"② 正如王世杰自己于1934年9月在中央广播电台演讲时所说，"至于注重实科，近年又定有种种办法（如限制各校文实两科招生比例之类），因之学校与学生的趋向，亦已大有变更（本年夏若干个大学招考时，投考文科的学生，远不及投考实科者之众）"③。对办理不善的文科类高校，教育部严令其结束，而"业经责令办理结束者，北平三校、上海三校、南京广东各一校，共计八校"④。通过上述整理方式，整理院系结构已初见成效。

限制文法等科发展的同时，王氏任内教育部仍鼓励各高校设立实用科系，增设实科类讲座，还鼓励将停办之后文法等院系改办为实科类院系等等。总之，正是在王世杰长部期间，全国高校文、实类院系结构渐趋合理，文、实类学生之比例亦渐趋平衡。

王世杰长部后，对保障和增加教育经费亦甚为重视。1933年4月被任命为教育部长时，王氏曾坚持要求从1933年开始，高等教育的经费由行政院责成财政部拨给教育部，再由教育部直接拨给各校。其正式走马上

---

① 《王世杰日记》（手稿本 第一册）民国廿二年五月廿四日记，台北"中研院"近代史研究所1990年版，第1—2页。

② 柯树屏：《王雪艇先生在教长任内之教育措施》，《传记文学》1982年第40卷第4期。

③ 王世杰：《中国教育的现状》，载黄季陆主编《革命文献 第五十五辑 抗战前教育概况与检讨》，台北中央文物供应社1971年版，第71页。

④ 《教育部最近改进专科以上学校之要点（四）》，《申报》1934年11月4日第4张第15版。

任后最关心的事情之一便是保障教育经费，他在日记中说："余于五月一日离武汉大学；八日接交教育部事。到部后以三事自勉，并告全部同人"，其中一件事情便是"谋中央和地方教育费之独立"。① 事实上，经朱家骅时期的努力，高校经费明显好转。而王世杰在此问题上亦较为努力，在其文字不多的抗战爆发前的日记中，对教育经费问题的记录相对较多，且在其任内的近三年时间，教育经费每年均有所增加②：

> 民国二十年度中央总预算言，中央岁出总额约八万九千万，教育文化费不过二千一百余万元，只占岁额百分之二．三五。就二十五年度中央总预算言，中央岁出总额约为九万九千万元，教育文化费为五千五百余万元，其比率为五．五九；两相比较，已增一倍有余（廿五年度教育文化费包括"特种教育费"一项，约千五百万元；此项支出，原来列入二十年度教育文化费内，但即剔除此数，增加之数仍近一倍）。③

总之，王世杰任内教育经费显著增加，他本人亦颇感欣慰："即四年以来，中央直辖各校之经费，从未短欠，此实民国以来空前之纪录，高等教育之整理工作，倘稍有成绩，此为主要原因。"④ 王世杰任内教育部在保障和增加教育经费方面的努力是大有成绩的。

在高校教师兼职方面，前几任教育部长任内的教育部并未见明显的成效。1933—1935年，王世杰执掌的教育部颁布了一系列整顿训令，要求限制教员兼职⑤。到1934年，国立高校教师兼职状况有所好转（见表6-

---

① 《王世杰日记》（手稿本 第一册）民国廿二年五月廿四日，台北"中研院"近代史研究所1990年版，第1页；《新教长王世杰整理教育计划确定三个前提》，《申报》1933年5月8日第3张第11版；《教长王世杰就职纪》，《申报》1933年5月10日第3张第11版。

② 《王世杰日记》（手稿本 第一册）民国二十六年三月十五日，台北"中研院"近代史研究所1990年版，第36—37页。

③ 王世杰：《训政时期约法与最近教育工作》，载黄季陆主编《革命文献 第五十四辑 抗战前教育政策与改革》，台北中央文物供应社1971年版，第374页。

④ 同上书，第375页。

⑤ 中国第二历史档案馆编：《中华民国史档案资料汇编 第五辑 第一编 教育》，凤凰出版社2010年版，第189—220页。

2)。到 1937 年左右，高校教员兼职现象基本上得到遏制。

关于整顿学风，王世杰在其日记中写道："惟在此一年中，全国高校的安宁，殆不近十余年来可未见。"① 其所指是 1934 年。尽管 1935 年、1936 年高校学生亦开展多次学生运动，但是学生运动与学校风潮性质不同。因此，王世杰长部期间，学校风潮已不再是令教育部头疼之大问题。

由上述可知，王世杰执掌教育部期间，在限制大学滥设，加强私立高校（包括教会高校）的控制和管理，调整院系结构、注重实用科学教育，限制高校教师兼职，增加和保障教育经费等方面，均取得了较好的成效。尤其在调整院系结构、注重实用科学教育，增加和保障教育经费方面成绩卓著。

（二）整顿工作中存在的问题

王世杰任内的整顿工作亦非一帆风顺，其背后诸种复杂因素相互交织、相互纠缠，构成了这一时期整顿高等教育的阻力。

第一，个人私利成为整顿工作顺利推行的巨大阻力。最为明显的就是王世杰与国民党要员居正的私怨。王世杰 1937 年 3 月 10 日的日记记载：

> 今日，中央政治委员会开会，居觉生因提议由政府补助胡海学院年十二万元，被予反对，遂对教育现状肆口攻击。实则居之提议出于私心，（居氏近已接受该院董事长之职）其所指摘均反乎事实。事后余甚懊丧；以近来党中耆宿，往往受人怂恿，各自取得一两个学校，而此种学校类皆成绩不良，匪惟不宜奖励，且当严行取缔者也。此种趋势倘不及时纠正，教育整顿工作，将受重大影响。②

王世杰笔下的"胡海学院"很可能就是北平的朝阳学院③，该学院初名北京私立民国大学，创办于 1913 年 9 月，校长为汪有龄，1914 年 5 月经北京政府教育部认可，于 1916 年 2 月改名为朝阳大学，并于 1930 年 11

---

① 《王世杰日记》（手稿本 第一册）民国廿四年一月十三题追记，台北"中研院"近代史研究所 1990 年版，第 10 页。

② 《王世杰日记》（手稿本 第一册）民国二十六年三月十日，台北"中研院"近代史研究所 1990 年版，第 35—36 页。

③ 居正被任命为北平私立朝阳学院校董事长，于 1937 年 3 月 31 日正式就该校职。参见《居正等就朝阳学院职》，《申报》1937 年 4 月 2 日第 3 张第 12 版。

月降格为朝阳学院获得国民政府教育部立案①。1934—1936年，该校被列为私立高校专款补助对象，每年补助费额8000元②。1937年，时任司法院院长的居正被聘为该校董事会长之职，所以他在中央政治委员会议上要求将该校继续列为当年私立高校专款补助之列，补助12万元。而在王世杰看来，以法科教育为主的朝阳学院本在限制发展之列，谈不上继续给予补助。显然，居正此举试图利用自己在国民政府的重要职权为该校谋取私利。必须正视的是，居正此举并非一特例，在整顿工作中以权谋私者在当时的国民政府大有人在。正如王世杰所指出："以近来党中耆宿，往往受人怂恿，各自取得一两个学校，而此种学校类皆成绩不良。"③ 时人回忆中亦对此有深刻印象，如谢鸣九回忆道：

> 旧上海所有私立学校校长都是有靠山的，假如找不到靠山，就很难立足很牢。最有力量的靠山有四个方面：一是外国教会和租界当局，二是国民党党团组织，三是国民党军政当局，四是帮会组织。这四个方面至少必得其一，尤其规模较大的学校。④

就党团组织的势力而言，"私立学校校长的位置如能得到这方面人物来支持，那就可以高枕而卧，不须再烦心了。所以那时好多学校都争聘他们担任董事或者董事长，就同立了门卫一样，保证了安宁。"⑤ 而党团中人亦往往抢夺一两所学校，以便培植个人势力。正如王世杰所说，"党中元宿，有欲假学校以扶植个人政治势力者"⑥。

---

① 吴相湘、刘绍唐主编：《民国史料丛刊 第一种：第一次中国教育年鉴》（第二册）丙编：教育概况（上），台北传记文学出版社1971年版，第136—137页。

② 《本年度私立专科以上学校补助费案核定经过》，《申报》1934年8月11日第4张第13版；《廿四年度私专以上校补助费》，《申报》1935年7月4日第4张第13版；《二十五年度补助私立各大学》，《申报》1936年7月1日第5张第17版。

③ 《王世杰日记》（手稿本 第一册）民国二十六年三月十日，台北"中研院"近代史研究所1990年版，第35—36页。

④ 谢鸣九：《上海私立学校的奇闻丑事》，载上海市政协文史资料委员会《上海文史资料存稿汇编 科教文卫》，上海古籍出版社2001年版，第424页。

⑤ 同上书，第425页。

⑥ 《王世杰日记》（手稿本 第一册）民国二十二年五月至民国二十七年十二月、民国二十七年一月一日，台北"中研院"近代史研究所1990年版，第159页。

总之，实际利益的争夺和个人恩怨的纠缠在高等教育整顿工作中产生了巨大的负面影响。

第二，国民政府内部各权势之间政见各异，使整顿举措摇摆不定，影响了整顿工作的效率。这一时期整顿工作的主导权受多方面制约，有人认为，教育部、南昌行营以及中央党部都有权左右高等教育的整顿事宜。正因如此，"三者往往'意见不尽一致'，相互牵制与调和，自然降低了教育行政的效率。"[①] 以前文所述的居正争夺朝阳学院补助费为例，对于此案，蒋介石支持王世杰的做法，"并谓取缔私立不良学校，与限制法科招生，为其本人年来一贯主张，其事涉及行政院院长责任。对于胡海大夏等校，不主张予以任何补助。"[②] 然而，中央政治委员会却通过了给予该校补助案[③]。左右为难的王世杰只好再次请示蒋介石，蒋依旧坚持原案，再次表明行政院的态度，"并云当自负责处理"，将处理此事的责任推到王的肩上，致使王氏再次陷入进退维谷之境地。由此可见，教育部整顿高等教育时不可避免地受到国民政府各方势力之牵掣，因各方势力对高等教育整顿的意见各异，影响到了整顿工作的效率。

总之，王世杰长部期间整顿高等教育取得了显著的成就，但因整顿工作背后的个人私利，以及国民政府内部各权势之间因政见各异产生的矛盾等因素的存在，影响了整顿工作的效率，致使很多整顿举措并未取得预想的效果。随着抗日战争的全面爆发，国民政府初期整顿高等教育的工作不得不中断。

综上所述，国民政府初期，四位教育部长在各自的任内对高等教育整顿工作均有所作为。蒋梦麟，作为国民政府首任教育部长，在取消单科大学、限制大学滥设，加强对私立高校的控制和管理方面均取得了一定成绩，尤其是其任内各种整顿法令政策的制定为国民政府初期整顿高等教育奠定了基础。蒋氏被迫去职的背后一方面反映了教育界内英美派与法日派

---

① 张太原：《傅斯年与20世纪30年代的高等教育改革》，《"傅斯年与中国文化"国际学术研讨会论文集》，中国聊城2004年版，第128页。

② 《王世杰日记》（手稿本 第一册）民国二十六年五月十一日，台北"中研院"近代史研究所1990年版，第52页。

③ 由王世杰1937年6月4日的日记可证："胡海、大夏两校补助费案，既经中政会议定，似可勉予照拨。"参见《王世杰日记》（手稿本 第一册）民国二十六年六月四日，台北"中研院"近代史研究所1990年版，第57—58页。

之间的斗争，另一方面亦展现了国民政府的政治权力对教育界渗透的事实。蒋梦麟去职后，由蒋介石亲自兼任教育部长之职，但实际上部务由政务次长李书华和常务次长陈布雷全权负责，蒋介石辞去该职后，即由李书华署理教育部。李氏任职教育部期间，以蒋梦麟任内教育部制定的整顿政策为导向，在限制大学滥设和加强对私立高校的控制和管理方面再接再厉，努力促使高等教育的整顿工作得以继续推进；开始着手调整院系结构和整顿学校风潮的工作，并取得了一定成效。但因李书华任职时间较短和他个性特点的影响，其任内整顿工作的进展较为缓慢。李书华辞职后由朱家骅继长教育部。任期内朱氏继续前贤，在前期整顿的基础上，各方面的整顿工作都取得了较好的成绩，尤其是解决了国民政府成立以来困扰高等教育界多时的经费问题，以限制文科类教育的办法促进高校调整院系结构，使得国民政府初期的高等教育整顿工作得以进一步推进。需要指出的是，朱家骅在整顿高等教育过程中坚持贯彻"党化教育"，加强了国民党对高等院校的控制。王世杰继朱家骅出长教育部，是抗日战争爆发前最后一任教育部长，他在国民政府初期的任期最长。在其任期内，教育部"稳步推进"，上述各方面的整顿工作均有所成效，尤其是在调整院系结构、注重实用科学教育方面成绩卓著。尽管如此，其任内的整顿工作背后仍存在一些问题，如个人私利阻碍了整顿工作的顺利推行；这一时期国民政府内部各权势之间对整顿工作的意见各异，致使整顿效率深受影响。总之，在上述四位教育部长不懈努力之下，国民政府初期对高等教育的各项整顿工作得以推行。

第八章

高等教育整顿中的矛盾、冲突与较量

国民政府初期整顿高等教育并非一帆风顺，在整顿过程中以及整顿工作背后都存在诸多矛盾、冲突以及各种势力之间的较量。如在国立高校的整顿工作中，国民党内派系纷争和教育界内派系纷争展现无遗，对整顿产生较大影响；在对省立高校的整顿中，中央和地方实力派之间的关系对整顿工作的影响更为明显；对教会高校的整顿中，宗教界与南京政界之间的抗争得以呈现；另外，整顿工作亦展现了政界和教育界之间的较量以及中央权势对高校渗透之历史事实。下面将逐一举例说明。

第一节 国民党内、教育界内之派系之争——以国立大学的整顿为中心

国民政府初期整顿高等教育的过程中，国民党内、教育界内派系纷争展现得一览无遗。"派系纷争堪称是国民党的一大颇具特色的政治文化。"① 自孙中山于1925年去世后，国民党内部主要在胡汉民、汪精卫和蒋介石之间就党内接班人问题展开了激烈的权力之争。1927年国民政府成立之后，国民党派系争夺日趋复杂，不仅中央与地方实力派之间存在控制和反控制之争，而且国民党内部最高党权及中央政权之争亦甚激烈。这些派系纷争对高等教育的整顿工作产生了一定的影响。而在教育界内，以蔡元培为中心的英美派和以李石曾为核心的法日派两大派系之争最为明显。北伐战争胜利后这两大派系就围绕着北平教育界展开了争斗，蒋梦麟

---

① 王奇生：《党员、党权与党争——1924—1949年中国国民党的组织形态》，上海书店出版社2003年版，第213页。

执掌教育部之后，两派的斗争更愈演愈烈，在劳动大学和中央大学的整顿之中表现得最为突出，并直接导致蒋梦麟去职。而后，法日派与英美派两大派系之间的纷争仍困扰着高校的整顿工作。下面将分别以国立中山大学、北京大学的整顿工作为例进行考察和分析。

一 国民党内之派系纷争——以邹鲁对国立中山大学的整顿为中心

因孙中山总理的去世国民党内部产生了党魁继承人之权力争夺，尤其是1926年1月国民党"二大"至1931年11月的国民党"四大"期间，国民党内部派系纷争几未停息。当然，这一时期的派系斗争除了聚焦于接班人和党统之争外，亦夹杂着国共之争和路线之争。如1927年7月以前，围绕着如何对付共产党，国民党内各派系有"容共""联共"和"分共""反共"之争[1]。一些国民党中央委员会人物（国民党元老占多数）如邹鲁、叶楚伧等对"联俄容共"政策持有异议，且对汪精卫不满，于是聚集结盟，并于1925年11月23日在北京西山碧云寺召开了"国民党一届四中全会"，与广州中央分庭抗礼，这批人（还有谢持、林森、居正、邵元冲等，共13人）被称为西山会议派。此会议"实际上是国民党、国民政府内部矛盾的激化和公开化"[2]，是国民党内权力斗争的反映[3]。1926年1月1日至20日，国民党在广州举行了第二次全国代表大会，商议惩处西山会议派诸人的问题。因邹鲁是西山会议派的公认的召集者和组织者，而且曾一度主张推倒广东"国民政府及党军"[4]，因此，在西山会议其余成员被从宽处分的情况下，唯独邹鲁被蒋介石点名批判。1926年3月20日"中山舰事件"之后，蒋介石在国民党内迅速"崛起"，并提出"清理党务案"。而后，邹鲁和蒋介石围绕着"限共"与"清共"[5] 展开了激烈的争论，他们之间的矛盾亦日渐尖锐。至1926年8月底，邹蒋之间

---

[1] 王奇生：《党员、党权与党争：1924—1949年中国国民党的组织形态》，华文出版社2010年版，第94页。

[2] 吴小如、徐天新等编：《365天中外名人大事辞典》，中国旅游出版社1992年版，第686页；曾庆榴：《广州国民政府》，广东人民出版社1996年版，第303页。

[3] 王奇生：《党员、党权与党争：1924—1949年中国国民党的组织形态》，华文出版社2010年版，第100页。

[4] 王仰清、许映湖标注：《邵元冲日记》，上海人民出版社1990年版，第200页。

[5] "限共"即指限制共产党在国民党内发展，而"清共"则指坚决反共。

的争论开始转向了党内独裁和民主的争论①。国民政府定都南京之后，在"反共"达成共识的前提条件下，西山会议派、蒋介石方、汪精卫方三方于1927年9月在南京共同组成国民党中央特别委员会，该会因"分赃不均"和国民党内各派系斗争加剧于两个月后被解体。1930年4月，蒋介石、阎锡山以及冯玉祥等人之间爆发了中原大战，同年7月，作为西山会议派代表的邹鲁参与到了国民党反蒋势力之中②，公开与蒋介石为核心的南京中央相抗衡。1931年2月胡汉民被蒋介石扣押后，国民党内部派系矛盾更加激化，西山会议派又与胡汉民派（如古应芬、胡汉民、邓泽如等）、改组派（汪派，如汪精卫、陈公博等）、太子派及两广地方军事实力派（如陈济棠、林翼中、李宗仁等）等反蒋势力于同年5月底在广州组建广东国民政府，与南京国民政府相对峙。该事件被称为"西南政变"，该政府即"西南政权"，主要目的是讨伐蒋介石③。"九一八"事变之后，胡汉民返粤取消了该政府，并于1932年1月建立"国民党中央执行委员会西南执行部"及"国民政府西南政务委员会"，即"西南两机关"，邹鲁任委员。该两机关的建立"基本上是国民党内派系斗争中妥协的产物，是一种权力分配"④。自此，尽管全国党政归于统一，但"西南政权"仍旧存在，且两广在胡汉民的主持下仍旧处于半独立状态，直到1936年5月胡去世，该状态才得以瓦解。在此阶段，邹鲁以"西南政权"和国立中山大学为凭借，在政治上继续与蒋介石对抗。

（一）邹鲁长校期间对学校的整顿

1927年至1928年2月，全国各地掀起了一阵"中山大学热"⑤，曾于

---

① 罗敏：《1924—1927年邹鲁与蒋介石关系探微》，《中国社会科学院研究生院学报》2003年第6期。

② 反蒋各派联合起来在北平组织召开了中央党部扩大会议，后遭失败，"扩大会议"解体。

③ 该"政权"不仅与南京中央对立，其内部亦存在派系纷争。参见陈红民《胡汉民·西南政权与广东实力派（1932—1936）》，《浙江大学学报》（人文社会科学版）2007年第37卷第1期；谢本书、牛鸿宾《蒋介石和西南地方实力派》，河南人民出版社1990年版。

④ 陈红民：《胡汉民·西南政权与广东实力派（1932—1936）》，《浙江大学学报》（人文社会科学版）2007年第37卷第1期。

⑤ 如1927年武昌中山大学筹备并开学，同年第三中山大学亦成立，该年6月东南大学被改组为第四中山大学。此外，河南、安徽、广西、湖南、兰州等地亦改组或筹设中山大学。参见何炳松《三十五年来之中国高等教育》，载商务印书馆编《最近三十五年之中国教育》，商务印书馆1931年影印版，第121页。

1926 年 8 月 17 日由广东大学改名的国立中山大学则改称国立第一中山大学①。1928 年 2 月，国民政府大学院决议，除了将国立第一中山大学仍改称国立中山大学以纪念孙中山先生外，其余"中山大学"均重新命名②。国立中山大学改称成后，蒋介石便掌握了学校控制权，任命戴季陶担任学校校长，1927 年 6 月又任命朱家骅为该校副校长。1930 年 9 月戴季陶辞职，朱家骅升任校长。12 月朱氏调任中央大学校长③。而后，国立中山大学留京董事会推荐时任广州大学校长的金曾澄接任该校校长职务，引发了该校学生的"拒金迎戴"运动④。学校校务暂由农学院院长兼事务管理处主任沈鹏飞处理。1931 年 5 月 28 日，广东国民政府任命许崇清出长中山大学校长⑤。1932 年 1 月，"西南两机关"取代广东国民政府得以建立，同年 2 月，邹鲁继许崇清出长国立中山大学⑥。

许崇清长校期间，于 1931 年 9 月将该校原有文、法、理、农、医五学科改称五学院；在文学院下增设社会学系；在理学院添设了土木工程、化学工程两学系后将之改称为理工学院；废止预科，设高中部，另外还注重添设学校建筑设备，等等。在前任校长整顿工作的基础上，邹鲁于 1932 年 2 月长校后，第一，改组学校董事会⑦。将许崇清长校期间由胡汉

---

① 黄义祥编著：《中山大学史稿（1924—1949）》，中山大学出版社 1999 年版，第 109 页；易汉文：《国民政府是何时下令改国立广东大学为国立中山大学的》，《广东史志》1999 年第 2 期。

② 黄义祥编著：《中山大学史稿（1924—1949）》，中山大学出版社 1999 年版，第 114 页。

③ 《朱家骅长中大》，《申报》1930 年 11 月 26 日第 4 张第 16 版。

④ 学生拒绝金曾澄出任中大校长，请求由戴传贤长校。参见张披《1924 年至 1935 年国立中山大学派系斗争概述》，载中国人民政治协商会议广东省委员会文史资料研究委员会编《广东文史资料》（第十三辑），中国人民政治协商会议广东省委员会文史资料研究委员会 1964 年印，第 3—5 页；黄福庆《近代中国高等教育研究 国立中山大学（1924—1937）》，台北"中研院"近代史研究所 1988 年版，第 104—112 页；《中山大学罢课》，《申报》1930 年 12 月 2 日第 2 张第 8 版；《中山大学生代表晋京》，《申报》1930 年 12 月 15 日第 2 张第 8 版。

⑤ 《许崇清任中山大学校长》，《申报》1931 年 6 月 22 日第 4 张第 13 版。

⑥ 《行政院第四次会议（邹鲁任中山大学校长）》，《申报》1932 年 1 月 16 日第 3 张第 9 版。

⑦ 1929 年 9 月，国民党中央议决成立国立中山大学董事会，以蒋介石、胡汉民、谭延闿、宋子文、古应芬、孙科、陈铭枢、朱家骅、戴传贤九人为董事，戴为主任董事，孙科、宋子文、陈铭枢为建筑董事，因此，该校创立了公立大学设董事会之始。参见梁山、李坚等编著《中山大学校史 1924—1949》，上海教育出版社 1983 年版，第 39 页；黄义祥编著《中山大学史稿（1924—1949）》，中山大学出版社 1999 年版，第 163 页。

民、古应芬、孙科、许崇清、汪精卫、邹鲁、戴季陶、陈铭枢、李文范九人组成学校董事会（孙科任董事会主席）①，改组成由邹本人、胡汉民、邓泽如、萧佛成、陈济棠、许崇清、林翼中、区芳浦等人组成，并任广州省府主席林云陔为主任董事，负责该校在市郊石牌的建造新校舍事宜。此次董事会改组使得"西南政权"掌握了学校政务。第二，组织修订《国立中山大学组织大纲》，并于1933年5月将之公布，撤销过去的评议会，以校务会议取代之。以南京中央政府法令法规为依归将教师职级分为四等。第三，增设或调整院系。1932年8月将理工学院仍改称理学院，重组工学院筹备委员会，在理工学院原有的土木工程学系和化学工程学系的基础上，增设了机械工程、电气工程、冶矿工程三个学系，于1933年开始招生，1934年8月成立了工学院。注重农科教育，9月增设农业专修科，10月接管广东土壤调查所，1935年秋在农学院添设了蚕学系以满足当时社会需要，等等。第四，限制教员兼职。1934年，邹鲁要求"现届学年之始，所有教授，均行重聘，此次聘教授，特随聘书附聘约及函告，郑重订明，必为专任，绝对不得兼校外职务，以期专心课业"②。第五，注重学校设备建筑的建设工作③。国立中山大学成立之后，历任校长戴季陶、许崇清等均注重学校新校舍的建筑问题，但最终因经费等问题而搁浅建设计划。邹鲁长校后，将充实图书仪器作为学校主要方针之一，一面增加图书仪器的经常购置费，一面设法筹募专款添置，并劝人捐赠图书④。到1933年为止，学校图书馆中日文书籍有233206册，西文书籍26781册，合计259987册，其藏书量占当时全国各高校之首⑤。建筑该校石牌新校舍是邹鲁长校期间最大的功绩，其上任伊始，即开始筹划兴建新校舍事

---

① 中国第二历史档案馆编：《中华民国史档案资料汇编 第五辑 第一编 教育》，凤凰出版社2010年版，第236—237页。

② 《国立中山大学之刷新与建设》，载程焕文编《邹鲁校长治校文集》，中山大学出版社2004年版，第38页。

③ 黄义祥：《民国时期的国立中山大学》，载广州市政协文史资料委员会编《广州文史第五十二辑 羊城杏坛忆旧》，广东人民出版社1998年版，第155页；邹鲁：《民国丛书·回顾录》，上海书店出版社1990年版，第391—392页。

④ 邹鲁：《民国丛书·回顾录》，上海书店出版社1990年版，第391页。

⑤ 《图书馆》，载国立中山大学秘书处编《国立中山大学现状》（二十三年），国立中山大学出版部1934年版，第28页。

宜，并将建筑计划分为三期。第一期工程于1933年3月动工，至第二年9月完成，农工法三学院迁入上课；第二期工程于1935年10月竣工，学校校本部、文理两学院迁入上课。尽管第三期建筑工程因抗日战争爆发而中断，但学校新校舍基本上落成，其建筑之宏伟赢得国内外人士一致好评①。另外，邹鲁长校期间，针对当时学校招生"人情泛滥"之情形，严格考试办法，采取各种措施加强对学生试验的管理，促使学生程度得以提高②。总之，在邹鲁的领导下，国立中山大学的规模比前一时期有较大发展，其整顿工作取得了一定的成效。

(二) 整顿工作之困境

邹鲁执掌国立中山大学期间，学校整顿工作在取得一定成效的同时亦面临着诸多困境，如学校经费问题及林场事件引发的"倒邹风潮"。

第一，学校经费问题。邹鲁上任不到两个月，学校就面临严重的经费问题，邹氏只得对各学院、部、处、附校等发出公函说明困难情况，大意是：

> 前曾经奉准由二十年（一九三一年）九月份起，每月增加四万五千元，由财政部拨给，自国府改组，财部北迁，所增经费，既无着落，虽多方交涉，尚无头绪。本年一月份起，每月仅领十四万元，复须搭发库券，更兼三月份方能领到二月份经费，以致维持现状，亦感困难。□此校款奇拙之秋，非属日常必需用品，一律停止购置，俾薪工发放不致无所措手等语。③

到1932年秋，该校经费情况仍无好转，虽然学校已准予增加经常费、临时费共七万五千元，但"乃十阅月，未发一文"④，学校无法支付教职员薪金，致使教职员们生活困苦，学校石牌新校舍建筑计划亦无法实施。为了开展学校建筑新校舍工作，邹鲁请求南京中央按照1929

---

① 梁山、李坚等编著：《中山大学校史 1924—1949》，上海教育出版社1983年版，第43页；黄义祥编著：《中山大学史稿（1924—1949）》，中山大学出版社1999年版，第148—154页。
② 邹鲁：《民国丛书·回顾录》，上海书店出版社1990年版，第385—387页。
③ 张掖：《1924年至1935年国立中山大学派系斗争概述》，载中国人民政治协商会议广东省委员会文史资料研究委员会编《广东文史资料》（第十三辑），中国人民政治协商会议广东省委员会文史资料研究委员会1964年印，第5页。
④ 同上书，第6页。

年中央常会的决议案一次性拨发学校250万元国帑，并请求此后每月在粤海关关余项下拨款10万元，但均无圆满结果，另请求"西南政权"设法拨款，亦无结果。有鉴于此，邹氏只得四处筹款①。经过邹氏"忍辱迈进，降心从事"，学校新校址前两期工程得以完成。邹氏筹款过程非常艰辛，如第二期工程开标费用240余万元，而该校实际已有的经费离工程开标费尚差200万元。邹鲁曾对学生说，"为了筹款，除没有叫人爸爸和向人叩头之外可说一切都已做到"②，其筹措经费之艰辛显而易见。后来，因广东党政军机关捐资以及交通银行和国华银行借款，第二期工程才顺利完成。

可见，邹鲁长校国立中山大学期间，南京中央无法拨款到位致使学校经费不足。此种状况固然有当时"正值经济不景气的狂潮泛滥于全球，国内党政军各方面的急需都陷于极度窘迫的境地"③之缘由，但从朱家骅执掌教育部之后，全国高校教育经费从1932年下半年开始有所好转，且在国立中山大学新校舍第二期建筑计划实施期间，即1934—1935年，全国高校教育经费几无拖欠，但胡汉民等为中山大学请准的120万元补助费，拨款到位者却未到预定之五成④。可见，该校经费困难背后仍存在其他因素的影响。根据前文所述，邹鲁与蒋介石在政治上已斗争了多年⑤，另据当时国立中山大学出版部主任张掖回忆，邹出长国立中山大学时，蒋邹"双方积恨未消，所以斗争仍继续着"⑥。蒋派重要人物宋子文执掌财政部，朱家骅执掌教育部，由此造成中山大学经费困难，尽管"邹鲁迭次催

---

① 邹鲁：《民国丛书·回顾录》，上海书店出版社1990年版，第408—409页。
② 同上书，第412页。
③ 同上书，第408页。
④ 南京中央将该款项"交给政府去办，政府叫财、铁两部平均分担：财政部每月负担五万元，铁道部每月负担五万元，财政部所负担的每月照常拨来公债十万元，公债值得四成多的价钱，故只有四万余万；铁道部方面便一文不拨了"。参见《国立中山大学建筑新校之困难》，载程焕文编《邹鲁校长治校文集》，中山大学出版社2004年版，第42页。
⑤ 关于他们之间的斗争情况，参见罗敏《1924—1927年邹鲁与蒋介石关系探微》，《中国社会科学院研究生院学报》2003年第6期；罗敏《邹鲁与蒋介石关系研究》，博士学位论文，中国社会科学院，1999年。
⑥ 张掖：《1924年至1935年国立中山大学派系斗争概述》，载中国人民政治协商会议广东省委员会文史资料研究委员会编《广东文史资料》（第十三辑），中国人民政治协商会议广东省委员会文史资料研究委员会1964年印，第5页。

款,南京方面还是置之不理"①。至1932年秋,邹氏向朱家骅抱怨说,"中央对于各大学一律不再欠经费,而对中大则视同化外,即庚款为全国所负担,而广东负担尤重者,今各国还款办学,亦未蒙沾润,在理不能平"②。蒋介石与邹鲁之间存在矛盾影响了中央对该校的经费拨给。再如,邹鲁在经费无着的情形下以学校董事名义于1932年12月26日分电各地国民党中央委员,征求他们列名发动劝捐,林森、李济深及冯玉祥等四十人复电表示赞成,而蒋介石及其派系的中央委员却未复电③。由此可见,邹鲁与蒋介石在政治上矛盾影响了国立中山大学的经费问题。因邹鲁改组该校董事会从而致使"西南政权"控制该校政务,因此,该校经费困难亦是南京"中央"与广东"西南政权"对立之结果。换句话说,邹鲁与蒋介石之间的斗争以及"西南政权"与南京"中央"之间复杂的派系纷争是造成当时学校经费问题的重要因素之一。

第二,林场事故引发的"倒邹风潮"。开设于戴季陶长校期间的国立中山大学模范林场设有驻场林警负责林场治安事宜,邹鲁出任校长后指派校警接替原有林警工作,并任邹礼炳为林警队长。1933年4月8日,在未事先通知林场主任,亦未携带任何交接文件的情况下,校警去林场实施接替工作,结果与原林警发生了冲突,并被驱逐出林场,校警回校后殴伤了林场技士黄维炎、赖泰中二人。此殴打职员事件随即就引发了该校农学院学生风潮。农学院于第二日召开大会,通过五项要求:

> (一)请校长负责处办邹礼炳及邹华文等,如各犯在逃,亦要学长负责追缉;(二)请校长撤换事务长;(三)学校当局应向伤者道歉;(四)学校应保证以后不再有此类事件发生;(五)军警不得随便在学校扰乱。④

---

① 张掖:《1924年至1935年国立中山大学派系斗争概述》,载中国人民政治协商会议广东省委员会文史资料研究委员会编《广东文史资料》(第十三辑),中国人民政治协商会议广东省委员会文史资料研究委员会1964年印,第5页。
② 同上书,第6页。
③ 同上。
④ 侯过:《中山大学林场风潮始末》,载中国人民政治协商会议广东省委员会文史资料研究委员会编《广东文史资料》(第十三辑),中国人民政治协商会议广东省委员会文史资料研究委员会1964年印,第12页。

邹鲁于4月9日回校后立即着手处理此事，将林警队长邹礼炳撤差，并送市公安局处理，参与此事的事务员邹华文亦被公安局扣押，等等。学校当局的处理方式均与学生们上述要求相符，该案本可就此圆满解决，但风潮并未因此结束，反而有所扩大。11日全校学生召开学生大会议决多项内容①，农学院学生亦开始罢课。第二日风潮扩大，全校罢课，"有学生若干，并乘机拟排斥校长邹鲁"。对此，学校当局决议"以严峻手段对付学生"②，并发出布告，认为此事件"完全行政范围之事，且事已了结，学生不宜为人所蔽，设会罢课致误学业"③。更为重要的是，学校当局认为此次学潮有政治背景，并于13日将带头闹事的七名学生开除学籍④。尽管如此，学校风潮仍未消停，该校学生于22日召开会议，不仅要求取消开除七名学生之成命，而且要求撤换邹鲁，限其五日内离校⑤。与此同时，各学院院长、学校董事以及文学院全体教授于18日至22日期间劝告学生复课；"拥邹"学生还于25日召开大会议决全体复课，并组织护校委员会等。自此，全校大部分学生复课，风潮渐渐平息。尽管直到1933年5月仍有部分学生晋京请求惩办邹鲁⑥，但至5月底中山大学林场事件引发的倒邹风潮最终平息。

关于此次风潮，学校当局屡次指出其政治背景，认为学生发动风潮系受人指使利用之结果。还有人指出，此次林场事件系蒋派渲染为"惨案"，并趁机发动了"倒邹风潮"⑦。时任农学院森林学系主任并兼管该林

---

① 侯过：《中山大学林场风潮始末》，载中国人民政治协商会议广东省委员会文史资料研究委员会编《广东文史资料》（第十三辑），中国人民政治协商会议广东省委员会文史资料研究委员会1964年印，第13—14页。

② 《中山全体罢课——当局严峻手段对付》，《申报》1933年4月13日第3张第12版。

③ 《中山大学令学生上课》，《申报》1933年4月18日第3张第10版。

④ 《中山风潮难息》，《申报》1933年4月22日第4张第13版。

⑤ 《中山形势紧张》，《申报》1933年4月24日第3张第11版。

⑥ 《中山学生派代表到京》，《申报》1933年5月12日第3张第11版；《粤中大请愿团到沪》，《申报》1933年5月14日第4张第13版；《粤中大生向教部请愿》，《申报》1933年5月23日第3张第12版；《粤中大请愿代表赴行政院递呈文》，《申报》1933年5月24日第4张第14版；《教部正在磋商处置中山风潮》，《申报》1933年5月26日第4张第13版。

⑦ 张掖：《1924年至1935年国立中山大学派系斗争概述》，载中国人民政治协商会议广东省委员会文史资料研究委员会编《广东文史资料》（第十三辑），中国人民政治协商会议广东省委员会文史资料研究委员会1964年印，第6、8页。

场业务的侯过亦指出，此次风潮与南京方面有关①。国立中山大学部分学生于1933年4月25日发表"护校复课宣言"，指责"蒋派运用蓝衣青年社进行倒邹（宣言上说'谋乱中大'）的活动"；针对5月中旬复起的倒邹运动，"护校委员会"宣称，"中大林场事件的风潮，系受南京派来的人鼓动所引起"，"南京政府为中大风潮的幕后操纵者"②，诸如此类不一而足。可见，学校风潮背后存在邹鲁与蒋介石之间的争斗，以及"西南政权"与南京"中央"派系斗争。

实际上，前文提到的"西南政变"事件"形成30年代国民党内部派系斗争的第二个高潮"后③，直至抗日战争爆发前，全国反蒋运动连绵不断。热河、承德于1933年2月、3月先后失守后，蒋介石的退让态度引起了民愤，邹鲁便借此时机以中山大学抗日会名义致电南京国民政府，表示抗战姿态，并请求令时任军事委员会委员长的蒋介石即日统率大军北上抗日，如蒋违令则应免其职务④。而蒋派则于国立中山大学发生林场事件时，派人策动"倒邹运动"⑤，致使该校学生发动罢课风潮，试图驱逐校长邹鲁。直到当年5月18日，仍有部分学生散发驱邹传单。对此，邹鲁于5月22日在西南政务委员会联合纪念周上，以《蒋中正降日真相》为题发表演讲，严厉斥责蒋降日卖国行为⑥，至6月1日又以该校抗日会名义⑦发表了"反

---

① 侯过：《中山大学林场风潮始末》，载中国人民政治协商会议广东省委员会文史资料研究委员会编《广东文史资料》（第十三辑），中国人民政治协商会议广东省委员会文史资料研究委员会1964年印，第14页。

② 张掖：《1924年至1935年国立中山大学派系斗争概述》，载中国人民政治协商会议广东省委员会文史资料研究委员会编《广东文史资料》（第十三辑），中国人民政治协商会议广东省委员会文史资料研究委员会1964年印，第8页。

③ 中国社会科学院研究生院学位办公室编：《中国社会科学院研究生院博士文萃 1998—1999》，社会科学文献出版社2000年版，第550页。

④ 张掖：《1924年至1935年国立中山大学派系斗争概述》，载中国人民政治协商会议广东省委员会文史资料研究委员会编《广东文史资料》（第十三辑），中国人民政治协商会议广东省委员会文史资料研究委员会1964年印，第7页。

⑤ 同上书，第8页。

⑥ 冯双编著：《邹鲁年谱》（下卷），中山大学出版社2010年版，第583—584页。

⑦ 可见，中山大学组织亦沦为派系斗争之工具。曾纪蔚：《邹鲁在中山大学任内》，载中国人民政治协商会议广东省委员会文史资料研究委员会编《广东文史资料》（第十八辑），中国人民政治协商会议广东省委员会文史资料研究委员会1965年印，第165页。

对蒋日妥协宣言",列举蒋介石通敌卖国罪状①。不论邹氏是否真心主张抗日,但"抗日"成为其与蒋介石在政治上斗争的筹码,而中山大学却沦为斗争的工具。对于邹鲁以抗日为由与蒋介石开展的斗争,有人指出,"这只不过是配合着当时与蒋介石对抗闹独立的西南政务委员会的调子"②,而且当时"西南政权"控制着国立中山大学,因此,此次倒邹运动亦反映了"西南政权"与南京"中央"派系纷争之史实。

由上述可知,虽然邹鲁长校前后,中山大学的整顿工作取得了一定的成效,但邹鲁与蒋介石在政治上的斗争以及"西南政权"与南京"中央"之间的派系斗争,致使学校整顿工作仍面临着经费困难、林场事故引发倒邹风潮等问题。

二 教育界内之派系纷争——以蒋梦麟对北京大学的整顿为中心

20世纪20年代末至30年代初,北平高等教育格局历经了数次变动。北京大学的"消逝"便是从奉系军政府于1927年8月6日改组北京的国立九校为"国立京师大学校"开始的。随后又被改称为"国立中华大学""国立北平大学"等,北京大学的各科系与北平其他院科进行了合并,失去了昔日的风采③。1929年7月北平大学区停止后,重新获得独立的北京大学已成为一个亟待拾掇的烂摊子。最初,于1930年12月被迫辞去教育部长之职的蒋梦麟并不愿意长校北大,原因是当时"北平的高等教育已差不多到了山穷水尽的时候",而且北京已改成了北平,"已不是向来人才集中的文化中心了,各方面的学人都纷纷南去了"④。但最终蒋梦麟还是选择了任职北大校长。关于其上任之时北京大学的实际状况,有材料为证:

---

① 张掖:《1924年至1935年国立中山大学派系斗争概述》,载中国人民政治协商会议广东省委员会文史资料研究委员会编《广东文史资料》(第十三辑),中国人民政治协商会议广东省委员会文史资料研究委员会1964年印,第9页。

② 曾纪蔚:《邹鲁在中山大学任内》,载中国人民政治协商会议广东省委员会文史资料研究委员会编《广东文史资料》(第十八辑),中国人民政治协商会议广东省委员会文史资料研究委员会1965年印,第156页。

③ 陶钝:《一个知识分子的自述》,山东人民出版社1987年版,第197页。

④ 胡适:《丁文江的传记》,安徽教育出版社1999年版,第132页。

negative 负责人员多不在校，各校教职员之多，出人意外；教员在外兼课，有一人而担任几个学校系主任者，因之请假缺课，视为常事。学生上课，精神散漫。竟有上课学生不到三分之一者，设备非常缺乏，机器间有损坏，图书馆亦大半有名无实。经费方面，薪资往往占预算十分之八以上，而设备费则在十分之一以下……①

可见，1931年2月前后，北京大学与北平其他高校一样，在教员兼课、设备费用、学生学业管理等方面都急需整顿。为此，教育部第252号训令规定了其应行改进之事项和要点②。

蒋梦麟于1930年12月24日受命长校北大以后，配合教育部的整顿法令对学校进行整顿。第一，在傅斯年和胡适等人的奔走呼吁之下，北大每年获中华文化基金委员会管理的庚款补助国币20万元，主要用于增设研究教授讲座、扩充设备及设立奖学金、助学金等方面③，促使先前一直困扰学校的经费问题得以初步好转。第二，蒋氏对限制教员兼职问题采取积极的整顿策略，如1931年1月26日在北大纪念周上蒋谈到要"提高教授待遇，绝对禁止兼课兼事"④。当年的舆论界亦认为，蒋氏长校北大后限制教授兼课，使得"教授较前良好"⑤。另外，蒋梦麟一面为该校招聘新人，至1931年6月，学校法科法律系、政治系、经济系均添聘新的教授⑥；一面辞退"旧人"，使学校教员队伍融入新鲜血液，教员队伍专兼任比例有所改变。第三，院系整理。蒋梦麟于1932年6月16日制定了《国立北京大学组织大纲》，用学院制代替了学系制，规定设文理法三学院⑦，文学院设五学系，理学院设六学系，法学院设三学系。第四，加强教

---

① 《令国立北京大学国立北平大学国立北平师范大学 为规定关于各该校校务方面应行改进之事项令仰遵办由》，《教育部公报》1931年第3卷第6期。

② 同上。

③ 《沿革》，载国立北京大学编《国立北京大学一览》（民国二十四年度），国立北京大学1935年版，第8页。

④ 《北京大学改变组织》，天津《大公报》1931年3月31日第1张第4版。

⑤ 《北平三大学近况》，天津《大公报》1931年10月15日第2张第5版。

⑥ 《北大添聘法科教授》，载王学珍、郭建荣主编《北京大学史料 第二卷：1912—1937》，北京大学出版社2000年版，第434页。

⑦ 《国立北京大学布告》，载王学珍、郭建荣主编《北京大学史料 第二卷：1912—1937》，北京大学出版社2000年版，第91页。

学管理。北大学生因"九一八"事变、反对国联调查团等开展了学生运动,致使旷课问题较为严重①。鉴于此,学校认真稽查学生上课情况,并于1932年12月将严格实施学生试验之设想列入《国立北京大学学则》,规定"学生平时上课缺席至五分之一以上者扣其该科成绩百分之五,至四分之一以上者扣百分之十,至三分之一以上者不得参与学期考试"②,等等。

总之,经过整顿的北京大学各方面均有进步,得到教育部的肯定:

> 近年以来,该校对于校务,颇多整顿:如院系之整理,专任教授之增聘,图书仪器之增加,稽查上课与考核成绩之比较认真,均属成绩之表现;理学院学风尤多进步,良用嘉慰。③

显然,教育部对于该校之整顿成绩颇为满意。一年后,教育部又称赞该校:"校舍及设备之扩充,研究工作之进行,尚见努力,管理及稽核上课等事,亦有进步。"④ 至1936年,教育部认为学校整顿工作"良堪嘉慰"⑤。可见,蒋梦麟长校间的整顿工作取得了显著的成效,使北大走上了"中兴"之路。

然而,蒋梦麟在北大的整顿工作并不是风平浪静的,其背后充满了法日派与英美派两大派系之争⑥。

首先是北京大学评议会的取消。1929年颁布的《大学组织法》明确规定,高校应建立从校长、院长到系主任的行政管理架构,将原来的"评议会"等机构以"校务会"取而代之。评议会与校务会之差别"实质上

---

① 千家驹:《我在北大》,载中国人民政治协商会议全国委员会文史资料研究委员会编《文史资料选辑》(第九十五辑),中国文史出版社1984年版,第70页。

② 王学珍、郭建荣主编:《北京大学史料 第二卷:1912—1937》,北京大学出版社2000年版,第931、956—957、1017页。

③ 《令国立北京大学》,载中华民国教育部编《教育部改进专科以上学校训令汇编》,中华书局1935年版,第11页。

④ 同上书,第12页。

⑤ 《教育部训令北京大学》(1936年9月8日),《北京大学周刊》1936年9月12日,第220号。转引自张太原《傅斯年与20世纪30年代的高等教育改革》,《"傅斯年与中国文化"国际学术研讨会论文集》,中国聊城,2004年。

⑥ 有人认为当时北大还存在英美派与太炎弟子江浙"新思潮派"之争。参见陈平原《中国现代学术之建立——以章太炎、胡适之为中心》,北京大学出版社1998年版。

是教授治校与校长治校两种管理模式的不同"。① 因此，该规定在一定程度上削弱了教授在高校的权力。但在蒋梦麟长校北大前，该校并未严格遵行此条规定，仍采用评议会制度。蒋氏长校后便与胡适商议此事，对此，胡适在 1931 年 1 月 30 日的日记中记载道："梦麟今早来谈，下午又来谈，皆为北大事。他今天决定用院长制，此是一进步。但他仍要敷衍王烈、何基鸿、马裕藻三人，仍是他的弱点。"②

蒋氏决定在北大实施院长制及校务会制，为什么"仍要敷衍王烈、何基鸿、马裕藻三人"呢？王烈于 1924—1927 年和 1928—1931 年曾两度担任北大地质学系系主任，并于 1929—1933 年先后出任北大第二院（理学院）代理主任、总务长兼第二院主任、北京大学秘书长，为北大及其地质学系贡献颇多③。何基鸿曾任北大法律系主任、教务长兼第三院（社会科学学院）主任及法律政治两系主任。马裕藻，师承章太炎，在北大"真是当朝一品，位列三台"，为北大国文系闻名全国做出了较大贡献④。上述三人均曾留学德国或日本，并于 1931 年前后成为该校评议会的主要成员。国民政府定都南京之后，北大的校政基本上都由这些法日派学者所控制，其中又以浙籍为多⑤，直到该校恢复独立这种状况仍毫无变化。以 1929 年 10 月 17 日该校评议会的选举为例。当选者 13 人，分别是：何基鸿、王烈、马裕藻、关应麟、夏元瑮、朱希祖、刘复、沈兼士、徐宝璜、胡浚济、马衡、王仁辅、李书华。⑥ 其中，除马衡、王仁辅曾留学美国外，其余皆留学法日或德国，马衡与马幼渔为亲兄弟，自然属于马幼渔所属派系。因当时北大评议会几乎都由法日派占据，从而致使以浙籍章门弟子为核心的法日派完全控制了北大之校政⑦。此种局面至蒋梦麟 1930 年年

---

① 林辉锋：《马叙伦与民国教育界》，北京师范大学出版社 2010 年版，第 251 页。
② 胡适著，曹伯言整理：《胡适日记全编·6》，安徽教育出版社 2001 年版，第 51 页。
③ 于洸：《王烈教授在北京大学》，载文集编委会编《百年辉煌 继往开来 北京大学地质学系建系 100 周年纪念文集》，北京大学出版社 2009 年版，第 88 页。
④ 谢兴尧：《红楼一角》，载陈平原、夏晓红编《北大旧事》，北京大学出版社 2009 年版，331—338 页。
⑤ 这些浙籍学者多数又是章太炎的弟子门生。参见林辉锋《马叙伦与民国教育界》，北京师范大学出版社 2010 年版，第 246 页。
⑥ 《国立北京大学布告》，《北京大学日刊》1929 年 10 月 21 日第 1 版。
⑦ 当然，北大此种状况引起了一些北大学者和学生们的不满。参见杨树达《杨树达文集之十七 积微翁回忆录 积微居诗文钞》，上海古籍出版社 1986 年版，第 43、45、57、70、72 页。

底长校北大后开始发生转变。可以说,蒋氏此次出长北大是北大校园内法日派式微,而英美派逐渐得势之转捩点。

为改变法日派独霸北大的局面,蒋梦麟决定采用新制,并定于1931年3月26日正式讨论遵照政府法令将北大评议会改为校务会的问题。在正式讨论的前一日,蒋氏夜宴众评议员,就此改制问题进行了尝试性的讨论。据胡适记载,"到者马幼渔、刘半农、贺之才、王仁辅、夏元瑮、樊际昌、王烈、何基鸿,及我。"① 马幼渔说话最多,他认为只有两条路可走,要么保存旧法,要么采用政府法令,并且问蒋梦麟变制的理由,蒋氏"说了三个理由,最有力是说:'大学组织法是我做部长时起草提出的。我现在做了校长,不能不行我自己提出的法令。'"② 而当时胡适表达了赞成马幼渔说的第二条道路,即采用校务会制度的意思。北大校长更替之际,英美派人物蒋梦麟、胡适等人回校,致使以法日派学者占据多数的评议会成员忧心忡忡,评议会是保住他们饭碗的法宝,因此,评议员们对学校改制当然担忧。第二日正式讨论该问题的评议会上,到会者"皆昨晚到的人,但幼渔未到。此外沈兼士与马叔平皆未到。"③ 他们以缺席的方式对改制表示抗议和不满,以维护自己的权益和地位。且当时马幼渔有信给蒋梦麟,说:"适之先生赞成我的第二条道路,但第一条法也更应注意。"④ 马氏反对变制,主张北大仍采用评议会制度的意图显而易见,但此次评议会最终通过了北大采用校务会制度的决议。由此,蒋梦麟以政府颁布的法令法规为后盾,促使北大此次改制顺利进行。随后不久,他聘请刘树杞为理学院院长、周炳琳为法学院院长、而他本人则暂兼文学院长之职⑤。

北大校务会的实行增强了学校校长之实权,在北大逐步完善的"教授治校"体制被推翻,校务中教授的权力被削弱。教授治校固然有其好处,

---

① 胡适著,曹伯言整理:《胡适日记全编·6》,安徽教育出版社2001年版,第102页。
② 同上。
③ 同上书,第103页。
④ 第一条法,即第一道路,也就是仍旧采用评议会制度,第二条道路即遵照国民政府法令采用校务会制。参见胡适著,曹伯言整理《胡适日记全编·6》,安徽教育出版社2001年版,第103页。
⑤ 王学珍、郭建荣主编:《北京大学史料 第二卷:1912—1937》,北京大学出版社2000年版,第451—452页。

但在当时派系纷争较为严重的北京大学，取消评议会在一定程度上有助于遏制学校派系纷争之蔓延。蒋梦麟以落实整顿法令为凭借，取消了法日派把持的评议会，借此动摇了法日派之根基。因此，校务会的实施加强了蒋氏在北大的地位，并引来了舆论界的评议："北大今日在蒋氏治理之下，确较年前稍有声色，但'教授治校'变为'校长独裁'，今后校长恐随政治而转变，是为可虑耳。"① 当然，校长权力的增强亦促使北大的整顿策略得以更好地推行。

如果说取消评议会是英美派向法日派开战之始，那么随后国文系的一系列改革则表明这两大派系纷争剧烈上演。1932年2月15日，胡适正式接任北大文学院长之职，随后便着手改革该院国文系。因为该系教员多为旧派人物，且该系是法日派学者之根基和大本营，因此，此次国文系改革引发了不小的风波。

胡适出长北大文学院院长之后，认为"国文系的课程似宜尽力减少，教员亦宜减少"②。亦有人指出，北大国文系已为"旧人"盘踞已久，课程均为古董旧物③，诸如此类。关于该系之实际情形，以1932—1933年的国文系课程情况为例。

表8-1　　　　　1932年至1933年北京大学国文系课程一览表

科目	担任教员	备注	科目	担任教员	备注
中国文字学概要	沈兼士		汉魏六朝文	刘文典	
中国声韵学概要	马裕藻		汉魏六朝诗	黄节	
中国文学史概要	罗庸		词	俞平伯	
中国诗名著选读（附实习）	罗庸		曲	许之衡	
中国文名著选读（附实习）	郑奠		校勘学	余嘉锡	
语音学	刘复	本年停	考证方法论	张煦	
语音学试验	刘复	本年停	校读实习	陈垣	

---

① 《北平三大学近况》，天津《大公报》1931年10月15日第2张第5版。

② 胡适：《致马裕藻》，载耿云志、欧阳哲生编《胡适书信集》，北京大学出版社1995年版，第591页。

③ 张太原：《傅斯年与20世纪30年代的高等教育改革》，《"傅斯年与中国文化"国际学术研讨会论文集》，中国聊城，2004年，第140页。

(续表)

科目	担任教员	备注	科目	担任教员	备注
言语学大意	李方桂		三礼名物	吴承仕	
中国文字及训诂	沈兼士		日本书所著中国学书选读	钱稻孙	
中国音韵沿革	钱玄同		甲骨文字研究	商承祚	
文学概论	徐祖正		钟鼎文字研究	唐兰	
中国古代文学史	傅斯年		古音系研究	魏建功	
先秦文	林损		方音研究	罗常培	
中国近代散文	周作人		中国近代语研究	黎锦熙	
诗三百篇	黄节		唐宋文		本年停
楚辞及赋	张煦		唐宋诗	林损	
中国修辞学研究	郑奠		诗史	罗庸	
目录学	余嘉锡		词史	赵万里	
国学要籍解题及其实习	郑奠		曲史	许之衡	
经学史	马裕藻		中国小说及小说史	郑振铎	
语音学研究	刘复		戏剧作法	余上沅	
说文研究	钱玄同		古历学	范文澜	
右文研究	沈兼士		古地理学	郑天挺	
元明清韵书研究	赵荫棠		古声律学	许之衡	
清儒古韵学书研究	马裕藻		古典制学	姜忠奎	
中国文法研究	陈君哲		欧文所著中国学书选读	刘复	
中国古代文学批评	范文澜		文学讲演	文学专家	隔一周一次
释典文学	林损		新文艺试作（甲散文、乙小说、丙诗、丁戏剧）	乙丙分别为周作人、冯文炳指导	

资料来源：《中国文学系课程一览》，载国立北京大学文学院编《国立北京大学文学院课程一览（民国二十一年至二十二年度）》，国立北京大学文学院1933年印，第16—19页。

如表8-1所示，包括当年停开的3种科目在内，1932—1933年国文系课程达56种，任课老师约33人；1933年国文系还细分为"语言文字学，文学，及文籍校订三组"①。该系教员和科目之多显而易见。其结果

---

① 《本系简规》，载国立北京大学文学院编《国立北京大学文学院课程一览（民国二十二年至二十四年度）》，国立北京大学文学院1935年印，第65页。

是:"①教授课程太多,实不能收训练上的好效果。②一系占预算太多,而总预算又不能扩张,则他系受其影响。③教员名额都被占满,无从随时吸收新人,则不易有新血脉的输入"①,等等,该系之改革不可避免。对此,胡适提出相应的改革方案②,拟实施课程"精纯主义",试图在精减课程的同时裁减教员。

1934年开始,国文系之文籍校订组被裁撤,该系"只分语言文字学及文学两组"③。1935年前后,中国近世文学史(上)、中国近世文学史(下)、楚辞及赋、唐文、宋文、宋诗、宋词、目录学、戏剧作法、新文艺试作等课程被停止④。经过"精纯主义"之后,到1936年前后国文系课程情况如下:

表8-2   1936年前后北京大学国文系课程一览表

科目	担任教员	备注	科目	担任教员	备注
中国文学史概要	胡适		近代文	沈启无	
中国文字学概要	沈兼士		汉魏六朝诗		本年停
中国声韵学概要	魏建功		唐诗	罗庸	
语音学	罗常培	本年停	宋诗		
训诂学	沈兼士		近代诗		本年停
中国文学史(一)	傅斯年	本年停	唐宋词	顾随	
中国文学史(二)	傅斯年	本年停	元明散曲	顾随	
中国文学史(三)	罗庸		元明杂剧		本年停
中国文学史(四)	胡适		明清传奇		本年停
中国文字学史纲	沈兼士	本年停	小说	孙楷第	
中国声韵学史纲	魏建功		传记文学	郑奠	本年停

---

① 胡适:《致马裕藻》,载耿云志、欧阳哲生编《胡适书信集》(上册),北京大学出版社1995年版,第591页。

② 同上。

③ 《本系简规》,载国立北京大学文学院编《国立北京大学文学院课程一览(民国二十二年至二十四年度)》,国立北京大学文学院1935年印,第65页。

④ 《中国文学系课程一览》,国立北京大学编:《国立北京大学廿三年度各系课程指导书》,北京大学1934年印,第66—68页;《中国文学系课程一览》,国立北京大学文学院编:《国立北京大学文学院课程一览(民国二十二年至二十四年度)》,国立北京大学文学院1935年印,第66—68页。

第八章 高等教育整顿中的矛盾、冲突与较量

（续表）

科目	担任教员	备注	科目	担任教员	备注
诗史		本年停	方言研究	魏建功	本年停
词史		本年停	东方语言修习（本年先设梵文）	Lebenthal 李华德	
戏曲史		本年停	中国语法	何容	
中国小说史		本年停	中国古文法研究	郑奠	本年停
经学史	马裕藻		古文字学导论	唐兰	
中国文学批评史	郑宽	本年停	甲骨文字研究	唐兰	
诗论	朱光潜		钟鼎文字研究	唐兰	本年停
民间文艺	魏建功		清代韵学书研究	马裕藻	
日本书学及其背景	周作人		等韵学	赵荫棠	
诗经		本年停	域外中国声韵论著	罗常培	本年停
楚辞	闻一多		方音调查实习	罗常培	
周汉文	罗庸代郑奠	因郑休假	校勘学及实习		本年停
魏晋六朝文		本年停	古书读法举例	郑宽（天挺）	本年停
唐宋散文	余嘉锡		目录学	余嘉锡	
作文（一）（附散文选读）	冯文炳		专题研究（一）汉语学专题研究	沈兼士 罗常培 魏建功	
作文（二）韵文实习	顾随		专题研究（二）声韵学专题研究	钱玄同 马裕藻 罗常培	
作文（三）新文艺试作（散文、小说、诗）	冯文炳		专题研究（三）文字学专题研究	沈兼士 魏建功	钱玄同 唐兰
作文（四）剧本		本年停	专题研究（四）中国文学史专题研究	胡适、傅斯年、罗庸	
作为（五）古文		本年停	专题研究（五）传记专题实习	胡适	

资料来源：根据1935—1936年的《中国文学系课程一览》统计而来。参见《中国文学系课程一览》，载国立北京大学文学院编《国立北京大学文学院课程一览（民国二十四年至二十五年度）》，国立北京大学文学院1936年印，第75—78页。

如表8-2所示，1936年前后国文系有24种课程被停止开设，而开设的课程有36种，开设课程大为减少。与此同时，该系教员数亦大为减少。

到 1936 年前后，国文系的任课教员大致有 23 人，比 1932—1933 年约减少了 10 人。总之，实施了课程改革和裁减教员之后的国文系气象为之一新。

尽管国文系的整顿工作开展得较为顺利，但其背后仍隐藏着诸多的矛盾和问题。因国文系改革触及法日派之大本营，北大派系纷争再次浮现出来，尤其在辞退"旧人"工作中表现得更为明显。1934 年 4 月，蒋梦麟等商定北大文学院旧教员续聘事宜，不续聘者主要有梁宗岱、Hewvi Frei、林损、杨震文、陈同燮、许之衡①。其中，林损和许之衡为国文系教员。林氏在北大工作已二十年有余，资历较深，得知被解聘之消息，"他大写其抗议的文章，在世界日报上发表的致胡博士（其时任文学院长兼国文系主任）的信中，有'遗我一矢'之语"②。关于林氏对自己被解聘之回应，刘半农在其 1934 年 4 月 16 的日记中记载道：

> 下午到一院上课，忽于壁间见林公铎（引者——指林损）揭一贴，自言已停职，学生不必上课云云。殊不可解。电询幼渔，乃知梦麟嘱郑介石示言公铎，下学年不复续聘，你先为之备，公铎遂一怒而出此也。以私交言，公铎是余来平后最老同事之一，今如此去职，心实不安，然公铎恃才傲物，十数年来不求长进，专以发疯骂世为业，上堂教书，直是性（信）口胡说，咎由自取，不能尽责梦麟也。③

刘半农与林损和马裕藻之间的关系尚好，其对林之看法既是如此，那么，林损的学术水平以及品性等与其被解职有着莫大的关系，似乎与英美派和法日派两大派系之争毫无关系，但事实并非如此简单。

当年学期还未结束，林损便提出了辞职。与此同时，蒋梦麟亦决心以文学院院长胡适取代马裕藻兼任国文系主任。对此，刘半农 4 月 20 日的日记写道："到马幼渔处小谈，梦麟已决定辞退林公铎、许守白二人，并

---

① 胡适著，曹伯言整理：《胡适日记全编·6》，安徽教育出版社 2001 年版，第 388 页。
② 《北大感旧录（三）》，载周作人《周作人文选：自传·知堂回想录》，群众出版社 1999 年版，第 436 页。
③ 刘育敦整理：《刘半农日记（一九三四年一月至六月）》，《新文学史料》1991 年第 1 期。

以适之代幼渔为中国文学系主任，幼渔甚愤愤也。"① 解职林损之信息公布之后，马裕藻遂提出了辞职。从上述可知，林氏对自己将被解职深感愤怒，马氏对林被辞、对自己被免系主任职亦大为不满。

林氏辞职时还致函蒋梦麟，曰："梦麟校长左右，自公来长斯校，为日久矣，学生交相责难，□不敢声，而校政隐加操切，以无耻之心，而行机变之巧，损甚伤之"②，其怨恨之情暴露无遗，并指出北大英美派有针对法日派之事实。此外，他还致书胡适：

> 适之足下，损与足下犹石勒之于李阳也，铁马金戈，尊拳毒乎，其寓于文字者微矣，顷闻足下又有所谋孽，人生世上，奄忽如尘，损宁计议于区区乎。比观佛书，颇识因果，佛具九恼，损尽雁之，教授鸡肋，弃之何惜，敬避贤路，以质高明。③

对胡适之不满情绪亦表达得淋漓尽致。但在答记者问时，林氏的态度完全不同，他说：

> 本人辞职，因学说上意见，与适之（文学院院长胡适）不同，并非政见之差异，本人系教授，教授教书，各有各之学说，合则留、不合则去，其实本人与适之非同道久矣，此次辞职，完全为闹脾气。④

对此次国文系改革引发的纠纷问题，马裕藻认为"系急进缓进主张之不同，并非大改革"，⑤ 并表明了辞职之愿望。实际上，马氏毫无辞职之意，只是以此为借口以达到反对国文系改革，保住林损饭碗，保住法日派在北大之地位之目的。从后来他于 1934 年 5 月 2 日与国文系系友会代表会晤，并就国文系经费、林损之解聘等表达的意见便可看出其欲以退为进之意图。他说："本人就否下年度之教职，亦须学校对本人之主张是否采

---

① 刘育敦整理：《刘半农日记（一九三四年一月至六月）》，《新文学史料》1991 年第 1 期。
② 瑾：《北大教授纠纷》，《申报》1934 年 4 月 19 日第 4 张第 15 版。
③ 同上。
④ 同上。
⑤ 《北大主任马裕藻谈国文系纠纷内幕情形系急进与缓进改革主张不同》，载王学珍、郭建荣主编《北京大学史料 第二卷：1912—1937》，北京大学出版社 2000 年版，第 1713 页。

纳为定，学校如不采纳本人之主张，当不能就。"①当然，蒋梦麟等始终未妥协，早在1934年4月23日、25日面对北大国文系学生代表、系友会、交际代表等挽留马林许三教授的请求时，蒋氏便果断予以拒绝，并坚持依原计划解聘林、许二人，对马氏则以"任事二十余年，工作过劳，不妨略为休息"为由，准其辞去国文系主任一职，但保留其教职②。尽管到该年5月，该系三教授之辞聘问题仍悬而未解，但最终许之衡默默离开，林损耍完一阵"泼皮"之后在学生风光欢送之下另就他校，马裕藻留任该系教授。

由上述可知，林损、马裕藻将此次国文系改革引发的纠纷定位为"学说不同""新旧思想不同"或改革"急进缓进主张之不同"之结果，但北大英美派代表们却有不同的看法。对林损被解职一事，傅斯年拍手称好，他于1934年4月28日致信胡适：

> 在上海见北大国文系事之记载为之兴奋，今日看到林撰小丑之文，为之愤怒，恨不得立刻返北平参加恶战，可已如此。想梦麟先生不得不快刀斩乱麻矣。此等败类竟容许其在北大，如此小人，亦吾等一切人之耻也。……此辈之最可恶者，非林而实与彼乃借新旧不同之论以欺人，试问林与诸丑于旧有何贡献？此小人恋栈之恶计，下流撒谎之耻态耳。③

显然，傅斯年并不认同林氏被解职是因新旧思想不同之故，不仅怒骂林之无德无能，还认为马裕藻亦不该留任北大。同年5月8日，傅氏致书蒋梦麟：

> 国文系事根本解决，至慰。惟手示未提及马幼渔，甚为忧虑不释。据报上所载情形论，罪魁马幼渔也。数年来国文系之不进步，及为北大

---

① 《改革北大国文系》，载王学珍、郭建荣主编《北京大学史料 第二卷：1912—1937》，北京大学出版社2000年版，第1714—1715页。
② 《北大国文系代表挽留三教授》，《北大国文系学生派代表谒蒋梦麟》，载王学珍、郭建荣主编《北京大学史料 第二卷：1912—1937》，北京大学出版社2000年版，第435、1713—1714页。
③ 傅斯年：《致胡适》，载欧阳哲生编《傅斯年全集·第7卷》，湖南教育出版社2003年版，第129页。

进步三障碍者，又马幼渔也。林妄人耳，其言诚不足深论，马乃以新旧为号，颠倒是非，若不一齐扫除，后来比为患害。此在先生之当机立断，似不宜留一祸根，且为秉公之处置作一曲也。马丑恶贯满盈久矣，乘此除之，斯年敢保其无事。如有事，斯年自任与之恶斗之工作。似乎一年干薪，名誉教授，皆不必适于此人，未知先生高明以为何如？①

傅氏言辞难掩对马氏的憎恶之情。马裕藻主持国文系时未能取得较好成绩，固然与马裕藻、林损为主的法日派把持北大校政紧密相关，但亦是当时北平地区之时局使然。但从傅氏对林、马二人的辞职事件之激烈言辞，以及林氏致蒋梦麟和胡适书信之态度，不难想见当时北大国文系改革的背后隐藏着以马裕藻为主的法日派和以蒋梦麟、胡适为核心英美派两大派系纷争之事实。另外，从冯文炳致胡适的劝诫信亦可以推断出该两大派系之斗争。早在1931年2月，即胡适正式接任北大文学院院长之前，冯氏便劝诫胡不应担任该职，因为他认为胡氏整顿北大文学院，尤其是开除人会招致世人诟病："外面说北大又要开除某人某人，如真有此酝酿，在普通人为之，是一件小事，若先生也稍稍与其职责，直可谓之大事。割鸡焉用牛刀，惹人注意也。"② 冯1931年劝诫信中的推测于1934年变成了事实：胡适整顿国文系，并于1934年将林损解职。照此推断，上述整顿计划早在蒋梦麟重长北大，胡适出任文学院院长之前就有所酝酿，或者说，时人对北大的改革动向有所预测，北大的派系之争亦为时人所洞晓。

林损离开北大后，马裕藻虽仍留任该校教职，但经过学校评议会和国文系某些层面的变动，其大势已去。而且，当时的法日派因"故宫盗宝案"发生了分裂，其在政界、文化、教育界地位亦受到了严重的削弱。至此，国文系改革之障碍被除，"淘汰掉一些最无用的旧人和一些最不相干的课程"③，该系朝着蒋梦麟、胡适等既定的计划改进。总体上讲，国文

---

① 傅斯年：《致蒋梦麟》，载欧阳哲生编《傅斯年全集·第7卷》，湖南教育出版社2003年版，第130页。

② 《冯文炳致胡适》，载中国社会科学院近代史研究所中华民国史组编《胡适来往书信选》（中册），中华书局1979年版，第44页。

③ 《一九三四年的回忆》，载胡适著，曹伯言整理《胡适日记全编·6》，安徽教育出版社2001年版，第429页。

系之改革并非易事，因其为北大法日派之根基，因此对改革以及改革之中出现的矛盾和困境集中地反映了该校的派系纷争。

综观上述，无论是对国立中山大学还是北京大学的整顿，皆取得一定成绩，但整顿过程中面临的诸多矛盾和困境致使整顿工作并非一帆风顺。邹鲁出长国立中山大学期间，在学校建筑新校舍方面遇到了经费等问题，该校又因林场事件还引发了驱逐校长风潮，这些问题致使学校整顿工作受到或多或少的影响，而这些问题的背后则呈现了国民党内派系纷争之图景。北京大学文学院国文系课程和教员的调整和变动引发了"国文系纠纷"，再加上其评议会制度的改革，从而致使英美派和法日派两大派系纷争在北大校园再次上演。

第二节 中央与地方之冲突——以省立高校的整顿为中心[①]

毋庸置疑，上述派系纷争不仅存在于对各国立高校的整顿工作中，亦存在于其他性质高校之中。而省立高校的整顿工作除了存在派系之争外，还反映了中央和地方之冲突。本书将以四川大学[②]、山西大学为个案进行分析。

一 四川大学的合并与国立化[③]

国立成都高等师范学校分别于1926年、1927年改组成为国立成都大学、国立成都师范大学；而四川公立国学专门学校、外国语专门学校、农业专门学校、工业专门学校以及四川法政专门学校则相继组成了公立四川大学，是时在四川形成了三大学鼎立之局面[④]。为了整理四川省高等教

[①] 该节内容参见田正平、陈玉玲《中央与地方之冲突：国民政府初期对地方高校的整顿——以四川大学、山西大学校为中心的考察》，《高等教育研究》2013年第6期。

[②] 四川大学虽于1931年11月9日成为名义上的国立大学，但在成立后很长一段时期内并不算实际意义上的国立高校，因此，仍将其列为省立高校的个案。

[③] 该节内容参见田正平、陈玉玲《中央与地方之冲突：国民政府初期对地方高校的整顿——以四川大学、山西大学校为中心的考察》，《高等教育研究》2013年第6期。

[④] 吴相湘、刘绍唐主编：《民国史料丛刊 第一种：第一次中国教育年鉴》（第二册）丙编：教育概况（上），台北传记文学出版社1971年版，第37页；四川大学校史编写组编：《四川大学史稿》，四川大学出版社1985年版，第373页。

育，时任教育部长的蒋梦麟于 1930 年"决将成大川大师大合并一校，就现有各学系设文理法教育等学院，将来再增设医学院"①。该合并川省大学的计划因蒋梦麟不久后被迫去职在当时并未得以落实②。

1931 年 2 月，经历军阀大战之后的四川省成立了新政府，刘文辉就任省府主席。当年 5 月，刘氏任命张铮为省府委员和省教育厅长，令其着手整顿四川教育，于是，三大学的合并问题再次被提上议事日程。同年 9 月 29 日，刘文辉以川省政府的名义对各方发出了训令或公函，再提三大学合并之议，并提出了具体的合并方案：

> 本府参酌旧案，体察现情，为整顿大学教育起见，决于本期将三大学重复各系一律归并，指定校址，划一名称，原有学生，并入肄业。其四川大学原设工、农两院，着即划开，遵照最近教育部所定各省市普设专科学校实施方案，改设农工两专科学校。所有合并事宜，头绪纷繁，特由政府聘请专员，共同讨论，立即着手施行。③

随后，三大学的合并、整改工作几乎都是按照该方案而进行。虽然对合并仍有反对之声，但在刘文辉雷厉风行之下，三大学的合并工作顺利进行。同年 10 月 26 日，三大学合并已完竣；第二日，省府便委定了吴君毅为川大秘书长、魏时珍为理学院院长、向楚为文学院院长、熊晓岩为法学院院长、邓胥功为教育学院院长④。至同年 11 月 9 日，国立四川大学正式宣告成立。

---

① 《教部改进高教办法》，《申报》1930 年 8 月 27 日第 3 张第 12 版。

② 实际上，早在 1928 年国民政府实施大学区时，就有根据大学院颁行之《条例》，将三大学合并为国立四川大学之要求，因困难重重，中途搁浅，再加上当时大学区制被停止，三大学的第一次合并之议便暂告一段落。参见四川大学校史编写组编《四川大学史稿》，四川大学出版社 1985 年版，第 151 页。

③ 四川大学校史编写组编：《四川大学史稿》，四川大学出版社 1985 年版，第 153—154 页；米庆云：《国立成都大学兴废记略——从成大、成高的纠纷到成大、师大、川大的合并》，载中国人民政治协商会议四川省委员会四川省省志编辑委员会编《四川文史资料选辑》（第八辑）（内部发行），1979 年版，第 86 页。

④ 《四川三大学合并》，《中央日报》1931 年 10 月 28 日第 2 张第 1 版。

刘文辉积极主动地整顿川省高等教育，合并三大学，其主要目的并非仅为遵照国民政府于1929年颁布的一系列法令而开展整顿工作，此种行为背后还有其军事、政治目的以及稳固其在四川的统治地位等方面的打算。在时人眼里，"成都大学被认为是刘湘办的"，师大被认为是李其相办的，"川大五院系领省教育经费过活，虽没有明白属于哪一个军系，但也各有系派把持，不是教育厅可以任意变动的。"① 军阀混战之后，刘文辉和刘湘在四川划分了各自的势力范围，前者意欲统一四川乃至西南。因此，掌控各高校之实权尤为必要，合并四川三大学成为必然。经过合并，"刘湘、李其相等人在成都教育界的势力统为刘文辉收编"②，国立四川大学亦成了刘文辉囊中之物③。

"高等教育是中央政府扩张权力的一个渠道"④。"九一八"事变之后，川省被国民政府视为"大后方建设"的一部分，三大学的合并以及国民政府训令将该省盐税拨归该校⑤，便成为中央政府不断努力实现国家统一，使中央权力得以向内地扩张的手段⑥。

尽管三大学合并之目的较为复杂，却使得川省人力、财力、物力得以集中，以发展四川大学，在一定程度上达到了整顿四川高校之目的。

国立四川大学的成立是四川大学国立化的开端，但该校在成立之初及随后的一段时间，虽挂着国立之名并未行"国立"之实，或者说并未享受到"国立"之待遇。其真正"国立化"还要历经较长一段时间，并面

---

① 米庆云：《国立成都大学兴废记略——从成大、成高的纠纷到成大、师大、川大的合并》，载中国人民政治协商会议四川省委员会四川省省志编辑委员会编《四川文史资料选辑》（第八辑）（内部发行），1979年版，第84页。

② 王东杰：《国家与学术的地方互动：四川大学国立化进程（1925—1939）》，生活·读书·新知三联书店2005年版，第95页。

③ 据吴虞于1932年12月24日记载，"国立四川大学，委员长刘文辉代行校长"，可见，通过三校合并，刘文辉掌控了川大。参见中国革命博物馆整理，荣孟源审校《吴虞日记》（下册），四川人民出版社1986年版，第601页。

④ [美] 费正清、费维凯编：《剑桥中华民国史1912—1949 下》，刘敬坤等译，中国社会科学出版社2007年版，第386—387页。

⑤ 1931年10月24日，教育部核准三校合并为国立四川大学，成大原有盐款移作该大学经费。参见丁致聘编《中国近七十年来教育记事》，国立编译馆1935年版，第254页。

⑥ [美] 费正清、费维凯编：《剑桥中华民国史1912—1949 下》，刘敬坤等译，中国社会科学出版社2007年版，第386—387页。

临诸多的困境,该进程充满了中央与地方实力派之间的矛盾和纷争。

国立四川大学成立之后至1935年南京中央势力真正渗透川省之前,因各军阀间的恶战步步升级,致使学校面临生存危机。首先是经费问题。三大学合并之后,教育部准予"就在川盐款项下划拨六十万元,拟请一并移作国立四川大学经费"①。但60万元只是成都大学原有经费数目②,即便如此,中央财政部仍不能保证由教育部划定的这部分学校费用及时到位,经费拨发权掌握在刘文辉、刘湘等地方实力派手中,以致大量经费被移作军费之用。显然,四川大学努力寻求"国家化",却并未能得到国民政府的真正认同。由此,围绕着学校经费问题,"中央"和"地方"之间的矛盾便呈现出来。由于1932年的"二刘大战"大量挪用了教育经费,致使川大经费于第二年春季学期开学之际仍无着落。在与川省多次交涉未果的情形下,川大呈文国民政府行政院、教育部,致函财政部请求转知川省以拨发经费。尽管随后不久教育部便令饬川省相关机构拨款,但"川大向中央求助与中央的饬令,也只要有象征意义而已"③,该校的经费拨发权掌握二刘手中,"中央"鞭长莫及。到1933年3月13日川大开学之际,刘文辉拨发经费2万元、刘湘拨发1.6万元,学校勉强开学,却仍处于经费危机之中。上述状况与当时的中央势力尚未渗入四川地区紧密相关。在此次川大的经费问题中,"中央"与"地方"并未正面较量,但胜负已分,地方实力派掌握了经费是否按期、是否如数拨发方面的主动权,对南京中央的催款训令"不置可否",这可以算是国民政府初期整顿国立四川大学过程中中央与地方实力派展开的第一次较量。这种较量并没有正面冲突,姑且称为"软较量"。

中央和地方势力派的第二次"软较量"是该校的校产危机④。1933年

---

① 《川省三大学合并改名四川大学》,《民国日报》1931年11月20日第3张第1版。

② 三大学合并前,成大经费数目是60万元,而实际上仅40万元。合并之后,学校经费仍定为60万元,分别由川南盐务稽核分所支拨43.8万元,川北盐务稽核分所支拨3万元,省教育厅支拨13万元。因省府不负责统收,每年由学校自己向川南、川北盐务稽核所催付,因此从来就未凑足60万元。以上款项虽由教育部划定,但具体拨发之权力掌握在地方势力派手中。参见四川大学校史编写组《四川大学史稿》,四川大学出版社1985年版,第158页。

③ 王东杰:《国家与学术的地方互动:四川大学国立化进程(1925—1939)》,生活·读书·新知三联书店2005年版,第115—116页。

④ 该年川大主要面临两次校产危机,第一次是1933年1月的"标卖前后城门城砖",第二次则是本书要介绍的刘湘出卖皇城校址事件。

7月,在"二刘大战"中获胜的刘湘取代刘文辉占据了四川省政府。两个月后,刘湘即以筹集追剿红军的军费为名,打算出卖皇城校址。川大校长王兆荣迅速致函督办署,申明皇城是中央拨给川大的校址,认为地方军政机关无权过问等。在抗议无果的情形下,王氏致电教育部期待"中央"插手此事,以保全校产。同年10月5日,教育部密电刘湘希望其维持皇城现状,但刘氏并未改变计划,并于10月18日对川界宣布变卖皇城势在必行。对此,川大全体师生开展了护校运动:校长分别致电行政院、教育部及教育部部长,请求"中央"出面干涉;召开全体师生反对变卖皇城校址大会;争取社会各界的同情以及起草《本大学全体教职员反对变卖皇城校址宣言》等。在这种情形下,国民政府行政院于11月查询此事,并制止变卖皇城行为,当时的刘湘遂暂时遵照政府命令,不动川大校产。但好景不长,皇城变卖之议于12月初又起,直至刘湘的"剿匪"计划失败后,变卖川大校产行动才得以中止。在川大此次护校产运动中,学校方面坚持皇城"迭经中央教育部核准定案,主权属于国家,所有地方军政机关,均属无权处理"①,试图借助在该省仅具象征意义的"中央"来对抗地方实力派之决策。在变卖川大校产皇城的事件中,尽管教育部屡令刘湘停止变卖计划,行政院亦插手查询此事,但刘湘等毫不妥协。虽然他并未明目张胆地反对"中央"之要求,但其采取迂回战术拒绝"中央"之命令,中央于此却是无可奈何。由此,中央和四川地方实力派之间的这种软较量再次上演,当时中央权势在四川地区之微弱程度可想而知。在这种历史条件下,国立四川大学其实并未真正的"国立化",或者说,该校当时正在历经"国立化",但充其量不过是处于"国立化"初期阶段。

川大"国立化"过程出现转折是在1935年1月,贺国光率领的军事委员会委员长南昌行营参谋团入川,此后,四川被作为"中华民族复兴策源地",开始了其"地方中央化"的过程。四川大学亦由此开始进入真正的"国立化"时代。而在真正"国立化"进程中,中央与地方实力派之间的正面较量便展现出来,为了便于与前面所提到的较量进行对比,姑且称为"硬较量"。参谋团入川后,"表面上蒋介石说扶助刘湘统一川康,实际则企图拉垮刘湘,直接掌握川康。这个时候,刘湘如芒刺在背,时感不安。刘湘虽亦阳言拥蒋,暗中则多方防制蒋的势力侵入四川,蒋、刘矛

---

① 《变卖四川大学校址》,天津《大公报》1933年11月13日第3张第9版。

盾，因之日趋尖锐化。"① 以蒋介石为核心的南京中央与刘湘为中心的川省地方实力派之间的矛盾必然影响到四川大学的整顿和发展，任鸿隽坚辞川大校长之职即为一显例。

在川大"国立化"进程中，教育部亦开始着手整顿四川高等教育。1935年5月27日视察员到川大视察②。当年7月，教育部训令四川省以四川大学等校为中心，以合并为主要方式调整该省高校的院系结构③。8月26日，再次训令川大应从"院系组织""设备费用""课程""教员"等方面进一步进行整顿④。此次整顿训令为经后四川大学的发展提供了方向。为了更好地整顿四川大学，教育部于1935年8月王兆荣辞去川大校长之职后，任命任鸿隽为校长。刘湘本意推荐张澜接替该职，但对教育部的任命并未明确表示反对。当时，国民政府方面将四川视为"中华民族复兴策源地"，坚决在该省推行"地方中央化"政策。对此，地方实力派认为，南京中央的这种行为无疑是在厉行"中央扩张权力"。因此，在川大努力推行"国立化"的任鸿隽自然被视为"中央人"，为地方实力派所敌视。正如任氏长女任以都所说：

> 他（引者——指任鸿隽）一心一意，殚精竭虑，积极整顿校务，举凡制定课程、加速建设等等工作齐头并进，务期以三、五年之努力，将四川大学建设成为一所优秀的高等学府。但他的努力，却一直受到地方势力的抵制，原先的那一派不满，以为家父是中央政府派来的、是蒋介石的人，称之为"中央人"，因而千方百计，极力杯葛，明里、暗里都给他带来不少麻烦和困扰。⑤

---

① 邓汉祥：《刘湘与蒋介石的勾心斗角》，载中国人民政治协商会议全国委员会文史资料研究委员会编《文史资料选辑》（第五辑），中华书局1960年版，第59页。

② 《教部派员视察川省教育》，《申报》1935年4月28日第4张第16版；《教部视察川教谢科长回京》，《申报》1935年6月2日第4张第15版。

③ 《教部整理川各大学》，《申报》1935年7月5日第4张第15版。

④ 《教育部训令 令国立四川大学》，载中华民国教育部编《教育部改进专科以上学校训令汇编》，中华书局1935年版，第32—33页。

⑤ 张朋园等访问，潘光哲记录：《任以都先生访问纪录》，台北"中研院"近代史研究所1993年版，第88—89页。

时为川大学生的吴天墀亦回忆说，"任鸿隽在川大的时间并不长，但却为川大新聘来一批教授，学术空气渐浓，颇有益学生思想的开放。可是他和地方当局，特别是刘湘本人的关系不甚融洽，后来就不愿再干下去了。"① 1937年6月，任鸿隽正式辞去川大校长职务。直接导致任氏辞职的是其夫人陈衡哲引发的《川行琐记》事件②。实际上，该事件之所以发展至不可收拾之地步，主要原因之一就是那些对任鸿隽本人或对其整顿川大甚为不满的四川地方实力派从中运作、推波助澜之结果③。而且，任鸿隽执掌四川大学期间，国民党四川省党部、省政府常邀请他去讲演都被他一律谢绝，因此，任氏"颇为官场所忌恨"④。

事实上，任鸿隽辞去川大校长职务的真正原因在于，作为该校校长，虽然在学校的整顿工作中得到了中央政府的大力支持，却并未争取到地方实力派之认同。也就是说，任氏未能在中央与地方的斗争中获得双方的共同支持和认同，因此，其离职主要还是由于他与地方实力派之间的矛盾所致，当然其根源主要还是在于"中央"与"地方"之间的矛盾。1936年下学年，正值筹备新建校舍、广纳贤才之际，任鸿隽的辞职致使该校"国立化"进程和整顿工作暂时中断。事实上，正是中央和地方实力派之较量致使该校国立化一波三折，使得学校整顿工作面临困境⑤。

二 山西大学校的整顿与发展⑥

1929年8月国民党编遣实施会议召开，蒋介石削弱其他军事集团力量而扩充自己势力的做法，使得蒋与各派军阀之间的矛盾激化。而山西地

---

① 《后记——往事悠悠》，载吴天墀《吴天墀文史存稿》，四川大学出版社1998年版，第525页。

② 陈氏在《独立评论》上发表的《川行琐记》等一系列文章，引起了川人的强烈不满，纷纷发文指责、批评、甚至攻击。该事件的具体情形，参见王东杰《国家与学术的地方互动：四川大学国立化进程（1925—1939）》，生活·读书·新知三联书店2005年版，第200—223页。

③ 王东杰：《国家与学术的地方互动：四川大学国立化进程（1925—1939）》，生活·读书·新知三联书店2005年版，第216—219页；四川省政协文史资料研究委员会、四川省文史馆编：《四川近现代文化人物续编》，四川人民出版社1989年版，第350—351页。

④ 四川大学校史编写组编：《四川大学史稿》，四川大学出版社1985年版，第208页。

⑤ 参见田正平、陈玉玲《中央与地方之冲突：国民政府初期对地方高校的整顿——以四川大学、山西大学校为中心的考察》，《高等教育研究》2013年第6期。

⑥ 同上。

区的实际掌权者阎锡山与"中央"蒋介石之间更是貌合神离①。蒋阎之间的这种貌合神离,直接影响到国民政府对山西大学的整顿。

当时山西大学校是山西地区的最高学府,分设文、法、工三科,文科分中国文学、英国文学两系;法科分政治学、法律学两系;工科分机械、土木工程、采矿三系;此外另设预科,分一二两部,入一部者将来可升文法科,入二部者可入工科。国民政府于1929年公布整顿高等教育的章程之后,全国各地的整顿工作陆续开展起来,但直到1931年山西大学校仍维持现状,未遵部令进行整顿。时人认为,"山西大学是有所谓租界地的别号,因为那个范围里是法律道德维持不着的"②。该校校长王录勋与阎锡山关系密切,阎氏作为山西省政府的掌权者,山西大学校亦是其掌控的范围。王氏之所以能长期担任该校校长,"与阎锡山有很大关系",而阎氏亦"正是通过人际关系网络间接实现了对该校的控制"。③

关于山西大学校当时之实际情形,"完全受阎氏的指挥,教育部实无力以过问。是以内部腐败的情形,实令人言之痛心。"④ 第一,组织不健全、职务不确定。学校行政本来应该由校长负责,但校长还兼任该省建设厅厅长,无暇过问校事,与学生好几年不曾见面。该校四科各科的学长只负各科之责任,不理校务。训育主任和庶务主任负责校长的职务,但对教育并无经验,"包而不办,学生终年旷课,既不认真稽查,"产生很多挂名式的学生。"至于校务会议,在山西大学,从未听过。"第二,设备不完善。该校设立已有二十多年,现任校长自任职以来,除建了大楼外,"别的设备一点没有"。"工科的试验场,除了外人办理时,所修的一个十八世纪式的实验场外,是再没有了!内中所有的器具,就是一个电灯房,供全校应用,其余就是些炭屑木片"等。第三,课程陈旧。课程大多为几本日本的老书,学生对国民政府新法令等一概不知。第四,教员兼职现象

---

① 当时蒋、桂、冯、阎都想壮大或保全自己的实力并削弱对方。参见黄启汉《两年的蒋桂战争》,载全国政协文史资料委员会编《文史资料存稿选编精选 派系纷争混战》,中国文史出版社2006年版,第183页。

② 另一种说法大意相同,如"山西大学成了太原市特别区,人说山西大学是租借地,实在是有道理的"。参见《整顿教育声中山西大学之实在情况》,天津《大公报》1931年2月5日第3张第11版;《山西大学的一瞥》,天津《大公报》1931年5月28日第3张第11版。

③ 赵清明:《山西大学与山西近代教育》,高等教育出版社2011年版,第86页。

④ 《革新山西高等教育之我见》,天津《大公报》1931年2月23日第3张第11版。

严重且不负责任。教员一味敷衍教学，将教学当成儿戏，"一个教授一年不到校，仍然还有他的薪金；一星期不出席，照样的不受影响"①。第五，学校风气不良。在校学生不关心学习，致使图书馆因无人看书而关闭；学校教师与学生赌博以弥补其薪金的不足，致使山西大学校沦为一个由教师支持的娱乐、休养胜地②，等等。

总之，时人认为，阎锡山执政时期"山西的高等教育，腐败情形，已达极度，这是无可讳言的。若不急图彻底的改造，恐今后三晋的文化沦于破产之势，一切的一切，只有后退，决无前进的可能"③。对山西大学校的整顿势在必行。但至1931年之前，因阎锡山与南京中央在政治上的矛盾和斗争，致使山西大学校尽管腐败不堪却仍维持现状，而教育部根本无力插手该校的整顿工作。

转机发生在中原大战失败阎锡山避走大连之后。1931年7月，山西大学校就修订了学校组织大纲和章程。为了符合国民政府法令规定，决议将该校改称为山西大学，王录勋仍任校长；原山西大学校本科改为学院，分设文、法、工三学院，院长分别为张籁、冀贡泉和王宪。调整教学建制，形成"校—院—系"三级建制④，等等。

而且，阎锡山于1931年8月重返山西时已决定不再从政治上与蒋介石争雄，而是推行山西"十年建设"，试图从发展经济方面入手割据一方⑤，并于1932年制订了《省政十年建设计划》⑥，主张要根据山西省政治经济建设

---

① 《整顿教育声中山西大学之实在情况》，天津《大公报》1931年2月5日第3张第11版。

② ［美］唐纳德·G.季林:《阎锡山研究——一个美国人笔下的阎锡山》，牛长岁等译，黑龙江教育出版社1990年版，第68页。

③ 《革新山西高等教育之我见》，天津《大公报》1931年2月23日第3张第11版。

④ 《国立山西大学沿革概况》，载徐士瑚《国立山西大学一览》，国立山西大学1947年印，第1页；徐士瑚：《解放前的山西大学》，山西文史资料编辑部《山西文史精选 建国前的山西教育》，山西高校联合出版社1992年版，第19—22页。

⑤ 1934年山西省政府颁布的《山西省整顿人才教育案》便是其实施"十年建设"计划的一部分。参见张子佩《阎锡山的"理论研究"散记》，载全国政协文史资料委员会编《文史资料存稿选编·军事派系，上》，中国文史出版社2002年版，第652页；郝树侯：《山西大学史话（二）（1912—1937）》，《山西大学学报》（哲学社会科学版）1980年第3期。

⑥ 山西省政府于1934年颁布的《山西省整顿人才教育案》也是阎锡山实施"十年建设"计划的一部分。有人认为该案是以南京中央教育部部令为依据制定的。参见郝树侯《山西大学史话（二）（1912—1937）》，《山西大学学报》（哲学社会科学版）1980年第3期；张子佩《阎锡山的"理论研究"散记》，载全国政协文史资料委员会编《文史资料存稿选编·军事派系，上》，中国文史出版社2002年版，第652页。

第八章 高等教育整顿中的矛盾、冲突与较量

各项计划之需要为原则整顿省内专科以上学校教育，要求应充实专科以上学校的内容，人才教育要注重质的改进，等等①。这些主张与南京中央整顿高等教育的相关规定在一定程度上相吻合，同时，这也为山西大学校整顿工作的进一步推行打开了缺口②。

教育部于1932年10月22日特派督学余森文、戴夏视察时发现：该校文法学院图书鲜少，工学院实习厂有欠完备等③。对此，教育部拟订了该校的整顿计划，具体要求添设科系、增加预算、招聘良师、改进课业、提高程度、汰除冗员、充实设备等④。对该省"独立各学院及专科学校之科系重复者"要求归并入山西大学。1933年6月令山西省立教育学院及山西省立法学院合并于山西大学，前者三系并入该校文学院，后者并入法学院⑤。1934年5月19日再次发布合并训令⑥。同年7月，山西省立法学院并入山西大学法学院，于法学院添设经济学系；山西省立教育学院并入山西大学，保持原有教育学院名义，至原有学生毕业为止⑦。

1935年7月22日，教育部第三次训令山西大学校，首先肯定该校改进之成绩，而后提出今后仍需整顿之处：第一，教育学院各系应并入文学院，其名称应即取消，原有学生并入文学院肄业，教育学系暂行停止招生；工学院电气工程缺乏设备，且与省立工业专科学校之电工科重复设置，应自下年度起停办；采矿冶金两系应合并为采冶系。第二，大力裁减兼任教员，添聘专任者。第三，改革经费分配的比例。教育部于1929年8月14日公布的《大学规程》明确规定："大学或独立学院每年扩充设备

---

① 作者不详：《山西省政十年建设计划案》，出版社不详，出版时间不详，第12页。
② 实际上，"在抗日战争前，阎锡山始终是一个独立王国封建统治的土皇帝"，山西地方实力派和中央之间的较量从未停止，但在教育方面则表现得不甚明显。参见张锡田《我对阎锡山的回忆》，载全国政协文史资料委员会编《文史资料存稿选编·军事派系，上》，中国文史出版社2002年版，第613页；辜达岸《蒋阎在国民党山西省党部方面的斗争》，全国政协文史资料委员会编《文史资料存稿选编精选 派系纷争混战》，中国文史出版社2006年版，第170—172页。
③ 《教部派员到晋视察》，《申报》1932年11月2日第3张第10版。
④ 《教部督学视察山西省教育总报告（上）》，《申报》1933年3月19日第4张第15版。
⑤ 《教部裁并山西文法院系》，《申报》1933年6月2日第4张第13版。
⑥ 《令山西省教育厅》，载中华民国教育部编《教育部改进专科以上学校训令汇编》，中华书局1935年版，第41页。
⑦ 《教部改进山西四校》，《申报》1934年7月31日第4张第13版。

费，至少应占经常费百分之十五。"① 但当时山西大学办学经费中，办公费占19%，而设备费仅占6%。因此，部令要求：该校应重行分配该校经费以符合部章规定；充实各实验室及工厂内容设备仪器标本图书杂志等②。上述整顿训令大多得以落实，如1936年该校教育学院遵部令合并于文学院，改称教育学系；1935年7月增设理学院，开办数学系及物理学系③，到1937年又增设了化学系，等等④。当然仍有未遵照办理的方面，如1933年部令该校设立医科的计划以及后来添设医学院的要求便未得到落实⑤。

总之，从1931年开始，山西大学在院系调整过程中基本上贯彻了教育部的一系列训令，至1937年，该校已经发展成为一所拥有文、法、理、工四大学院的综合性大学。据时任该校文学院英文系主任、抗战后执掌该校的徐士瑚回忆，从1931年起，学校"学习空气逐渐浓厚，严格考试逐渐实行，开场聚赌，吸食鸦片的现象亦逐渐消失。"⑥可见，该校的整顿工作取得了一定的成效。

教育部对山西大学的整顿工作之所以取得明显的成效，最重要的原因是整顿工作发生于中央和以阎锡山为核心的地方实力派之间的关系较为融洽时期，或者说随着阎锡山与蒋介石关系的转变，在以阎氏为核心的地方实力派的配合和支持下，整顿工作得以顺水推舟。这从另一侧面反证出中央与地方实力派之间的较量，与整顿高等教育效率之间的关系⑦。

---

① 宋恩荣、章咸选编：《中华民国教育法规选编（修订本）》，江苏教育出版社2005年版，第388页。

② 《令山西省立山西大学》，载中华民国教育部编《教育部改进专科以上学校训令汇编》，中华书局1935年版，第41—42页；《教部训令晋皖两省立大学改进》，《申报》1935年8月3日第4张第16版。

③ 《国立山西大学沿革概况》，载国立山西大学编《国立山西大学一览》，国立山西大学1947年印，第1页。

④ 山西大学纪事编纂委员会：《山西大学百年纪事（1902—2002）》，中华书局2002年版，第129页。

⑤ 到1940年3月，该校将山西川至医学专科学校并入其中并改称为医学专修科，1946年8月该医学专修科才改为医学院。参见《国立山西大学大事记》，载徐士瑚《国立山西大学一览》，国立山西大学1947年印，第8页。

⑥ 徐士瑚：《解放前的山西大学》，载山西文史资料编辑部《山西文史精选 建国前的山西教育》，山西高校联合出版社1992年版，第25页。

⑦ 上述几段的内容参见田正平、陈玉玲《中央与地方之冲突：国民政府初期对地方高校的整顿——以四川大学、山西大学校为中心的考察》，《高等教育研究》2013年第6期。

综上所述，无论是四川大学的合并和国立化，还是山西大学的整顿与发展，中央与地方实力派之间的较量都是重要的前提。当这两种势力之争斗较为激烈时，南京中央有关整顿的训令在省立高校中就难以实现，其整顿工作亦难以推行。反之，当这两种势力之争斗减弱时，或者当中央和地方实力派之间的对立和矛盾暂时缓解，则有利于各省立高校的整顿工作的顺利开展。无疑，这亦是政局影响教育的一种反映①。

第三节　宗教界与政界之抗争——以教会高校的整顿为中心

宗教势力与国民政府的政治势力的抗争亦影响着国民政府初期整顿工作之进展。这种抗争主要表现在对教会高校的整顿中。

如前所述，根据国民政府的一系列法规法令，教会高校必须向教育部呈请立案。事实上，经过20世纪20年代的收回教育权运动之后，许多教会高校已认识到应尽快满足中国人民民族主义的诉求，并已采取行动履行立案。但由于国民政府制定的《私立高校立案条例》严格规定了学校的预算、教学设备、系科数量与类型以及教师资格等各方面的要求，而这些要求对多数教会高校而言要努力很长时间才能达到。当然，亦有一些教会高校并不以向中国政府立案为然。为此，在要求立案与不愿意立案之间，或者在厉行立案条件与是否完全遵守立案条件之间，呈现出国民党政治势力与宗教势力较量之态势。

一　齐鲁大学的立案

1927年3月，齐鲁大学向伦敦和纽约的理事部提出向中国政府申请立案的要求，理事部明确表示支持该校的立案工作，但坚持"大学的宗教特征和宗旨不得受到损害"，"立案后将保证所享有的宗教自由不受干涉"②。可见，该校背后的宗教团体始终坚持学校的宗教性，这为后来该校立案工作中宗教势力与国民政府政治势力之间的抗争埋下了伏笔。1928

---

① 该节内容参见田正平、陈玉玲《中央与地方之冲突：国民政府初期对地方高校的整顿——以四川大学、山西大学校为中心的考察》，《高等教育研究》2013年第6期。

② 黄登欣：《齐鲁大学立案研究》，硕士学位论文，曲阜师范大学，2009年。

年,随着国民政府在形式上逐渐统一全国,该校师生、评议会以及董事会都强烈希望学校积极采取立案行动。当年 11 月,校董事会议决应即向中国政府呈请立案,并成立了立案委员会①,着手准备立案工作。为了满足国民政府的立案条件,学校在内部机构上做出了相应的调整:改组董事会,增加中国董事人数;改文理科为文理学院、医科改称为医学院,等等。1929 年 5 月,该校正式向山东省教育厅递交了立案申请。随后学校又从行政方面做了相应的调整,当年 7 月任命李天禄为学校校长,但各院长仍由外国人担任。

到 1929 年 9 月初,山东省教育厅长何思源派出检查委员会视察齐鲁大学,视察结果是:

> 24000 册图书是不够的;许多教师的资格不够标准;学校应开出一种以上的外国语;神学院应与大学的其余部分分开;大学必须至少有三个学院而现在只有两个(神学院不计算在内);董事会中必须有三分之二的中国人,而不仅仅是中国人占多数。②

另外,视察员认为当时图书馆亦不合格,并因神学院不能注册而拒绝参观③。总之,在视察员们看来,该校在诸多方面都未能达至中央政府规定的立案要求,并对该校提出了批评。对此,当时齐鲁大学方面却认为是"吹毛求疵,要求过高,故意为难。并且大造空气说:何思源不准立案是要接办齐大。"④ 学校当局产生如此看法,一方面因视察委员会对该校批评较为严厉;另一方面因私立高校呈请立案须由省区教育行政机关转呈教育部,而山东省教育厅却迟迟未向教育部呈送该校的立案申请。由此,该

---

① 该委员会由李天禄、施尔德、程其保、罗世琦等组成,具体负责该校的立案事宜。参见黄登欣《齐鲁大学立案研究》,硕士学位论文,曲阜师范大学,2009 年。
② [美] 杰西·格·卢茨:《中国教会大学史(1850—1950 年)》,曾钜生译,浙江教育出版社 1988 年版,第 243 页。
③ [美] 郭查理:《齐鲁大学》,陶亚飞、鲁娜译,珠海出版社 1999 年版,第 165 页;王神荫:《济南齐鲁大学》,载全国政协文史资料委员会编《中华文史资料文库 第十七卷:文化教育编 教育》,中国文史出版社 1996 年版,第 579 页。
④ 王神荫:《济南齐鲁大学》,载全国政协文史资料委员会编《中华文史资料文库 第十七卷:文化教育编 教育》,中国文史出版社 1996 年版,第 579 页。

校将其未能顺利立案归咎于何思源以及他执掌的教育厅便不足为奇了。

由于该校的立案申请久未得政府当局的批复，致使该校学生的毕业文凭得不到社会承认，由此引起了学生的强烈不满，再加上国民党山东省党部在背后积极策划，该校爆发了学生运动①。起先，学生们对学校表达了立案要求，于 1929 年 10 月 27 日以文理学院长②非华人担任为由举行校内游行，于第二日将校内游行发展成为罢课，要求清除立案过程中的一切阻碍，并要求华人担任文理学院长之职。该校评议会于 11 月 1 日议决要求罢课学生上课，招致学生反对。学生要求校长李天禄立即辞职，并于第二日开始驱逐李氏。李氏于 11 月 5 日被迫辞职后由施尔德（Randolph T. Shields）代理校长之职，学生们被强迫上课。11 月 7 日，山东省教育厅发布训令，认为该大学的立案文件与教育部令多有不合，并要求根据前次的视察意见进行整顿。18 日，"该校学生举行总理纪念周后，又欲会议收回教育权事，施尔德竟出而干涉，不许开会，遂激起众怒，全体学生赴省市两党部教育厅请愿，请求援助收回该校教育权，结果极为圆满。学生回校后，即全体罢课，发起收回教育权运动大同盟，不达目的，誓不罢休"③。20 日，该校学生招待本市记者召开谈话会，请求新闻界予以援助，在校内贴满种种收回教育权的标语，致使该校"空气甚为紧张"④。当日该校学生还组织了"收回教育权大同盟"，并发表了《齐大学生收回教育权运动大同盟宣言》；文理学院学生亦发表了《济南齐鲁大学文理学院学生敬告各界书》，要求该院厉行整顿，以达立案之目的。

在这种情况下，齐鲁大学不得不进行某些方面的变动：学校所有行政机构以中文作为官方语言；董事会中华人名额增至 2/3；将神学院分开办理；文理学院分成文、理两院，与医学院一起使得该校符合"大学须具备三个学院"之法令要求；学校评议会中华人亦占多数；由衣兴林（任主席）等三位华人和施尔德组成的校务委员会行使校长职务；采取措施改善图书馆，等等⑤。然而，该

---

① ［美］郭查理：《齐鲁大学》，陶亚飞、鲁娜译，珠海出版社 1999 年版，第 165 页；王神荫：《济南齐鲁大学》，载全国政协文史资料委员会编《中华文史资料文库　第十七卷：文化教育编　教育》，中国文史出版社 1996 年版，第 577—579 页。

② 文理学院由加拿大传教士罗天乐担任代理院长。

③ 《大可注意之齐大学潮》，《申报》1929 年 11 月 24 日第 3 张第 12 版。

④ 同上。

⑤ ［美］郭查理：《齐鲁大学》，陶亚飞、鲁娜译，珠海出版社 1999 年版，第 168 页。

校学生并未就此作罢，继而向齐鲁大学提出了十一条件，具体如下：

> 一依照教育部定章，改组董事；二取消评议会，组织校务会；（本届由校长各院院长各系主任、每学院学员代表二人组织）三取消差会代表制，以杜绝滥竽充数职员；四全校职员，完全以华人充当；五改礼拜堂为大礼堂（三日以内）；六神科须离开本校校址（本学期）；七文理两学院，各聘院长一人；八校长与院长，二月内选出；九校长有任免职教员之权；十添设党义及军事训练（两星期以内）；十一添第一外国语三种（日．德．法）（下学期）。①

为了缓和与罢课学生的紧张气氛，学校行政当局暂时同意了上述条件。学生的收回教育权运动不仅获得了全体教职员的支持，而且得到了山东省政委会及教育厅、济南市政委会训练部的支持和鼓励。由此可见，在该校立案问题上宗教势力和政界之政治权势之较量，通过学生的收回教育权运动得以展现。

十一条建议被学校当局接受后学生们回到了课堂，但随后不久学校又发生了工潮，致使校务混乱不堪。校长衣兴林被迫去职，施尔德重新独揽行政大权，并有关闭学校之举动，后因国民政府出面下令山东地方行政当局办理此事，该校工潮才得以解决。实际上，此次学校工潮背后亦有国民党山东党部的支持和引导②。当时的山东省政府刚由泰安迁移到济南不久，与该地区的基督教势力难以融洽相处，致使两种势力之较量通过齐鲁大学的"收回教育权运动"以及学校工潮表现了出来。

实际上，国民政府成立之初，先是1928年"济南惨案"，日军占领了济南，1930年爆发的中原大战，阎锡山军队又一度占领济南，致使山东省政府几易所在地。与此同时，省府主席职位亦数易其主③，而国民政府对政局混沌的山东地区的掌控力度则明显不够。国民政府定都南京之初，

---

① 《齐鲁大学收回教育权运动》，《申报》1929年11月29日第3张第9版；《齐鲁大学学生收回教育权运动》，《中央日报》1929年11月28日第3张第4版。

② [美] 郭查理：《齐鲁大学》，陶亚飞、鲁娜译，珠海出版社1999年版，第168—169页。

③ 山东省政府于1928年6月1日正式成立的最初几年，担任过山东省政府主席的有石敬亭、孙良诚、陈调元、韩复榘等。参见王强、马亮宽《何思源：宦海沉浮的一生》，天津人民出版社1996年版，第67—70页。

控制山东省政府者多为冯系旧部，南京中央与该省地方政府仍处于一种若即若离之态势。韩复榘于 1930 年出任该省府主席后该状态亦未发生变化，蒋介石和韩氏之间互不信任、存有矛盾，且常常明争暗斗①。尽管如此，在这一时期内蒋介石亲自任命的山东省教育厅长何思源之职位长期未变。何氏在任教中山大学期间就深受戴季陶之影响，与朱家骅的关系亦非常密切，并"成为国民党政府的积极追随者"②。由此，齐鲁大学的立案过程除展现了该校的宗教势力与山东省地方政府势力③之较量外，实际上亦间接地反映了宗教势力与南京中央政治势力之较量，更何况齐鲁大学的学生运动和工人运动背后都有国民党山东省党部宣传部的策划和发动。

经过学生的"收回教育权运动"以及校内工人罢工运动之后，齐鲁大学又进行了新一轮的整顿工作：第一，1930 年 2 月教务会议决取消文学院的宗教系，将宗教课分配到其他学系④。第二，调整董事会。经过该校行政当局与国外理事部的协商与沟通，齐鲁大学董事会于 1930 年 6 月议决：该校董事会由 17 名选举代表和 6 名特邀代表组成。17 名选举代表中，西方代表占 7 人，中国代表占 10 名，而 6 名特邀代表都是中国人。由此，华人在校董事会中占 16 人，西方代表占 7 人⑤，从而达到了"董事会中必须有三分之二的中国人"的规定。此外，为了迅速达到立案之目的，学校还聘请国民党要员孔祥熙为校董会主席，以期借助其政治影响力使学校顺利立案。第三，医学院于 1930 年 3 月重新开学，曾任该校文理科长的德位思于同年 7 月回校接替施尔德担任副校长职位，文理两学院由林济青接管，并于同年 9 月开学。事实上，该校医学院已为该省视察委员会满意，文理两学院则成为该校是否能获准立案的关键之所。为此，林氏担任两院院长之后，对图书馆建设等方面着力进行整顿。从 1930 年开始大量购入图书，当年图书馆的藏书达至 6 万册⑥，以后两院图书每年都有所

---

① 王强、马亮宽：《何思源：宦海沉浮的一生》，天津人民出版社 1996 年版，第 76 页。
② 同上书，第 61 页。
③ 包括山东省地方政府势力、国民党山东省党部势力、何思源为核心的教育厅势力。
④ 齐鲁大学档案：J109-01-421 ARTS FACULTY MINUTES，第 237 页。转引自黄登欣《齐鲁大学立案研究》，硕士学位论文，曲阜师范大学，2009 年。
⑤ 齐鲁大学档案：J109-01-603 President's Report, 1930—1931。转引自黄登欣《齐鲁大学立案研究》，硕士学位论文，曲阜师范大学，2009 年。
⑥ [美] 郭查理：《齐鲁大学》，陶亚飞、鲁娜译，珠海出版社 1999 年版，第 172 页。

增加。林氏还着手提高学院的师资水平。他一面解除一些传教士之教职，一面聘任华人教员，且任命优秀华人担任系主任职务。1926年，该两院10个系中有7个系的主任由外国传教士担任，31名教师中传教士占了16人①，经过调整之后，到1931年学校立案之前，两学院9学系中由中国人担任系主任者增至5人②。第四，聘请曾任教育部重要职务的朱经农为该校校长。朱氏曾于1922年担任过北大教授，1930年就任国民政府教育部次长，在政教两界都有一定声望，在解决该校工潮中亦起了一定作用。更为重要的是，他曾担任中华基督教教育会的中小学教育参事会会长之职，在基督教教育界内声望颇高。由朱氏出任该校校长，再加上孔祥熙任董事会主席，学校凭借他们的声望迅速扫清立案之障碍。另外，学校开始注重改善与山东省地方政治势力的关系。当时该校将其在申请立案过程中遇到的困难都归咎于何思源，认为"何思源对基督教会并不欣赏，对基督教会在山东教育中有巨大的影响尤其感到不安。因此他在教会大学注册的问题上多方限制"③。为改变山东省教育厅对该校的"敌对"状态，林济青邀请何氏为该校所办刊物《齐大月刊》题写刊名，请以何氏为核心的教育厅官员视察学校、到学校演讲，并邀请他们参加毕业典礼，等等。而林济青自己之所以被选聘为文理学院院长，除了出身基督教世家，为衣兴林之胞弟，是齐大校友并深得人心之外，还有一种非常重要的条件，即"他和当时任山东省主席的韩复榘关系不错，是山东省政府委员"④。因此，该校不仅从整顿学校自身方面努力以达到中央政府之要求，亦通过处理好与地方政界的关系来扫除立案之障碍。

几经努力，1931年10月齐鲁大学校董会被准予设立并立案⑤；同年12月17日齐鲁大学的立案申请被批准⑥，国民政府成立以来长达两年之久

---

① 王神荫：《"七七"事变以前的齐鲁大学》，载中国人民政治协商会议山东省委员会文史资料研究委员会编《文史资料选辑》（第一辑），山东人民出版社1982年版，第205—206页；齐鲁大学编：《山东济南齐鲁大学章程 布告类第五十二号》，齐鲁大学1926年印，第5—14页。

② 王神荫：《"七七"事变以前的齐鲁大学》，载中国人民政治协商会议山东省委员会文史资料研究委员会编《文史资料选辑》（第一辑），山东人民出版社1982年版，第210页。

③ 陶飞亚、刘天路：《基督教会与近代山东社会》，山东大学出版社1995年版，第322页。

④ 王神荫：《济南齐鲁大学》，载全国政协文史资料委员会编《中华文史资料文库 第十七卷：文化教育编 教育》，中国文史出版社1996年版，第579页。

⑤ 《二十（十月五日至九日）本部重要工作报告》，《教育部公报》1931年第3卷第40期。

⑥ 《令山东省教育厅 为私立齐鲁大学准予立案令列各点应切实改善仰转饬知遵由》，《教育部公报》1931年第3卷第50期；《齐鲁大学批准立案》，《中央日报》1931年12月27日第2张第4版。

的立案工作终于画上了圆满的句号。

总之,自清末以来,基督教在一定程度上于宗教、文化及社会活动方面自行其是,而国民党政权却试图在政治、文化上实施全面控制,这就决定了必须调整教会与国民党政权方面的关系,调整过程中双方之间的摩擦在所难免,齐鲁大学因立案问题对教育厅长何思源的猜疑便是明显的例子。在该校申请立案的过程中,其背后的基督教势力一心保持其宗教性,且牢抓学校之管理权,这与南京中央的立案条件严重背离,因其不能获准立案,学生的毕业文凭亦得不到社会认同。由此,在学校申请立案与中央政府不批准立案之间,在未达立案标准与严格坚持立案标准之间,存在着必然的矛盾。在部分政府官员的支持和影响下,该校掀起了学生罢课、工人罢工运动,致使国民政府与学校背后的基督教两种势力之间的抗争展现无遗[①]。

二 之江大学的降格与立案

国民政府初期,之江大学在申请立案的过程中与政府发生过两次抗争。第一次抗争发生于1928年,南京中央严令之江大学立案,但资助该校的美国差会为保持其宗教目的不愿意学校向国民政府呈请立案,并对限制宗教课事项甚为不满,因此,此次宗教团体与中央政府之间的抗争以之江大学被迫停止招生一年而告终。该校重新开办后,美方差会仍不同意学校立案,因此宗教势力与南京中央政治权势之间仍存有冲突和矛盾。但是,在当时中国各教会高校纷纷遵教育部令立案,以及该校1930年发生了抗教事件[②]等历史背景和时代潮流裹挟下,该校董会对美国差会不再唯命是从,这样,此次抗争随着该校的立案而告终。

(一) 立案过程中的第一次抗争

之江大学为美国南北长老会在中国的华中差会和中部差会所合办,由两差会组成该校设立人,负管理学校产业权及常年经费之责,但两差会最终受制于美国的长老会董事会和之江大学美国托事部[③]。因此,该校虽在

[①] 陶飞亚、刘天路:《基督教会与近代山东社会》,山东大学出版社1995年版,第322页。

[②] 吕树本:《之江大学》,载浙江省政协文史资料委员会编《浙江近代著名学校和教育家》(浙江文史资料选辑 第四十五辑),浙江人民出版社1991年版,第80页。

[③] 之江大学在立案、学校扩展和办学宗旨等诸多方面,都直接接受长老会董事会的指令。参见何建明《之江大学与长老会》,载章开沅、马敏主编《基督教与中国文化丛刊·第5辑》,湖北教育出版社2003年版,第49页。

中国有校董会负责学校行政,但学校管理权完全掌握在美国长老会手里①。

1927年6月8日,浙江省教育厅长蒋梦麟提出的"收回外人所办教育事业办法案"被议决通过,给之江大学的生存问题敲响了"警钟"。与此同时,该校各地之校友和在校师生皆提议学校应向政府呈请立案②。随后不久,上至国民政府,下至浙江省府都陆续颁布各种收回教育权法令、公告和谈话,浙江省甚至将当年9月1日定为私立学校立案的最后期限。此种情形下的之江大学面临着严峻的生存危机。实际上,在该校同学会、教职员会以及学生会共同努力之下,学校校董会于1927年6月7日已议决按照中国政府立案条例将宗教课改为选修课,宗教活动由学生自愿决定是否参加③等。随后"该校原有美国校董会,照中央教育委员会学校规程,改为设立人;一切学校管理权,完全移交在华校董会,校董会之组织华九人、西六人、华人占大多数,董事长一席,向属华人",该年的当选者为李培恩。另外,校长费佩德呈请辞职,新增董事有李登辉、程湘帆、黄式金、陈柏园等④。尽管该校董事会为了学校能获准立案,根据国民政府法令对学校做了较大调整,但该校能否落实立案工作最终取决于美国长老会。也就是说,之江大学校董会既要迎合中国政府的立案要求,又要说服"不愿意在宗教和董事会成员等关键问题上作出让步的美国长老会",达到调和这两种势力之后才能落实立案工作。因调和工作在教育厅规定的截至日期内根本无法完成,为此,经与中央教育行政委员会与浙江教育厅多次磋商,该校被准予暂时立案,"俟得美国设立者同意后,再行正式立案"⑤。1927年8月,该校校长费佩德正式辞职,改为副校长,朱经农被推举为校长,吴维德为教务长,之江大学立案的准备工作陆续进行。然

---

① 何建明:《之江大学与长老会》,载章开沅、马敏主编《基督教与中国文化丛刊·第5辑》,湖北教育出版社2003年版,第32—34页。

② 《浙限期收回教育权》,《申报》1927年6月12日第3张第10版;《屠广钧建议收回之江大学》,《申报》1927年6月16日第3张第11版;《陈德征对收回之江大学之谈话》,《申报》1927年6月22日第2张第7版。

③ 何建明:《之江大学与长老会》,载章开沅、马敏主编《基督教与中国文化丛刊·第5辑》,湖北教育出版社2003年版,第39页。

④ 《之江大学筹备立案》,《申报》1927年6月24日第2张第7版。

⑤ 《浙江厅许之江大学暂时立案》,《申报》1927年7月29日第3张第11版。

第八章 高等教育整顿中的矛盾、冲突与较量

而，在1928年5月1日的监事会上，哈德逊博士声明华中差会不同意学校立案，除非国民政府作出以下两项让步："（1）立案条例允许大学公开表明它的基督教目的；（2）立案后允许大学创立者拥有绝对的宗教教育权和崇拜权。"① 可见，之江大学背后的宗教势力极力坚持其宗教性，对国民政府之立案规定极为抗拒。对此，该校董会在第二日会议上议决，学校既要继续呈请立案，同时又要保持基督教目的②。如此"两全其美"的想法"没有得到积极的答复"。③

之江大学于1928年5月将立案相关的全部重要文件和扩充学校新计划寄至美国南北两长老会差会征询意见，但美国差会方面对学校请求立案的问题持相当严厉的态度，尤其对国民政府限制宗教课一节表示反对：

> 本会在中国办学，以实施基督化教育为唯一之目的。查中华民国法令有宗教自由之明文，其他民主国亦均有允许私立学校自行规定宗教教授之先例，故本会主张，凡学校课程之无关于宗教者，皆遵照大学院条例办理，惟对于宗教学科及礼仪，则谨求政府承认，学校有自行规定之权。④

该差会于当年6月16日复电学校董事会，坚决"否决立案及扩充新校舍计划"。由此可见，虽然之江大学校董会表面上是在调和"宗教目的"和"宗教自愿"之间的矛盾，其实质是在调和学校背后的宗教势力和国民政府的政治势力之间的抗争。

1928年6月21日，因学校面临着被停闭的危险，之江大学董事会执委会给美国董事会发电报，请求他们再三考虑学校的立案问题。美国董事会于当年7月再次申明，如果学校不能保持基督教特征和办学目的，他们是不会同意立案的⑤。尽管该校董会执行部发电力争，但美国差会仍坚持前议，毫无松动。为此，"始终处在如何调和长老会的办学宗旨与中国政

---

① ［美］队克勋：《之江大学》，刘家峰译，珠海出版社1999年版，第60页。
② 何建明：《之江大学与长老会》，载章开沅、马敏主编《基督教与中国文化丛刊·第5辑》，湖北教育出版社2003年版，第43页。
③ 同上书，第43—44页。
④ 《之江大学暂时停办》，《申报》1928年7月10日第3张第11版。
⑤ ［美］队克勋：《之江大学》，刘家峰译，珠海出版社1999年版，第61页。

府的立案要求相冲突的两难境地"① 的之江大学校董会在调和毫无结果之情形下，于7月5日开全体特别会议，宣布将本大学"暂行停止"②，"所有在学学生，均发给修业证书，以便转学"③。

在之江大学此次申请立案的过程中，美国长老会宗教势力与国民政府之政治势力之间的抗争，以学校自行关闭为结局。对此，当时《教育杂志》即认为是"三民主义教育与基督化教育冲突之结果"④。

之江大学停闭之后，这两种势力之抗争仍未停止。美国长老会与中国基督教大学校联董保持联络，期待通过其帮助，达到不仅保持学校继续开办，而且能保持其基督教特色和宗旨之目的⑤。但国民政府的立案要求并未有松动迹象，与此同时，其他教会大学亦陆续立案。

（二）重办后的再次抗争

1929年，因江浙一带局势已初步稳定，且之江大学同学会方面又极力催促复校。为此，该校校董会议决当年秋季重行开学，并推举朱经农为校长（朱时任教育部司长）、李培恩为副校长（前任商务印书馆英文编辑，时任沪江大学商科主任）、黄式金为教务长（时任嘉兴秀州中学校长）⑥。同年8月，学校复校事务大致就绪。朱经农因教育部事务繁忙暂不就任，由李培恩代理校长职务，"之大前校长费佩德博士，除与西差会接洽事务，并担任史地讲席外，完全不负行政上之责任云"⑦。至此，中国人在形式上掌握了该校的管理权。

重新开学的之江大学面临的首要问题仍是向中国政府立案。因该校并不具备三学院，不能以大学名义立案，于是，校董会于1929年11月底请求美国长老会提供经费，以建设符合国民政府要求之完整大学，但被否决。长老会仍不愿学校向中国政府立案之意图显而易见。为避免再次停闭之命运，学校于1929年12月10日的校董事会通过了学校立案决议。虽

---

① 何建明：《之江大学与长老会》，载章开沅、马敏主编《基督教与中国文化丛刊·第5辑》，湖北教育出版社2003年版，第34页。
② 《之江大学暂时停办》，《申报》1928年7月10日第3张第11版。
③ 同上。
④ 《之江大学之停办》，《教育杂志》1928年第20卷8号第10页。
⑤ 何建明：《之江大学与长老会》，载章开沅、马敏主编《基督教与中国文化丛刊·第5辑》，湖北教育出版社2003年版，第45页。
⑥ 《之江大学今秋恢复》，《申报》1929年6月27日第3张第11版。
⑦ 《之江管理权完全收回》，《申报》1929年8月12日第3张第11版。

然当时校董事会中外国人仍占多数（外国5人，中国4人），但他们对美国长老会不再俯首帖耳。随后，在李培恩的领导下①，该校为呈请立案事宜开展了一系列整顿工作。

首先，调整设立人和校董会成员。至学校立案前，该校设立人已由美国基督教南北长老会差会托事部调整为中华基督教会总会委员会。校董会亦经调整，由孔祥熙任名誉董事长，主要成员有史量才、吴文蔚、夏晋麟、曹之竞、邱金陵、张信培、诸重华、邝广林、朱孔阳、明思德（Robert J. Mcmullen）及梅立德（E. R. Millican）等。其中，仅明、梅为外国人②，华人在校董会中占据了多数。1930年9月该校董会被准予立案③。关于该校院系设置，1929年复校之初该校分设文、理、商、建筑四科，但仅招收一年级新生及预科生各一班④，宗教课被改为哲学课。1930年7月，该校商科暂附设于文科经济学系，以之江文理学院名义招收新生⑤。经过进一步改进，之江文理学院分设国文、英文、政治、经济、教育、哲学、化学、数理、生物、土木工程10个系，并废除了大学预科⑥，等等。另外，经过1930年学生抗教事件之后，该校不再强迫学生信仰宗教和参加宗教相关的活动，宗教课亦不作为学生的必须科目。最终，之江文理学院于1931年7月完成了立案手续⑦。此后，该校基本上沿着国民政府规定的方向发展。

总之，教会高校立案的过程中，围绕着不愿立案和履行立案，实施宗教教育和限制宗教教育，教会高校背后的宗教势力和国民政府政治势力之间的较量展现无余。随着国民政府政权的进一步稳定，再加上20世纪20年代的收回教育权运动余绪影响，民族主义运动仍持续高涨，因此，以上两种势力之较量最终以南京中央政治势力占据上风，而各宗教势力不得不对中国政府政

---

① 1931年春，朱经农因任职教育部次长，辞去之江大学校长之职务，校董会乃正式聘任李培恩为校长。此前，朱经农虽在名义上为该校校长，但校务仍由李氏代理。

② 胡才甫：《回忆之江大学》，载杭州市地方志编纂办公室编《杭州地方志资料 第三辑》，杭州市地方志编纂办公室1987年印，第124页。

③ 《十九年九月八日至十三日本部重要工作报告》，《教育部公报》1930年第2卷第38期。

④ 《校史》，载之江文理学院编《私立之江文理学院一览》，之江文理学院1937年印，第7页。

⑤ 《之江大学立案讯》，《申报》1930年7月4日第3张第10版。

⑥ 吕树本：《之江大学》，载浙江省政协文史资料委员会编《浙江近代著名学校和教育家》（浙江文史资料选辑 第四十五辑），浙江人民出版社1991年版，第80页。

⑦ 《令浙江省教育厅 为私立之江文理学院应即准予立案由》，《教育部公报》1931年第3卷第27期。

权和意识形态权威作出让步，私立高校纷纷立案。需要注意的是，上述两校在筹备立案工作过程中都有一个共同的现象，即聘请国民党要员为学校董事会主席或成员，聘请教育界、政界有声望者担任校长职务等，期以借助他们的政治身份和社会地位，将宗教势力与政界势力之间的较量降至最低程度，从而加速其立案进程。其他私立高校亦是如此，如燕京大学等。孔祥熙、朱经农等人在教会高校立案中频频出场亦是明证。

第四节　政界与教育界之较量——以国人自办私立高校的整顿为中心

国民政府定都南京之前，由国人自办私立高校和教会高校构成的私立高校在中国高等教育系统中占据着至关重要的地位。因其经费主要来自学生学费、财团或者宗教组织之捐赠，而不是出自国库，因此其生存空间相对自由。当然，这亦是致使私立高校滥设现象较为严重的重要原因。国民政府成立之后颁布了相关的整顿法令，意在将私立高校纳入中央的控制范围，同时亦希望达到限制私立高校滥设，提升教育质量之目的。尽管采用积极奖励、消极惩处相结合的方式对私立高校进行整顿，并取得显著成绩，然在整个过程中仍是矛盾重重。除国民党内、教育界内派系纷争、中央与地方实力派之争等因素的影响外，政界与教育界两种势力之较量亦是重要因素。如针对教育部限制文法等科教育发展的有关规定，教育界展开了一系列抵制活动，下面是上海各大学联合会及上海各大学教联会①开展的抵制活动统计：

表 8-3　　　　上海各大学联合会及上海各大学教联会为反对教育部限制文法等科而开展的部分活动统计表

时间	活动	参与主体	备注
1932-12-19	上海各大学联合会举行临时执委会议	光华大学张寿镛（主持）、胡其炳、朱时万；大夏大学王毓祥；复旦大学于楠秋、温崇信、章益（记录）；交通大学黎照寰、胡端行；沪江大学刘湛恩；上海商学院徐佩琨；暨南大学杨裕芬	电请三中全会毋限制私人办大学及文法两科

---

① 该联合会成立于1933年3月19日，褚民谊等当选执委，郑洪年等任监委，为上海教育界抗日救亡团体，基本政治倾向是提倡"学术救国"与"文化复兴"，其对推动上海地区的救亡运动起了一定的作用。参见《上海各大学教联会昨日成立》，《申报》1933年3月20日第3张第11版；王进、杨江华主编《中国党派社团辞典》，中共党史资料出版社1989年版，第71页。

第八章　高等教育整顿中的矛盾、冲突与较量　　233

（续表）

时间	活动	参与主体	备注
1933-04-16	上海各大学教联会举行第三次执行委员会议	出席委员：康选宜（记录）、张寿镛、孙越、余绍武、章骏骑、周曼凡、陈启福、吴子敬、王玉章、宋崇九、王孝通、陈继烈、雷国能、陈振鹭、廖崧高、黄宪章、张世禄、张季信、江镇三、丘汉平、孟寿椿、林众可（主席）、李圣五；列席监委：褚辅成、郑洪年、翁元龙、胡其炳；候补执委李用中等，另有速记杨炳勋	请政府重新考虑整理教育办法案，议决应使各科均等进步，而不应畸形发展；整顿教育应质量与数量并重，并应保障国立大学经费独立，扶助私立大学之发展
1933-04-23	上海各大学教联会举行第四次常务委员会	张寿镛、康选宜（记录）、林众可（主席）、江镇三、张季信、丘汉平、李圣五、列席褚辅成、黄宪章、李用中、另有速记杨炳勋	第三次执委会提交政府重议整顿文法科教育案；议决设立保障文法二科教育运动委员会和保障教育经费独立运动委员会
1933-05-06	上海各大学教联会举行第一次保障文法科教育运动委员会	出席委员李作辉、黄宪章（主席）、欧阳溪、李用中、朱章宝、白瑜等十余人	提出议案：电请教育部保障大学文法二科；通电全国各大学一致援助；发起组织各大学教授及学生；开展文法二科教育辩论会等
1933-06-10	上海各大学教联会举行第七次执行委员会	张寿镛、康选宜（记录）、林众可、丘汉平、江镇三（主席）、王玉章、翁子龙、王孝通、陈振鹭、陈继烈、章骏骑、张季信、徐泽予、郑洪年、杨裕芬、张世禄、黄宪章、余绍武、孙越、阎世华、雷国能、朱章宝、李用中	对于教育部限制招生应否表示反对案，议决结果是表示反对，并交常委会办理
1933-06-17	上海各大学教联会举行第八次执行委员会	张寿镛、林众可（主席）、康选宜（记录）、张季信、丘汉平、江镇三、王孝通	执委会交办对教部限制招生表示意见案，议决一、交文书股起草；二、推员陈述困难
1933-06-22	上海各大学教联会派员晋京		陈述限制招生之一切困难情形
1933-06-27	上海各大学教联会举行第十次执行委员会	张寿镛、康选宜、林众可、江镇三（主席）、丘汉平、张季信、陈嘉异（记录）	前致教育部建议请对限制各大学文法科招生名额电稿案议决原电通过，并呈教部请免文法科招生限制，并举五项应考虑的理由
1933-07-07	上海各大学联合会二十一年度第十次执行委员会议	交通大学黎照寰，光华大学张寿镛、朱公谨，沪江大学张春江，复旦大学□通君，大夏大学雷□能，大同大学曹梁厦	为教部限制文法等科招生事宜陈述困难

（续表）

时间	活动	参与主体	备注
1933-07-24	上海各大学教联会召集临时常务委员会议	张寿镛、康选宜（记录）、林众可、张季信（主席）、江镇三、丘汉平、李圣五、列席陈继烈等	讨论对20日教部令上海法政学院、法学院等停止招生事宜之态度；议决由本会具文呈请教部陈述困难，请予收回成命
1933-07-25	上海各大学教联会呈请教部		请准上海法学院等招生

资料来源：《上海各大学联会电请三中全会勿限制私人办大学及文法两科》，《申报》1932年12月20日第4张第13版；《各大学教联会执委会请政府重订整顿教育办法》，《申报》1933年4月17日第4张第11版；《大学教联发起教费独立运动》，《申报》1933年4月24日第3张第11版；《大学教联会昨开保障文法二科委员会》，《申报》1933年5月7日第4张第15版；《大学教联会执委会议》，《申报》1933年6月11日第4张第16版；《大学教联会对教部限制招生决表示意见》，《申报》1933年6月18日第4张第16版；《教部限制招生大教联派员陈述困难》，《申报》1933年6月23日第4张第13版；《大学教联会呈教部请免文法科招生限制》，《申报》1933年6月28日第4张第15版；《各大学联会为教部限制招生陈述困难》，《申报》1933年7月8日第4张第15版；《大学教联会昨召集临时常务会议》，《申报》1933年7月25日第4张第14版；《大学教联会呈请教部准法学院等招生》，《申报》1933年7月26日第4张第15版。

从表8-3可以看出，自1932年年底至1933年7月，为反对教育部限制文法等科发展的规定，上海各大学联合会及上海各大学教联会召开了多次会议，展开各种抵制活动，以期教育部能收回成命。在此过程中，政界和教界之争显而易见。下面我们以上海法学院和大夏大学为例做进一步考察。

一 上海法学院的整顿与发展

上海法学院创于1924年，初名为上海法科大学。1929年1月1日遵照教育部训令降格为上海法学院，并于1930年12月12日获准立案①。1932年年底，政府对全国文法等学院大力整顿之际，上海法学院成为重要的整顿对象。1933年3月教育部训令该校，"学生程度、教员待遇、课程设备、经费校舍，种种不合，本应明令取缔，兹予该院以最

---

① 《校史》，载上海法学院编《上海法学院一览》（教育部立案），上海法学院1933年印，第1—2页。

第八章　高等教育整顿中的矛盾、冲突与较量

后改进之机会，暂从缓办，仰即分饬厉行改进，本部当再派员视察，以观后效。"①

整顿训令颁发后该校并未立即着手整顿工作，当年毕业考试仍"草率从事"。为此，教部于 7 月 20 日再令该校，要求其"着即停止招收学生及转学生"②。此令一出，上海教育界各团体均为震惊，纷纷表示反对。围绕着该校停止招生问题，引发了教育界和政界之争。首先，上海各大学教职员联合会于 1933 年 7 月 24 日召开了临时常务会议，讨论教育部停止上海法政学院、上海法学院等校的招生事宜（如表 8-3 所示）。该会议议决，"由本会具文呈请教部陈述困难，请予收回成命"，准予上述两校招生③。同年 7 月 29 日，上海各大学学生联合会亦就该两校之招生事宜召开第十四次常委会，议决"呈教育部陈述困难情形，请予收回成命"④。与此同时，上海市教育会举行的第十五次理事会议议决，"呈请教育部暂准上海法政学院法学院招收新生并将应行改革各点责令各该学院于二年内切实实行"⑤，等等。由此可见，上海法学院被停止招生的训令发出后，上海地区教育界各团体、教职员、学生等反应强烈，都对该项整顿训令表示反对，或者请求收回成命，或者呈请宽予时限，允许继续招生等等。上海法学院更是多方抵制。1933 年 8 月 21 日，该校举行同学会第四届年会时议决：

> 母校此次奉部令停招新生本会应请收回成命：（一）发表宣言；（二）呈请中央党部国民政府行政院令饬教部收回成命；（三）联合被压迫各校一致行动；（四）招待新闻记者；（五）请校董会据理力争；（六）请各文化团体一致援助。⑥

直到 1933 年年底，上海法学院仍未放弃"抗议"活动，该校院长褚

---

① 《教育令两法学院改进》，《申报》1933 年 3 月 5 日第 4 张第 13 版。
② 《教部令三学院停止招生》，《申报》1933 年 7 月 21 日第 4 张第 14 版。
③ 《大学教联会昨召集临时常务会议》，《申报》1933 年 7 月 25 日第 4 张第 14 版；《大学教联会呈请教部准法学院等招生》，《申报》1933 年 7 月 26 日第 4 张第 15 版。
④ 《大学联昨开十四次常委会》，《申报》1933 年 7 月 30 日第 4 张第 15 版。
⑤ 《市教育会请教部暂准法学院等招生》，《申报》1933 年 7 月 30 日第 4 张第 15 版。
⑥ 《上海法学院同学会昨开四届年会》，《申报》1933 年 8 月 22 日第 4 张第 15 版。

慧僧于12月27日亲自奔赴南京，谒见教育部长王世杰，要求收回停止招生命令，并请派员考察①。

需要说明的是，上海法学院一面积极地开展"抗议"活动，一面亦积极地进行学校整顿工作。该校校舍于1933年8月底正式落成，且校方明确表示，自当年学期起，"一切从严办理，除确定本月二十日为停止入学期外，并严格执行'迟到罚金''旷课满限者勒令停学'诸条例"②。到1934年3月11日，该校经司法院核准特许设立③。正因该校后期的努力弥补，到1934年6月，教育部便网开一面："一年来，校务发展极速，殊属可嘉。本年度应准予恢复招生，嗣后仍仰本积极严格之旨办理。"④

由此，上海法学院暂停招生仅一年后便被准予续招新生。这是由于一方面该校一年来整顿工作取得较大成效；另一方面，与教育界的大规模"反弹""抵制"亦有一定程度的关联。虽然，教育部在教育界的抗议声中并无明确表示让步，但文科类教育的整顿政策有所松动却是事实。正如有人回忆说，在颁布限制文科类教育政策的半年后，"国民政府限制文法学院的气氛逐渐和缓"⑤。总之，上海法学院师生一系列反抗行为以及上海教育界的激烈反应致使整顿工作中政界和教育界之纷争展现无遗。

二 大夏大学的立案

在对私立高校的整顿中，部分被整顿高校强烈抵制教育当局的整顿政策，致使政界和教育界两种势力之间的较量表现明显；而在有些情况下，这种较量则采取较为隐蔽的策略。大夏大学的立案即是一个典型案例。

1929年4月，"教育部派参事孟寿椿、司长陈剑修、科长钟灵秀、暨中研院物理研究所主任胡刚复，视察上海私立大夏大学"，视察内容

---

① 《沪法学院褚院长到京请愿收回停止招生命令》，《申报》1933年12月28日第4张第13版。
② 《上海法学院校舍落成》，《申报》1933年9月14日第4张第14版。
③ 《上海法政学院续招新生》，《申报》1934年3月12日第3张第12版。
④ 《部令法学院恢复招生》，《申报》1934年6月15日第4张第15版。
⑤ 高景仰：《褚辅成与上海法学院》，载中国人民政治协商会议浙江省嘉兴市委员会文史资料委员会编《嘉兴县文史资料》第3辑（褚辅成专辑），浙江人民出版社1991年版，第124页。

第八章 高等教育整顿中的矛盾、冲突与较量

分为经费、设备、教学、管理四类。视察结果，"该校基金存折、及校地一百十五亩契据，已由该校董事长王伯群去函证明，并允缓日往沪银行保险箱内取出，负责称验"，因此评定该校办学条件与私立高校立案之规定尚能符合①。于是，该校立案工作进行得较为顺利。1929年4月9日，大夏大学校董会被批准立案；5月17日学校被批准立案。该校"算是闯过了大关，也算是打下了一个符合规格的官印。从此以后，校名之上，冠以'教育部立案'五个字，所为不可分割的形容词，仿佛是名牌商标一样。"②

但事实是，该大学并非如上述视察报告中所称的那样"尚无不合"。据时任大夏大学副校长的欧元怀回忆：

> 1929年在教育部当官的是蒋梦麟，同时王伯群也在当交通部长。所以一切立案手续都很顺利地进行，苦的是校部一些文牍书记，他们夜以继日地填写多如牛毛的表册。还有几位中心负责人，竟耍了一套巧妙的把戏，使穷困不堪的学校，变成了有大量基金存储在银行。其实这笔基金不过由银行暗中转一笔虚帐，银行毫无损失，反而捞了一笔高利贷的息金，而在教育部老爷们看来，象煞有介事，以为学校真的有符合规定的基金存储。当时学校已在中山北路梵王渡购买基地数十亩，面积嫌小，于是另行商借校地邻近的地契一大堆，冒充庞大，虚张声势，借以蒙混过关。③

由此可见，在大夏大学"尚无不合"的背后存在着诸多"虚假"。当时获准立案的私立高校究竟有多少这样类似的情形和案例呢？根据谢鸣九回忆，当时上海私立学校校长一般是银行老板的座上客，如此看来，类似大夏大学借用虚账的做法应该为数不少④。时人回忆：

---

① 《视察大夏大学报告之内容》，《申报》1929年5月17日第3张第10版。
② 欧元怀：《大夏大学校史纪要》，载中国人民政治协商会议上海市委员会文史资料工作委员会编《解放前上海的学校》（上海文史资料选辑第五十九辑），上海人民出版社1988年版，第157—158页。
③ 同上书，第157页。
④ 谢鸣九：《上海私立学校的奇闻丑事》，载上海市政协文史资料委员会编《上海文史资料存稿汇编 科教文卫》，上海古籍出版社2001年版，第408—411页。

依照那时国民党中央教育部规定，私立学校立案条件必须先筹齐一笔巨额开办费和基金，经过派人查验属实，才有批准的可能。事实上从来也没有过人拿出这样的雄厚资金来办私立学校，总是到时向银行商借一张空头存单，付给银行一两个月拆息，供教育局派人查验，即可过关。教育局人员明知这种情况，却故意推作不知，只要不使自己承担肩胛，也就不管了。①

大夏大学便是其中之一，该校敢于如此弄虚作假，与其后台有重要的关联。正如有人指出："私立学校如果得到军政大员来保镖，校长的位置更是没有什么可担心的了。像大夏大学由王伯群任董事长……"② 王伯群，何许人也？王氏 1927 年任国民党中央政治会议委员，后当选为国民党第三届中央执行委员会候补委员，第四、五届中央执行委员，1928 年出任国民政府交通部长兼招商局监督等职务；同年 3 月，被大夏大学董事会一致推举为该校董事长，并兼任校长之职③。可见，当时的王伯群为国民党政府要员，在国民政府中有较大的影响力，由他庇护的大夏大学敢于做假账便不足为奇了，更何况当时全国私立学校都处于"假账盛行"的环境之下。

总之，不少被整顿之高校表面上奉行国民政府的整顿政策，积极配合开展整顿工作，而实际操作中虚应故事，背地里采用了种种虚假手段与政府当局周旋，以欺骗了视察员之"法眼"。这是高等教育整顿中政界和教育界两种势力较量的另一种存在形式，只是这种较量较为隐蔽。当然，政界和教育界的这种较量不独存在于私立高校，其他性质的高校的整顿过程

---

① 谢鸣九：《上海私立学校的奇闻丑事》，载上海市政协文史资料委员会编《上海文史资料存稿汇编 科教文卫》，上海古籍出版社 2001 年版，第 426—427 页。

② 同上书，第 426 页。

③ 1924 年 10 月 22 日大夏大学校董会上，王伯群被公推为董事长，而马君武则为校长。1927 年 1 月校董会决议改校长制为委员制，王伯群兼大学委员长。1928 年 3 月，因大学院改制，王改任校长，欧元怀为副校长。参见欧元怀《大夏大学校史纪要》，载中国人民政治协商会议上海市委员会文史资料工作委员会编《解放前上海的学校》（上海文史资料选辑第五十九辑），上海人民出版社 1988 年版，第 150—152 页；《校史》，载大夏大学编《教育部立案 私立大夏大学一览》，大夏大学 1929 年印，第 2 页；《大夏大学校长王伯群》，载贵阳市政协文史资料委员会编《贵阳文史资料选辑》（第四十六辑），（出版社不详）1989 年版，第 68—69 页。

中同样存在。

第五节　中央权势的全面渗透——以边远地区高校的整顿为中心

国民政府定都南京之后，不断利用各种机会加强中央政权对各高校的全面渗透，以达到控制高等教育之目的，与此同时，"中国的政客，看见教育界有一种潜势力，所以都想来操纵教育。前年政学系之于北京农大、法大，研究系之于上海中国公学、自治学院等，都是想做'以色清一番'。"① 对公立高校国民政府主要通过任命校长来实现其目的；而对私立高校则主要通过控制学校校董会以及提供一定的经费补助来加以掌控，致使私立高校校董会成为政界与教育界争夺的对象。实际上，国民政府初期整顿高等教育的进程不仅可作为"控制高校数量，提升教育质量"的过程，亦可当作国民党政权权势对各高校进行渗透的过程，这在对边远地区高校的整顿工作中表现得尤为明显。下面以云南东陆大学、甘肃学院为例进行考察。

一　东陆大学的省立与发展

私立东陆大学成立于1922年12月8日，由云南教育司司长董泽兼任该校校长之职，翌年4月20日正式开学，招收二班预科学生。1925年春开办本科，为适应云南需要，先设文、工两科，文科分设政治、经济、教育三系，工科分设土木工程、采矿冶金两系。私立东陆大学是以当时云南省主席唐继尧的名义创办的，其创立"与当时云南督军唐继尧发展个人政治势力，想做东大陆主人有关。"② 在学校的开办过程中，唐继尧私人捐助该校达51万元（云南地方货币）。关于该校之性质，董泽等人于创办之初曾做了一定的考虑：

---

① 《朱经农致胡适（残）》，载中国社会科学院近代史研究所中华民国史组编《胡适来往书信选》（中册），中华书局1979年版，第42—43页。

② 丁宝珠：《云南大学创办的历史条件》，载云南大学历史系编《云南大学校庆六十周年（1923—1983）史学论文集》，云南大学历史系1983年印，第161页。

鉴于民国以来，十年九乱，国事纷纭，教育事业常被军政当局看做可有可无的事，且每因经费影响而至倒闭。如果定为公立，必受政府种种限制，且经费由政府负责，就不便向社会募捐，有碍于大学的发展，最后决定仿照欧美私立大学的办法，定为私立，使经费独立，能够达到自由发展的目的。[①]

可见，虽然一方面唐继尧视发展高等教育为加强自身在云南地区的政治统治不可或缺的手段，把东陆大学当作其巩固统治和对外扩张而储备人才的场所，但另一方面与其重视高等教育大有关联。

1929年国民政府开始对全国高校厉行整顿，但"中央"鞭长莫及的云南地区的高等教育仍自行其是。私立东陆大学文、工两院的设置与《大学组织法》的大学条件明显不符。其他省区具有类似情形的高校或者被降格为学院，或者积极添设院系，以达至具备三学院的标准，而当时的东陆大学却鲜有改变。

1927年2月6日，云南省镇守使龙云、胡若愚、张汝骥、李选廷等联合发动了"二·六"政变，共同"倒唐"，并于该月成立省务委员，由胡若愚和龙云操纵实权，却"拥戴"唐继尧为有名无实的"总裁"。当年5月23日唐去世，而后，即1927年6月至1929年年底，为争夺在云南地区的统治权，龙云与胡若愚等人爆发了长期的军阀混战，于1929年冬夺得云南统治权的龙云统一了云南，并被南京中央委任为省府主席[②]。与唐继尧一样，龙云同样把控制和发展私立东陆大学作为加强对云南地区统治不可或缺的手段，因此对该校甚为重视。早在1928年，龙便被东陆大学校董事会推举为董事长，控制云南地区之后，便把解决东陆大学的经费问题视为首要任务，并将该校改称为省立。实际上，东陆大学成立之初，经费主要由唐继尧负责筹措，尚觉裕如，但唐死后，"校款筹措，极感困难"，"故几至不能维持"[③]。1929年4月，省政府议决由省库按月拨给补助费6000元，"其'私立'性质早已不符合事实"。为此，"省政府为谋

[①] 董雨苍：《东陆大学创办记》，载全国政协文史资料委员会编《中华文史资料文库 第十七卷：文化教育编 教育》，中国文史出版社1996年版，第634页。

[②] 龙云曾于1928年1月17日被国民政府任命为云南省政府主席。参见谢本书《龙云传》，云南人民出版社2011年版，第222页。

[③] 《云南东陆大学改为省立》，《申报》1930年9月17日第3张第9版。

教育系统之调整，教育事业之联络，及大学本身之发展计，议决改组为省立东陆大学。"① 1930 年 8 月 29 日，云南省政府决定组织省立大学筹备委员会，任命周钟岳为委员长、张维翰、缪嘉铭、龚自知、陆崇仁、陶鸿焘等为委员，董泽辞职后，任命该校科主任华秀升为代理校长②。9 月 16 日，云南省府致电教育部，谓东陆大学已改组为省立大学③。该校省立之后，经费由省款支给；停办预科，改设文、工两学院，专办本科，附中亦归并于省立第五中学。

显然，东陆大学之所以由私立改为省立与该校经费状况相关，这是其一。其二，该校教学科目以师资之有无为标准，"故多残缺简陋"，按此情形，如果该校继续为私立性质，极有可能面临被停闭的风险。鉴于上述因素，云南省府议决，"私立东陆大学改组为云南省立大学，于下学期实行改组"④。其三，该校由私立改为省立与云南省之时局以及龙云主政有关联。云南地方军阀混战于 1929 年年底结束后，该省政局为龙云掌控，东陆大学的改组工作便次第开展，董泽等人难以接受学校被改组，选择辞去校长之职。关于其辞职之理由，董氏曾写道：

> 我任职时期，学校的训育方针以尊重学生人格为主，对学生的各项活动并不过予限制，学生尚有相当的自由。但龙云、龚自知等在唐继尧未死时，即对大学嫉视，企图攫夺。唐死后，他们更以停办大学预科相逼，欲断绝本科学生的来源，后又拉走大学各部门教职员中的骨干分子，到昆明市政府（当时庚晋侯任市长）任以秘书长、局长等职，企图撤散台柱，使大学因之垮台。以后他们又借口学生赤化，对学生进行迫害。1930 年，又借中央教育部名义迫令大学改组，我不愿继续负责，即辞去职务，离开学校。⑤

---

① 《沿革概略》，载云南大学编《云南省立云南大学便览》，云南大学 1936 年印，第 8 页。
② 万揆一：《东陆大学始末》，载中国人民政治协商会议云南省昆明市委员会文史资料委员会编《昆明文史资料选辑》（第十五辑），昆明市政协机关印刷厂 1990 年版，第 23 页。
③ 《云南东陆大学改为省立大学》，《申报》1930 年 9 月 16 日第 3 张第 10 版。
④ 《云南东陆大学改为省立》，《申报》1930 年 9 月 17 日第 3 张第 9 版。
⑤ 董雨苍：《东陆大学创办记》，载全国政协文史资料委员会《中华文史资料文库　第十七卷：文化教育编　教育》，中国文史出版社 1996 年版，第 635 页。

据董泽所言,东陆大学之所以被改组为省立大学是龙云与唐继尧等人在政治上争斗之结果,龙云在接管、改组学校时名义上借助了国民政府的高等教育整顿政策。董泽为唐继尧之妹夫,其所言必定带有派系间因罅隙而产生的情感因素,但龙云与唐继尧等人对云南省政权之争夺却是不可否认的历史事实,而政权之争斗必然会影响到东陆大学的发展。尽管以龙云为首的云南省政府希望董氏能听从改组计划,留任该校校长一职,但董氏"万难再言校务"[1]。可见,董氏对该校之改组甚为反感,并对龙云派深有芥蒂。

东陆大学省立之后,因大部分经费出自省府,以龙云为核心的省政府之政治权势开始渗透。而随着龙云为核心的云南省政权与以蒋介石为核心的中央政府关系的转变,国民政府之政治权力亦弥漫于该校,该校开始按照中央既定的整顿方案得以改进和发展。

据龙云亲信,时任云南省教育厅长的龚自知回忆,龙云独揽云南政权后至抗战前这段时期,"在云南的政治、军事、财政、经济等各项政令、军令都是自成一套,他对国民党中央政权处于半独立状态"[2]。尽管龙云为确保自己的地盘,对蒋介石的统一政策心存畏忌,并与蒋氏的中央集权化进行对抗,但表面上龙对蒋氏还是"遥申拥戴,惟命是从"。而且,在抗日战争爆发之前,龙接受蒋介石之笼络和拉拢,在重大政治军事问题上站在蒋氏一边[3]。在这种政治态势下,龙云迎合国民政府的高等教育整顿政策对高校进行改组。东陆大学由私立改为省立便是南京中央政治权势渗透的表现和结果,该校由省立再改称为云南大学亦是如此。

1932年,云南省政府议决"整理云南高等教育"案,将省立师范学校归并东陆大学,扩充为教育学院,文学院扩充为文理学院,增设理科学系,工学院仍之,但准备扩充学系,拟筹备医学专修科,待师资设备筹集好后再筹设医学院。当年秋,代理校长华秀升辞职,由工学院长何瑶兼代。在何氏领导下,该校实施院系调整。1933年,教育学院添办教育学系,文理学院添设数理法律两系,并招考医学专修科。该校于当年完成筹

---

[1] 《云南大学志》编审委员会编:《云南大学志》(第十卷·人物志·人物卷一),云南大学出版社2000年版,第25—32页。

[2] 龚自知:《抗日战争前龙云在云南的统治概述》,载中国人民政治协商会议云南省委员会文史资料研究委员会编《云南文史资料选辑》(第三辑),云南人民印刷厂1963年版,第36页。

[3] 朱莉涛:《蒋介石与云南实力派关系的历史演变》,《徐州师范大学学报》(哲学社会科学版)2002年第28卷第1期。

备文理、教育及工三学院后，于 1934 年 6 月造具《省立东陆大学现况》，呈请教育部核准备案。教育部于 6 月 4 日咨函要求该校改为省立云南大学，并就各院系之整理提出了整顿意见，具体内容如下：

> 文理学院改为文法学院，教育学院归并之，理工合并称理工学院，医学院医学专修科，并从速筹设医院，农学院因现时财力不敷，可缓办，如为地方需要，得先设农业试验场，研究实际农业问题，依照以上整理，计共设文法、理工、医三学院，关于该校组织大纲及学则经加修正，另纸开列。属于理工学院各系之各年级课程，应将国文、英文、法文钟点，酌量减少，属于文法学院各系科之课程与教材，应注重边地种族间实际问题之研究，增设基本科目及重要高深科目之学程，图书仪器均不敷用，物理系高深仪器及土木采冶两系之重要应用试验仪器与机器，尤为缺乏，均须尽量添置，以图充实。①

为此，该校于同年 9 月正式改称为省立云南大学，直隶于省政府。此外，文理学院改称文法学院，教育学院归并之；理工学系合并称理工学院；医学院先设医学专修科，为筹设医学院做准备；增设农业试验场，研究实地农业问题，为开办农学院做准备。1936 年春，添办了附属高中以作教育学院学生实习之用，并遵照部令筹添边地教育，等等②。由此，在国民政府的整顿训令的引导下，该校的整顿工作顺利进行。

由上述可知，地处偏远的东陆大学，私立性质时期游离于中央政府法令之外自由发展。龙云继唐继尧掌控云南地区后，尤其是龙氏在云南省的政权进一步稳定之后，当时已是省立性质的东陆大学开始有意地按照国民政府既定的方向发展。这一转变与龙云与蒋介石，云南地方实力派与南京"中央"之间的关系大有关联。即以龙云为核心的云南地方实力派期望依附于以蒋介石为核心的国民政府，以使自己在云南的地盘和权势得以认同，并进一步稳固与发展；与此同时，南京"中央"亦须暂时借用其力

---

① 《教育部咨》，载中华民国教育部编《教育部改进专科以上学校训令汇编》，中华书局 1935 年版，第 45—46 页。

② 《沿革概略》，载云南大学编《云南省立云南大学便览》，云南大学 1936 年印，第 7—9 页。

量,来达到制衡其他地方实力派的目的。

然而龙云在云南地区半独立于南京中央的状态并不容于试图统一中国的蒋介石。为稳固自身政权,蒋氏对龙氏进行笼络和利诱,而龙云在1934年年底之前亦主要采取了拥蒋反共的方针,在蒋桂战争、中原大战等国民党派系斗争的重大事件中坚定地拥护蒋介石①。1934年年底红军进入西南后情况发生改变,蒋介石试图假途灭虢,在追击红军长征之同时,想方设法铲除龙氏等地方实力派,而龙方的"拥蒋"方针亦发生转变,坚持不让"中央军"驻防云南,以求自保,这种态势一直持续到抗战爆发。南京"中央"和云南地方势力派之间这种微妙的、矛盾的关系直接影响了云南大学国立化诉求的实现。该校改称为云南大学后,学校行政当局积极地向国民政府接洽改称国立事宜,但南京"中央"鉴于与云南省地方实力派之间微妙复杂的关系,再加上其他多种因素,并未批准此请求。1937年蒋介石任命熊庆来继何瑶长校云南大学,并对学校进行大力整顿之后,该校于1938年才正式改称为国立。此时抗战已爆发,龙云和蒋介石之间的矛盾也公开化,龙公开地"联共反蒋",但在这种政治局势下,云南大学的国立化申请却被正式批准,其中原因可能与云南省亦被作为抗战大后方有莫大的关系。至此,南京中央政治权势完全渗透入云南大学。

此外,在龙蒋关系产生裂痕时期,云南大学仍积极向国民政府的高等教育政策靠拢,不仅厉行整顿,还积极申请国立,既表明学校试图得到国家教育经费的支持,同时亦反映了省立大学在发展过程中仍有自身的追求,并不完全受制于省府和地方实力派之权势的影响。或者说,即使地方实力派掌控省立大学,但是作为高等教育机构,其有朝着正规化方向发展的势头和愿望。与此同时,亦表明地方实力派之权势日渐消退,国民政府之政治权力日渐渗透的历史事实。

二 甘肃学院的整顿与发展

1927年前后,国内很多省属大学相继创办。在这种形势下,控制甘肃省的冯云祥指示该省筹办中山大学。经该省教育厅组织相关人士议决,将甘肃公立法政专门学校与兰州中山学院合并组建兰州中山大学,学校于1928年2月29日正式成立,教育厅长马鹤天兼任该校校长之职。

---

① 卜桂林:《论龙云与蒋介石关系的演变》,《上海师范大学学报》1990年第4期。

1929年年初，根据国民政府教育部的规定除广州中山大学保留"中山"其名外，其他"中山大学"一律更改校名，兰州中山大学亦不例外，但该校迟至1931年年初才改称为甘肃大学。该校之所以改名迟缓，与甘肃省政局有一定关联。1925年至1930年，冯云祥国民军控制着甘肃省，而1930年中原大战冯云祥战败被迫退出甘肃后，该省政局又在大小军阀的争夺中陷入混乱，后因蒋介石对大小军阀逐个分化瓦解，并派杨虎城控制甘肃后，中央政府政治权势才逐渐渗透入该地区。1931年4月2日，甘肃省政府咨教育部，"将原名'兰州中山大学'改称'甘肃大学'"，对此，教育部认为：

> 该校仅设中国文学，法律，教育三系，学生二百余人，设备简陋，校舍狭隘等情；原大纲分别八学院，与该校现状未符。……应将该校改称"甘肃学院"，暂设文，法两科，以原有教育学系附隶文科；俟将来理学院筹备完成，经部核准设立后，再行恢复大学名称。①

可见，当时兰州中山大学在院系设置方面与国民政府法令不符，全校每年的办学经费只有9万余元，在经费方面亦远未达部定之要求②。为此，教育部令其降格。该训令于当年冬正式落实，兰州中山大学改称甘肃学院。

1931年"九一八"事变后日本占领了东北，因抗日战争之需要，致使西南、西北作为建设未来抗日大后方的重要地位日益凸显，无论是国民党政界抑或是社会各界人士都将目光聚焦于西南、西北的稳定和开发之中。1932年12月19日国民党四届三中全会通过了《开发西北案》③，甘肃地区便成为重要的建设对象；与此同时，南京政府对能否直接掌控甘肃之政权极为重视。为更好地控制该地区，对该省教育的整顿亦势在必行。正如顾颉刚所言："西北之地，国防经济两端俱有其重要性，而欲为此两

---

① 《教育部咨 为甘肃大学改称甘肃学院暂设文法两科俟理学院完成再恢复大学名称希查照饬遵由》，《教育部公报》1931年第3卷第13期；《甘肃大学改名学院》，《申报》1931年4月30日第3张第9版。

② 张克非主编：《兰州大学校史·上编》，兰州大学出版社2009年版，第58页。

③ 关于该案之具体内容，参见《开发西北案》，载高平叔编《蔡元培全集》（第六卷），中华书局1988年版，第227—228页。

端之建设则教育工作实居首要。"①

1934年1月23日,教部咨覆甘肃省政府,认为:"甘肃学院每年经费不过九万余元,现设文学、教育、法律三系,政治、艺术两专修科,并附设中学数班,经费已嫌不足,若照现在组织大纲所开,更办农科、医科及附小、必至毫无成绩,殊非边省高等教育之所期望。"②因此,提出以下几点整顿要求:

> 该院应将附中附小取消,其现有学生归并于相当省立学校,政治艺术各专修科设法结束,不得再招新生。法律系如确有需要,暂予保留,来年招生一次,文学系改为文史学系,并将教育系归并之。农科应先办职业学校,俟农场及其他设备达至相当标准而经费又能增加时,再开办专修科,或本科。该院如能另筹经费,并可附设一医院,先供院内员生及市民之用,俟财力充裕,逐渐增设医科专修科或本科。③

并规定,上述该校改进之事宜应由该学院会同甘肃省教育厅,"依照咨开各点,斟酌地方需要,与人力财力,迅速拟具切实计划,并另订组织大纲,再行报部核夺,在未经核定前,并不得沿袭旧日编制,继续招收新生"④。

对此,甘肃学院方认为,国民政府不仅不予以经费资助,反而进一步限制发展。该校事务长兼教员朱铭心于1934年1月24日答记者问时认为:

> 此系学院内部组织,因该院组织,尚采用旧制,颇多与部令不合,故重订组织大纲,呈请教部核夺。但该大纲参酌地方情形太多,以致被教部驳斥,其实教部所指示各点,该院亦早已实行云。⑤

---

① 顾颉刚:《〈西北考察日记〉序》,载顾颉刚《人间山河 顾颉刚随笔》,北京大学出版社2009年版,第37页。

② 《教育部咨》,载中华民国教育部编《教育部改进专科以上学校训令汇编》,中华书局1935年版,第104—105页。

③ 同上。

④ 《教部令整顿甘肃学院》,《申报》1934年1月24日第4张第14版。

⑤ 《朱铭心谈甘肃学院办理情形》,《申报》1934年1月25日第4张第14版。

朱氏所言非虚，该校艺术、政治两专修科早在1932年就已停办，而医学专修科亦于1933年设立等①。可见，教育部对甘肃学院的整顿训令与该校之实际情形仍有些出入。尽管如此，甘肃学院基本上还是遵照上述训令进行了整顿：法律系停止招生，直到1940年才恢复招生②；文学系改为文史系，并将教育学并入③；农业专修科亦于1936年7月前处于建设阶段，等等④。

对上述整顿训令，到目前为止仍有人评论说，教育部未从当时甘肃省经济、政治、文化的特殊情况和人才需要考虑，未给予积极支持，相反地对该校的科系设置制造了人为的行政障碍，致使其处于更为被动的状态⑤。事实上，国民政府对甘肃学院的整顿主要围绕着"重质不重量""限制文科类教育，注重实用科学"等原则展开，因此，虽然甘肃省有其特殊的环境和状况，但教育部的做法仍有它的合理性。具体而言，第一，当时该院经费奇缺。院长邓春膏于1936年5月辞职时汇报了该校历年度经费收支情况：省政府规定该院每年经费应为90236元（其中包括正常经费88236元和冬季炭资2000元），但1931—1933年3个年度的经费都不足额，分别为63831.500元、52806.420元、82327.000元。其中，1932年学校经费最少，其实际收入仅为定额的58.52%⑥。第二，当时甘肃省自然灾害严重战乱不断，致使该校生源较少，辍学率亦特别高。第三，优秀师资严重缺乏。该校教职员与学生大致情况如下：

表8-4　　　　1933年至1937年甘肃学院教员、学生数统计表　　（单位：人）

年别	教员数	毕业生数			在校生数
		本科	专科	其他	
1933年	23	9			105
1934年	15				74

---

① 其学制5年（4年专业学习，1年医院临床实习），开设了16门课程。参见张克非主编《兰州大学校史·上编》，兰州大学出版社2009年版，第81—82页。

② 张克非主编：《兰州大学校史·上编》，兰州大学出版社2009年版，第60页。

③ 1935年，该教育系又独立于文史系。

④ 因设国立西北技术专科学校，1936年7月教育部令将甘肃学院农学专修科停办，其人员调往新校。

⑤ 张克非主编：《兰州大学校史·上编》，兰州大学出版社2009年版，第83页。

⑥ 同上书，第71页。

(续表)

年别	教员数	毕业生数			在校生数
		本科	专科	其他	
1935年	28（5）	16			72
1936年	22	15	33		49
1937年	21	15	7		92

资料来源：张克非主编：《兰州大学校史·上编》，兰州大学出版社2009年版，第92页。

如表8-4所示，1933—1937年，该校教员数始终未能达到30名；五年内本科毕业生数仅55名、专科仅40名；在校生除了1933年大约百名以上外，其余年份均几十名，1936年最少，仅49名。该校教员、学生数量之少显而易见。因此，鉴于上述诸种因素，教育部对该校的训令具有一定合理性。经过整顿，甘肃学院在科系设置方面进行了紧缩，学校规模大为缩小。

总之，"九一八"事变之后，救亡图存的民族主义运动日益高涨，以西南、西北作为抗战大后方显得日益迫切，进一步全面掌控这些地区亦被国民政府提上了议事日程。蒋介石通过派遣国民军进驻甘肃，任命亲信担任省府主席，对该省进行政治权势渗透。与此同时，该省的高等教育很快被纳入国民政府整顿的范围。对甘肃学院，国民政府给予的资助相对较小，较多是从监督和管理的层面，促使该校的规模和院系进一步紧缩，学生数量有所减少，从而在"量"上限制学校发展。可见，在整顿高等教育的过程中，国民党的政治权势想方设法地对边远地区的高校进行渗透。或者伴随着南京"中央"与地方实力派之间的关系渐趋融洽，或者国民政府对边远地区的政治、军事等方面权势的加强，各高校被纳入了统一的整顿范围，从而结束了"法规外"自由发展的状态。

综上所述，国民政府初期整顿高等教育取得了一定的成效，但整顿工作亦面临多的矛盾、冲突和较量。在国立中山大学的整顿中，学校经费问题以及林场事故引发的"倒邹风潮"反映了邹鲁与蒋介石之间、"西南政权"与南京中央政府之间派系纷争之事实。而在北京大学整顿工作中，围绕着国文系的改革问题，"英美派"和"法日派"之争展现无余。在省立高校的整顿工作中，"中央"政府与地方实力派之间的较量对整顿工作产生了一定的影响。往往表现为，上述两种势力斗争较为激烈时，政府整顿高等教育的政策很难得以落实。如南京中央与刘文辉、刘湘等为核心的地方实力派之间的矛盾和纠纷对四川大学的国立化进程产生了影响，致使该校处于名为国立，实则省立的状态，并导致全力整顿川大的校长任鸿隽被迫辞职。当上述两种势力之间的对立与矛盾暂时缓解时，高校的整顿工作便得以顺利推行。如整顿山西大学校取得较好成绩便发生在蒋介石与阎锡山之间的关系缓和之后。对私立高校的整顿，除了国民党内派系纷争、教育界内派系纷争和中央与地方实力派之争等因素的影响外，还展示了政界与教育界两种势力之间的较量图景。如对上海法学院的整顿工作，上海教育界以及上海法学院师生对教育部"停止招生"的训令发起了一系列"抵制""抗议"活动。鉴于此，教育部在一年后允其继续招生。而大夏大学为了获准立案，表面上配合整顿法令积极开展整顿工作，但暗地里使用欺骗的手法"混"过了立案审查。可见，教育界与政界之间的较量在上述两校的整顿工作中都存在，只不过在上海法学院整顿中表现得较为明显，而在大夏大学的整顿中则较为隐蔽。对教会高校，宗教团体与政界两种势力之间的较量对其整顿工作亦产生一定的影响，尤其是对此类学校的立案工作，如齐鲁大学、之江大学。在政府要求学校立案与学校不愿意之间，或者在厉行立案条件与是否完全遵守立案条件之间，国民政府政治势力与这些学校背后的宗教势力进行了抗争。尽管几经冲突和较量，教会高校最终被纳入中国政府管辖范围。国民政府亦借助整顿高等教育之机加强对各高校的渗透，尤其是对边远地区的高校，如东陆大学和甘肃学院。前者随着龙云主政云南地区，开始朝政府规定的方向发展，后者随着"开发西北"而被纳入了国民政府整顿的范围。

  总体来讲，无论是对国立高校、省立高校，还是对私立高校、边远地区高校的整顿，都充满了程度不等的矛盾、冲突和较量。这些矛盾、冲突和较量不仅伴随着整个高等教育整顿，而且对整顿工作带来相当程度的负面影响，滞碍了工作的开展。需要注意的是，上述不同性质高校的整顿中存在的矛盾、冲突和较量并非一一对应，而是互有交叉。如对东陆大学的整顿，不仅反映了政治权势对该校进行渗透的事实，亦夹带着有中央和地方实力派之争。再如对国立中山大学的整顿，不仅展现了国民党派系之争，亦反映了两广地方实力派与南京中央之间的斗争和矛盾，与此同时，还掺杂了国共两党势力之较量[①]，诸如此类。

  [①] 该校的整顿就是"国民党内部和国共两党斗争的产物，同时因为整顿又加剧了这种矛盾"。王强、马亮宽：《何思源：宦海沉浮一书生》，天津人民出版社1996年版，第60页。

第九章

结语：国民政府初期整顿高等教育的双重面相

国民政府初期对高等教育整顿的背后存在诸多的矛盾、冲突和较量，但经过整顿之后的高等教育确实朝着秩序化、规范化的方向发展，教育质量也有所提升。与此同时，此一时期的高等教育整顿过程亦自始至终贯彻了国民政府稳固其政治权势，贯彻"党化教育"意识形态的政治意图。

第一节 促进了高等教育的秩序化规范化

国民政府初期对高等教育厉行整顿之后，全国高等院校之数量渐趋稳定，教育质量在一定程度上亦有所提高。

一 整顿后的高等院校数量渐趋稳定

国民政府初期通过制定和贯彻《大学组织法》《大学规程》等相关的法令法规，在一定程度上达到了取消单科大学、限制大学滥设之目的。尤其通过取缔、停闭、降格等处置方式，进一步规范了私立高校的开设。至20世纪30年代中后期，全国高校数量大致稳定。

表 9-1　　1928 年至 1937 年全国专科以上学校概况统计表

年别	校数			教员数			学生数			毕业生数（含专修科生）
	小计	大学及学院	专科学校	小计	大学及学院	专科学校	小计	研究生及大学生	专科及专修科生	
1928	74	49	25	5214	4567	647	25198	17792	7406	3253
1929	76	50	26	6218	5495	723	29123	21320	7803	4164
1930	85	58	27	6985	6212	773	37566	28677	8889	4583

第九章 结语：国民政府初期整顿高等教育的双重面相

(续表)

年别	校数 小计	校数 大学及学院	校数 专科学校	教员数 小计	教员数 大学及学院	教员数 专科学校	学生数 小计	学生数 研究生及大学生	学生数 专科及专修科生	毕业生数（含专修科生）
1931	103	73	30	7053	6183	870	44167	33966	10201	7034
1932	103	76	27	6709	5974	735	42710	35640	7070	7311
1933	108	79	29	7209	6501	708	42936	37600	5336	8665
1934	110	79	31	7205	6447	758	41768	37257	4511	9622
1935	108	80	28	7234	6532	702	41128	36978	4150	8673
1936	108	78	30	7560	6615	945	41922	37330	4592	9154
1937	91	67	24	5657	5175	482	31188	27926	3262	5137

注：据1937年7月25日的《申报》登载，1936年1月调查结果全国共有高校110所，8月共有高校109所，本表采用"教育年鉴"统计数据。

资料来源：教育年鉴编纂委员会编：《第二次中国教育年鉴》（第十四编 教育统计），台北文海出版社1986年版，第4页。

如表9-1所示，1931—1936年，全国高校数始终保持在103所至110所之间。其中大学和独立学院总数基本上保持在80校以下，而专科学校则在30校左右。但到1937年，因抗日战争全面爆发之故，无论是大学、独立学院还是专科学校数都有所减少。总体上讲，全国高校数量基本上较为稳定。从1931年开始，全国高校学生人数亦较为稳定，在校学生数基本上在41000人至44000人次之间波动。

从学校性质上来看，1932—1937年全国专科以上学校概况如下：

表9-2 1932年至1937年全国专科以上学校之校数（按性质分）

年别	共计 小计	共计 国立	共计 省市立	共计 私立	大学 小计	大学 国立	大学 省市立	大学 私立	独立学院 小计	独立学院 国立	独立学院 省市立	独立学院 私立	专科学校 小计	专科学校 国立	专科学校 省市立	专科学校 私立
1932	103	25	32	46	41	13	9	19	35	5	11	19	27	7 (3)	12	8
1933	108	28	29	51	40	13	7	20	39	5	12	22	29	10 (2)	10	9
1934	110	28	31	51	41	13	8	20	38	5	11	22	31	10 (2)	12	9
1935	108	25	30	53	42	13	9	20	38	5	9	24	28	7 (1)	12	9
1936	108	26	29	53	42	13	9	20	36	5	9	22	30	8 (1)	11	11

(续表)

年别	共计				大学				独立学院				专科学校			
	小计	国立	省市立	私立	小计	国立	省市立	私立	小计	国立	省市立	私立	小计	国立	省市立	私立
1937	91	24	20	47	35	12	5	18	32	6	6	20	24	6	9	9

注："（1）"表示包括公立吴淞商船专科学校及中央国术馆体育专科学校。

"（2）"表示包括公立吴淞商船、中央国术馆体育、上海兽医三专科学校及公立北平税务、北平盐务、警官三高等学校。

"（3）"表示包括公立专科学校5校，除中央国术馆体育专校外，余均与"（2）"同。

据表5-8所示，1937年共有专科学校32校，其中8校或者被暂停招生，或者被合并，或者被停办。

资料来源：教育年鉴编纂委员会编：《第二次中国教育年鉴》（第十四编　教育统计），台北文海出版社1986年版，第10页。

如表9-2所示，从高校性质方面来看，1932—1936年国立者多保持在25校至28校之间；省市立者大致是30校；私立者稍有增进之势，但浮动不大。大学的数量尤为稳定，基本上在40校至42校之间浮动。其中，国立者多为13校；省市立者多为9校，而私立者多为20校。独立学院数量变动幅度相对较大，但基本上亦在35校至39校之间浮动。其中，国立者亦较为稳定，为5校；省市立者从1933年开始呈现下降趋势；私立者为22校。专科学校保持在30校左右。其中国立者为7—10校，省市立者多为12校，私立者多为9校。1937年因战争爆发，各种性质的高校数量均减少。

总之，经过大力整顿之后，高等教育无论是从高校种类还是高校性质上来看，其数量规模渐趋稳定；全国高校学生人数亦较为稳定，由此，国民政府在一定程度上使其"但作质的提高，不作量的改进"政策得以实现。

二　整顿后的高等教育质量有所提高

国民政府初期对高等教育大力整顿之后，不仅高校数量规模渐趋稳定，而且教育质量亦有所提高，下面试从校（院）长、教员、学生三个维度进行分析。

（一）校长方面

就高校校长而言，渐趋专任者为主，具有较高素质和管理水平者日益增多。《大学组织法》和《专科学校组织法》明确规定，大学和专科学校"设校长一人，综理校务"，而独立学院则"设院长一人，综理院务"①；国立高校校长或院长由教育部聘任之，省立或市立者由省市政府提请教育部聘任之，各高校校（院）长"除担任本校教课外，不得兼任他职"②。私立高校的校（院）长由董事会聘任，但须呈报教育部备案核准，且同样"不得兼任其它职务"，教会高校"须以中国人充任校长或院长"③。上述法令法规提升了高校校（院）长在学校事务中的权力和地位，甚至赋予其综理学校所需的人事权，同时亦提出了不得兼职的严格要求；国民政府亦通过掌握高校校（院）长之任命权，进一步加强了对高等教育事业的控制和管理。1936年前后各高校校（院）长的基本情况统计如下：

表9-3　1936年前后全国主要高校校（院）长的基本情况统计表

院校名称	校（院）长	主要学历	执掌该校前主要的任职经历	长校时段
中央大学	罗家伦	获哥伦比亚大学哲学博士学位	曾任东南大学史学教授、清华大学校长	1932—1941
北平大学	徐诵明	毕业于日本九州帝国大学医学部	曾任北平大学医学院院长	1932.8—1937
北京大学	蒋梦麟	获哥伦比亚大学哲学博士学位	曾代理北京大学校务，浙江省政府委员兼教育厅长、兼第三中山大学（后改称为浙江大学）校长，教育部长等	1930.12—1945.10
清华大学	梅贻琦	获伍斯特工业学院工学学士学位	曾任清华大学教授、系主任、教务长、留美学生监督	1931.12—1948.12
北平师范大学	李蒸	获哥伦比亚大学哲学博士学位	曾任国民政府教育部社会教育司司长等职	1932.7—1946.2
武汉大学	王星拱	获伦敦理工大学硕士学位	曾任北京大学教授、安徽大学校长、武汉大学化学系主任	1933.6—1945.7
国立中山大学	邹鲁	曾求学于早稻田大学	曾任广州大学（国立中山大学前身）校长、国民党特别委员会委员	1932.2—1940.7

---

①　宋恩荣、章咸主编：《中华民国教育法规选编 1912—1949》，江苏教育出版社 1990 年版，第 404、416 页。

②　同上书，第 416 页。

③　中华民国教育部参事处编：《教育法令汇编　第一辑》，商务印书馆 1936 年版，第 343 页。

（续表）

院校名称	校（院）长	主要学历	执掌该校前主要的任职经历	长校时段
山东大学	赵畸	哥伦比亚大学研究院攻读戏剧	曾任北京艺术专门学校戏剧系教授兼系主任、青岛大学教务长	1932.9—1936.7
同济大学	翁之龙	获法兰克福大学医学博士学位	曾任北京大学教授、中山大学教授兼附属医院院长	1931.9—1939.2
暨南大学	何炳松	获普林斯顿大学硕士学位	曾任北京大学历史系教授、浙江省立第一师范校长、上海商务印书馆编辑及史地部主任等职	1935.6—1946.5
浙江大学	郭任远	获加利福尼亚大学伯克利分校博士学位	曾任复旦大学教授、副校长	1933.4—1936.4
交通大学	黎照寰	获宾夕法尼亚政治科硕士学位	曾任中国公学商科教授、上海交通大学教授、副校长	1930—1944
四川大学	任鸿隽	获康奈尔大学化学学士学位、哥伦比亚大学硕士学位	曾任东南大学副校长	1935.9—1937.6
安徽大学	李顺卿	获耶鲁大学森林学院硕士学位、芝加哥大学理学院植物学博士学位	曾任北京师范大学生物系教授兼系主任并兼教务长、安徽大学教授兼农学院院长	1935.7—1938
河南大学	刘季洪	获华盛顿大学教育硕士、圣若望大学荣誉法学博士	曾任江苏省教育厅督学、江苏大学督学、南京民教馆馆长、湖南大学校长	1935.6—1938.10
山西大学	王录勋	获伦敦大学学士、博士学位	曾任山西大学校工科第一任学长	1918.8—1937.11
湖南大学	胡庶华	获柏林工科大学铁冶金博士学位（或称"铁冶金工程师称号"）	曾任武昌大学教授兼总务长继兼代校长、江苏省教育厅长、同济大学校长	1932.10—1935.12
广西大学	马君武	获柏林大学工学博士学位	曾先后任中国公学、大夏大学、国立工业大学校长	1928.10—1936.5
云南大学	何瑶	获普渡大学机械工程学士学位	曾任东陆大学理工学院院长	1932—1937
东北大学	张学良		曾任国民政府国防委员会委员、东北军空军总司令、中华民国陆海空军副总司令	1928—1936（兼任）

第九章 结语:国民政府初期整顿高等教育的双重面相

(续表)

院校名称	校(院)长	主要学历	执掌该校前主要的任职经历	长校时段
金陵大学	陈裕光	获哥伦比亚大学硕士、博士学位	曾任北京师范大学理化系主任、代理校长、金陵大学有机化学教授	1927—1949
大同大学	曹惠群	获伯明翰大学化工学士学位、化学硕士学位	曾任复旦公学化学教授	1928.2—1942.1
复旦大学	李登辉	获耶鲁大学文学博士学位	曾任复旦公学教授兼教务长	1913—1937①
光华大学	张寿镛	举人	曾任浙江、湖北、江苏、山东四省财政厅长、财政部次长	1925—1945(1931年前兼任)
大夏大学	王伯群	毕业于日本中央大学	曾任国民党中央政治会议委员	1926—1943(兼任)
东吴大学	杨永清	获华盛顿大学硕士学位	曾任职北京外交部、曾任东吴大学副校长	1927—1948
沪江大学	刘湛恩	获东京大学理学学士学位、芝加哥大学教育学硕士学位、哥伦比亚大学博士学位	曾任东南大学教授、光华大学校董和义务教授	1928—1938
震旦大学	胡文耀	获比利时卢汶大学数学博士学位	曾任北京大学、北京高等师范学校教师、中法工学院教务长、代理院长	1932—1951
燕京大学	陆志韦	获芝加哥大学哲学博士学位	曾任燕京大学心理学系教授兼系主任	1935—1937
辅仁大学	陈垣	曾入广州博济医学院学习	曾创办平民中学并任校长、教育部次长、任北京大学、辅仁大学教师	1929—1949
中法大学	李麟玉	获巴黎大学理科硕士	曾任中法大学居礼学院学长兼教授、北京大学化学系教授兼仪器部主任、中法大学理学院院长	1928—1950
南开大学	张伯苓	曾于哥伦比亚大学研修教育	曾开办敬业中学堂(后改为南开中学)并任监督、筹办南开大学	1919—1948
齐鲁大学	刘世传	获哈佛大学政治博士学位	曾任东北大学、北平大学、中国大学、国民大学教授	1935—1943
武昌中华大学	陈时	获日本中央大学法学学士学位	捐资创办武昌中华大学并为该校代理人	1918—1945

---

① 此期间,私立复旦大学虽然有多名代理校长,但实际校长仍旧是李登辉。

(续表)

院校名称	校（院）长	主要学历	执掌该校前主要的任职经历	长校时段
武昌华中大学	韦卓民	获哈佛大学文学硕士学位、伦敦大学哲学博士学位	曾任武昌华中大学副校长兼教务长	1930—1948
厦门大学	林文庆	获苏格兰爱丁堡医学院医科学士和外科硕士	曾创办英皇爱德华医学院，被授名誉院士、曾任新加坡中华总商会副会长	1921.5—1937.7
岭南大学	钟荣光	曾于哥伦比亚大学研究教育学	曾任广东都督府教育司长、岭南大学教师	1927—1938
广东国民大学	吴鼎新	毕业于京师大学堂师范馆博物科，曾赴日、美、菲律宾考察教育	曾任广东高等师范学校教务长、教授、广东政务厅教育科科长、广西教育厅长、创办开侨中学	1927—1949.10（兼任校董、校长）
广州大学	金曾澄	毕业于广岛高等师范学校	曾任广东高等师范学校校长、广州大学校长、广东省教育厅长	1932.9—1936.8（代）
华西协和大学	张凌高	获芝加哥西北大学文学硕士学位、耶鲁大学哲学博士学位	曾任华西协和大学副校长	1933—1946
上海商学院	裴复恒	获巴黎大学法学博士学位	曾任复旦大学法律学系主任、国民政府参谋本部秘书	1933.8—1945.1
北洋工学院	李书田	获康奈尔大学工学博士学位	曾任北洋大学教授、交通大学唐山工程学院院长	1932—1946
甘肃学院	邓春膏	获斯丹佛大学文学学士、硕士学位、芝加哥大学博士学位	曾任兰州中山大学教授兼教务长、代理校长、校长、甘肃大学校长	1931—1936.5
金陵女子文理学院	吴贻芳	获密歇根大学生物学博士学位	无	1928—1949
上海法学院	褚辅成	先后入东京警察分校和法政大学	曾创办南湖学堂并任校长、创立开明女校、曾任浙江省临时政府主席兼民政厅长	1927—1948（董事长兼校长）
之江文理学院	李培恩	获芝加哥大学文学硕士学位、纽约大学商业管理硕士学位	曾任之江文理学院代理院长	1930—1948
福建协和学院	林景润	获芝加哥大学硕士学位、哈佛大学名誉博士学位	曾任福建协和大学教授	1927—1946
华南女子文理学院	王世静	获密歇根大学化学硕士学位	曾任厦门大学化学系副教授、华南女子文理学院化学系主任、教务长	1930—1948

第九章 结语：国民政府初期整顿高等教育的双重面相

（续表）

院校名称	校（院）长	主要学历	执掌该校前主要的任职经历	长校时段
西北农林专科学校	于右任	举人、曾入震旦学院学习	曾创办上海大学并任校长、任审计院院长、检察院院长	1934—1936（兼任）
上海美术专科学校	刘海粟	曾赴日本、欧洲考察美术	曾创办上海图画美术院（即上海美术专科学校）并任校长	1931—1952（曾由他人代校务）

资料来源：中国第二历史档案馆编：《中华民国史档案资料汇编 第五辑 第一编 教育》，凤凰出版社2010年版，第300—323页；教育年鉴编辑委员会编：《第二次中国教育年鉴》（第五编 高等教育），台北文海出版社1982年版；中华民国教育部高等教育司编：《全国高等教育统计》，中华民国教育部高等教育司1932年印；中华民国教育部编：《二十一年度全国高等教育统计》，商务印书馆1935年版；中华民国教育部统计室编：《二十二年度全国高等教育统计》，商务印书馆1936年版；中华民国教育部统计室编：《二十三年度全国高等教育统计》，商务印书馆1936年版；季啸风主编：《中国高等学校变迁》，华东师范大学出版社1992年版，第44—70页；程斯辉：《中国近代大学校长研究》，人民教育出版社2010年版，第85—90页；王仁中、王槐昌等编：《爱国办学的范例：立达学社与大同大学，大同附中一院史料实录》，上海古籍出版社2002年版，第53—54页；张寿镛：《六十年之回忆》，载杨光编著《最后的名士：近代名人自传》，黄山书社2008年版，第213—219页；刘炎臣、王尉曾：《李麟玉先生事略》，载中国人民政治协商会议天津市委员会文史资料委员会编《天津文史资料选辑1998.2辑》（总第七十八辑），天津人民出版社1998年版，第105—111页；广州市地方志编纂委员会编纂：《广州市志 卷十九：人物志》，广州出版社1996年版，第202—203页；《校史》，载上海美术专科学校编《上海美术专科学校概况》，上海美术专科学校1947年印，第1—5页。

如表9-3所示，至1936年前后，全国高校形成一支学历高，有较丰富教育教学或管理经验，以专职为主的重点院校校长、院长队伍。上述50所高校的多数校（院）长具有较高的学识和专业素养，许多是曾留学欧美或日本等国，并获得过学士、硕士甚至博士学位。具体来说，50名校长中，6名未曾留学之外，其余44名皆曾出国留学，在高校校长群体中，留学生占有较大比重。其中，获得博士学位者21名。上述各高校校（院）长队伍中，除吴贻芳从国外获得博士学位旋即出长金陵女子文理学院外，其余均在出长各高校之前便有丰富的工作经验和管理经验，或曾为各高校教授、系主任、教务长、校（院）长，或者曾任职教育部、教育厅等重要教育行政机关，他们在前期工作中积累下来的丰富的教育阅历和教育管理经验，为后来出长高校奠定了良好的平台。此外，专任者较多，兼职者较少。据粗略统计，上述校长中，除于右任、张学良、吴鼎新、王伯群等为兼任外，其余多为专任者。这就使得绝大多数校（院）长都能把主要精力放在学校的管理工作上。各高校校（院）长之任期相对较长也是一大特点。校长任期较长对学校的稳定发展大有裨益。如上所述，这些校（院）长之任期最长者达 29 年，最短者亦为 2 年。总之，通过整顿，在全国初步形成了一支以专职者为主，学历高、有较丰富教育教学和管理经验的高校校（院）长队伍。这支队伍的形成不仅是当时整顿高等教育的结果，亦是整顿工作进一步推行的重要保障。正是在这些校（院）长的带领下，各高校积极配合国民政府的整顿政策，使各项整顿工作取得了一定的成效，推动了高等教育质量的提高。

（二）师资方面

国民政府初期，随着各高校学生逐步增加，教师数量亦快速增加（见表 9-1）。与此同时，教育部亦加强了对高校教师队伍的管理和建设，不仅限制其兼职，而且国民政府教育行政委员于 1927 年 6 月 15 日公布了《大学教员资格条例》，将是否获得学位作为划分高校教员等级的首先条件，并将教务成绩以及学术能力作为重要的评判标准[1]，以此推动教师的教学、科研水平进一步提升。

这一时期各高校教师队伍中教授比例日益增多，以清华大学为例，1928—1936 年，清华大学教授数呈持续上升趋势，由 1928 年的 60 人增至 1936 年的 104 人[2]，这在一定程度上有助于保障该校教学质量，尤其有利于学校学术之发展。北大教师状况亦是如此，1930 年，教授 78 人，占教授讲师总数的 29.8%[3]，到 1936 年，教授 76 人（其中包括 16 名名誉教授），占教授讲师总数的 51%[4]。可见，至 1936 年，北京大学教授所占比例直线上升。

关于高校教师的学历背景状况，以 1937 年前后中山大学教育学系为

---

[1] 中国第二历史档案馆编：《中华民国史档案资料汇编 第五辑 第一编 教育》，凤凰出版社 2010 年版，第 168—169 页。

[2] 苏云峰：《从清华学堂到清华大学. 1928—1937：近代中国高等教育研究》，生活·读书·新知三联书店 2001 年版，第 112 页。

[3] 根据"国立北京大学职员录（中华民国十九年五月 文牍课编印）"统计而成。参见王学珍、郭建荣主编《北京大学史料 第二卷：1912—1937》，北京大学出版社 2000 年版，第 363—373 页。

[4] 根据"国立北京大学职教员录（二十五年四月编印）"统计而成。参见王学珍、郭建荣主编《北京大学史料 第二卷：1912—1937》，北京大学出版社 2000 年版，第 401—411 页。

例，该系教员学历背景状况如下：

表 9-4　　1937 年前后中山大学教育学系教员之学历背景统计表

教员姓名	职称	国外毕业学校及学历	国内毕业学校或学历
邰爽秋	教授	哥伦比亚大学教育学博士	东南大学
胡　毅	教授	芝加哥大学教育学博士	清华学校
郎醒石	教授	加州大学硕士	金陵大学
范　锜	教授	东京高等师范学校毕业；哥伦比亚大学哲学博士；入哈佛大学及约翰霍布金斯学院研究	
韦　悫	教授	芝加哥大学哲学博士	
崔载阳	教授	法国里昂大学博士	广东高等师范学校
陈德荣	教授		北京大学
陈礼江	教授	芝加哥大学学士、硕士	九江南伟烈大学
庄泽宣	教授	哥伦比亚大学哲学博士	清华学校
黄希声	教授	华盛顿大学教育学士；加州大学教育心理学硕士	
雷通群	教授	东京高等师范学校毕业；史丹佛大学教育硕士	
廖作新	教授	美国柯利根州立大学教育硕士	
戴　夏	教授	留学德国	
李粹芳	副教授	美国南加州大学教育学士、教育硕士	广东省女子师范学校
王　越	讲师		东南大学
李应南①	讲师		理学士、文学士
陈作梁	讲师		南京文理科大学文学士

资料来源：根据"国立中山大学教师名录"制作而成。黄福庆：《近代中国高等教育研究 国立中山大学（1924—1937）》，台北"中研院"近代史研究所 1988 年版，第 202—203 页；刘国铭主编：《中国国民党百年人物全书》（上），团结出版社 2005 年版，第 939 页。

如表 9-4 所示，至 1937 年，中山大学教育系教师共有 17 名，其中，教授 13 人、副教授 1 人、讲师 3 人。教师中有留学经历者 13 人，其中，获得博士学位者 5 人，获得硕士学位者 5 人；有 4 人不曾留学国外，但在

---

① 李应南毕业学校不详。

国内取得了学士学位。实际上,1937年中山大学374名教师中,除国别不详者30人外,国内培养者79人,占21.1%;国外培养者265人,占70.9%。拥有高级学位者147人,其中硕士62人,博士85人,占31.28%,可见该校具有较强的师资阵容[①]。

当然,并非每所高校的教员情况都如此乐观,据1936年统计,山西大学各院教职员人数的相关情况如下:

表9-5　　　　　　1936年山西大学各院教职员人数一览表

学院	教授	副教授	讲师	助教	职员
文学院	4		10	6	5
法学院	10	1	17	7	14
工学院	8	2	6	1	9
理学院	1		5	2	3
教育学院	3		3		8
总　计	26	3	41	16	39

资料来源:山西大学校史编纂委员会编:《山西大学史稿》,山西人民出版社1987年版,第29页。

由表9-5所示,1936年山西大学各院教师共86人,其中教授26人,副教授3人,讲师41人,助教16人。由此可见,虽然经过整顿的山西大学的教师结构有所调整,但教师队伍仍以讲师为主。这表明国民政府初期国立高校与省立高校的教师职级结构具有较大差距,即各高校之师资水平存在不平衡之状况。

经过整顿之后,各高校兼职教师亦有所下降,专任者比例日益上升。以北京大为例,据统计,1933年北京大学教师专任者128人,兼任者89人,专任者约占总教员数的59.0%[②]。与该校1928—1930年的专兼任状况(见表2-6)比较起来,该校教师兼职状况明显好转。再如将1934年全国高校教员与1931年作比较,专任者增加了994人,而兼职者则减少

[①] 黄福庆:《近代中国高等教育研究　国立中山大学(1924—1937)》,台北"中研院"近代史研究所1988年版,第168—170、195—226页。

[②] 王学珍、郭建荣主编:《北京大学史料　第二卷:1912—1937》,北京大学出版社2000年版,第435页。

了 842 人（见表6-2），专兼任者比例逐渐达到国民政府法令规定的范围，即兼任者不得超过教员总数的三分之一。

总体上讲，经过整顿，各高校的教师学历有所提升，多数毕业于国内高校然后出国留学，并获得学士、硕士或者博士学位，具有中西方面的知识结构，整体素质较高，同时，高校教师"以专任为主"的法令得以落实。

一般来说，教学成绩的评价较难把握，而关于学术水平方面，整顿后各高校教师更多地参与到各种科研活动之中确是事实。如积极翻译介绍国外相关领域的思想和理论，创办和参与相关的学术团体，邀请国外著名学术人物到校做学术演讲和交流以及休假出国研究等。高校教员从事学术研究之兴趣及其成果在无形中均影响着学生，因此，高校教员是否乐于研究学问，对学风有较大影响。教育部曾于1934—1935年调查全国高校教员研究专题情形，其统计结果如下：

表9-6 　　1934年至1935年全国各高校教员关于专题研究之统计表

高校校别	研究员类别				专题类别					
					实科类（理、农、工、医）		文科类（文、法、教育、商）		总计	
	独立者	合作者	助理	总计	已完成专题	未完成专题	已完成专题	未完成专题	完成专题	未完成专题
国立者	339	72	96	507	136	175	66	132	202	307
省立者	110	44	21	175	34	56	26	39	60	95
私立者	289	31	64	384	281	63	54	53	335	116
总　计	738	147	181	1066	451	294	146	224	579	518

资料来源：杜元载主编：《革命文献　第五十六辑　抗战前之高等教育》，台北中央文物供应社1971年版，第157页；教育部编：《全国专科以上学校教员研究专题概览》（上册）（下册），商务印书馆1937年版。

如表9-6所示，1934—1935年，全国各高校教员从事专题研究者共1066人。其中，独立研究者738人，合作研究者147人，助理研究者181人。从事专题研究者在全国高校7560名教员中约占14%强[1]。可见，当

---

[1] 杜元载主编：《革命文献　第五十六辑　抗战前之高等教育》，台北中央文物供应社1971年版，第157页。

时从事学术研究的高校教员占相当比例。

总之，通过整顿加强了对高校教师队伍的管理之后，一方面，高校教师素质和教学、科研水平都有进一步提升，多数教师曾留学欧美，并获得相应的学位，具有中西结合的知识体系，在教学的同时积极地参与各项科研活动；另一方面，兼任教师逐渐减少，专任者迅速增多，他们将更多的精力投入到对学生的教学工作中，有利于提升高等院校的教育效能。

（三）学生方面

整顿工作中由于调整了院系学科结构，高等院校毕业生结构渐趋合理。

表9-7　　1928年至1937年全国高校毕业生数及所占比例统计表

年份 比重	共计	文科类					实科类				
		文	法	商	教育	合计	理	工	医	农	合计
1928年	3253	477	1420	219	398	2514	285	302	79	73	739
百分比	100	14.7	43.7	6.7	12.2	77.3	8.8	9.3	2.4	2.2	22.7
1929	4164	827	1681	276	446	3230	280	434	122	98	934
百分比	100	19.9	40.4	6.6	10.7	77.6	6.7	10.4	2.9	2.4	22.4
1930	4586	883	1898	234	561	3576	308	412	137	153	1010
百分比	100	19.3	41.4	5.1	12.2	78.0	6.7	9.0	3.0	3.3	22.0
1931	7034	1541	2560	454	519	5074	435	932	232	361	1960
百分比	100	21.9	36.4	6.5	7.4	72.1	6.2	13.2	3.3	5.1	27.9
1932年	7311	1404	2713	485	635	5237	512	897	259	406	2074
百分比	100	19.2	37.1	6.6	8.7	71.6	7.0	12.3	3.5	5.6	28.4
1933年	8665	1156	3175	561	1189	6081	698	1008	383	495	2584
百分比	100	13.3	36.6	6.5	13.7	70.2	8.1	11.6	4.4	5.7	29.8
1934年	9622	1267	3478	669	1374	6788	924	1163	309	438	2834
百分比	100	13.2	36.1	7.0	14.3	70.5	9.6	12.1	3.2	4.6	29.5
1935年	8673	1741	2596	707	792	5836	996	1037	388	416	2837
百分比	100	20.1	29.9	8.2	9.1	67.3	11.5	12.0	4.5	4.8	32.7
1936年	9154	2014	2667	719	718	6118	935	1322	418	361	3036
百分比	100	22.0	29.1	7.9	7.8	66.8	10.2	14.4	4.6	3.9	33.2
1937年	5137	797	1059	324	512	2692	794	969	400	282	2445

第九章　结语：国民政府初期整顿高等教育的双重面相

（续表）

年份 比重	共计	文科类					实科类				
		文	法	商	教育	合计	理	工	医	农	合计
百分比	100	15.5	20.6	6.3	10.0	52.4	15.5	18.9	7.8	5.5	47.6

注：上述毕业生数包含大学生、专科及专修科生的数量。
该表根据"十七年度至三十六年度专科以上学校毕业生数与科别表"改编制定而成。资料来源：教育年鉴编纂委员会编：《第二次中国教育年鉴》（第五编　高等教育），台北文海出版社1986年版，第39—40页。

如表9-7所示，1928年至1937年，文科类毕业生数占全国高校总毕业生数之比例逐渐减少，而实科类所占比例则逐渐增多。1928年实科类毕业生数仅占总毕业生的22.7%，至1937年则占总数的47.6%。可见，经过整顿之后，全国高校文、实科类毕业生数之比例逐渐趋向平衡，文、实科类教育畸形发展状况大有转变。具体来讲，从1934年开始，理科毕业生数占全国毕业生总数之比例迅速增加。工科毕业生数及所占比例增加较为明显，与1928—1930年的状况比较，1931—1937年的比例上升较大；1928年工科毕业生所占比例在全国高校居第四位，至1937年上升至第二位。医科毕业生所占比例除1934年稍有下降之外，其余学年均呈增长趋势，尤其到1937年，其毕业生所占比例是1928年的3倍之多。农科毕业生所占比例于1928—1933年直线上升，随后三年略有降低，但到1937年则有所回升。总之，国民政府在整顿高等教育进程中始终贯彻注重实用科学原则，注重理、工、农、医等教育，教育部长朱家骅、王世杰等任职后也极力配合中央整顿政策，提倡实科类应用性较强学科之发展，因此，经过整顿之后，国民政府初期实科类人才迅速增加。

在这一时期，全国多数高校毕业生于抗日战争期间及抗战之后为国家建设事业做出了贡献。如抗战时期在中国西南和西北部从事公路、兵工、机械、探矿、美军翻译等基础工作的清华大学毕业生，在抗战胜利后4年进入中基层岗位，在东北、华北、华中、华南等地区的政府单位从事工矿、交通、金融和教育等工作，到1949—1980年，仍在世者都居于各领域事业的中高阶层领导地位[①]。这也是国民政府初期高校毕业生质量较好的重要表现。

---

① 苏云峰：《从清华学堂到清华大学. 1928—1937：近代中国高等教育研究》，生活·读书·新知三联书店2001年版，第218页。

再考察一下国民政府"中研院"首届院士在国内受教育的经历以及相关情况。1928年国民政府成立的"中研院",于1948年3月选出81名院士。其中,有2人曾于20世纪30年代的高等院校获得学士学位①。1949年11月中华人民共和国以原"中研院"和北平研究院为基础成立的中国科学院,于1955年6月聘任233名学部委员②,1957年增聘学部委员21人③,1980年新聘283人④。具体情况如下:

表9-8　1955年、1957年、1980年中国科学院学部委员人数统计表

学部	1955年	1957年	1980年	总计
哲学社会科学学部	61	3	—	64
数学物理学部	48	7	51	157
化学学部			51	
生物学部	84	5	53	209
地学部		3	64	
技术科学部	40	3	64	107
小　计	233	21	283	537

注：1955年中国科学院分哲学社会科学（该部于1966年被取消，1977年在此学部基础上成立中国社会科学院）、数学物理化学、生物学地学、技术科学四个学部；1957年生物学地学学部改为生物学学部和地学学部，共有五个学部；1980年中国科学院分物理数学、化学、生物学、地学、技术科学五个学部。

资料来源：国立"中研院"编：《国立"中研院"院士录》（第一辑），国立"中研院"1948年版；郭建荣主编：《中国科学技术年表（1582—1990）》，同心出版社1997年版，第483页；《中国科学院学部委员名单》，《中华人民共和国国务院公报》1955年第9期,第345—346页；《中国科学院增聘学部委员名单》，《人民日报》1957年5月31日；《中国科学院学部委员名单》，《人民日报》1981年3月30日；中国经济年鉴编辑委员会编辑：《中国经济年鉴1992》，经济管理出版社1992年版，第957—959页；《当代中国》丛书编辑部：《中国科学院》（下），当代中国出版社1994年版，第729—739页。

如表9-8所示,1955年、1957年和1980年三年中,中国科学院共聘

---

① 分别是,陈省身于1930年获得南开大学理学士,许宝騄于1933年获得清华大学数学学士。参见国立"中研院"编：《国立中央研究院院士录》（第一辑），国立"中研院"1948年印；郭建荣主编：《中国科学技术年表（1582—1990）》，同心出版社1997年版，第483页。

② 《中国科学院学部委员名单》，《中华人民共和国国务院公报》1955年第9期。中国科学院学部委员于1993年被改称为院士。

③ 《中国科学院增聘学部委员名单》，《人民日报》1957年5月31日。

④ 《中国科学院学部委员名单》，《人民日报》1981年3月30日。

任学部委员 537 人。据初步统计，在上述总人数中，大约有 176 人曾毕业于 20 世纪 30 年代的国内高等院校，具体情况如下：

表 9-9　曾于 20 世纪 30 年代国内高校毕业的中国科学院学部委员
（限 1980 年及此前聘任者）情况统计表

人名	国内毕业时间	国内毕业院校	人名	国内毕业时间	国内毕业院校
哲学社会科学学部委员（10人）					
丁声树	1932 年	北京大学	季羡林	1934 年	清华大学
千家驹	1932 年	北京大学	吴晗	1934 年	清华大学
尹达	1932 年	河南大学	何其芳	1935 年	北京大学
许涤新	1933 年	上海商学院	于光远	1936 年	清华大学
夏鼐	1934 年	清华大学	邓拓	1937 年	河南大学
物理学数学化学部学部委员（49人）					
汪猷	1931 年	金陵大学	卢嘉锡	1931 年	厦门大学
张文裕	1931 年	燕京大学	高怡生	1931 年	中央大学
苏元复	1933 年	浙江大学	王竹溪	1933 年	清华大学
柯召	1933 年	清华大学	邢其毅	1933 年	辅仁大学
许宝騄	1933 年	清华大学	李国平	1933 年	中山大学
梁树权	1933 年	燕京大学	时钧	1934 年	清华大学
王承书	1934 年	燕京大学	高振衡	1934 年	清华大学
张宗燧	1934 年	清华大学	吴征铠	1934 年	金陵大学
钱学森	1934 年	上海交通大学	黄耀曾	1934 年	中央大学
钱志道	1935 年	浙江大学	王序	1935 年	沪江大学
钱伟长	1935 年	清华大学	侯祥麟	1935 年	燕京大学
胡世华	1935 年	北京大学	吴浩青	1935 年	浙江大学
汪德熙	1935 年	清华大学	郭永怀	1935 年	北京大学
蒋明谦	1935 年	北京大学	卢鹤绂	1936 年	燕京大学
武迟	1936 年	清华大学	何泽慧	1936 年	清华大学
段学复	1936 年	清华大学	陈冠荣	1936 年	清华大学
钱三强	1936 年	清华大学	葛庭燧	1937 年	清华大学
王湘浩	1937 年	北京大学	魏荣爵	1937 年	金陵大学
杨澄中	1937 年	中央大学	蔡启瑞	1937 年	厦门大学
冯新德	1937 年	清华大学	曹本熹	1938 年	西南联合大学

(续表)

物理学数学化学部学部委员（49人）					
胡 宁	1938年	清华大学	朱亚杰	1938年	清华大学
李正武	1938年	清华大学	严东生	1939年	燕京大学
谈镐生	1939年	上海交通大学	彭少逸	1939年	武汉大学
朱洪元	1939年	同济大学	钱人元	1939年	浙江大学
肖 伦	1939年	清华大学	—	—	—
高尚荫	1930年	东吴大学	黄家驷	1930年	燕京大学
谈家桢	1930年	东吴大学	曾呈奎	1931年	厦门大学
戴松恩	1931年	金陵大学	唐仲璋	1931年	福建协和大学
唐 仲	1931年	福建协和大学	方心芳	1931年	劳动大学
高振西	1931年	北京大学	俞德浚	1931年	北京师范大学
李庆逵	1932年	复旦大学	王之卓	1932年	上海交通大学
李连捷	1932年	燕京大学	熊 毅	1932年	北京大学
娄成后	1932年	清华大学	朱壬葆	1932年	浙江大学
赵金科	1932年	北京大学	李庆逵	1932年	复旦大学
谭其骧	1932年	燕京大学	盛彤笙	1932年	中央大学
王 钰	1933年	北京大学	魏 曦	1933年	上海医学院
吴英恺	1933年	辽宁医学院	周廷儒	1933年	中山大学
傅承义	1933年	清华大学	赵善欢	1933年	中山大学
程裕淇	1933年	清华大学	杨遵仪	1933年	清华大学
赵九章	1933年	清华大学	徐 仁	1933年	清华大学
张香桐	1933年	北京大学	周立三	1933年	中山大学
徐冠仁	1934年	中央大学	阎逊初	1934年	北京中法大学
杨 简	1934年	中山大学	任美锷	1934年	中央大学
蔡 旭	1934年	南京大学	徐克勤	1934年	中央大学
汪堃仁	1934年	北京师范大学	翁文波	1934年	清华大学
陈国达	1934年	中山大学	张文佑	1934年	北京大学
黄祯祥	1934年	北平协和医学院	黄秉维	1934年	中山大学
陈华癸	1935年	北京大学	蒲蛰龙	1935年	中山大学
庄孝僡	1935年	山东大学	孙殿卿	1935年	北京大学
邱式邦	1935年	沪江大学	裘维蕃	1935年	金陵大学

（续表）

物理学数学化学部学部委员（49人）					
王伏雄	1936年	清华大学	李竞雄	1936年	浙江大学
王志均	1936年	清华大学	侯仁之	1936年	燕京大学
程纯枢	1936年	清华大学	姚 鑫	1937年	浙江大学
侯学煜	1937年	中央大学	马世骏	1937年	北京大学
梁植权	1937年	燕京大学	郭文魁	1937年	北京大学
吴征镒	1937年	清华大学	岳希新	1937年	北京大学
秦馨菱	1937年	清华大学	武 衡	1937年	清华大学
卢衍豪	1937年	北京大学	王世真	1938年	清华大学
朱祖祥	1938年	浙江大学	刘建康	1938年	东吴大学
宋叔和	1938年	清华大学	陆宝麟	1938年	东吴大学
王鸿祯	1939年	北京大学	鲍文奎	1939年	中央大学
朱既明	1939年	上海医学院	黎尚豪	1939年	中山大学
龚祖同	1930年	清华大学	赵飞克	1930年	武汉大学
吴学蔺	1930年	大同大学	王之玺	1931年	北洋大学
蔡金涛	1931年	上海交通大学	李文采	1931年	上海交通大学
周惠久	1931年	交通大学唐山工程学院	褚应璜	1931年	上海交通大学
邵象华	1932年	浙江大学	丁舜年	1932年	上海交通大学
毛鹤年	1933年	北平大学	徐士高	1933年	北平大学
刘恢先	1933年	交通大学唐山工程学院	张 维	1933年	交通大学唐山工程学院
钱钟韩	1933年	上海交通大学	严 恺	1933年	交通大学唐山工程学院
徐芝纶	1934年	清华大学	张光斗	1934年	上海交通大学
孙德和	1934年	清华大学	张钟俊	1934年	上海交通大学
毕德显	1934年	燕京大学	张 煦	1934年	上海交通大学
支秉彝	1935年	浙江大学	雷天觉	1935年	北平大学
孟少农	1935年	清华大学	罗霈霖	1935年	上海交通大学
陈新民	1935年	清华大学	钱令希	1936年	上海理工大学
李 熏	1936年	湖南大学	王大珩	1936年	清华大学
马大猷	1936年	北京大学	梁守盘	1937年	清华大学
邹元曦	1937年	浙江大学	叶培大	1938年	北洋工学院

(续表)

\multicolumn{6}{c}{物理学数学化学部学部委员（49人）}					
柯 俊	1938年	武汉大学	张恩虬	1938年	清华大学
陈芳允	1938年	清华大学	吕保维	1939年	清华大学
吴自良	1939年	北洋工学院	陶亨咸	1939年	同济大学
陈学俊	1939年	中央大学	史绍熙	1939年	北洋大学
林为干	1939年	清华大学	—	—	—

注：为了方便统计，物理学数学和化学部学部、生物学和地学部学部委员合并进行统计。

资料来源：《中国科学院学部委员名单》，《中华人民共和国国务院公报》1955年第9期，第345—346页；《中国科学院增聘学部委员名单》，《人民日报》1957年5月31日；《中国科学院学部委员名单》，《人民日报》1981年3月30日；何明主编：《中国科学院第一批学部委员（哲学社会科学部）》，中国大百科全书出版社2010年版；何明主编：《中国科学院第一批学部委员（数学物理学化学部、技术科学部）》，中国大百科全书出版社2010年版；何明主编：《中国科学院第一批学部委员（生物学地学学部）》，中国大百科全书出版社2010年版。

　　据表9-9所示，1955年、1957年中国科学院哲学社会科学学部64名学部委员中，曾毕业于20世纪30年代的高等院校者约有10人[①]；1955年、1957年和1980年物理学数学化学部学部曾毕业于当时高校者约49人，生物学地学部约74人，技术科学部约43人，共占学部委员总数的32.8%。当时高校的毕业生在他们的工作岗位上得到了社会的认同，反映出当时的高等教育质量在一定程度上有所提升。

　　综上所述，经过整顿之后，到1937年前后，全国高校的数量规模都大致趋于稳定，高校滥设现象基本上得到了遏止。全国高校初步形成了一支较高素质的高校校（院）长队伍，教师兼职者逐渐减少，自身素质不断提高，且更多地参与科研工作等。全国高校实科类毕业生数占全国毕业生总数之比例日渐提高，而文科类毕业生所占比例则逐年下降，至1937年前后文、实科类毕业生渐趋平衡，尤其是一些社会发展急需的实用性较强的专业亦得以发展，而且此一时期的大学毕业生质量较高，在各自工作岗位上的成绩得到了社会的认同。总之，经过整顿之后的高等教育在质量上有所提高。整顿工作之成绩还获得了社会舆论的认同。即使对政府教育政策责难最多的天津《大公报》，也发表社论认为："中国全国之高等教

---

① 另外还有3人肄业于当时的高校，分别是胡乔木（清华大学、浙江大学肄业）、胡绳（1934—1935年北大肄业）、狄超白（1931年中央大学肄业）。

育，依教部及教育界本身之努力，在学风之整饬，院系之合理化，课程之厘订，及学生之质的整理，等方面，从大体言之，俱大有进步——此为一般公认之事实，无可容疑者。"① 应该说，国民政府初期对高等教育的整顿工作取得了一定成效，高等教育开始朝着正规化、秩序化的方向发展。当然，当时高等教育之所以健康发展，除了是国民政府大力整顿之结果外，还与高等教育的自身发展规律有关。高等教育健康发展及其质量的提高，为当时的各项建设事业培养出了急切需要的人才，这正是国民政府整顿高等教育的重要目的之一。

第二节 在整顿工作中贯彻政治意图

国民政府整顿高等教育除了履行国家监督和引导之权力外，亦把整顿工作当作建构"党化"国家的通盘计划之一部分。国民政府初期整顿高等教育政策的主要特征之一便是规范和控制相结合：一方面，颁布各项高等教育相关法令政策，以推动高等教育向秩序化和规范化方向发展，因取得了明显成效，逐渐形成了一个统一的高等教育体系，并使20世纪30年代成为中国近代高等教育发展史上的重要篇章。另一方面，国民政府定都南京之后，"党化教育"意识形态的建构与国民党政权维护之间便获得了实质上的相互表里作用。即是说，高等教育整顿过程又始终贯彻了南京政府的政治意图。国民政府定都南京之后宣布进入训政时期，于1931年颁布的《中华民国训政时期约法》设《国民教育》专章以引导全国各级各类教育发展，并成为所有教育立法的基础。该法令具体规定："三民主义为中华民国教育之根本原则"，"全国公私立之教育机关一律受国家之监督，并负责推行国家所定教育政策之义务"②，等等。1935年5月5日公布的《中华民国宪法草案》也专设《国民教育》章，内容大致与《训政时期约法》相同③。上述法令的精神始终贯穿于国民政府初期整顿高等教育的政策之中，"党化教育"是其主线。因此，当时整顿高等教育除了提

---

① 《今后之高等教育》，天津《大公报》1935年6月19日第1张第2版。
② 宋恩荣、章咸主编：《中华民国教育法规选编1912—1949》，江苏教育出版社1990年版，第47页。
③ 胡仁智：《南京国民政府前期教育立法的宏观考察》，《西南政法大学学报》2002年第4卷第4期。

升高等教育质量，培养社会各项建设事业人才之外，还有稳固国民政府政权以及贯彻"党化教育"意识形态之目的。

一　稳固政权的需要

为整顿高等教育，国民政府和教育部先后颁布《大学组织法》和《大学规程》等法令，这些法令政策含有政府巩固政治权势之意图。上述法令要求，在高等院校中以"校务会"取代了民初以来逐渐形成的"评议会"制度。该制度在大幅度削减教授权力的同时，突出了校（院）长在高校管理中的权力，使校（院）长治校的权力得到强化。与此同时，政府紧紧抓住校（院）长任命权：当时各国立高校的校（院）长大多都由国民政府任命；省、私立高校校（院）长虽不由政府任命，但须呈请教育部核准备案。实际上，控制了各高校校（院）长任命权，不仅有助于加强对各高校的控制和管理，更有利于贯彻国民政府的"党化教育"意识形态。在1930年前，多数国立大学校长之职务由国民政府党国要人掌握，如蔡元培兼北京大学校长，蒋梦麟兼浙江大学校长，孙科兼交通大学校长，易培基兼劳动大学校长，郑洪年兼暨南大学校长，戴传贤兼中山大学校长，等等[①]。当时国立高校校（院）长的职位多成为各个党派争夺的焦点，当局也往往任命政府要员兼任该职务；明确规定党员有一切优先权，并通令教育部，应尽先任用国民党党员充任学校校长[②]，控制高等教育的意图昭然若揭。以中央大学的人事变更为例[③]，郭秉文长校东南大学（中央大学前身）时，该校与政治保持着一定距离，但随着国民党政治权势的兴起和发展，其势力渗透入该校，并试图将学校变成宣传"党化教育"的阵地。1925年郭秉文被政府免职，引发了东南大学长达两年的"易长风潮"，致使该校沦为各党派势力的角力场。国民政府定都南京后，从军事上接管了东南大学并对其进行改组，将相关学校改组为中山大学后

[①]《教育界消息　国立大学校长纷纷辞职》，《教育杂志》1930年第22卷第10期。

[②]《党员有一切优先权学校校长亦尽先任用》，天津《大公报》1930年1月12日第2张第5版。江苏教育厅也规定各校校长须尽先任用党员。参见《苏教厅令各县教局校长须尽先任用党员》，《申报》1930年1月12日第3张第12版。

[③] 国民政府成立之后，在全国推行"党化"教育，将国民党的意识形态扩展到大学，而中央大学就成为国民党推行"党化"教育的重要基地。参见许小青《政局与学府：从东南大学到中央大学（1919—1937）》，中国社会科学出版社2009年版，第160页。

第九章 结语：国民政府初期整顿高等教育的双重面相

任命张乃燕长校，然因张的办学主张与国民政府当局的"党化教育"期望有距离，从而致使张乃燕离任去职①。该校于1928年5月改名为中央大学后，国民政府便任命一批倾向于国民党的教授掌握学校实权，并加强了该校的党义课程教学和训育主任的管理，从而加强了对该校的思想控制②。1930年，中央大学校长张乃燕被迫辞职③，随后国民党员朱家骅执掌该校，后因朱氏要出任教育部长，国民政府派政客式人物桂崇基继长该校，招致学生拒绝，后又任政治身份浓厚的段锡朋为代理校长，遭到学生驱殴。鉴于此，国民政府行政院于1932年令中央大学解散，由教育部接管并全面开展整顿工作。④ 由此可见，中央大学校长人选及其更迭表明了南京政府试图以此加强对高校的控制之事实。1928—1931年清华大学校长更迭亦是一例⑤。国民政府接管清华大学后，于1928年8月17日任命罗家伦为该校校长。曾毕业于北大的罗氏是一名忠实的国民党追随者，在北伐战争中任蒋介石的秘书，"罗家伦之所以得到清华校长的职位，完全是依靠政治上的势力"⑥。关于罗氏的人事任命，白崇禧指出："此次罗校长来长清华，能使清华有希望，使清华党化，使诸君变为本党忠实的同志。"⑦ 罗长校后，果不负国民政府所望，对该校实施了一系列的党化教育措施⑧。由此可见，国民政府通过掌握高等院校校（院）长之任命权，使得多数校（院）长成为政府监督学校的代理人，成为政府对各校实施监控的主要渠道。当然，有的高校并不满意政府此种行为。如大学院

---

① 蒋宝麟：《中央大学的国民党组织与国共斗争（1927—1949）》，台北《中央研究院近代史研究所集刊》2011年第73期。

② 许小青：《政局与学府：从东南大学到中央大学（1919—1937）》，中国社会科学出版社2009年版，第163页。

③ 在此前后，因蒋介石在南京中央政权中领袖地位日益巩固，国立高校的多数校（院长）长亦纷纷辞职。参见《国立大学校长纷纷辞职》，《教育杂志》1930年第22卷第10期。

④ 该段部分内容参见田正平、陈玉玲《国民政府初期对高等教育的整顿（1927—1937）》，《河北师范大学学报》（教育科学版）2012年第1期。

⑤ 苏云峰：《从清华大学堂到清华大学.1928—1937：近代中国高等教育研究》，生活·读书·新知三联书店2001年版，第8—42页。

⑥ 冯友兰：《三松堂全集·第1卷》，河南人民出版社2000年版，第69页。

⑦ 清华大学校史编写组编著：《清华大学校史稿》，中华书局1981年版，第94—95页。

⑧ 《蒋主席谈清华罗校长辞职经过》，《中央日报》1931年3月21日第3张第2版；清华大学校史编写组编著：《清华大学校史稿》，中华书局1981年版，第94—95页。

1928年9月公布的《清华大学组织条例》削弱了清华大学教授会和评议会之权利，增强了校长权威，由此引发该校教授会和董事会对新任校长罗家伦强烈不满，为后来罗氏遭学生会驱逐埋下了祸根①。尽管如此，多数高校都按规定实施了校务会制度，采取了校长治校方略，如前文所述的蒋梦麟出长北京大学便是如此。国民政府掌握各高校校（院）长之任命权，通过实施校务会、校（院）长治校等手段，加强了对各高校的控制和管理，在一定程度上有助于达成其稳固国民党政权之目的。

在整顿过程中，政府对学校风潮采取的严厉手段也明显地包含着稳固其政治权势之意图。分别公布于1930年12月11日、1932年7月26日的《整顿学风令》《整顿教育令》便是如此②。1932年12月21日国民党第四届中央执行委员会第三次全体会议通过的《关于教育之决议案》更明确规定，严加整理现有高等院校，立即停办成绩太差学风嚣张学校，并要求教育部详细订定高校训育原则与办法，以养成学生善良品性与严整风纪③。而在对高校风潮的整顿过程中，加强国民党政权对各高校的控制之意图显而易见，如中央大学的整顿便是如此。该校因学生殴打新任校长段锡朋于1932年6月29日被当局下令解散④，对学生重行甄别、开除带头闹事者等被列为整顿的重点内容之一。与此同时，中国公学及前文曾述及的青岛大学等亦因学校风潮而被解散和整顿，整顿方式大致相同⑤。在解散和整顿高校时，教育部采用了非常严厉的手段，甚至动用了国家机器。如在接收中央大学过程中，警备司令部派出便衣侦探多人，破门而入学生宿舍进行搜查，逮捕多人，严格封锁校园，限令三日内全校师生一律离校⑥。以严厉的手段令中央大学解散和整顿，一方面对其他风潮迭起之高校有以儆效尤之用意，另一方面教育部全面控制学潮以稳固国民党政权之

---

① 苏云峰：《清华校长人选和继承风波》（1918—1931），台北《中央研究院近代史研究所集刊》1993年第22期下。

② 中华民国教育部参事处编：《教育法令汇编 第一辑》，商务印书馆1936年版，第30—32页。

③ 《关于教育之决议案》，《教育部公报》1932年第4卷51—52期。

④ 《中大学生凶殴段锡朋行政院令暂行解散》，《中央日报》1932年6月30日第1张第2版。

⑤ 《青大遵令解散》，《申报》1932年7月4日第4版；《宣布暂行停办之中公》，《申报》1932年8月19日第3张第12版。

⑥ 《教部接收中大》，《申报》1932年7月4日第3张第10版。

第九章 结语：国民政府初期整顿高等教育的双重面相

用意亦显而易见。再如，中国公学校长马君武执掌中公期间，不设党义课程，不按时和不遵照仪式举行总理纪念周，不挂党国旗，提倡高校教授和学生言论自由[1]，以及开除两位国民党党籍学生[2]等行为引起了国民党党部大为不满。在国民党党部施压下，中国公学董事会以"干犯党怒、致起学校纠纷"等理由将马君武予以免职，由此引发了该校学生的"护马""倒马"风潮[3]。为了控制该校风潮，上海市八区党部令公安局逮捕学生代表，派军警进学校弹压罢课学生，并请于右任维持校务等。1931年2月初，教育部解散了校内"非法"团体，重新聘任了学校教职员[4]。与此同时，中国公学校董会推荐邵力子为校长，加推邵力子、陈果夫、潘公展、朱应鹏、吴开先为董事[5]，这些人均为国民党员。此后，上至校长下至教授，国民政府党部的人越来越多，该校几乎成了"一个党员吃饭机关"[6]。可见，在整顿中国公学风潮之际，国民政府逐渐掌握了学校实权。但是，该校学生风潮并未减少，再加上当年"九一八"事变致使校园被毁，因此，中国公学于1932年4月被宣布停闭，此为国民政府试图再度

---

[1] 过汉祥：《马君武在中国公学》，载桂林市政协文史资料委员会编《回忆马君武》（桂林文史资料第四十三辑），广西区新闻出版局核准出版，时间不详，第69—70页；胡适著，曹伯言整理：《胡适日记全编·6》，安徽教育出版社2001年版，第22、28页。

[2] 1930年10月14日，为竞争中国公学学生会选举之故，国民党员学生李雄、严经照"诬反对方面或彼等所不快意之人为共产党"，向驻扎吴淞营部控告，营部深夜到校搜检并逮捕了两名学生，马君武闻讯后将两位学生保释，并将李、严两学生开除学籍。参见马君武《中国公学校史》，载胡适著，曹伯言整理《胡适日记全编·6》，安徽教育出版社2001年版，第16—17、35页。

[3] 关于此次风潮的具体情形，参见罗佩光《中国公学和两位最可崇敬的校长》，载王云五等编《私立中国公学》，南京出版有限公司1982年版，第267—273页；《中公校董会免马君武职》，《申报》1930年10月31日第2张第8版；胡适著，曹伯言整理《胡适日记全编·5》，安徽教育出版社2001年版，第851—859页。

[4] 《教部派员接管中公》，《申报》1931年2月6日第4张第13版；《顾树森朱应鹏岑德彰奉令接管中公》，《申报》1931年2月7日第4张第16版；《教部派员昨日接管中公情形》，《申报》1931年2月8日第3张第11版；《教部派员接管中公昨讯》，《申报》1931年2月9日第4张第13版；《教部处置中公风潮》，《民国日报》1931年2月8日第1张第3版。

[5] 《邵力子长中公》，《申报》1931年2月16日第4张第13版；《中公生欢迎新校长校董》，《申报》1931年2月18日第2张第7版。

[6] 中国社会科学院近代史研究所中华民国史组编：《胡适来往书信选（中册）》，中华书局1979年版，第46页。

重申国家对教育事务监督权,巩固国民党政权之结果①。

总之,国民政府在整顿高等教育过程中,通过改评议会为校务会的高校基本制度,扩大了校(院)长对高等院校的权限,同时,政府通过紧握校(院)长任命权,全面加强了对高等院校之控制和管理,达到稳固政权的意图。而且,国民政府不仅将对某些高校的整顿关键点聚集于整顿学校风潮,而且在整顿风潮中采用了极为严厉的手段,如强行解散学校,开除学生,更换校长,对学生实施严厉的甄别试验,甚至趁整顿风潮之机将政治权势渗透入学校等等,有时还动用军队协助开展整顿工作,由此致使国民政府稳固政治权势之意图亦展现无遗。

二 贯彻"党化教育"意识形态

1927年8月,国民政府颁布了《学校施行党化教育办法草案》,对于党化教育解释道:

> 我们所谓党化教育就是在国民党指导下,把教育变成革命化和民众化。换句话说,我们的教育方针要建筑在国民党的根本政策之上。国民党的根本政策是三民主义、建国方略、建国大纲和历次全国代表大会的宣言和议决。我们的教育方针应该根据这几种材料而定。这是党化教育的具体意义。②

上述草案把"党化教育"作为教育的根本指导思想,而"党化教育"则服从于国民党的根本政策,其实质上是促使学校教育国民党化,以建立"以党治国""以党义治国"的一党统治。该草案与1922年颁布的《壬戌学制》的七条标准比较,思想专制加强。1928年5月16日国民政府在南京召开了全国教育会议,以"(一)教育的宗旨,用党化二字反不醒目,把三民主义混了;(二)党化教育的意义本来就是三民主义教育"等缘由,决定将"党化教育"改名为"三民主义教育"③。由此,1929年4月

---

① [美]叶文心:《民国时期大学校园文化:1919—1937》,冯夏根等译,中国人民大学出版社2012年版,第73页;Wen-Hsin Yeh, *The Alienated Academy: Culture and Politics in Republican China*, 1919-1937, Cambridge Mass: Council on East Asian, Harvard University, 1990, p. 112.

② 《教育界消息——"党化教育"之意义及其方案》,《教育杂志》1927年第19卷第8号。

③ 徐蔚南:《三民主义教育》,世界书局1929年版,第4—8页。

第九章 结语：国民政府初期整顿高等教育的双重面相

26 日国民政府公布《中华民国教育宗旨及其实施方针》明确规定："中华民国之教育，根据三民主义，以充实人民生活，扶植社会生存，发展国民生计，延续民族生命为目的，务期民族独立，民权普遍，民生发展，以促进世界大同。"① 对于高等教育，要求"必须注重实用科学，充实学科内容，养成专门知识技能，并切实陶融为国家社会服务之健全品格。"② 国民政府初期对高等教育的整顿都是围绕上述宗旨和方针而进行。1931 年 6 月公布的《中华民国训政时期约法之国民教育专章》亦规定，"三民主义为中华民国教育之根本原则"③。同年 9 月 3 日，国民党第三届中央执行委员会第 17 次常务会议通过的《三民主义教育实施原则》，要求高等院校无论课程、训育等都应严密贯彻"三民主义"精神④。需要指出的是，尽管"党化教育"一词于 1928 年被取消，但当时仍有不少人继续沿用该称谓，任鸿隽更于 1932 年指出：尽管"党化教育"一名词被取消，但"党化教育的进行，仍是目前的一个事实。这事实的发生，正是国民党一贯政策的表现，名词的存在与否，是不关重要的。"⑤ 因此，可以说，"三民主义"与"党化教育"一词在当时是交互使用的，而且，"三民主义"代替"党化教育"只是名称改变而已，其实质精神并未发生任何改变，即推行党义，"以党治国"。

国民政府在高等教育整顿工作中始终坚持贯彻"党化教育"意识形态，坚持"把党的主义或主张，融合在教课中间，使他渐渐的浸灌到学生脑经里去"，主张"教育的事业，由党的机关或人才去主持，使他完全受党指挥"。⑥ 为了达此目的，主要通过建立党组织、设置党义课程、规定党义为学生必修和必考科目以及实行军事教育等措施来进行。具体为：

其一，高校内国民党党部组织的建立。国民党中央常务委员会秘书长叶楚伧 1930 年即指出：北伐前后"在全国中等以上各校都有本党的

---

① 宋恩荣、章咸主编：《中华民国教育法规选编 1912—1949》，江苏教育出版社 1990 年版，第 46 页。
② 同上书，第 47 页。
③ 同上。
④ 同上书，第 52—54 页。
⑤ 叔永：《党化教育是可能的吗》，《独立评论》1932 年第 3 期。
⑥ 同上。

基本组织"①。国民党在高校中多设有国民党区党部或区分部组织,如国立中山大学校长邹鲁于1932年秋在校内组织了区党部,直接隶属于国民党中央②。1933年5月,国民党南京特别市还在中央大学设第八区党部,等等③。在高校中设立国民党党部组织为灌输党化教育意识形态提供了诸多的便利。

其二,高校内党义课程的设置和考核。1922年《壬戌学制》规定"大学采用选科制",使得1913年《大学规程令》公布以来高校课程的统一状态发生了动摇。1924年《国立大学条例》则给予了高校课程设置更大的自由,允许学校自行订定课程④。但在国民政府对高等教育的整顿中加强了对高校课程的管理,并且将党义课程规定为大学生的必修课。1928年7月30日公布的《各级学校增加党义课程暂行条例》规定:"为使本党主义普遍全国,并促进青年正确认识起见,各级学校除在各课程内融会党义精神外,须一律按本条例之规定增加党义课程。"⑤ 要求从小学到大学的各级学校都要由浅入深依次设立党义课程,并将高校的党义课程暂定为建国方略、建国大纲、三民主义、本党重要宣言和五权宪法之原理及运用等。至此,党义课程正式成为高校的常规教学内容。而且,《大学规程》《专科学校规程》等法令明确规定党义作为高校各科共同的必修课目⑥,《私立学校规程》要求私立高校在呈请立案时须呈报党义课程的开设情况⑦,这些规定使高校党义课程被作为独立科目,与国文等课程并列开设。1931年9月3日颁布的《三民主义教育实施原则》更是强调学校

---

① 叶楚伧:《向学界报告几点》,《中央周刊》1930年第132—136期。

② 《中山大学概况(在西南各机关联合纪念周报告)(二十二年四月四日)》,载邹鲁《民国丛书·回顾录》,上海书店出版社1990年版,第425—426页。

③ 蒋宝麟:《中央大学的国民党组织与国共门争(1927—1949)》,台北《中央研究院近代史研究所集刊》2011年第73期。

④ 郑世兴:《中国现代教育史》,台北三民书局1981年版,第145页。

⑤ 中国第二历史档案馆编:《中华民国史档案资料汇编 第五编 第一辑 教育》,凤凰出版社2010年版,第1073—1074页。

⑥ 中国第二历史档案馆编:《中华民国史档案资料汇编 第五辑 第一编 教育》,凤凰出版社2010年版,第175页;宋恩荣、章咸主编:《中华民国教育法规选编1912—1949》,江苏教育出版社1990年版,第413页。

⑦ 刘燡元、曾少俊编:《民国法规集刊》(第13集),民智书局1930年版,第386—399页。

第九章 结语：国民政府初期整顿高等教育的双重面相

课程尤其是社会科学课程要融汇三民主义精神①。在上述法令法规的要求下，各高校在整顿过程中陆续开设党义课程。如清华大学于1932—1933年规定开设2个学分的党义②；北京大学要求文、理、法等学院每周开设2个小时的党义课③；中山大学于1932年要求将"党义教育融纳于各课目之中"，以符合整个国策④；中央大学于1928年12月24日还聘请国民党元老、三民主义理论权威戴季陶为学校党义教授，⑤等等。此外，中央训练部还随时审查各高校之党义教科用书⑥。据初步统计，到1937年，设置党义课程的高校主要有四川大学、暨南大学、广州大学、武汉大学、大夏大学、震旦大学、广东国民大学、中央大学、交通大学、广西大学、厦门大学、大同大学、岭南大学以及云南大学等校⑦。对未开设党义课程的高校，教育部严令其开设，如1934—1935年对金陵大学、武汉大学、大夏大学、光华大学及沪江大学等校不修习党义科目的情形，教育部令饬其改正⑧。党义不仅被定为各高校的必修课，亦是学生必考内容。无论各高校之入学试验、学期试验还是毕业考试，党化都被教育部列为必考科目。以北京大学为例，自1930年5月始，该校将党义列为该校文、理科入学的第一考试科目⑨，同年7月的招生考试将"党义"与"国文"两科合考⑩；1931年5月修订的《国立北京大学入学考试规则》还规定，无论报考何

---

① 宋恩荣、章咸主编：《中华民国教育法规选编1912—1949》，江苏教育出版社1990年版，第52页。
② 《学程一览》，载清华大学编《国立清华大学一览》，清华大学1932年印，第30页。
③ 《文学院院长布告》，《北京大学日刊》1931年9月16日第2684号第1版；《理学院布告》、《法学院院长布告》，《北京大学日刊》1931年9月23日第2690号第1版。
④ 邹鲁：《回顾录》，岳麓书社2000年版，第350—351页。
⑤ 《首都纪闻》，《申报》1928年12月25日第2张第7版。
⑥ 中国第二历史档案馆：《中华民国史档案资料汇编 第五辑 第一编 教育》，凤凰出版社2010年版，第1112—1114页。
⑦ 云南大学部分学系修习了党义课。参见陈能治《战前十年中国的大学教育（1927—1937）》，台湾商务印书馆股份有限公司1990年版，第60页。
⑧ 陈能治：《战前十年中国的大学教育（1927—1937）》，台湾商务印书馆股份有限公司1990年版，第61—63页。
⑨ 《国立北京大学入学考试规则》，《北京大学日刊》1931年5月30日第2423号第1版。
⑩ 王学珍、郭建荣主编：《北京大学史料 第二卷：1912—1937》，北京大学出版社2000年版，第857—858页。

种学系,党义都被定为必考科目①;1932 年的《国立北京大学入学考试简章》明确规定党义科目必须及格②。交通大学甚至明文规定,学生党义考试及格后才能被允许毕业③,清华大学亦是如此④。1937 年北大和清华实行联合招生时,"党义及公民"亦是必考科目⑤。尽管党义课程的开设和考试并未取得预想的效果⑥,但国民政府如此严格规定使得其在高校贯彻"党化教育"意识形态之意图展现无余。

其三,实施军事训练亦是政府贯彻"党化教育"的一个重要内容。1928 年 5 月召开第一次全国教育会议时,国民政府提出在全国各级学校实施军事训练。到 1929 年,"军事训练一科,已与大学规程及专科学校规程明定为各共同必修科,在专科以上学校全部课程中占有重要地位矣。"⑦1931 年 1 月教育部通令全国各校严格实施军训,第二年再次训令加紧军训,并要求增加训练时间⑧。教育部还把军事训练与高校招生和学生毕业

---

① 王学珍、郭建荣主编:《北京大学史料 第二卷:1912—1937》,北京大学出版社 2000 年版,第 835 页。上海医学院同样有此规定。参见国立上海医学院编纂《国立上海医学院一览》,国立上海医学院 1933 年印,第 91 页。

② 王学珍、郭建荣主编:《北京大学史料 第二卷:1912—1937》,北京大学出版社 2000 年版,第 837 页。

③ 《国立交通大学学籍规则草案》,载杨学为等主编《中国考试制度史资料选编》,黄山书社 1992 年版,第 663 页。

④ 《国立清华大学本科教务通则》(1932 年),载吴惠龄、李壑编《北京高等教育史料》(第一集 近现代部分),北京师范学院出版社 1992 年版,第 47—52 页。

⑤ 王学珍、郭建荣主编:《北京大学史料 第二卷:1912—1937》,北京大学出版社 2000 年版,第 841 页。

⑥ 如北京大学,据当时的学生回忆,该校并未较好地落实党义课程的开设和考试,浙江大学亦是如此。参见孙思白《红楼风雨》,北京大学出版社 1985 年版,第 6 页;张中行《流年碎影》,中国社会科学出版社 1997 年版,第 129 页;《竺可桢日记 第一册》(1936—1942),人民出版社 1984 年版,第 34 页。

⑦ 杜元载主编:《革命文献 第五十六辑 抗战前之高等教育》,台北中央文物供应社 1971 年版,第 144 页。

⑧ 中国第二历史档案馆:《中华民国史档案资料汇编 第五辑 第一编 教育》,凤凰出版社 2010 年版,第 1266、1272—1274 页。

《国立清华大学本科教务通则》(1932 年),载吴惠龄、李壑编《北京高等教育史料》(第一集 近现代部分),北京师范学院出版社 1992 年版,第 47—52 页。

《北大军训成绩》《北大整顿军事训练》,载王学珍、郭建荣主编《北京大学史料 第二卷:1912—1937》,北京大学出版社 2000 年版,第 2252、2254 页。

第九章 结语：国民政府初期整顿高等教育的双重面相

相联系。如清华大学规定学生军训成绩及格才能毕业；北京大学于1929年规定三四年级学生军事训练分数不及格者不能升级或毕业；1930年暨南大学军事教育不仅列为必修课，而且修习两学年，与同期的《基本国文》《基本英文》一样占了六学分，等等①。另外，国民政府还规定，军事训练必须由军事教官实施，而军事教官须"深明党义"，由国民党训练总监部审定、考核后才能任用②。总之，在上述各种规定的严格要求下，各高校相继添设军事训练课。据初步统计，到1936年，开设军事训练课程的主要有中山大学、中央大学、云南大学、复旦大学、厦门大学、光华大学、华西协和大学、东吴大学、沪江大学、交通大学、清华大学、广州大学、岭南大学（部分学系修习）等校，到1937年，开设了该课程者增加了武汉大学、安徽大学、大同大学、震旦大学、四川大学、大夏大学、广东国民大学等校③。对未实施军事训练的高校，教育部则饬令其改进。当然，对高校学生实施军事训练固然有增强学生民族意识，养成健康体魄的一面，但其主要目的是灌输意识形态，并以此配合整顿学校风潮。

为了保障上述措施得以落实，教育部在各校设置党义教师和训育主任负责上述相关工作。1928年6月30日国民党中央常委会通过的《各级学校党义教师检定委员会组织通则》《检定各级学校党义教师条例》，以及国民党中央训练部于1931年8月4日制定的《各级学校党义教师、训育主任工作大纲及考核办法》④等法令要求对学校党义教师和训育主任的资格进行严格的检定，并要求党义教师和训育主任须"襄助校长实施有关党义教育的法令"，"时时与学生接近，藉以匡正其思想言论行动"，"随时调查学生平时所阅刊物及其所发表之言论"等等⑤，而且，党义教师必须

---

① 《大学部教务规程》，载国立暨南大学编《十九年度国立暨南大学一览》，国立暨南大学出版课1930年版，第26页。

② 1929—1933年，各高校的军事教官先后由训练总监部考核中央军校毕业生派遣，由军事委员会指派。1934—1936年，国民党训练总监部开办了专门培养军训教官的国民军事教官训练班，中央军校毕业生调查处保送投考学员。

③ 陈能治：《战前十年中国的大学教育（1927—1937）》，台湾商务印书馆股份有限公司1990年版，第74—75页。

④ 中国第二历史档案馆编：《中华民国史档案资料汇编 第五辑 第一编 教育》，凤凰出版社2010年版，第1071—1073、1084—1089页。

⑤ 洪京陵编：《中国现代史资料选辑》（第四册），中国人民大学出版社1989年版，第236—237页。

引导学生自动研究党义课程之教学，"使对三民主义深切信仰、笃实奉行"①。可见，党义教师及训育主任的工作范围是严加监督学生的思想言论，使学生自觉接受"党化教育"。除此之外，上述法令还规定，对党义教师和训育主任亦须进行严密审查，除要求其必须是忠实的国民党员外，还要严格考察其思想、言论等，并考核他们在各校园内的工作成绩，从而加强对党义教师和训育主任的控制和管理。在上述法规的要求下，许多高校内被安排了党义教师和训育主任。党义教师多由中央党义教师检定委员会派遣，1931年至1934年约有131名党义教师被派往各高校②。也有某些学校的党义教师就近由地方党部派遣，如云南大学和广西大学③。

对于贯彻"党化教育"意识形态不力的高校，国民政府借整顿之名进行改组，前文曾述及的中国公学即是一例。对于与"党化教育"思想背道而行的高校，国民政府以防止高校滥设之名义查封学校，如大陆大学、华南大学因宣传共产主义于1929年5月年先后被国民政府查封④。对学校风潮迭起之高校，教育部亦将学潮原因归为"党化教育"不力所致。如针对光华大学于1930年12月底开始的风潮，教育部于1931年1月令该校师生"勤习党义，齐一思想，以养成纯良学风"⑤，等等。

综上所述，国民政府定都南京后，面对20世纪20年代全国"大学热"、高等院校数及其学生数的增长失控状况，以及其所带来的"高校数量增加，教育质量低下"等后果，采取了相应的应对举措。国民政府及其教育部于1929年后陆续颁布了《大学组织法》《大学规程》《专科学校组织法》《专科学校规程》等一系列法令法规，对全国高等教育进行有计划地整顿。试图通过加强高等院校设置形态与内容等方面的管理，将高等教

---

① 洪京陵编：《中国现代史资料选辑》（第四册），中国人民大学出版社1989年版，第239页。

② 陈能治：《战前十年中国的大学教育（1927—1937）》，台湾商务印书馆股份有限公司1990年版，第64—66页。

③ 云南大学的党义教师由云南省党部指导委员会委员委派，广西大学的则由梧州政治训练处派遣。参见陈能治《战前十年中国的大学教育（1927—1937）》，台湾商务印书馆股份有限公司1990年版，第64页。

④ 《上海三校之查封——大陆、华南、建华》，《教育杂志》1929年第21卷6期；《查封华南大学》，《中央日报》1929年5月1日第3张第1版。

⑤ 《教育部指令 令上海市教育局呈二件 为呈报光华大学发生风潮派员调查情形及抄送光华大学风潮通告宣言谈话等件请核示由》，《教育部公报》1931年第3卷第2期。

育纳入了国家政权建设的架构之中,使之符合国家建设的实际需求,以达到其稳固政权,促进国家统一的目的。此后,高等教育"国家化"色彩日渐浓厚:南京中央收回教会高校教育权,要求其须向中国政府立案,从而促使其成为"中国的"高校;想方设法掌控国立、省立、国人自办私立高校,并对其进行政治权势渗透。为了实现国家的统一,尤其对省立高校和边远地区的高校的掌控日益加强。通过严格控制单科大学的设置以遏制大学滥设现象;以注重实用科学原则为中心调整了院系结构;对高校教师、教学设备、学生学业和学风等方面加强监管,而这些监管和调制措施无不体现出高等教育日益"国家化"的色彩。然而,在中央政权对各高等院校日益渗透的进程中,遭遇了诸多曲折。无论是国民党内派系纷争抑或是教育界内派系纷争都对高校的整顿产生或多或少的影响;中央和地方实力派之间的关系亦左右了省立高校的发展方向;教会高校背后的宗教团体在学校立案等问题上亦诸多抗争,对学校"中国化"情非所愿;国人自办私立高校对中央政权的干预亦存不满,明里暗里进行抗争。尽管如此,当时的高等教育最终在质量得到提升的同时,被纳入了国家政权建设之框架。总体来讲,随着国民政府政权的逐步稳定,中国在形式上逐步实现了统一,其政治权势在高等教育改革和发展中的渗透力度也就越大,一个统一的高等教育体系初步形成。

参考文献

（以出版、发表、公布及创刊的时间为序）

一 基本史料、资料汇编类

1. 中华民国教育部高等教育司编：《高等教育概况》（上册 大学之部），中华民国教育部高等教育司1929年印。
2. 刘燡元、曾少俊编：《民国法规集刊》（第13集），民智书局1930年版。
3. 国立北平大学校长办公处编：《国立北平大学一览》，北平震东印书馆1932年版。
4. 中华民国教育部高等教育司编：《全国高等教育统计》，中华民国教育部高等教育司1932年印。
5. 中华民国教育部高等教育司编：《二十年度全国高等教育统计》，中华民国教育部高等教育司1933年印。
6. 国立北京大学文学院编：《国立北京大学文学院课程一览（民国二十一年至二十二年度）》，国立北京大学文学院1933年印。
7. 国立北平大学校长办公处编：《国立北平大学一览》，杰民制版印刷局1934年版。
8. 国立北平大学法商学院编：《国立北平大学法商学院一览》，国立北平大学法商学院印刷部1935年版。
9. 国立山东大学出版课编：《国立山东大学一览》，国立山东大学出版课1935年版。
10. 震旦大学编：《私立震旦大学一览》，震旦大学1935年印。
11. 中华民国教育部编：《教育部改进专科以上学校训令汇编》，中华书局1935年版。

12. 中华民国教育部编:《二十一年度全国高等教育统计》,商务印书馆 1935 年版。
13. 中华民国教育部高等教育司编印:《全国公私立专科以上学校一览表》,中华民国教育部高等教育司 1935 年印。
14. 中华民国教育部编:《全国公私立专科以上学校一览表》,中华民国教育部 1936 年印。
15. 中华民国教育部统计室编:《二十二年度全国高等教育统计》,商务印书馆 1936 年版。
16. 中华民国教育部统计室编:《二十三年度全国高等教育统计》,商务印书馆 1936 年版。
17. 中华民国教育部参事处编:《教育法令汇编 第一辑》,商务印书馆 1936 年版。
18. 云南大学编:《云南省立云南大学便览》,云南大学 1936 年印。
19. 国立暨南大学编:《国立暨南大学创校三十一周年完成大学十周年纪念刊》,国立暨南大学 1937 年印。
20. 之江文理学院编:《私立之江文理学院一览》,之江文理学院 1937 年印。
21. 燕京大学编:《燕京大学一览》(民国二十五年至二十六年度),燕京大学 1938 年印。
22. 中华民国教育部高等教育司编印:《全国公私立专科以上学校一览表》,中华民国教育部高等教育司 1939 年印。
23. 上海美术专科学校编:《上海美术专科学校概况》,上海美术专科学校 1947 年印。
24. 国立"中研院"编:《国立中央研究院院士录》(第一辑),国立"中研院" 1948 年印。
25. 中华民国教育部教育年鉴编纂委员会编:《第三次中国教育年鉴》(第七编 高等教育),台北正中书局 1957 年版。
26. 中国人民政治协商会议全国委员会文史资料研究委员会编:《文史资料选辑》(第五辑),中华书局 1960 年版。
27. 中国人民政治协商会议云南省委员会文史资料研究委员会编:《云南文史资料选辑》(第三辑),云南人民印刷厂 1963 年版。
28. 中国人民政治协商会议广东省委员会文史资料研究委员会编:《广东

文史资料》（第十三辑），中国人民政治协商会议广东省委员会文史资料研究委员会 1964 年印。

29. 中国人民政治协商会议广东省委员会文史资料研究委员会编：《广东文史资料》（第十八辑），中国人民政治协商会议广东省委员会文史资料研究委员会 1965 年印。

30. 吴相湘、刘绍唐主编：《民国史料丛刊　第一种：第一次中国教育年鉴》（第二册）丙编：教育概况（上），台北传记文学出版社 1971 年版。

31. 吴相湘、刘绍唐主编：《民国史料丛刊　第一种：第一次中国教育年鉴》（第四册）丁编：教育统计，台北传记文学出版社 1971 年版。

32. 黄季陆主编：《革命文献　第五十三辑　抗战前教育与学术》，台北中央文物供应社 1971 年版。

33. 黄季陆主编：《革命文献　第五十四辑　抗战前教育政策与改革》，台北中央文物供应社 1971 年版。

34. 黄季陆主编：《革命文献　第五十五辑　抗战前教育概况与检讨》，台北中央文物供应社 1971 年版。

35. 杜元载主编：《革命文献　第五十六辑　抗战前之高等教育》，台北中央文物供应社 1971 年版。

36. 杜元载主编：《革命文献　第六十辑　抗战时期之高等教育》，台北中央文物供应社 1972 年版。

37. 中国人民政治协商会议四川省委员会四川省省志编辑委员会编：《四川文史资料选辑》（第八辑），（内部发行），1979 年印。

38. 中国人民政治协商会议全国委员会文史资料研究委员会：《文史资料选辑》编辑部编：《文史资料选辑》（第八十七辑），中国文史出版社 1983 年版。

39. 沈云龙主编：《近代中国史料丛刊三编　第五辑　论评选辑　国闻报社》，台北文海出版社 1985 年版。

40. 国际联盟教育考察团编：《国际联盟教育考察团报告书》，台北文海出版社 1986 年版。

41. 教育年鉴编纂委员会编：《第二次中国教育年鉴》（第五编　高等教育），台北文海出版社 1986 年版。

42. 教育年鉴编纂委员会编：《第二次中国教育年鉴》（第十四编　教育统

计），台北文海出版社 1986 年版。
43. 中国人民政治协商会议陕西省委员会文史资料研究委员会编：《陕西文史资料》（第十九辑），陕西人民出版社 1986 年版。
44. 中国人民政治协商会议全国委员会文史资料研究委员会编：《文史资料选辑　合订本　第三十一册（总九十—九十二）》，中国文史出版社 1986 年版。
45. 中国人民政治协商会议全国委员会文史资料研究委员会《文史资料选辑》编辑部编：《文史资料选辑》（第一百一十一辑），中国文史出版社 1987 年版。
46. 杭州市地方志编纂办公室编：《杭州地方志资料》（第三辑），杭州市地方志编纂办公室 1987 年印。
47. 中央教育科学研究所编：《中国现代教育大事记》，教育科学出版社 1988 年版。
48. 中国人民政治协商会议上海市委员会文史资料工作委员会编：《解放前上海的学校》（上海文史资料选辑第五十九辑），上海人民出版社 1988 年版。
49. 贵阳市政协文史资料委员会编：《贵阳文史资料选辑》（第四十六辑），（出版社不详）1989 年版。
50. 洪京陵编：《中国现代史资料选辑》（第四册），中国人民大学出版社 1989 年版。
51. 宋恩荣、章咸主编：《中华民国教育法规选编（1912—1949）》，江苏教育出版社 1990 年版。
52. 中国人民政治协商会议云南省昆明市委员会文史资料委员会编：《昆明文史资料选辑》（第十五辑），昆明市政协机关印刷厂 1990 年版。
53. 中国人民政治协商会议西安市莲湖区委员会文史资料研究委员会编：《莲湖文史资料》（第五辑）（内部图书），1990 年版。
54. 浙江省政协文史资料委员会编：《一代宗师竺可桢》（浙江文史资料选辑第四十辑），浙江人民出版社 1990 年版。
55. 浙江省政协文史资料委员会编：《浙江近代著名学校和教育家》（浙江文史资料选辑第四十五辑），浙江人民出版社 1991 年版。
56. 中国人民政治协商会议浙江省嘉兴市委员会文史资料委员会编：《嘉兴县文史资料》第三辑（褚辅成专辑），浙江人民出版社 1991 年版。

57. 中国第二历史档案馆编：《中华民国史档案资料汇编 第三辑 教育》，江苏古籍出版社1991年版。
58. 杨学为等主编：《中国考试制度史资料选编》，黄山书社1992年版。
59. 中国人民政治协商会议全国委员会文史资料委员会《文史资料选辑》编辑部编：《文史资料选辑》第24辑（总124辑），中国文史出版社1992年版。
60. 山西文史资料编辑部：《山西文史精选 建国前的山西教育》，山西高校联合出版社1992年版。
61. 吴惠龄、李壑编：《北京高等教育史料》（第一集 近现代部分），北京师范学院出版社1992年版。
62. 朱有瓛、高时良主编：《中国近代学制史料》（第四辑），华东师范大学出版社1993年版。
63. 中国第二历史档案馆编：《中华民国史档案资料汇编 第五辑 第一编 政治（二）》，江苏古籍出版社1994年版。
64. 刘寿林等编：《民国职官年表》，中华书局1995年版。
65. 全国政协文史资料委员会编：《中华文史资料文库 第十七卷：文化教育编 教育》，中国文史出版社1996年版。
66. 广州市地方志编纂委员会编纂：《广州市志 卷十九：人物志》，广州出版社1996年版。
67. 中国人民政治协商会议天津市委员会文史资料委员会编：《天津文史资料选辑 1998.2辑》（总第七十八辑），天津人民出版社1998年版。
68. 广州市政协文史资料委员会编：《广州文史 第五十二辑 羊城杏坛忆旧》，广东人民出版社1998年版。
69. 中国人民政治协商会议全国委员会文史资料研究委员会《文史资料选辑》编辑部编：《文史资料选辑》（合订本 第13卷 第37—39辑），文史资料出版社2000年版。
70. 王学珍、郭建荣主编：《北京大学史料 第二卷：1912—1937》，北京大学出版社2000年版。
71. 上海市政协文史资料委员会编：《上海文史资料存稿汇编 科教文卫》，上海古籍出版社2001年版。
72. 全国政协文史资料委员会编：《文史资料存稿选编·军事派系，上》，中国文史出版社 2002 年版。

73. 王学珍、张万仓编：《北京高等教育文献资料选编 1861—1948》，首都师范大学出版社 2004 年版。
74. 天津市地方志编修委员会编著：《中国天津通鉴 上》，中国青年出版社 2005 年版。
75. 全国政协文史资料委员会编：《文史资料存稿选编精选 派系纷争混战》，中国文史出版社 2006 年版。
76. 孙燕京主编：《民国史料丛刊》（文教类），大象出版社 2009 年版。
77. 第二历史档案馆编：《中华民国史档案资料汇编 第五辑 第一编 教育》，凤凰出版社 2010 年版。

二　报纸杂志类

1. 《申报》（1872—1949）
2. 《大公报》（1902—1966）
3. 《东方杂志》（1904—1948）
4. 《教育杂志》（1909—1948）
5. 《中华教育界》（1912—1950）
6. 《学生杂志》（1914—1947）
7. 《民国日报》（1916—1947）
8. 《北京大学日刊》（1917—1937）
9. 《中央周报》（1928.1—1937）
10. 《中央日报》（1928.2—2006）
11. 《教育部公报》（1929—1948）
12. 《社会与教育》（1930—1933）
13. 《时代公论》（1932.4—1935.3）
14. 《独立评论》（1932.5—1937.7）
15. 《北平周报》（1933—1935）

三　文集、书信、日记、传记、年谱、回忆录类

1. 程天放著，传纪文学杂志社编辑：《程天放早年回忆录》，台北传记文学出版社 1968 年版。
2. 胡颂平：《朱家骅先生年谱》，台北传记文学出版社 1969 年版。

3. 罗家伦、黄季陆主编：《吴稚晖先生全集》，台北中国国民党中央委员会党史史料编纂委员会出版1969年版。
4. 陈炳权：《陈炳权回忆录——大学教育五十年》（上下），香港南天书业公司1970年版。
5. 沈云龙编著：《黄膺白先生年谱长编》（上册），台北联经事业出版公司1976年版。
6. 朱家骅著，王聿、孙斌编：《朱家骅先生言论集》，台北"中研院"近代史研究所1977年版。
7. 中国社会科学院近代史研究所中华民国史组编：《胡适来往书信选》，中华书局1979年版。
8. 吴相湘：《陈果夫的一生 附陈果夫回忆录》，台北传记文学出版社1980年版。
9. 马叙伦：《我在六十岁以前》，生活·读书·新知三联书店1983年版。
10. 竺可桢：《竺可桢日记 第一册》（1936—1942），人民出版社1984年版。
11. 蒋介石：《先总统蒋公思想言论总集》，台北中央文物供应社1984年版。
12. 杨仲揆：《中国现代先驱——朱家骅传》，陈鹏仁译，台北近代中国杂志社1984年版。
13. 中国社会科学院近代史研究所中华民国史研究室编：《胡适的日记》，中华书局1985年版。
14. 杨树达：《杨树达文集之十七 积微翁回忆录 积微居诗文钞》，上海古籍出版社1986年版。
15. 陶钝：《一个知识分子的自述》，山东人民出版社1987年版。
16. 高平叔编：《蔡元培全集》（第六卷），中华书局1988年版。
17. 《王世杰日记》（手稿本 第一册），台北"中研院"近代史研究所1990年版。
18. 王仰清、许映湖标注：《邵元冲日记》，上海人民出版社1990年版。
19. 邹鲁：《民国丛书·回顾录》，上海书店出版社1990年版。
20. 俞平伯著，孙玉蓉编：《俞平伯书信集》，河南教育出版社1991年版。
21. 陈果夫著，陈果夫先生遗著编印委员会编：《陈果夫先生全集 第1册 教育文化》，台北近代中国出版社1991年版。

22. 张朋园等访问，潘光哲纪录：《任以都先生访问纪录》，台北"中研院"近代史研究所1993年版。
23. 陈立夫：《成败之鉴：陈立夫回忆录》，台北正中书局1994年版。
24. 耿云志、欧阳哲生编：《胡适书信集》，北京大学出版社1995年版。
25. 王强、马亮宽：《何思源：宦海沉浮的一生》，天津人民出版社1996年版。
26. 何炳松著，刘寅生、房鑫亮编：《何炳松文集》，商务印书馆1996年版。
27. 傅斯年著，岳玉玺等编选：《傅斯年选集》，天津人民出版社1996年版。
28. 刘维开编著：《罗家伦先生年谱》，台北中国国民党中央委员会党史委员会1996年版。
29. 胡适著，沈卫威编：《胡适日记》，陕西教育出版社1997年版。
30. 俞平伯：《俞平伯全集》（第十卷），华山文艺出版社1997年版。
31. 张中行：《流年碎影》，中国社会科学出版社1997年版。
32. 胡适：《四十自述》，岳麓书社1998年版。
33. 吴天墀：《吴天墀文史存稿》，四川大学出版社1998年版。
34. 钱昌照：《钱昌照回忆录》，中国文史出版社1998年版。
35. 吴宓著，吴学昭整理注释：《吴宓日记》（第2—5册），生活·读书·新知三联书店1998年版。
36. 周作人：《周作人文选：自传·知堂回想录》，群众出版社1999年版。
37. 马勇：《蒋梦麟传》，河南文艺出版社1999年版。
38. 胡适：《丁文江的传记》，安徽教育出版社1999年版。
39. 冯友兰：《三松堂全集·第1卷》，河南人民出版社2000年版。
40. 胡适著，曹伯言整理：《胡适日记全编》，安徽教育出版社2001年版。
41. "中研院"近代史研究所编：《王子壮日记 手稿本》，台北"中研院"近代史研究所2001年版。
42. 孙玉蓉编纂：《俞平伯年谱1900—1990》，天津人民出版社2001年版。
43. 任鸿隽著，樊洪业、张久春选编：《科学救国之梦 任鸿隽文存》，上海科技教育出版社、上海科学技术出版社2002年版。
44. 欧阳哲生编：《傅斯年全集·第7卷》，湖南教育出版社2003年版。

45. 蒋梦麟：《蒋梦麟自传 西潮与新潮》，团结出版社 2004 年版。
46. 程焕文编：《邹鲁校长治校文集》，中山大学出版社 2004 年版。
47. 孙善根：《走出象牙塔——蒋梦麟传》，杭州出版社 2004 年版。
48. 蒋梦麟：《西潮与新潮——蒋梦麟回忆录》，东方出版社 2005 年版。
49. 胡适口述，唐德刚整理翻译：《胡适口述自传》，安徽教育出版社 2005 年版。
50. 房鑫亮：《忠信笃敬 何炳松传》，浙江人民出版社 2006 年版。
51. 抢救民间家书项目组委会编：《任鸿隽陈衡哲家书》，商务印书馆 2007 年版。
52. 顾颉刚：《顾颉刚日记》（第 1—3 卷），台北连经出版事业公司 2007 年版。
53. 郭廷以：《郭廷以口述自传》，中国大百科全书出版社 2008 年版。
54. 杨光编著：《最后的名士：近代名人自传》，黄山书社 2008 年版。
55. 陈布雷：《陈布雷回忆录》，东方出版社 2009 年版。
56. 傅斯年著，欧阳哲生主编：《傅斯年》，天津人民出版社 2009 年版。
57. 李书华：《李书华自述》，湖南教育出版社 2009 年版。
58. 马勇：《蒋梦麟传》，红旗出版社 2009 年版。
59. 顾颉刚：《人间山河 顾颉刚随笔》，北京大学出版社 2009 年版。
60. 顾颉刚：《顾颉刚全集》，中华书局 2010 年版。
61. 薛毅：《王世杰传》，武汉大学出版社 2010 年版。
62. 顾潮：《我的父亲顾颉刚》，人民文学出版社 2010 年版。
63. 冯双编著：《邹鲁年谱》，中山大学出版社 2010 年版。
64. 阎锡山：《阎锡山日记（1931—1950）》，九州出版社 2011 年版。
65. 谢本书：《龙云传》，云南人民出版社 2011 年版。

四 著作类

1. 陈翊林：《最近三十年中国教育史》，太平洋书店 1930 年版。
2. 商务印书馆编：《最近三十五年之中国教育》，商务印书馆 1931 年版。
3. 董任坚：《大学教育论丛》，新月书店 1932 年版。
4. 孟宪承：《大学教育》，商务印书馆 1933 年版。
5. 姜书阁编著：《中国近代教育制度》，商务印书馆 1933 年版。
6. 周予同：《中国现代教育史》，良友图书公司 1934 年版。

7. 张文昌：《中等教育》，中华书局1938年版。

8. 朱子爽：《中国国民党教育政策》，国民图书出版社1941年版。

9. 中国文化建设协会编：《抗战前十年之中国》（1927—1936），台北龙田出版社1948年版。

10. 陈启天：《近代中国教育史》，台北中华书局1969年版。

11. 孙邦正编著：《六十年来的中国教育》，台北国立编译馆1974年版。

12. 陈元晖：《中国现代教育史》，人民教育出版社1979年版。

13. 郑世兴：《中国现代教育史》，台北三民书局1981年版。

14. 郭为藩编：《中华民国开国七十年之教育》，台北广文书局1981年版。

15. 清华大学校史编写组编著：《清华大学校史稿》，中华书局1981年版。

16. 北京师范大学校史编写组编：《北京师范大学校史（1902—1982）》，北京师范大学出版社1982年版。

17. 梁山、李坚等编著：《中山大学校史 1924—1949》，上海教育出版社1983年版。

18. 华东师范大学教育系教科所编：《中国现代教育史》，华东师范大学出版社1983年版。

19. 四川大学校史编写组编：《四川大学史稿》，四川大学出版社1985年版。

20. 高奇主编：《中国现代教育史》，北京师范大学出版社1985年版。

21. 张宪文主编：《中华民国史纲》，河南人民出版社1985年版。

22. 伍振鹫：《中国大学教育发展史》，台北国立教育资料馆1985年版。

23. ［美］杰西·格·卢茨：《中国教会大学史 1850—1950》，曹钜生译，浙江教育出版社1987年版。

24. 熊明安：《中国高等教育史》，重庆出版社1988年版。

25. 黄福庆：《近代中国高等教育研究 国立中山大学（1924—1937）》，台北"中研院"近代史研究所1988年版。

26. 萧超然等编著：《北京大学校史（1898—1949）》，北京大学出版社1988年版。

27. 南开大学校史编写组编：《南开大学校史》（1919—1949），南开大学出版社1989年版。

28. 教育部主编：《中华民国建国史 第3篇 统一与建设》，台北国立编译馆1989年版。

29. 陈能治：《战前十年中国的大学教育（1927—1937）》，台湾商务印书馆股份有限公司1990年版。
30. 熊明安：《中华民国教育史》，重庆出版社1990年版。
31. 谢本书、牛鸿宾：《蒋介石和西南地方实力派》，河南人民出版社1990年版。
32. 李桂林：《中国现代教育史》，吉林教育出版社1991年版。
33. 陆仰渊、方庆秋主编：《民国社会经济史》，中国经济出版社1991年版。
34. 陈旭麓：《近代中国社会的新陈代谢》，上海人民出版社1992年版。
35. 季啸风主编：《中国高等学校变迁》，华东师范大学出版社1992年版。
36. 郭绪印主编：《国民党派系斗争史》，上海人民出版社1992年版。
37. 曲士培：《中国大学教育发展史》，山西教育出版社1993年版。
38. 周川、黄旭主编：《百年之功——中国近代大学校长的教育家精神》，福建教育出版社1994年版。
39. 申晓云：《动荡转型中的民国教育》，河南人民出版社1994年版。
40. 郑登云编著：《中国高等教育史（上）》，华东师范大学出版社1994年版。
41. 余立编著：《中国高等教育史（下）》，华东师范大学出版社1994年版。
42. 吕芳上：《从学生运动到运动学生》（民国八年至十八年），台北"中研院"近代史研究所1994年版。
43. 朱国仁：《西学东渐与中国高等教育近代化》，厦门大学出版社1996年版。
44. 田正平：《留学生与中国教育近代化》，广东教育出版社1996年版。
45. 曾庆榴：《广州国民政府》，广东人民出版社1996年版。
46. 吴家莹：《中华民国教育政策发展史》，台北五南图书出版公司1996年版。
47. 李华兴主编：《民国教育史》，上海教育出版社1997年版。
48. 涂又光：《中国高等教育史论》，湖北教育出版社1997年版。
49. 陈平原：《中国现代学术之建立——以章太炎、胡适之为中心》，北京大学出版社1998年版。
50. ［日］大塚丰：《现代中国高等教育的形成》，黄福涛译，北京师范大学出版社 1998 年版。

51. 魏定熙：《北京大学与中国政治文化》，北京大学出版社 1998 年版。
52. ［加］许美德：《中国大学 1895—1995：一个文化冲突的世纪》，许洁英译，教育科学出版社 1999 年版。
53. 霍益萍：《近代中国的高等教育》，华东师范大学出版社 1999 年版。
54. ［美］队克勋：《之江大学》，刘家峰译，珠海出版社 1999 年版。
55. 张玮瑛等主编：《燕京大学史稿》，人民中国出版社 1999 年版。
56. 黄义祥编著：《中山大学史稿（1924—1949）》，中山大学出版社 1999 年版。
57. 金以林：《近代中国大学研究：1895—1949》，中央文献出版社 2000 年版。
58. 苏云峰：《抗战前的清华大学，1928—1937：近代中国高等教育研究》，台北"中研院"近代史研究所 2000 年版。
59. 于述胜：《中国教育制度通史：民国时期（1912—1949）》，山东教育出版社 2001 年版。
60. 吴梓明编著：《基督教大学华人校长研究》，福建教育出版社 2001 年版。
61. 宋秋蓉：《近代中国私立大学研究》，天津人民出版社 2002 年版。
62. 潘懋元主编：《中国高等教育百年》，广东高等教育出版社 2003 年版。
63. 章开沅、马敏主编：《基督教与中国文化丛刊·第 5 辑》，湖北教育出版社 2003 年版。
64. 马嘶：《百年冷暖：20 世纪中国知识分子生活状况》，北京图书馆出版社 2003 年版。
65. 吴洪成：《生斯长斯　吾爱吾庐　清华大学校长梅贻琦》，山东教育出版社 2004 年版。
66. 程斯辉、孙海英：《厚生务实　巾帼楷模　金陵女子大学校长吴贻芳》，山东教育出版社 2004 年版。
67. 王运来：《诚真勤仁　光裕金陵　金陵大学校长陈裕光》，山东教育出版社 2004 年版。
68. 李均：《中国高等专科教育发展史》，学林出版社 2005 年版。
69. 王东杰：《国家与学术的地方互动：四川大学国立化进程（1925—1939）》，生活·读书·新知三联书店 2005 年版。

70. 张宪文等：《中华民国史 第二卷》，南京大学出版社 2006 年版。
71. 张皓：《派系斗争与国民党运转关系研究》，商务印书馆 2006 年版。
72. 方增泉：《近代中国大学（1898—1937）与社会现代化》，北京师范大学出版社 2006 年版。
73. 宋秋蓉：《近代中国私立大学发展史》，陕西人民教育出版社 2006 年版。
74. 田正平、商丽浩主编：《中国高等教育百年史论——制度变迁、财政运作与教师流动》，人民教育出版社 2006 年版。
75. 智效民：《八位大学校长》，长江文艺出版社 2006 年版。
76. 吴民祥：《流动与求索——中国近代大学教师流动研究：1898—1949》，浙江教育出版社 2006 年版。
77. 朱汉国、杨群主编：《中华民国史》，四川人民出版社 2006 年版。
78. 刘少雪：《中国大学教育史》，山西教育出版社 2007 年版。
79. 苏云峰：《中国新教育的萌芽与成长（1860—1928）》，北京大学出版社 2007 年版。
80. 张正锋：《权力的表达：中国近代大学教授权力制度研究》，福建教育出版社 2007 年版。
81. ［美］费正清、费维凯编：《剑桥中华民国史 1912—1949 下》，刘敬坤等译，中国社会科学出版社 2007 年版。
82. 董宝良主编：《中国近现代高等教育史》，华中科技大学出版社 2007 年版。
83. 王瑞琦：《百年来中国现代高等教育：国家、学术、市场之三角演变》，台北国立政治大学、中国大陆研究中心出版社 2007 年版。
84. 高伟强等编著：《民国著名大学校长 1912—1949》，湖北人民出版社 2007 年版。
85. 王李金：《中国近代大学创立和发展的路径：从山西大学堂到山西大学（1902—1937）的考察》，人民出版社 2007 年版。
86. 广少奎：《重振与衰变——南京国民政府教育部研究》，山东教育出版社 2008 年版。
87. 陈学恂主编：《中国教育史研究》（现代分卷），华东师范大学出版社 2009 年版。
88. 陈晋文：《对外贸易与中国现代化》，知识产权出版社 2009 年版。

89. 张海鹏：《中国近代通史 第1卷 近代中国历史进程概说》，江苏人民出版社2009年版。
90. 杨奎松编著：《中国近代通史 第8卷 内战与危机1927—1937》，江苏人民出版社2009年版。
91. 许小青：《政局与学府：从东南大学到中央大学（1919—1937）》，中国社会科学出版社2009年版。
92. 张克非主编：《兰州大学校史·上编》，兰州大学出版社2009年版。
93. 黄坚立：《难展的双翼：中国国民党面对学生运动的困境与决策：1927—1949》，商务印书馆2010年版。
94. 程斯辉：《中国近代大学校长研究》，人民教育出版社2010年版。
95. 吴立保：《大学校长与中国近代大学本土化研究》，中国社会科学出版社2010年版。
96. 林辉锋：《马叙伦与民国教育界》，北京师范大学出版社2010年版。
97. 王奇生：《党员、党权与党争：1924—1949年中国国民党的组织形态》，华文出版社2010年版。
98. 章博：《近代中国社会变迁与基督教大学的发展》，华中师范大学出版社2010年版。
99. 彭明总主编，虞和平著：《20世纪的中国——走向现代化的历程（经济卷1900—1949）》，人民出版社2010年版。
100. 赵清明：《山西大学与山西近代教育》，高等教育出版社2011年版。

五 论文类

1. 周太玄：《中国高等教育的充实问题》，《中华教育界》1923年第12卷第11期。
2. 陆费逵：《滥设大学之罪恶》，《中华教育界》1924年第14卷第4期。
3. 华林一：《中国的大学教育》，《教育杂志》1925年第17卷第5期。
4. 庄泽宣：《中国的大学教育》，《清华周刊》1926年，纪念号增刊。
5. 周振光：《十九年全国学校风潮之分析研究》，《教育季刊》1931年第1期。
6. 徐则敏：《中国大学教育的现状》，《中华教育界》1931年第19卷第1期。
7. 徐士鉴：《民国十九年大学学潮之研究》，《中华教育界》1931年第19

卷第 1 期。

8. 孟真：《教育崩溃之原因》，《独立评论》1932 年第 9 期。
9. 孟真：《改革高等教育中几个问题》，《独立评论》1932 年第 14 期。
10. 吴世昌：《改革高等教育的讨论》，《独立评议》1932 年第 17 期。
11. 君衡：《如何整顿大学教育》，《独立评论》1933 年第 58、59 期。
12. 李纯康：《上海的高等教育》，《上海市通志馆期刊》1934 年第 2 期。
13. 董任坚：《中国大学教育评议》，《大夏》1934 年第 3 期。
14. 谢树英：《近年来中国大学教育之趋向》，《光华大学半月刊》1935 年第 3 期。
15. 李俚人：《今日中国的大学教育》，《文化建设》1935 年第 11 期。
16. 田光程：《对大学教育的几点建议》，《中华教育界》1937 年第 24 卷第 8 期。
17. 陈能治：《战前十年中国大学教育经费问题》，《历史学报》1983 年第 11 期。
18. 吴家莹：《1928—1945 年国民政府整顿民国教育之经过》，《花莲师专学报》1985 年第 16 期。
19. 苏云峰：《罗家伦与清华大学》，台北《中央研究院近代史研究所集刊》1987 年第 16 期。
20. 郭绪印：《论南京国民政府时期国民党派系斗争》，《民国档案》1991 年第 1 期。
21. 苏云峰：《清华校长人选和继承风波》（1913—1931），台北《中央研究院近代史研究所集刊》1993 年第 22 期上。
22. 苏云峰：《清华校长人选和继承风波》（1913—1931），台北《中央研究院近代史研究所集刊》1993 年第 22 期下。
23. 潘国琪：《南京国民政府的教育立法刍议》，《浙江社会科学》1996 年第 5 期。
24. 李罡：《略论南京国民政府初期的高等教育立法》，《清华大学教育研究》1997 年第 2 期。
25. 杨同毅：《1927—1937 年国民党政府教育立法体系探析及启示》，《吉林教育科学》1997 年第 5 期。
26. 童富勇：《论国民政府初期的高等教育改革》，《杭州大学学报》（哲学社会科学版）1998 年第 3 期。

27. 刘海燕：《南京国民政府初期的高等教育述评》，《江苏高教》2000年第6期。
28. 刘海峰：《中国高等教育发展的起伏与进退——以介绍分析一份重要的高等教育统计为中心》，《现代大学教育》2001年第4期。
29. 胡仁智：《南京国民政府前期教育立法的宏观考察》，《西南政法大学学报》2002年第4期。
30. 薛颖慧、薛澜：《试析我国高等教育的空间分布特点》，《高等教育研究》2002年第4期。
31. 宋秋蓉：《中国近代社会转型中的私立大学》，博士学位论文，华中科技大学，2002年。
32. 荀渊：《中国高等教育从传统向现代的转型——对1901—1936年间中国高等教育变革的考察》，博士学位论文，华东师范大学，2002年。
33. 朱雪文：《中国高等教育区域分布研究》，博士学位论文，华东师范大学，2002年。
34. 刘晓莉：《南京国民政府初期高等教育发展述论》，硕士学位论文，华中师范大学，2003年。
35. 熊明安：《民国时期私立高等教育的简要评述》，《北京大学教育评论》2003年第3期。
36. 刘敬坤、徐宏：《中国近代高等教育发展历程回顾》（上下），《东南大学学报》（哲学社会科学版）2004年第1、2期。
37. 李均：《中国近代高等教育研究史略》，《北京大学教育评论》2004年第1期。
38. 刘晓莉：《1927—1937年南京国民政府高等教育发展的历史地位》，《平顶山师专学报》2004年第3期。
39. 刘明：《论民国时期的大学教员聘任》，《资料通讯》2004年第6期。
40. 陈德军：《南京政府初期文科与实科比例失衡的社会政治效应》，《史学月刊》2004年第6期。
41. 田正平、吴民祥：《近代中国大学教师的资格检定与聘任》，《教育研究》2004年第10期。
42. 胡晶君：《国立中山大学学校管理探析（1924—1931）》，硕士学位论文，华南师范大学，2004年。
43. 邓小林：《民国时期国立大学教师聘任之研究》，博士学位论文，四川大学，2005 年。
44. 徐洁：《近代中国大学课程发展与变革研究》，博士学位论文，厦门大学，2005 年。
45. 李剑萍：《百年来中国的大学自治与社会干预》，《河北师范大学学报》（教育科学版）2005 年第 1 期。
46. 管弦：《国民党统治时期高校分布的演变及原因分析》，《教育史研究》2005 年第 3 期。
47. 张太原：《20 世纪 30 年代的文实之争》，《近代史研究》2005 年第 6 期。
48. 韩晋芳：《南京国民政府时期的院系调整》，《哈尔滨工业大学学报》（社会科学版）2006 年第 4 期。
49. 任艳红：《民国高等教育立法与现代大学制度的形成》，硕士学位论文，陕西师范大学，2006 年。
50. 王娟：《民国政府私立高等教育政策研究》，硕士学位论文，吉林大学，2006 年。
51. 李永彬：《南京国民政府时期的高等教育述评》，《宿州学院学报》2007 年第 2 期。
52. 邓小林：《近代高等教育体系中的"独立学院"略论》，《煤炭高等教育》2008 年第 1 期。
53. 周楠、李永芳：《民国时期私立高等学校述论》，《安徽大学学报》（哲学社会科学版）2008 年第 3 期。
54. 宋秋蓉：《民国时期制约私立大学发展的因素分析》，《国家教育行政学院学报》2008 年第 5 期。
55. 周乾：《民国时期省立安徽大学的院系设置与发展》，《安徽大学学报》（哲学社会科学版）2008 年第 5 期。
56. 谭玉秀、范立君：《抗战前大学生失业问题探析》，《教育评论》2008 年第 6 期。
57. 刘颖：《简析国民党统治时期的民国高等教育》，《湖北社会科学》2009 年第 1 期。
58. 林辉锋：《南京国民政府初期教育界的派系之争———以马叙伦的经历为线索的考察》，《北京大学教育评论》2009 年第 3 期。
59. 周宁：《北洋政府时期省立安徽大学的筹办与纷争》，《安徽大学学报》（哲学社会科学版）2009 年第 3 期。

60. 宋伟、韩梦洁：《近代中国高等教育地域非均衡布局考察》，《史学月刊》2009 年第 4 期。

61. 储丽琴：《20 世纪 30 年代我国大学生失业问题的历史反思》，《学术交流》2009 年第 7 期。

62. 严文清：《国民政府时期高校内部治理结构的主要特色——以清华大学、西南联合大学为例》，《湖北第二师范学院学报》2009 年第 9 期。

63. 周军：《南京国民政府时期私立高等学校探析》，《兰台世界》2009 年第 9 期。

64. 许小青：《北伐前后北京各大国立大学合并风潮（1925—1929）》，《中山大学学报》（社会科学版）2010 年第 1 期。

65. 商丽浩：《限制兼任教师与民国大学学术职业发展》，《浙江大学学报》（人文社会科学版）2010 年第 4 期。

66. 赵爱伦：《近代中国社会变迁视阈下的高等教育制度—以南京国民政府高等教育制度现代化问题为中心》，《学习与探索》2010 年第 6 期。

67. 毛立红：《转型季风：1927—1937 年中国高等教育发展趋向探析》，《福建论坛》（社科教育版）2010 年第 12 期。

68. 洪芳：《〈大公报〉与中国近代高等教育》，博士学位论文，苏州大学，2010 年。

69. 苏国安：《南京国民时期学校教育政策研究》，博士学位论文，河北大学，2010 年。

70. 斯日古楞：《中国国立大学近代化的宏观考察》，《高教探索》2011 年第 2 期。

71. 梁晨：《民国国立大学教师兼课研究——以北京大学、清华大学为例》，《南京大学学报》（哲学·人文科学·社会科学版）2011 年第 3 期。

72. 田正平、陈玉玲：《国民政府初期对北平高等教育的整顿——以北平大学为中心的考察》，《高等教育研究》2012 年第 1 期。

73. 陈玉玲、田正平：《20 世纪 20 至 30 年代初期中国高等教育的问题——基于时人视野的考察》，《现代大学教育》2012 年第 1 期。

74. 田正平、陈玉玲：《国民政府初期对高等教育的整顿（1927—1937）》，《河北师范大学学报》（教育科学版）2012 年第 1 期。

75. 田正平、陈玉玲：《国民政府初期对高等院校教育学院（系）的整顿——以 1931—1936 年为中心的考察》，《高等教育研究》2012 年第 9 期。

76. 田正平、陈玉玲：《中央与地方之冲突：国民政府初期对地方高校的整顿——以四川大学、山西大学校为中心的考察》，《高等教育研究》2013 年第 6 期。

六　外文资料

1. John Isael：*Student Nationalism in China* 1927 - 1937，Stanford，Calif：Stanford University Press，1971.

2. Wen-Hsin Yeh：*The Alienated Academy：Culture and Politics in Republican China*，1919-1937，Cambridge Mass：Council on East Asian，Harvard University，1990.

后　　记

　　本书是我的博士学位论文，论文从研究课题拟定、论文大纲的落实，到论文修改等方面，都倾注了导师田正平教授大量的心血和汗水。拟定研究课题是一个繁复的过程，田老师引领我翻阅大量权威的学术书刊、关注该学科学术动态、挖掘有价值的学术信息，从而教给我论文选题的方法。在论文大纲的拟定过程中，老师循循善诱，不断提出各种修改意见，耐心点拨，使我的写作思路逐渐变得条理清晰。论文的修改更是凝聚了老师大量的心血，期间，老师还生病住院，但大病初愈他便投入了我论文的修改工作之中，对此，我深表感激！

　　本书得到了2017年度浙江省哲学社会科学规划后期资助项目的资助，王淑莲、吴民祥等为该项目申报提供了宝贵的意见和建议，一并深表感谢。还要感谢中国社会科学出版社的大力支持，尤其是宫京蕾编辑为此付出的辛勤劳动！